明宗代 勳戚政治 研究

明宗代 勳戚政治 研究

韓 春 順

혜안

머리말

　이 책은 필자의 박사학위논문(「明宗代 勳戚政治 硏究」, 경희대학교 박사학위논문, 2000)을 수정 가필한 것이다. 처음 출판사로부터 출판을 제의받았을 때 훈척정치를 一以貫之하지 못한 측면이 많았고, 학위 논문을 제출한 지 5년이 지나 時宜性도 떨어질 것 같아서 주저하였다. 또 훈척정치로 판단하고 있는 중종 대까지 연구한 후에 16세기 전반을 묶어 출판하려는 생각을 나름대로 하고 있었기에 결정은 쉽지 않았다.

　그런데 당대 정치의 實狀을 밝히는 것이자 '士林政治'의 移行期로서의 면모를 추적하는 작업이기도 한 명종 대 정치사 연구를 통해 그 시기적 중요성을 웅변하는 몇몇 특징을 찾을 수 있었다. 그 중에서도 조선 정치사에서 주로 국왕과 재상, 또는 국왕과 특정 主導朋黨이나 특정 家門이 권력을 행사하였던 것과는 달리 명종 대에는 明宗·勳戚·文定王后 등 3자가 權力을 分占·행사하고 있었다는 점이 가장 특이한 史實로 생각된다.

　勳戚은 문정왕후의 內需司 운용과 兩宗 專制에 영합하면서 국정을 壟斷하였고, 친정한 이후 단계적으로 강화시켜 행사한 명종의 왕권이 제도와 규정에 입각한 것이 아니었다는 한계 등을 짚어볼 수 있었다. 또한 3자가 권력을 사사로이 행사한 여파는 고스란히 하부구조인 사회경제적 토대에 기대어 삶을 살아가는 백성들에게 가중된 부담으로 돌아갔고, 임꺽정의 亂이 발생하게 되는 원인이 된 사실도 확인하였다.

그러나 명종 대 勳戚政治의 파행성을 경험한 사람들이 宣祖 대에 전제적 왕권 행사나 특정인 특정세력의 專橫을 방지할 수 있는 제도를 모색하는 과정에서 朋黨을 결성하고, 그 결과 군신권력관계에서 국왕이 신료들에게 정치적 優位를 내어주게 되어 16세기와 그 이후 권력구조 지형이 바뀌게 된 점은, 조선 정치사의 한 획을 긋는 변화였다. 이 같은 내용들이 명종 대 실체 규명에 조그만 보탬이라도 되었으면 하는 소박한 생각으로 출판을 결정하였다. 부족한 필자가 이 정도의 책이나마 낼 수 있게 된 것은 실로 많은 분들의 도움이 있었기 때문이었다. 碩士과정을 끝낸 후 몇 년 동안 사회생활을 하다가 博士과정에 입학하였다. 늦게 출발한 만큼 무뎌진 역사 인식과 벌어진 지식의 격차를 좁히기 위해 더 많이 분발해야 했지만, 그렇지 못하였다.

학문 연구에 소홀한 제자였음에도 지도교수님이신 金泰永 선생님께서 명종 대를 권해 주셨고, 그래서 논문제출 기한을 반 정도 남겨 놓은 시점에서 작업을 시작할 수 있었다. 집필하는 동안 선생님께서는 16세기라는 巨視的 관점에서 명종 대와 당대 사안의 微視的 의미를 정확하게 분석할 것을 말씀해 주셨고, 난삽한 글을 읽고 고쳐 주셨으며 격려도 잊지 않으셨다. 左顧右眄을 많이 한 필자이기에 學恩을 베풀어 주신 선생님께 대한 감사를 形言하기 어렵다.

논문을 심사하시면서 말씀을 아끼시는 것으로 더 높은 완성도를 요구하신 李載襲 선생님, 용어 사용의 정확성과 엄격성을 가르쳐 주신 鄭昌烈 선생님, 더욱 정밀한 논문이 되도록 격려해 주신 朴起緒 선생님, 사료와 제목 일치의 중요성을 일깨워 주신 趙仁成 선생님께 감사의 말씀을 올린다.

학회에서 만나 학문의 선배로서 학회 활동과 연구에 대해 격려해 주시고 도움을 주신 李永春 선생님과 一面識이 없는 상태에서 여러 모로 배려해 주시고 혜안출판사를 주선해 주신 具萬玉 선생님께 진심으로 감사드린다.

학문적 동지로 토론하면서 각 분야의 이해를 넓혔으며 지금은 各得
其所하고 있는 同學들과 논문에 대해 함께 고민하고 기술적 측면에서
논문의 완성을 도와준 후배들에 대한 고마움도 잊을 수 없다.

이 책을 출판하면서 무엇보다 몇 년 동안 투병생활을 하시다가 논
문을 제출하기 직전 돌아가신 아버님이 생각난다. 마무리한다는 핑계
로 병상을 끝까지 지키지 못하였다. 이 책을 先親의 靈前에 바쳐서 不
孝의 한 점이라도 씻을 수 있기를 바랄 뿐이다. 筆舌로 다 할 수 없는
한결같은 사랑으로 여기까지 이끌어 주신 어머님의 은혜에 엎드릴 따
름이다. 또 격려와 지원을 아끼지 않은 오빠들과 논문에 전념할 수 있
도록 필요한 것들을 챙겨준 동생 내외에게도 고마운 마음을 전하고
싶다.

어려운 시기에 경제성이 없는 이 책의 출판을 허락해 주신 도서출
판 혜안의 오일주 사장님과 교정과 편집에 어려움이 많았을 것인데도
세밀하게 살펴서 이 책을 잘 꾸며 주신 김태규 선생과 편집부원의 수
고에 감사드린다.

2006년 정월 12일
필자 씀

目次

緒 論

조선전기(15세기)에 王權은 超越的 專制性을 지니는 것으로 인식
되었다. 왕권의 전제성은 그것을 강조하는 성리학 이론인 '天을 대신
하여 萬物을 다스린다'라는 代天理物의 이념에서 根源하는 것이었
다.[1] 중앙집권적 통치체제를 시급하게 구축해야 하는 15세기의 정치
현실에서도 각 왕은 宰相權과 言官權의 상호 견제를 통해 왕권 강화
에 초점을 맞추는 방식으로,[2] 왕권의 자의적 행사 폭을 확대하였다.
기본적인 자질과 통치 능력에다 자의적 폭이 확대된 전제적 왕권을
행사함으로써, 太祖[3] 太宗[4] 世宗[5] 文宗[6] 世祖[7] 成宗[8] 등이 신료보
다 우위에서 강력하게 국정을 주도하였던 것이다.

그런데 燕山君 10년(1504)에 발생한 甲子士禍 이후 自暴自棄적으

1) 金泰永, 1994, 「朝鮮초기 世祖王權의 專制性에 대한 一考察」, 『韓國史硏
   究』87, 188쪽 ; 1994, 「朝鮮前期 社會의 性格」, 『韓國史』7, 한길사 89~90
   쪽.
2) 崔承熙, 1976, 『朝鮮初期 言官·言論硏究』, 99~137쪽 및 141~147쪽.
3) 崔承熙, 1987, 「朝鮮 太祖의 王權과 政治運營」, 『震檀學報』64.
4) 崔承熙, 1991, 「太宗朝의 王權과 政治運營體制」, 『國史館論叢』30.
5) 崔承熙, 1994, 「世宗朝의 王權과 國政運營體制」, 『韓國史硏究』87.
6) 韓春順, 2005, 「文宗 代의 國政運營」, 『朝鮮時代史學報』33.
7) 金泰永, 1994, 「朝鮮초기 世祖王權의 專制性에 대한 一考察」, 『韓國史硏
   究』87.
8) 韓春順, 2002, 「成宗 초기 貞熹王后(세조 비)의 政治 聽斷과 勳戚政治」, 『朝
   鮮時代史學報』22 ; 2003, 「朝鮮 成宗의 六曹直啓制 運用과 承政院」, 『韓國
   史硏究』122.

로 暴政을 자행한 연산군이 동 12년(1506) 신료들에 의해 축출되는 未曾有의 사태가 일어났다. 이른바 '中宗反正'이었다. '중종반정'은 비록 王朝體制에서 통치의 정점이자 현실적·상징적 측면에서 전제성을 표방·행사하는 왕권이라 하더라도 性理學的 名分에 어긋날 경우 교체될 수 있다는 점을 보여 주었다. 다시 말하면 왕권의 전제성은 왕의 즉위 名分, 정치적 능력, 지지 기반 및 정치세력들과의 관계 등 여러 정치 환경에 따라 변동될 수 있는 것인 만큼, 정국 주도력이나 정상적인 인사권의 행사 등 현실적인 운영을 통해 지켜 나가야 한다는 점을 각인시켰다는 것이다.

반정의 주역들은 晋城大君(成宗 繼妃 貞顯王后 소생 : 燕山君 異母弟)을 中宗으로 추대하였다. 따라서 신료들에 의해 국왕의 축출과 추대가 이루어진 중종반정을 기점으로 중종 왕권의 위상이 상대적으로 약화된 반면 반정공신인 '靖國功臣'의 宰相權은 강화되었다. 15세기의 君臣權力關係가 변하고 있었던 것이다.[9]

그렇다면 16세기의 군신권력관계는 어떠하였는가. 貢案의 改定을 논한 栗谷의 다음 사료를 살펴본다.

祖宗朝에는 用度가 심히 簡約하여 백성으로부터의 收取가 심히 적었습니다. 연산 중년에 용도가 侈張하여 일상적인 貢物로는 그 需用에 부족하자 이에 공물을 더 늘이도록 정함으로써 그 욕망을 채웠습니다. 臣이 옛적에 古老에게서 그러한 사실을 들었으나 감히 그대로 믿지 못하고 있었는데, 전일 政院에 있을 때에 戶曹의 貢案을 살펴본즉 諸般貢物이 모두 弘治辛酉(연산군 7년, 1501 : 인용자 주)에 加定한 바로써 지금까지 그대로 쓰여지고 있으며, 그 때를 상고해 보니 곧 연산군대였습니다. 신은 자신도 모르는 사이에 公文書를 덮어 놓고 긴 한숨을 쉬면서 '이럴 수가 있나, 弘治 辛酉는 지금으로부

9) 金燉, 1997, 『朝鮮前期 君臣權力關係 研究』, 서울대학교 출판부, 101~110쪽.

터 74年 전이니 聖君이 臨御하지 않은 것도 아니며, 賢士가 立朝하
지 않은 바도 아닌데 이 법이 어째서 개혁되지 않았는가'라고 반문해
보았습니다. 그 사유를 추구해 보니, 70年 사이에 모두 權奸이 當國
하였으므로 2, 3의 君子가 비록 간혹 조정에 있었다 하더라도 뜻을
펴기도 전에 奇禍가 반드시 뒤따랐으니 어느 겨를에 의논이 여기에
미칠 수 있었겠습니까[『栗谷全書』 卷5, 萬言封事 甲戌(宣祖 7,
1574)].

李珥는 백성에게 무거운 부담인 貢案이 연산군 7년 이후 개정되지
않고 그대로 적용되고 있는 현실을 개탄하면서, 연산군대부터 明宗
末인 명종 20년(1565) 士林으로 정치세력이 교체되기 전까지 약 70여
년 동안 국정을 壟斷한 權奸에 왕권이 압도되어 개혁하지 못한 것을
그 이유로 들었다.

친정 후 실질적인 왕권을 행사하기 시작하는 동 13년(1558) 전까지
권간에 의해 제약을 받았으므로, 실제 명종 왕권은 脆弱함을 면치 못
하였다. 그렇다고 해서 왕권의 專制性 자체가 부정되는 것은 아니었
다. 왕조체제 하에서의 정치형태나 정치 현상은 각 왕대별로 현실 정
치를 통해 확보된 왕권의 실질적인 위상과 관련을 맺고 전개되는 것
이고, 비록 왕권이 취약하다 하더라도 특정신료 또는 정치세력의 권력
행사는 왕권에 假託하거나 왕권을 배경으로 해야 가능하기 때문이다.
그래서 필자는 명종대 정치사를 왕권 중심으로 검토하고자 한다.

명종은 12세에 조선 13대 국왕으로 즉위하였다. 명종이 권간에 의
해 제약을 받게 된 것은 즉위한 지 얼마 지나지 않아서 垂簾聽政하는
文定王后가 주도하여 일으킨 乙巳士禍 때문이었다. 그러므로 명종대
정치사 연구는 乙巳士禍에 대한 고찰에서부터 출발해야 한다. 그럼에
도 의외로 을사사화를 본격적으로 다룬 논고는 없다. 몇 연구자가 戚
臣들 사이의 갈등이었고, 小尹과 勳舊가 결탁하여 사림세력에 대해
일방적으로 加害한 사건으로 언급하고 있는 정도이다.[10] 문정왕후의

지시에 따라 을사사화를 일으킨 功으로 명종대 권력집단으로 행세한 衛社功臣을 다각도로 분석한 연구는, 명종 초반 정치상황과 위사공신의 위상 및 구성 변화 등을 다루고 있다.11)

한편 명종대에 明宗·文定王后·尹元衡·勳戚宰相 등이 국정을 운영해 나가는 양상은 先行 연구자들에 의해 '戚臣政治'의 틀에서 검토되었다. 척신은 국왕의 外戚으로서 관료가 된 사람을 지칭한다. 16세기에 정치권력을 행사한 주체로 척신을 주목하고 처음으로 당시 정치를 '戚族政治'로 규정한 사람은 日人學者 石井壽夫였다.12) 그 후에도 몇 연구자들이 별도로 개념을 규정하지 않고 16세기 전반이나 명종 대를 '척신정치'라는 시각에서 고찰하였다.13)

최근 金宇基는 己卯士禍·金安老 敗死·乙巳士禍 등의 정치적 위기 극복에 중요한 역할을 한 척신이, 士林派의 등장으로 왕과 재상권

---

10) 乙巳士禍의 발생 초기 과정을 추적한 논고로는 李佑成, 1992, 「乙巳士禍의 一 考察」(『李晦齋의 思想과 그 世界』, 성균관대학교 대동문화연구원)이 유일하다. 그 외에 을사사화에 대해서는 다음 논문이 참조된다. E.W Wagner, 1980, 「李朝 士林문제에 관한 재검토」, 『全北史學』 4 ; 1980, 「政治史의 입장에서 본 李朝 사화의 성격」, 『歷史學報』 85 ; 李秉烋, 1992, 「中宗·明宗代 權臣·戚臣政治의 推移와 晦齋의 對應」, 『李晦齋의 思想과 그 世界』 ; 金燉, 1993, 『16세기 前半 政治權力의 變動과 儒生層의 公論 形成』, 서울대학교 박사학위논문. 한편 金燉은 1993, 앞의 논문, 5쪽에서 中宗反正을 前後로 하여 거듭 일어난 士禍는 단순한 지배층 간의 權力 鬪爭이 아니고, 朝鮮初期와는 다르게 政治參與層이 확대되면서 君主權의 位相이 크게 변모되는 가운데 새로운 政治運營方式을 모색하는 과정에서 일어난 것으로 보고 있다. 崔異敦은 『朝鮮中期 士林政治構造研究』(1994, 일조각)에서 사화와 王權과의 관련성을 사림에 의한 정치구조변동의 시각에서 파악하였다.

11) 禹仁秀, 1987, 「朝鮮 明宗代 衛社功臣의 性分과 動向」, 『大丘史學』 33.

12) 石井壽夫, 1940, 「後期 李朝 黨爭史에 관한 一 考察」, 『社會經濟史學』 10-7·8.

13) 李泰鎭, 1986, 「16세기 沿海 지역의 堰田 개발」, 『韓國社會史研究』, 지식산업사 ; 李秉烋, 1992, 앞 논문 ; 李宰熙, 1993, 「朝鮮 明宗代 '戚臣政治'의 性格과 그 展開」, 『韓國史論』 29, 서울대학교 국사학과.

중심의 권력구조가 변하면서 침식당한 國王과 宰相을 연결해 주는 역할을 하면서, 당시 지지 기반이 미약한 세자(仁宗)의 존재를 명분으로 영향력을 강화함으로써 '척신정치'가 성립되는 것으로 이해하였다. 그리고 집중된 權力으로 私的 利益을 추구하는 특징을 보이며, 사림정치로 이어지는 과도기적 정치형태로 '척신정치'를 정의하였다.14) 이제까지 개념 정의 없이 사용된 '척신정치'라는 용어에 나름대로의 개념과 특징 및 그 의미를 밝히고 있다는 점에서 주목된다.

그 외에 국왕의 신임을 얻은 특정 權臣이 專橫한 시기로 파악하거나,15) 己卯士禍로부터 小尹이 敗亡하기까지를 사림세력의 성장에 따른 公道政治에의 시대적 요구를, 與論을 조작하면서 왕권을 가리고 전횡한 '權奸政治'로 규정하기도 하였다.16)

명종대를 다룬 여러 연구 성과를 통해 당시 정치적 상황과 위사공신의 위상 및 구성 변화, 중요 戚臣들의 官歷·세력기반, 척신정치의 성립과 파행적 국정 운영 및 인사 운영의 실상, 명종 왕권의 脆弱性, 親政期 文定王后의 권력 행사, 명종의 李樑 지원 그리고 이량이 郞官(銓郞)-言官 구조로 세력을 확대하였다는 것 등 다양한 史實이 밝혀졌다.

이와 같이 명종대 정치의 實狀이 여러 측면에서 밝혀지기는 했지만 그럼에도 필자는 몇 가지 문제점이 남아 있다고 생각한다. 명종대의 정치를 과연 '척신정치'로 정의할 수 있을 것인가에 대한 것이 첫 번째 의문이다. 명종이 친정 중후반에 이르러서야 비로소 강력한 왕권을 행

---

14) 金宇基, 1995, 『16세기 戚臣政治의 展開와 基盤』, 경북대 박사학위논문 ; 2001, 『朝鮮中期 戚臣政治研究』, 集文堂.
15) 金燉, 1993, 앞의 논문 및 1997, 앞의 책 ; 崔異敦, 1991, 『16세기 士林의 進出과 政治構造의 變動過程』, 서울대학교 박사학위논문 및 1994, 앞의 책.
16) 金泰永, 1992, 「晦齋의 政治思想」, 『李晦齋의 思想과 그 世界』, 성균관대학교 대동문화연구원. 이는 '권간'인 훈척에 의해 농단된 '훈척정치'의 본질을 지적하는 것이다.

18

사하는 만큼 그 이전 권력 행사의 주체를 누구로 보아야 하는가의 문제로, 정치 형태와 직결되고 있음에도 연구자에 따라 '戚臣' '權臣' '權奸' 등으로 사용하고 있기 때문이다.

정치형태는 정치권력의 所在나 行事 주체에 따라 달라진다. 왕의 신임을 얻어 권력을 휘두르는 관료가 '權臣'이고 정치 행위에 대한 평가가 포함되어 있는 용어가 '權奸'이다. 중종대부터 명종대까지 일정 기간 권신이 전횡한 것은 사실이다. 그러나 권력이 훈척 집단에 집중되어 있는 상태나 그 연장선상에서 특정 공신이나 척신이 권신으로 행세하였고, 여타의 훈척 역시 상대적으로 약하지만 권력을 행사하였다. 그런 의미에서 필자는 중종대부터 시작하여 명종대 尹元衡・李樑 등이 축출되기 전까지는 본질적으로 '勳戚政治'의 형태였다고 생각한다.

'중종반정'을 주도한 핵심인물 朴元宗은 靖國 1등 공신이었다. 더욱이 그의 祖母는 昭憲王后(세종 비)의 妹였고, 그의 姉는 月山大君 부인, 그의 妹는 齊安大君의 부인이었다. 즉 그는 戚里이기도 했던 것이다. 그가 중종 5년(1510)까지 절대적 권력을 행사하였다는 점에는 異論의 여지가 없지만, 동 7년까지 박원종 외에 삼정승의 위치에 있던 2등 공신 柳洵・金壽童, 1등 공신 柳順汀・成希顔 등의 위상과 영향력도 과소평가할 수는 없다. 또한 동 14년(1519) 己卯士禍에 결정적인 역할을 한 洪景舟는 靖國 1등 공신이자 척신이고, 金安老가 등장하기 이전까지 用事하는 沈貞 역시 靖國 3등 공신이었다.[17] 따라서 중종 초부터 훈척정치가 행해졌고, 중종 후반기 김안로의 등장 역시 기묘사화 이후 洪景舟・沈貞 등 훈척이 발호한 연장선상에서 가능한 것이었다.

명종대 정치 역시 乙巳士禍의 결과 책록된 李芑・尹元衡 등으로 대표되는 '衛社功臣'인 勳・戚이 제휴하여 권력을 집중하였고, 文定

---

17) 李秉烋, 1984, 『朝鮮前期 畿湖士林派硏究』, 一潮閣, 52~56쪽 및 188쪽.

王后가 수렴청정한 명종 8년(1553) 7월까지 약 6년 동안 위사 1등 공신인 이기가 專權하였던 점을 감안한다면, 명종대를 '척신정치'로 규정하는 것은 아무래도 무리가 있다. 또한 功臣들은 정치적 상황에 따라 정치적 입지나 결속력이 약화될 수 있는 반면 戚臣은 왕권과의 親緣性을 배경으로 장기간 정치권력을 獨占하는 것이 가능하다. 따라서 명종대의 경우도 勳臣 이기가 제거된 후, 문정왕후를 배경으로 하는 윤원형이 권력을 집중하여 다른 훈신과 함께 '훈척정치'를 전개해 나간 것으로 이해하는 것이 타당하다고 생각된다.

친정 중반에 명종이 발탁한 또 다른 척신인 李樑이 專橫하는 것도 친정기 일정 시기까지도 계속된 '훈척정치'의 연장선상에서 가능할 수 있었다. 즉 위사공신인 勳戚이 하나의 권력집단으로 출발하였다가 왕권과 密着 관계에 있는 戚臣이 장기적으로 권력의 핵심적 위치에서 국정을 농단하는 형태로 귀착된 것이었다. 그래서 필자는 명종대의 정치를 왕권을 중심으로 '勳戚政治'의 틀에서 고찰하고자 한다.

둘째, '君弱臣强'한 권력관계의 변동을 초래하여 권력구조 재편에 결정적 계기가 되고, 정치세력·정치구조·국정 운영방식 등을 變改시키며, 더 나아가 명종대 전 시기의 정치를 파행적으로 치닫게 하는 계기가 된 乙巳士禍의 발생 원인과 확대 과정 및 역사적 의미 등이 기왕의 연구에서는 거의 검토되지 않았다.

셋째, 명종대를 통치 주체에 따라 垂簾聽政期·親政期 등으로 구분하는데, 그 가운데 특히 친정기 안에서 명종·문정왕후·윤원형·훈척재상 등 각 정치 因子들 사이의 권력관계나 권력 행사의 변화상이 유기적 관계 속에서 단계별로 살펴지지 않았다. 즉 왕권 행사 정도에 따른 권력구조·정치세력·정치구조·국정 논의 방식 등의 단계별 변화가 고찰되어야 한다는 것이다. 또한 훈척의 권력 기반과 그들을 하부에서 받쳐준 補助세력의 형성 구조 뿐 아니라 훈척정치로 인해 변동된 정치구조 및 국정 논의 구조 등도 밝혀져야 할 부분으로 남아 있다.

명종대 정치사의 핵심이라 할 수 있는 이 부분들이 검토되어야, 파행적 정치구조 하에서 言官權과 銓郎權이 위축·굴절된 측면 및 명종 말기 재등장한 사림세력의 개혁적 언론 활동의 역사적 의미 등도 제대로 살펴질 수 있을 것이다.

넷째, 지금까지 문정왕후의 개인적 성향이나 척신정치의 기반으로 명종대 內需司 運用이나 禪敎 兩宗 復立으로 대표되는 불교정책이 고찰되어 왔지만, 그 같은 연구 시각은 명종대 내수사와 불교가 表裏 관계였고, 명종·문정왕후 사이의 권력관계와 '훈척정치'에서의 군신 권력관계에 바탕을 둔 왕권의 特異性과 밀접한 관련을 맺고 전개되었다는 사실을 간과한 것이었다. 특히 문정왕후가 內需司를 2품衙門으로 格上시켜 파행적으로 운용한, 前 시기와 類比되는 명종대의 차별성이나 特殊性, 그리고 명종이 친정하는 동안에도 문정왕후가 내수사를 운용하고 불교정책을 추진하는 데 행사한 권력의 배경·실상·성격과 그에 따른 불교정책의 궁극적 의미 등에 대한 규명도 미진하다고 판단된다.

필자는 앞서 살펴본 연구사적 성과를 바탕으로 하고, 아직 해명되지 않은 과제를 중심으로 하여 이 연구를 다음과 같이 진행하고자 한다.

제1장에서는 중종 말기부터 內燃하고 있던 왕위승계를 둘러싼 大尹과 小尹 간의 갈등이 文定王后가 수렴청정하는 명종 즉위 초에 신료들이 제기한 '尹元老 탄핵 사건'과 맞물리면서, 사림세력의 확대를 저지하는 乙巳士禍가 발생하였다는 점을 살필 것이다. 또한 을사사화가 확대되는 과정에서 소윤과 훈구가 衛社功臣으로 책록되었고, 그 훈척이 誣告 정국을 조성하고 '擇賢說'을 명분으로 사림세력을 철저히 제거함으로써, 독점적인 정치세력으로 君臣權力關係에서 優位를 점하였으며, 문정왕후에게도 강화된 입지를 내세울 수 있게 된 을사사

화의 확대·결과 및 의미 등을 검토하겠다.

　을사사화의 결과 명종에 대한 문정왕후의 입장과 명종 및 문정왕후에 대한 훈척의 정치적 입장이 강화된 사실들을 전제하고서야, 수렴청정기 '훈척정치'의 전개나 사망하기 전까지 계속되는 문정왕후의 권력행사나 내수사 운용과 불교정책의 성격도 제대로 파악될 수 있다.

　제2장에서는 수렴청정과 士禍 같은 정국 변수에 따른 명종과 문정왕후와의 권력관계, 인사권 행사나 정책 시행을 통해 나타나는 왕권과 재상권의 관계, 문정왕후와 훈척들과의 관계 등을 살펴보고, 수렴청정기에 전개되는 '훈척정치'와 그 운영 구조를 밝히고자 한다. 말하자면 '훈척정치'의 특징적인 권력구조·정치구조·정치 운영 방식 등을 검토하는 것인데, 이를 통해 중종 말부터 재등장한 사림이 추구하려고 한 公論政治가 봉쇄되는 측면도 추적할 것이다.

　제3장에서는 국정을 운영하는 명종의 차별적 면모를 파악하기 위해, 왕권의 행사와 이에 따른 정치세력의 변동을 기준으로 親政期를 세 시기로 구분하겠다. 그래서 시기별로 왕권과 재상권의 권력관계에 따른 정치세력·정치구조·정국 운영 구조 등의 변동을 검토하고, 친정기에도 여전히 의정부를 권력의 기반으로 삼아 優位를 점하고 있는 윤원형 등 훈척재상을 제압하기 위해 명종이 취한 구체적 대응, 단계적으로 왕권을 강화시켜 나가는 양상, 親政體制를 강화하기 위해 모색한 국정 운영 구조 및 독자적 운영 구조가 가능할 수 있었던 배경 등도 살피겠다. 이를 통해 친정체제를 강화하기 위해 명종이 정치세력이나 정치구조를 재편한 방식의 의미와 한계도 규명하고, 친정기 언론 활동도 종합적으로 검토할 것이다.

　제4장에서는 왕실의 내수사 운용을 살피되, 운용의 주체가 문정왕후였음에 주목하겠다. 문정왕후가 王室財政을 담당하는 내수사를 2품 衙門으로 격상시킬 수 있었던 배경과 위상이 달라진 내수사가 왕실재정 업무는 물론이고, 왕실의 명령·행정 계통, 사법적 기능까지 겸하

는 방향으로 운용되었음을 밝히겠다. 말하자면 내수사가 왕실의 각종 목적을 수행하는 權力機關이자 왕실의 별도 朝廷으로 私私롭게 운용된 측면을 종합적으로 검토하려는 것이다. 문정왕후가 사실상 불교정책 핵심의 한 축으로 추진한 內願堂의 數的 증가와 경제력을 마련하는 방향으로 내수사를 운용한 실태도 살펴보면서 운용의 성격도 고찰하고자 한다.

제5장에서는 문정왕후가 禪教 兩宗을 復立할 수 있었던 명종과의 권력관계, 문정왕후와 훈척과의 관계, 양종이 복립되기 이전의 불교의 추이, 불교정책 추진의 배경, 시행 내용 및 폐단에 대해서 검토하겠다. 그리고 表裏관계인 내수사와 양종을 정책이나 행정적으로 연계시켜 추진한 불교정책이 결과적으로 문정왕후의 왕실재정 및 불사 비용을 확보하기 위해 활용되었다는 사실을 아울러 밝힐 것이다.

이 같은 작업을 통하여 을사사화의 결과 훈척이 독점적 정치세력으로 등장하면서 야기된 군신권력관계에 따른 권력구조의 변화나 권력행사의 행태, 변칙적 국정 논의 구조, 정치구조, 정국 운영의 추이를 파악하고, 명종대 훈척정치의 역사적 의미와 성격을 체계적으로 이해할 수 있게 될 것이다. 또한 그것은 16세기 가운데 명종대 정치사로서의 의미 뿐 아니라, 성종대에 등장한 이래 몇 차례 士禍를 겪으면서도 끊임없이 자기 성장을 계속해 온 사림이 비로소 정치 전면에 나서게 되면서 宣祖대에 전개되는 '士林政治'18)의 형성 배경과 과정을 아울

---

18) 17세기부터 본격적으로 시작되는 정치형태를 '黨爭' '朋黨政治' 또는 '士林政治'라는 용어로 사용해 왔다. 이에 대해 鄭萬祚는 1993, 「朝鮮時代의 士林政治」, 『韓國史上의 政治形態』, 一潮閣, 216~227쪽에서 私黨 사이에 私利를 도모하기 위한 권력 투쟁인 당쟁이나 정치운영 방식에서 나온 '朋黨政治' 등은, 정치권력을 行事하는 主體를 기준으로 하여 분류되는 정치형태를 나타내는 용어로는 부적절하다고 하였다. 그리고 붕당의 母集團이며 붕당에 의한 정치를 실질적으로 주도하던 '士林'을 정치 주체로 하여 수행되는 모든 정치 현상을 포괄하는 용어인 '士林政治'가 적절하고, 宣祖代를 '사림정치'의 성립기로 파악하고 있다. 필자도 그러한 논지를 따라 '사림정치'라는 용어를

러 밝혀내는 작업이 될 것으로 생각된다.

사용하고자 한다.

Ⅰ. 乙巳士禍의 發生과 확대

1. 明宗 卽位 前 政局 動向과 乙巳士禍의 발생

1) 中宗 末期[1]~仁宗 代의 政局 推移

金安老가 敗死한 이후 중종 말기의 정국은 불안한 양상을 띠고 있었다. 王位承繼 문제를 둘러싸고 외척이 정치세력화하여 갈등이 본격화되고 있었기 때문이다. 당시 정치적 상황을 栗谷은 다음과 같이 서술해 놓았다.

중종 말년에 仁宗은 世子로 있었으나 아들이 없었고, 明宗은 어렸지만 大君이었는데, 仁宗의 외숙인 尹任은 尹元衡 및 그의 형 尹元老와 사이가 좋지 못하였다. 그런데 마침 金安老가 得勢할 때인지라 그는 東宮을 보호한다는 구실로 中宮을 누르고 자기 세력을 펴 나갔다. 그리고 임금에게 아뢰어 윤원로 형제를 外職으로 내보냈다. 大尹 (인종 외숙-윤임)이니 小尹(명종 외숙-윤원형·윤원로)이니 하는 말

---

1) 중종 33년(1538). 金燉은 1984, 「中宗代 言官의 性格 變化와 士林」, 『韓國史 論』 10, 서울대 국사학과, 137~142쪽에서 중종대 정국을 좌우하던 인물들의 黜陟에 따라 다섯 시기로 구분하였다. 그는 각 시기별로 주로 언관직에 진출한 사림의 상황을 분석하면서, 金安老가 敗死한 중종 32년 이후를 사림세력이 정계에 재등장하여 言權이 回復되는 제5기로 설정하고 있다. 이 시기부터 中宗 이후의 왕위승계문제를 둘러싸고 外戚들이 政治勢力化하여 反目하게 되며, 을사사화의 遠因도 기실 이 시기부터 구체화되고 있다. 필자도 이 구분을 따라 이때부터를 '중종 말기'라 지칭하기로 한다.

은 이때부터 나온 것이다. 김안로가 失脚되고 나서 윤원로 등이 조정에 들어와 流言蜚語를 날마다 퍼뜨리자 인종이 심히 불안해하였다. 文定王后 또한 명종을 위태롭다 여기고 外臣과 結托하여 자기의 地位를 굳히려 하였는데, 이때 李芑가 그를 위한 은밀한 計策을 올리면서 윤원로 형제와 결탁하였다(『栗谷全書』卷28, 經筵日記1, 明宗 20年 8月).

金安老는 아들 延城尉 金禧가 孝惠公主(인종의 누이)와 결혼히여 중종의 부마2)가 된 왕실과의 인연을 배경으로, 당시 文定王后3)나 중종의 총애를 받는 敬嬪 朴氏4)(중종 후궁 : 인용자 주)의 사이에서 고단한 동궁의 보호자로 자처하면서 두각을 나타내고 있었다. 그러나 그의 정치적 성장에 불안을 느낀 당시 집권 대신인 南袞・沈貞의 공격을 받고, 중종 19년 11월 告身이 追奪된 채 경기 豊德郡으로 付處되었다.5)

그런데 중종 22년(1527)에 동궁을 저주하기 위해 저질러진 '灼鼠의變'6)이 발생하였다. 문정왕후는 경빈 박씨를 그 사건의 혐의자로 지목하였다. 그 후 상황은 급진전되었다. 중종이 朴嬪・福城君(경빈 박씨

---

2) 『中宗實錄』卷41, 15年 12月 戊戌.
3) 文定王后는 尹之任의 딸로 중종의 제2 繼妃로 揀擇되었다(『中宗實錄』卷27, 12年 3月 庚寅).
4) 敬嬪 박씨는 중종의 後宮 中 가장 총애를 받고 있었다. 경빈은 왕자인 福城君과 惠順・惠靜翁主를 두었는데, 왕자인 복성군은 元子(후에 仁宗)보다 6살 연장이었다(『中宗實錄』卷45, 17年 6月 癸未 ;『中宗實錄』卷9, 4年 9月 甲辰).
5) 『中宗實錄』卷52, 19年 11月 壬戌 ;『中宗實錄』卷52, 19年 11月 戊寅.
6) 『中宗實錄』卷58, 22年 3月 己亥. 이 사건은 세자 탄신일 무렵에 동궁 북쪽 동산에 사지가 잘리고 주둥이・두 눈・두 귀를 지진 상태의 쥐가 榜書가 쓰인 水淸木과 함께 걸려 있었고, 며칠 뒤에는 灼鼠가 大殿의 침실 曲欄 아래에 버려져 있던 사건이다. 동궁을 저주하기 위해 저질러진 일이었다. 이 사건의 처리 방향은 중종 후반기 정국 흐름에 중대한 變數로 작용하였다.

소생 : 인용자 주)을 廢庶人하여 尙州로 찬출하고, 박빈의 친인척들도
파직·체직함으로써 사건을 종결시켰기 때문이다.[7] 그러나 이 사건이
발생했을 당시 중종의 미온적인 태도로 볼 때 경빈 박씨가 주모자일
가능성은 희박하다. 여러 상황을 종합해 보면 유배생활을 끝내고 다시
정계에 재진출하려는 김안로와 경빈 박씨를 견제해서 中殿으로서의
지위를 보다 확고히 하려는 문정왕후의 이해관계가 일치했고, 그래서
양 측이 結托하여 공동 견제의 대상인 경빈 박씨와 그 아들 福城君
嵋를 축출한 것이었다.[8]

  김안로는 중종 24년(1529)에 방면되었고,[9] '輔翼東宮'[10]과 '己卯士
林의 등용'[11]을 정계 복귀의 명분으로 내걸고 동 26년(1531)부터 본격
적으로 활동을 시작하였다. 이때부터 김안로는 문정왕후와 정치적으
로 결별하고 尹任과 '보익동궁'의 명분으로 연계하여,[12] 동궁을 假托

---

7) 『中宗實錄』 卷58, 22年 4月 庚申 ; 『中宗實錄』 卷58, 22年 4月 丙子 ; 『中宗
   實錄』 卷58, 22年 4月 壬申 및 『中宗實錄』 卷58, 22年 5月 辛巳.
8) 金宇基, 1990, 「朝鮮 中宗 後半期의 戚臣과 政局動向」, 『大丘史學』 40, 47
   ~49쪽. 한편 池斗煥은 1994, 『朝鮮前期 儀禮研究』, 제1장 「宗法制度의 整
   備와 正統論의 確立」, 73~75쪽에서 복성군이 비록 後宮 박씨의 소생이지만
   동궁보다 형이므로 경우에 따라서는 복성군이 왕위를 계승할 가능성이 있기
   때문에 일어난 것으로 이해하였다. 다시 말하자면 왕위 계승이 宗法을 따라
   이루어져야 한다는 原則과 嫡妾 구별이 분명해지면서 嫡系主義의 正統論
   에 입각한 종법이 정착되어 가는 과정에서 일어날 수 있는 모함이라는 시각
   에서 사건을 파악한 것이다.
9) 『中宗實錄』 卷65, 24年 5月 戊午.
10) '輔翼東宮'이란 당시 세자였던 인종을 보호한다는 의미인데, 정치적 명분으
    로 활용되었다(『中宗實錄』 卷43, 17年 正月 乙卯 및 『燃藜室記述』 卷9, 中
    宗朝 故事本末 金安老 復入).
11) 『中宗實錄』 卷43, 17年 正月 乙卯 ; 『中宗實錄』 卷74, 28年 4月 乙酉 ; 『燃
    藜室記述』 卷9, 中宗朝 故事本末 金安老 復入.
12) 『中宗實錄』 卷86, 32年 11月 丙子. 또한 윤임의 첩이 김안로의 형 金安世의
    妾女여서, 윤임과 김안로는 '一家'이기도 했다(『中宗實錄』 卷85, 32年 10月
    庚午).

하여 크게 毒害를 자행하면서 문정왕후의 同氣인 尹元老·尹元衡 형제의 축출을 시도하기도 하였다.13)

윤원로 역시 김안로 제거 계획을 가지고 있었다. 그는 그 계획을 윤임에게 의논하였다. 그런데, 윤임이 그 내용을 김안로의 측근인 許沆에게 알려 주었으므로14) 윤원로가 먼저 遠竄되었다.15) 그러나 세자를 내세운 김안로의 활동 목적이 곧 권력에서 자신들을 배체하려는 것임을 잘 알고 있는 문정왕후 및 그 형제들은 결코 그대로 당하고 있지 않았다. 윤원로가 원찬된 다음날 김안로 역시 유배되었기 때문이다. 그것은 곧 김안로의 失脚을 의미하는 것이었다.

이후에는 자연스레 중종을 둘러싸고 後嗣를 두지 못한 세자(仁宗)16)의 보호를 주장하는 尹任(大尹)과 문정왕후를 배경으로 하면서 慶原大君(명종)17)을 지지하는 윤원로·윤원형(小尹) 양측이 대립하는 국면으로 바뀌었고, 反目은 갈수록 더욱 심화되고 있었다. 그 결과 그동안 공개적으로 언급되지 않던 갈등 양상이, 중종 38년(1543) 具壽聃이 대윤·소윤이라는 용어를 처음 공식적으로 사용하면서, 政局 표

---

13) 『明宗實錄』 卷3, 元年 2月 丁巳.

14) 『中宗實錄』 권86, 32年 11月 丙子. 윤원로가 윤임을 찾아가 의논한 김안로 제거계획의 내용은 "당시 사람이 우리 형제를 의심하게 된 것은 동궁은 그때 後嗣가 없었고, 中宮은 있기 때문이었다. 옛날에도 宋 仁宗이 廢后한 일이 있었는데, 지금 사람들의 謀議도 예측하기 어렵다. 우리 형제는 왕실의 至親으로서 서둘러 그 대책을 도모하지 않을 수 없다."라는 것이었다. 이 일을 윤임이 김안로와 같은 척신세력인 허항에게 알려 주었다는 것이다(상동). 이때 관계는 후일 을사사화 당시 문정왕후가 윤임을 윤원로 彈劾 逐出事件의 주동자로 지목하게 되는 계기가 된다.

15) 『中宗實錄』 卷85, 32年 10月 丁卯·戊辰·己巳.

16) 인종은 중종 2년(1507)에 繼妃로 책봉된 章敬王后의 소생으로 중종 10년에 출생하여, 동 16년(1521)에 세자로 책봉되고, 세자빈을 맞이했으나 後嗣가 없었다(『中宗實錄』 卷21, 10年 2月 癸丑 ; 『中宗實錄』 卷41, 16年 4月 己卯 ; 『中宗實錄』 卷50, 19年 2月 丁未).

17) 문정왕후가 중종 29년(1534)에 생산하였다(『燃藜室記述』 卷10, 明宗).

면에 부상하였다.

> 신이 근래 외방에서 들어와 잇달아 侍從과 臺諫의 직을 더럽히고
> 있는데, 풍문에 의하면 간사한 의논이 비등하여 '윤임을 가리켜 대윤,
> 윤원형을 가리켜 소윤이라 하며 각각 黨與를 세웠다.'고 합니다. 그
> 實情을 따져 보니 윤임은 이미 富貴가 극에 달했고 원형은 젊었을
> 때 급제하여 要職을 역임하였으므로 이미 부족함이 없는데, 무슨 일
> 을 이루려 黨與를 심는단 말입니까(『中宗實錄』卷100, 38年 2月 戊
> 戌).

대소윤에 대한 구수담의 비판적 지적이 있은 후에 오히려 중종은
인사권을 발동하여 윤임의 黨與로 파악되는 인물인 柳灌을 外職에
내보냈다.18) 윤임 역시 竄外한 반면 윤원형을 罷職하였다.19) 그러한
조치는 같은 사안에 관련된 인물을 다르게 처벌한 것으로 형평성에
어긋나는 것이었다. 이는 물론 문정왕후의 영향력이 작용한 때문이었
다.20) 그 후에도 대소윤의 정치적 대립은 계속되었지만, 중종대에는
별다른 해결책을 찾지 못한 채 인종이 즉위하였다.

仁宗代에는 다양한 정치세력이 존재하는 가운데, 각각의 이해 관계
에 따라 연합하거나 대립하고 있었다. 인종대 각 인물들이나 정치세력
사이에는 이미 중종대에 정치적 이해관계에 따라 동류의식 내지는 적
대의식이 형성되어 있는 상태였기 때문이다.

특히 李芑·林百齡·鄭順朋·崔輔漢 등은 은밀하게 윤원형 형제
와 결탁하여 중종을 부추켜 세자를 바꾸려고 하였다. 이들의 동향은

---

18)『中宗實錄』卷101, 38年 12月 辛未·壬申·己亥·乙亥·己卯.
19)『中宗實錄』卷104, 39年 9月 乙丑 ;『中宗實錄』卷105, 39年 10月 丁卯.
20) 인종이 동궁으로 있을 때 문정왕후가 매우 薄待하였고 명종은 중종으로부터
    사랑을 받고 있었다. 그런데 조정에서 疑懼心을 품을 정도로 그 상황은 매
    우 심각했다(『明宗實錄』卷1, 卽位年 8月 戊午). 그러한 상황은 중종을 배
    경으로 하는 문정왕후의 영향력이 작용한 때문이었다.

30

앞서 율곡이 『經筵日記』에 기록해 놓은 내용과 일치한다. 그러나 柳灌이 重臣으로서 윤원형 형제의 정치적 계략을 꺾고 세자(인종)의 보호를 실질적으로 주도하면서, 그들과는 적대 관계가 되었다.[21) 유관은 인사 문제로, 柳仁淑은 非行을 유포했다는 것으로 각각 이기와 정치적으로 대립하고 있는 상태였다.[22) 또한 유인숙은 윤임과 姻戚 관계였기 때문에 윤임의 당류로 분류되고 있었다.[23)

한편 중종 정유년(중종 32, 1537) 이후 정계에 재등장한 사림세력은 꾸준하게 성장을 계속하고 있었다. 그들은 대소윤의 갈등이 심할 때 모두 소윤의 옳지 못함을 비판하면서 명분상 대윤의 입장을 지지하여 문정왕후나 소윤과 첨예하게 대립하고 있었다.[24)

이는 중종 말기의 사림들이 己卯士禍나 沈貞·南袞·金安老와 같은 권신이 정치를 농단하는 시기를 겪으면서도, 公論에 입각한 公道

21) "李芑林百齡鄭順朋崔輔漢之徒 陰結尹元衡兄弟 動搖中宗 多有易樹之志 時柳灌 以帷幄重臣 大言折之 元衡之黨 憤不得售其兇計 遂成仇隙"(『明宗實錄』卷2, 卽位年 9月 辛未).
22) 중종대 유관이 贓吏의 사위로 병조판서에 임명되는 것과 許通을 막았기 때문에 이기가 이에 대해 분을 품었다(『中宗實錄』卷92, 34年 12月 癸未 ;『中宗實錄』卷93, 35年 正月 乙巳·丙午 및『明宗實錄』卷1, 卽位年 8月 戊午). 유인숙과 이기는 內外從 간이다. 이기가 그 누님의 외손인 淸原尉 韓景祿을 통하여 內殿과 내왕하던 중, 내전에서 내린 편지가 유인숙에게 잘못 전해지면서, 내전과 통하고 있는 사실이 조정 관원들 사이에 알려졌다. 그 사건으로 유인숙에 대하여 극심한 원한을 가지게 되었다(『明宗實錄』卷1, 卽位年 8月 戊午).
23) 유인숙의 아들 희민이 임의 삼촌 조카인 全城正(月山大君의 손자. 이름은 璃)의 딸을 아내로 맞았다(『明宗實錄』卷1, 卽位年 8月 戊午).
24) 중종대 윤임과 윤원형이 각각 유언비어로 조정을 동요시킬 때의 상황은 "尹任又乘隙 多造飛語 以動朝廷 於是羣聽疑惑 皆以爲易樹元子之變 發於朝夕 當時忠直之臣 無不扼腕相嘆 危言激論 沸於搢紳之間 妃因元老元衡 得聞其說而大恚 遂切齒於持論之人"(『明宗實錄』卷1, 卽位年 8月 戊午)라거나 또는 "自丁酉之後 大小尹之說 紛紜不止 一時 知名之士 皆不附小尹 直言而攻之 今雖嚴示殺戮 士林殆盡"(『明宗實錄』卷3, 元年 6月 丙午)이라는 내용에서 잘 드러나고 있다.

政治를 표방하던 己卯士林의 정국운영 방식25)의 연장선상에서 활동하고 있었음을 보여준다. 그러나 문정왕후나 소윤, 그리고 훈구세력은 사림의 공론에 입각한 정국운영으로 이미 자신들의 정치적 활동이 비난받거나 견제·위축되고 있는 상황이었으므로, 그러한 운영 방식을 받아들일 수 없었다. 뿐만 아니라, 오히려 저지하지 않으면 안 되는 처지에 있었던 것이다.

대윤과 사림세력, 문정왕후·소윤과 훈구세력의 정치적 이해관계에 따른 상반된 입장은 인종대에도 계속되고 있었다. 그러나 명분상 인종을 지지하였던 사림세력들의 정치적 입장은 강화되어 있었다. 즉 의정부에는 成世昌·李彦迪·權橃 등이 貳相職26)에, 육조에는 申光漢·柳仁淑·尹漑27) 등이 진출하여 있었다. 대간에는 李澄·宋麟壽·閔齊仁 등이 대사헌을 맡았고,28) 李潤慶·具壽聃 등이 대사간29)을 맡았으며, 그 下位에서 각각 宋希奎·丁煌·朴光佑30) 등과 郭珣·盧守愼31) 등이 활동하고 있었다.

인종의 승하가 임박한 시기에는 柳灌·成世昌이 각각 좌·우의정이 되었으며, 李彦迪이 좌찬성에 尹任이 형판에 보임되고,32) 홍문관에는 李滉·박광우·李若海 등이 포진하고 있는 상태였다.33) 이들 사

---

25) 金宇基, 1990, 「銓郞과 三司의 관계에서 바라본 16세기 權力構造」, 『歷史敎育論集』13·14, 78~79쪽.

26) 『仁宗實錄』卷1, 元年 正月 丁未 ; 『仁宗實錄』卷2, 元年 5月 丙寅.

27) 『中宗實錄』卷101, 39年 正月 壬寅 ; 『仁宗實錄』卷2, 元年 5月 丙寅.

28) 『中宗實錄』卷103, 39年 6月 己丑 ; 『仁宗實錄』卷1, 元年 閏 正月 辛巳 ; 『仁宗實錄』卷2, 元年 5月 癸酉.

29) 『仁宗實錄』卷1, 元年 正月 乙巳 ; 『仁宗實錄』卷2, 元年 5月 癸酉.

30) 『仁宗實錄』卷1, 元年 正月 丁未 ; 『仁宗實錄』卷1, 元年 閏 正月 戊寅 ; 『仁宗實錄』卷1, 元年 閏 正月 辛巳.

31) 『仁宗實錄』卷1, 元年 正月 乙巳.

32) 『仁宗實錄』卷1, 元年 閏 正月 己巳 ; 『仁宗實錄』卷2, 元年 5月 己卯 ; 『仁宗實錄』卷1, 元年 3月 辛巳.

33) 『仁宗實錄』卷2, 元年 6月 丙午 ; 『仁宗實錄』卷2, 元年 6月 乙卯.

32

림계 신료들은 대간을 중심으로 李芑와 소윤이 交結하여 정국 운영의
주도권을 장악하기 위한 정치체제 구축34)을 견제하고 있었다. 그 구
체적 사례는 대간의 탄핵으로 우의정에서 遞職된 이기의 자리에 유관
을 후임으로 한다든지,35) 문정왕후 소생인 敬顯公主의 남편인 靈川尉
申檥의 父인 申秀徑을 김포현령에서 체직시킨 것,36) 그리고 윤원형이
공조참판으로 임명되었을 때 赴京 時의 잘못을 탄핵하면서 戚里라는
점을 들어 개정을 요청하여 허락을 받는 것37) 등이었다.

한편 중종의 喪禮는 이례적으로 문정왕후가 주관하였다. 의당 대신
의 의논에 따라 殯殿를 설치해야 하는 관례를 깨고, 자의적으로 빈전
을 결정하였다.38) 문정왕후가 喪禮를 전적으로 주관하는 문제에 대해
대간이 '苟循內旨'하였다고 대신들을 탄핵한 것이나, 인종이 모든 일
을 자전에게 取稟하는 것을 비판한 것으로 볼 때,39) '상례 주관'은 바
로 문정왕후의 정치적 행위였던 것이다. 뿐만 아니라 문정왕후는 자신
과 명종의 처지를 '寡婦弱者'로 표현하며 身命의 보존이 어렵다는 말
로 인종을 압박하기도 하였다.40) 실체가 없는 극단적인 상황을 만들
어가면서까지 자신의 권위를 지키려 한 것이다.

인종대의 정국은 인종과 대윤·사림세력·문정왕후·소윤·훈구세
력 등 다양한 정치적 因子가 존재하는 가운데 사림의 정치적 영향력

---

34) "史臣曰 李芑納交於尹元老元衡 潛結宮圍 爲大行大王 得至貳公之列 自領
相尹殷輔之卒 士林咸疑曰 芑必爲相 已有彈劾之志"(『仁宗實錄』卷1, 元年
正月 壬子).
35)『仁宗實錄』卷1, 元年 正月 己酉·壬子·癸丑.
36)『仁宗實錄』卷1, 元年 閏 正月 庚午·辛未.
37)『仁宗實錄』卷1, 元年 3月 甲子·丁卯.
38) "殯殿之設 爲大臣所當議爲 而命自中殿 因以成之 已失之甚"(『中宗實錄』
卷105, 39年 11月 庚戌·壬子·乙卯);『中宗實錄』卷105, 39年 12月 戊寅.
39)『中宗實錄』卷105, 39年 12月 戊寅;『中宗實錄』卷105, 39年 11月 甲午.
40) "一日慈殿 以寡婦弱子難保之說 多下未安之敎 上(仁宗)承敎 不勝未安 朝
簷盛陽 伏地移時 慰安慈殿 誠意感動 然後慈殿 略降辭色"(『燃藜室記述』
卷9,「幽憤錄」仁宗朝 故事本末).

이 漸增하고 있었고, 표면적으로 대소윤의 갈등은 소강상태를 유지하
였다. 그러나 인종이 재위 8개월 만에 急逝함으로써 정국은 급변하였
다.

2) 文定王后의 垂簾聽政과 乙巳士禍의 발생

後嗣가 없는 인종의 뒤를 이어 異母弟인 慶原大君이 13대 국왕으
로 즉위하는 것은 명분상 당연한 일이었다. 그런데 명종이 즉위 당시
12세였으므로 관례에 따라 文定王后가 垂簾聽政을 시작하였다.[41] 수
렴청정을 계기로 小尹의 정치적 입지가 강화될 것은 충분히 예견되는
일이었다. 문정왕후는 명종이 즉위한 다음날 문안을 드린 영의정 尹
仁鏡과 좌의정 柳灌에게 다음과 같이 답하였다.

> 이제 主上이 어린 나이로 寶位를 계승하였으니 국가의 大事를 오
> 직 大臣들만 믿는 바이다. 또 지난날 근거 없는 浪說을 유포하는 무
> 리들이 邪慝한 말을 造作하여 나라를 어지럽히려 하였으므로 지금
> 까지도 인심이 疑懼心을 벗어나지 못하고 있다. 다시 이런 邪慝한
> 말을 하는 자가 있으면 마땅히 엄격히 다스릴 것이다. 그러나 旣往
> 의 낭설에 대해서는 털끝만한 私心도 없으므로 이를 다 蕩滌하고 힘
> 써 인심을 안정시켜 조정을 편안하게 하려고 하니 대신들도 의당 이
> 뜻을 알아서 인심을 진정시키고 충성을 다하여 나라를 돕도록 하라
> (『明宗實錄』 卷1, 卽位年 7月 丁卯).

문정왕후는 중종 말기 대소윤의 政爭 과정에서 있었던 분열과 유언
비어 등으로 인해 혼미했던 분위기를 쇄신하여 안정적인 국정 운영을
해 갈 것임을 밝혔다. 아울러 자신의 그러한 뜻을 잘 받들어 국정 운

---

41) 수렴청정은 명종이 즉위한 지 이틀 후에 大臣들이 정식으로 제기하여 공식
   화되었다(『明宗實錄』 卷1, 卽位年 7月 己巳).

34

영에서 각자의 소임을 충실히 다해 줄 것을 대신에게 당부하였다.

그런데 조정에서는 바로 이날 영의정 尹仁鏡을 비롯한 臣僚들이 "동궁(仁宗)이 대군(慶原大君)을 해치려고 한다는 말을 하여 중종을 昇遐하게 만들고, 형제간의 우애를 근심하다가 인종마저 승하하게 한 尹元老"를 국가의 禍根이고 宗社의 역적으로 지목하고 그에 대한 治罪를 요구하고 나섰다.[42] 문정왕후는 "내 어찌 원로를 아껴 조정의 公論을 따르지 않는 것이겠는가. 원한이 있는 사람-윤임을 가리킴-의 소행이기 때문이다"[43]라고 하여, 公論의 출처를 윤임으로 간주하면서 윤원로 처벌을 받아들일 수 없다는 뜻을 분명히 하였다.

그러나 사실상 '윤원로 탄핵'을 가장 강력하게 주도한 인물은 좌의정 柳灌이었다.[44] 사건의 전개에 따라 대소윤의 갈등이 再燃될 소지가 있었다. 문정왕후는 "온 조정의 신하가 윤원로를 罷職하여 杜門不出토록 하게 한 처벌도 받아들이지 않고 계속해서 논집하므로 애써 따른다"는 입장을 표명하면서, 어쩔 수 없이 윤원로를 '自願付處'의 형식으로 海南에 유배하였다.[45]

급박하게 전개되던 '윤원로 탄핵 사건'이 일단락된 후, 조정의 분위기는 一新되는 듯 했다. 즉 의정부에서 院相의 구성원을 충원하고 經筵과 『小學』에 대한 중요성을 거론하며, '議政府 10個條'를 올려 新政 초 국정의 방향을 제시하는[46] 등 국정 운영에 적극 나서고 있었기 때문이다. 복구된 薦擧科를 통해 새로운 인물들을 등용하기도 했다.[47]

그러나 新政 초의 정국은 병조판서 李芑가 "刑曹判書 尹任은 중종

---

42) 『明宗實錄』 卷1, 卽位年 7月 丁卯.
43) "予豈惜元老而不從朝廷公論乎 以有隙之人(指尹任)所爲故也"(『明宗實錄』 卷1, 卽位年 7月 戊辰).
44) 『明宗實錄』 卷1, 卽位年 7月 丁卯 ; 『明宗實錄』 卷3, 元年 2月 丁巳.
45) 『明宗實錄』 卷1, 卽位年 7月 己巳 ; 『明宗實錄』 卷1, 卽位年 7月 庚午.
46) 『明宗實錄』 卷1, 卽位年 7月 甲戌~乙酉.
47) 『明宗實錄』 卷1, 卽位年 8月 辛卯~丙午.

조부터 잘못이 많았으므로 근래 스스로 불안해 하였으며, 左議政 柳
灌과 吏曹判書 柳仁淑 역시 形迹이 있습니다"[48]라고 상소하면서 일
대 파란이 일어났다. 상소가 있자 문정왕후는 즉각적으로 대소 신료들
을 소집한 후 다음과 같이 말하였다.

　尹任의 姦慝하고 凶惡함은 중종 조부터 이미 드러나 정유년(중종
32, 1537) 金安老가 권세를 휘두를 때 그의 흉악한 계략이 許埥의 推
案에 나타나서 유생이 상소하기까지 하였다. 중종께서 삼흉을-金安
老·許沆·蔡無擇-다스릴 적에 윤임도 아울러 다스리려고 했으나
東宮을 위하여-인종이 세자로 있을 때 윤임은 인종의 외숙-그렇게
하지 않고, 1품의 職에 발탁하여 제수함으로써 그 姦慝함을 스스로
고치기를 바랐다. 나 역시 厚待하여 한 집안 같이 同化하려고 申
秀涇의 아들을-靈川尉 橯-駙馬로 삼을 때 처음에는 윤임의 손자를
부마로 삼으려 했었다. 그러나 윤임이 업신여기고 허락하지 않았으
니 그 간사함이 더 참혹함을 알 수 있다. 內殿에서는 전혀 잘못한 일
이 없는데도 지금까지 凶惡한 생각을 고치지 않아 재상과 결탁하고
內間-인종비 恭懿王后 박씨를 말한 듯함-에 연결하였다. 근래에도
내간에 큰 變故가 있어 어찌할 바를 몰라 길게 통곡하는데 오늘 조
정 재상들이 이렇게 와서 아뢰니 이는 모두 천지와 祖宗의 도움으로
그런 것이다. 이 일은 宗社에 관계되는 일이니 조정 대신들은 종사
를 위하여 함께 의논하여 크게 다스림이 가하다(『明宗實錄』卷1, 卽
位年 8月 壬子).

　윤원로를 유배한 이후 상소를 기다렸던 문정왕후는 중종대에 윤임
과의 정치적인 대립과 이로 인해 파생된 감정까지 복합적으로 토로하
였다. 윤임의 지난 날 정치적 행태 하나하나에 대한 불만과 증오도 여
과없이 쏟아내었다. 앞서 문정왕후가 '윤원로 탄핵 사건'을 윤임의 소
행으로 확신하고 있었던 이유가 밝혀지고 있었던 것이다.

48)『明宗實錄』卷1, 卽位年 8月 壬子.

특히 윤임이 "凶惡한 생각을 고치지 않아 宰相과 結托하고 內間에 연결"되어 있다고 단언하고 그 문제를 "宗社와 관련된 事案"으로서 다스리도록 명령하였다. 이는 "윤임의 흉악한 생각"이 "종사와 관련된 중대사안"인 만큼, 윤임을 가혹하게 처벌할 수 있는 보다 구체적이고 확실한 증거를 만들어 내라는 독촉에 다름 아니었다. 그 후 이어진 '鄭順朋의 상소'나 '金明胤 告變'은 바로 문정왕후의 독촉에 대한 결과물이었으며, 따라서 을사사화는 확대될 수밖에 없었다.

그러나 일단 영중추부사 洪彦弼이 조정 신료들의 일치된 의견이라고 아뢴 내용을 수용하여 문정왕후는 "윤임은 外方 竄逐, 유인숙은 罷職, 유관은 遞職" 하였다. 영의정 尹仁鏡·우참찬 申光漢·대사헌 閔齊仁 등도 그 정도 처벌로 사건을 끝내고, 인심을 안정시키는 것이 중요하다는 점을 강조하였으며, 원상인 李彦迪과 權橃은 힘써 구원하는 발언을 하였다.[49] 그럼에도 문제는 여기에서 그치지 않았다. 바야흐로 윤임 등 3인의 처벌을 기점으로 소위 '乙巳士禍'가 시작되고 있었기 때문이다.

사실 명종이 즉위한 후에도 윤원형 등은 流言蜚語[50]로 문정왕후를 현혹시키면서 대윤을 공격할 기회를 찾고 있었다. 그런데 문정왕후의 攝政이 불가피한 어려운 시기에 국정을 맡고 있는 좌의정 유관은 대소윤을 모두 罷黜하여 형평성을 유지하는 방향에서 國難을 풀어가야 했다. 그런데 유독 윤원로의 축출에 너무 급급하였다. 그러다 보니 마치 대윤을 방조하면서 소윤만을 공격하는 것 같은 상황이 된 것이다.[51] 자신이 천명한 국정 운영 기조에 반하는 그것도 오라비에 대한

---

49)『明宗實錄』卷1, 卽位年 8月 戊午.

50) 윤원형이 윤임을 모함하기 위해 "仁宗大漸之日 (尹)任思自全保 不願戴介弟 欲援立桂林君瑠 而(柳)灌(柳)仁淑助之"라는 말을 퍼뜨렸다(『燃藜室記述』卷10, 明宗朝 故事本末 乙巳士禍).

51) "……當母后擁幼主國勢岌岌之時 (柳)灌以大臣當國 忠鯁有餘 而智識不足 不知並黜大小尹 以紓國難 急獨急於治元老 其逆似助大而攻小 故大妃益怒

重典을 주장한 유관 등에 대해 문정왕후가 분노한 것은 어쩌면 당연한 측면이 없지 않다. 소윤에게 대윤을 공격할 수 있는 구실을 주게 된 셈이었다.

문정왕후가 윤원형에게 密旨를 내리면서[52] 수면 아래에 잠복해 있던 대소윤의 갈등이 정국 전면에 부상하고 있었다. 윤원형은 중종 말기부터 소윤과 정치적 이해관계를 같이 하고 있던 이기 등 훈구세력을 끌어들이면서 실질적으로 사화 정국을 문정왕후의 의도대로 이끌었다.

당시 양사에 진출해 있던 집의 宋希奎, 사간 朴光佑, 장령 鄭希登·李彦忱, 헌납 白仁傑, 지평 金礪·閔起文, 정언 金鸞祥·柳希春 등은 이기의 상소가 있기 하루 前에 대사헌 閔齊仁과 대사간 金光準을 통해 윤임 등 3인을 처벌하려는 사실을 알았다. 그러나 그들은 禍를 얽어내려는 수단이라고 하여 끝내 아무도 처벌 계획에 따르지 않았다.[53] 오히려 이들은 자신들이 바로 그러한 사실을 곧바로 아뢰지 못한 것에 대해 체직을 요청했고, 홍문관 부제학 羅淑, 응교 金振宗, 교리 郭珣·李楗, 부교리 李首慶, 박사 朴承任, 저작 任輔臣 등은 內旨가 정당한 명령 계통인 政院을 통하지 않고 특정 재상에게 密旨를 내리는 형태로 발단된 것을 비판하였다.[54]

특히 헌납 白仁傑은 사화의 발단에 대해 다음과 같이 비판하고 나섰다.

위의 政事는 아무리 미세한 일이라도 광명정대하게 하고, 나라 사

而元衡輩 亦得以藉口 托公名報私讎 大肆殺戮 以饕天功"(『明宗實錄』 卷1, 卽位年 7月 丁卯).

52) 『明宗實錄』 卷2, 卽位年 9月 辛未.
53) 『燃藜室記述』 卷10, 明宗朝 故事本末 乙巳士禍. 『明宗實錄』에는 이 날의 기록인 8월 신해의 기사가 누락되어 있다.
54) 『明宗實錄』 卷1, 卽位年 8月 壬子.

람들이 모두 알도록 해야 합니다. 이번 윤임의 일은 마땅히 院相에게 의논하여 처리하셨어야 했는데, 內間에서 尹元衡에게 密旨를 내려 몇몇 재상들로 하여금 直啓하도록 하고, 卿相들을 命招하여 그죄를 정했습니다. 죄를 결정한 것은 옳았으나, 죄를 준 방법은 크게事體를 잃었습니다. 위에서 밀지를 원상에게 내리지 않고 윤원형에게 내렸으니 필시 뒷날 간사한 무리들이 이것을 단서로 삼아 뜻을얻을 것입니다. 더구나 죄인은 정당한 명목으로 죄를 정해야 나라 사람들이 모두 "누구는 무슨 일로 무슨 죄를 받았다"고 할 것인데, 윤임 등의 죄는 단지 '遠竄·罷職·遞次'라고만 하였고, 傳旨의 사연이 없으니 역시 국법의 常道가 아닙니다. 윤원형은 至親으로서 전지를 받은 처음에 防啓하기를 "이처럼 비밀스러운 일은 다른 사람으로하여금 조처하게 하더라도 뒤 폐단이 있을 것인데, 하물며 지친으로서 순순히 따라 거행한다면 장차 폐단을 구하기 어려울 것이다."라고했다면 위로는 일을 잘못 처리하신 실수가 없고, 아래로는 폐단을 끼칠 걱정이 없었을 것입니다. 그런데 급급하게 재상과 통하여 國法이광명정대한 데서 나오지 못하게 하였으니 지극히 그릅니다. 추고하소서.

대사헌 閔齊仁과 대사간 金光準이 윤임을 논계하는 일에 관해 신들과 의논할 때 신들은 "나라에는 대신이 있고 또 육경이 있는데 이일은 여기에서 나오지 않고 밀지에서 나왔으니 그릇됨이 심하다. 또후일 간사한 무리들이 틈을 타서 계략을 꾸밀 단서를 열어 주는 것이다."라고 하였습니다. 이 때문에 각자의 의견을 주장하였고, 민제인과 김광준도 그렇게 생각하여 드디어 논계하지 않았으니 이것은잘한 일이었습니다. 그러나 면대하여 윤원형의 잘못을 아뢰었어야하는데 아뢰지 않았으니 또한 잘못이었습니다. 더구나 민제인은 헌부의 장관으로서 밀지가 내렸다는 것을 듣고도 傳令하는 군졸처럼재상의 집으로 쫓아 다녔으니, 이것이 비록 윗전을 위로하려는 생각에서 나왔다고 하더라도 대간의 체통이 쓸어버린 듯이 없어졌습니다. 집의 송희규, 사간 박광우, 장령 정희등·이언침, 지평 김저·민기문, 정언 김난상·유희춘은 신이 아뢴 뜻과 始終 서로 같았으나 즉시 결단하여 아뢰지 않고, 번거롭게 사피하여 머뭇거리는 행동을 면하지 못하였으니, 언관으로서의 책임을 다하지 않은 것으로 역시 잘못입니다. 아울러 체직시키소서(『明宗實錄』卷1, 卽位年 8月 癸丑).

백인걸은 윤임 등 3인을 처벌하는 방법으로 이용된 密旨의 부당성과 죄인의 傳旨에 사연을 기록하지 않은 것, 밀지를 받은 윤원형이 취한 조치의 부당성, 그리고 밀지를 처리하는 憲長들과 諫官들의 잘못 등을 조목조목 지적하였다.

공명정대하게 일을 처리하지 못하였다는 비판을 받은 문정왕후는 그러나 다음 날 備忘記를 통하여 "3인이 종사를 위태롭게 하는데도 臺諫과 侍從이 直言을 하지 않아 밀지를 내린 것이다"라고 強辯한 후, 밀지를 모두 그르다고 논한 백인걸을 파직시켜 가두고 엄히 추문할 것을 명하였다. 아울러 대간들도 파직하고, 윤임 등의 죄를 율에 따라 정하도록 하였다.[55]

백인걸과 언관들에게 관대한 조처를 취해 줄 것과 3인의 罪名을 맞게 기록할 것을 영의정 尹仁鏡 등과 부제학 羅世贊 등이 여러 번 요청하고 나서자,[56] 문정왕후는 마지못해 대사헌 민제인, 대사간 김광준을 체직, 대간들을 그대로 모두 파직시키고, 다만 백인걸만 放免하였다.[57] 백인걸의 상소는 을사사화의 전개 과정에서 방법과 절차상의 문제점을 지적한 것일 뿐이므로 소위 '공론'을 그대로 봉쇄할 만큼 심각한 사안이 아니었다. 그래서 신료들의 논의를 부분적으로 수용한 것이었다. 그러나 제거 대상인 윤임 등 삼인은 "종사를 危害할 陰謀를 획책한 죄인"으로 처벌이 加重되었고, 윤임의 아들 역시 追加로 처벌

55)『明宗實錄』卷1, 卽位年 8月 癸丑.
56)『明宗實錄』卷1, 卽位年 8月 甲寅. 특히 이언적·권벌·신광한이 계속해서 구원하는 말을 하였다.
57)『明宗實錄』卷1, 卽位年 8月 甲寅~乙卯.

되었다.58)

3인의 처벌이 확정되었지만 이의를 제기하는 여론은 수그러들지 않았다. 병조판서 權橃은 災變이 일어나는 원인을 삼인의 처리 문제와 연결시키며, 사실과 죄명을 맞게 할 것과 관대한 처벌을 주장하였다. 그의 주장을 지지하는 여론이 확산되고 있었다. 소윤측인 이조판서 林百齡마저도 유관·유인숙에게 씌워진 '謀爲宗社'란 죄목은 지나치다고 반박할 정도였다.59)

그러나 재변과 3인의 처벌을 연계시킨 권벌의 의도를 의심하는 상소를 鄭順朋이 올리면서, 사건은 다른 방향으로 급속히 확대되기 시작하였다.

윤임은 지난 중종조의 정유년 간에 있어서도 三兇에게 黨附하여 國母를 해치려고 했으니 만약 그 計略이 성취되었더라면 어머니가 廢해지는데 자식이 온전할 이치는 없었을 것입니다. 인종대왕께서는 천성이 효성스럽고 우애스러우셔서 형제 간에 조금도 간격이 없었는데, (윤)임이 無道한 말을 주창하여-윤임이 일찍이 '中宗이 尹元老의 讒訴를 듣고 맏아들을 廢하고 어린 아들을 세우려는 뜻이 있어 東宮이 두려워하니 반드시 보호하여야 한다'고 하였다-上下가 불안해했습니다. 그런데 (윤임은) 인종께서 승하하신 뒤에는 스스로 불안하고 두려운 생각이 나서 몰래 權臣과 결탁하여 不詭를 도모하였으니 그 정상을 추구해 보면 죽여도 죄가 남습니다. 비록 先 王后의 至親이라 하여도 용서할 수 없는 형세입니다. 그리고 유관은 顧命大臣으로서 위태로운 때를 당하여 힘을 합해 보도할 생각은 하지 않고 간곡하게 윤임의 말을 따라 殿下로 하여 孤立되어 의지할 데 없게 하였습니다. 嗣位하시던 날에는 首相의 귀에 대고 말하기를 '누구를 세워야 하는지를 取稟하려 한다.' 하였습니다.……또 유인숙은 윤임

58) 윤임은 海南에 安置하고, 유관은 舒川에 유인숙은 茂長에 각각 付處하고, 尹興仁은 樂安에 유배하였다(『明宗實錄』 卷1, 卽位年 8月 甲寅).
59)『明宗實錄』卷1, 卽位年 8月 丙辰.

의 집안과 혼인을 맺고 결탁한 지가 오래 되었으며……大統을 이어
받던 날 한 두 사람의 아래 관원들이-허자는 李霖이라고 아뢰었다-
이 사람들의 지휘를 받아 生殺의 權限이 慈殿께 돌아가지 못하게
하려고 공공연히 떠들어 댔으니 이 또한 凶惡한 計略의 한 단서입니
다.……권벌은 근래 재변이 극도에 달한 것은 고려하지 않고 도리어
하루 동안 비 온 것이 세 사람을 죄 준 감응이라 하니 신은 아무래도
의심스럽습니다(『明宗實錄』 卷1, 卽位年 8月 戊午).

그는 윤임이 중종대에 문정왕후를 弑害하려 했던 일과 그 결과로
발생했을지도 모르는 명종 존재의 불확실성, 유언비어로 정국 불안을
조성한 것, 그리고 명종 즉위 후에 유관과 결탁하여 윤원로 탄핵을 주
도하고 不詭를 도모하였다는 등의 내용을 구체적으로 거론하면서 그
죄가 사형을 넘어서는 것임을 단언하였다.

또한 유관은 윤임의 使嗾를 받아 왕의 모자를 孤立시키고, 인종이
薨逝할 때 명종의 존재를 부인하였으며, 유인숙은 문정왕후의 수렴청
정을 저지하였다는 사실을 지적하였다. 처음 이 사건이 발생하였을 당
시 문정왕후가 3인의 처리와 관련하여 언급한 내용에 해당하는 구체
적인 罪目들이 摘示되고 있었던 것이다. 이것은 당일 "윤임 등을 제
거하는 일로 자전이 밀지를 윤원형에게 내려 이기·정순붕 등을 설득
하게 하였다"[60]라는 내용으로 보아 문정왕후가 윤원형과 오랫동안 결
탁 관계에 있는 두 사람을 起禍의 적임자로 내심 지목하고 있었음을
알 수 있다.

이때 윤임이 內間(인종비 恭懿王后 박씨 : 인용자 주)과 연결하여
유관·유인숙과 함께 鳳城君 玩(중종 후궁 洪嬪 소생, 명종 異母弟)
을 지명하여 즉위시키려고 했다는 편지의 내용도 공개되었다.

근래에 나라 일이 점점 수상하여지니, 언제 죽을지 몰라 밤낮으로

---

60)『明宗實錄』卷1, 卽位年 8月 戊午.

42

울고 있습니다. 판서-유인숙-도 이러한 사정에 동정하여 왕위를 公
友-鳳城君 岏의 字-에게 옮기기 위하여 벌써 정승-유관-과도 통하
여 놓았습니다. 어제 하교하신 일은 형편상 하기가 곤란하니, 먼저
말씀드린 일을 속히 하여 주십시오. 이렇게 머뭇거리면 마침내 애매
하게 죽을 사람이 몇이 될지 알 수 없습니다. 전번 (윤)원로를 귀양
보낼 때 (윤)원형마저 치죄해 버렸더라면 인심이 이렇게 갈라지지는
않았을 것입니다(『燃藜室記述』 卷10, 明宗朝 故事本末 乙巳士禍).

이는 정순붕 상소의 내용 및 윤임 등이 봉성군 완을 즉위시켜서 명
종의 즉위 자체를 무산시키려 했음을 확고부동한 사실로 입증하고자
하는 문정왕후의 연출이었다. 그 결과 을사사화 발생 당시 애매하였던
3인의 죄목이 종사를 顚覆하려 한 '叛逆罪人'으로 확정되었다. 바로
문정왕후가 처음에 밝힌 '종사에 관한 문제'라는 의도에 부합되는, 政
敵으로 겨냥하고 있는 영향력 있는 대신 유관 등과 인종의 지친인 윤
임을 확실히 제거하기 위한, 재논의의 여지가 없는 죄명이었던 것이
다.

명종은 윤임·유관·유인숙을 賜死, 수렴청정을 반대한 李霖을 변
방안치, 권벌을 체직하도록 명하였고 3인을 제거하는 데 앞장선 자들
에 대해서는 佐理功臣의 예에 의해 功勳을 기록하도록 하였다. 그러
나 그들의 처리에 대해 명종은 한마디의 말이 없었던 반면 문정왕후
는 重典에 처할 뜻을 반복해서 말하였다.[61] 따라서 형식상 명종이 전
교한 것일 뿐 실제 처벌 수위나 공신책훈은 문정왕후의 일방적인 결
정이었다.

한편 윤원형의 지시에 따라 을사사화에서 핵심적인 역할을 한 李芑
·林百齡·鄭順朋·許磁 등은 각각 윤임·사림세력 등과 불편한 관
계였고,[62] 특히 이기는 중종대부터 윤원형과 정치적으로 굳게 결탁하

---

61) 『明宗實錄』 卷1, 卽位年 8月 戊午.
62) 衛社 1등공신으로 책록된 이기·임백령·정순붕·허자 등은 李芑와 柳灌의

고 있었던 반면, 유관·유인숙과는 정치적으로 대립하고 있는 상태였다. 대윤의 입장을 지지하던 사림세력들과 소윤도 첨예하게 대립하고 있었고 특히 유관은 윤원형 형제와 對蹠點에 있었다. 그러한 사림세력과 소윤의 적대관계가 을사사화 때에 극명하게 표출되고 있었다.

문정왕후의 밀지를 받은 윤원형은 처음에는 兩司를 통한 합법적인 처리를 시도하였다. 그러나 公論에 의한 정국 운영이 기본 입장인 당시 대간들이 끝내 밀지 내용의 부당성을 지적하며 아무도 따르려 하지 않자 병조판서 이기로 하여금 상소하게 하였던 것이다.

요컨대, 중종 말기의 사림세력과 그들로 인해 정치적 입지가 축소되어 있던 훈구세력의 대소윤과의 상호 관련성을 띤 역학관계가 을사사화에서 충돌하고 있었던 것이다. 을사사화는 명종의 왕위를 확고히 한다는 명분을 표방하였으나, 실제로는 문정왕후와 소윤의 정치적 입지를 굳힌 것이었다. 다른 한편 훈구세력에게는 사림세력을 제거하면서 정국 주도권을 장악하는 기회에 다름 아니었다.63)

이후 起禍者인 소윤과 훈구세력은 공신 冊錄을 통해 정당성을 인정받고, 명종대 군신권력관계에서 실질적으로 왕권64)보다 우위를 확

정치적 이해관계, 林百齡과 尹任의 개인적인 불화, 鄭順朋의 사림에 대한 악감정, 허자의 출세욕 등으로 윤원형과 결탁하게 된 것이다(『燃藜室記述』 卷10, 明宗朝 故事本末 乙巳士禍).

63) 그러한 사정은 李芑가 공공연히 다른 사람에게 "尹任得罪 慈殿因被誅戮 兩柳之死則我輩爲之云"(『明宗實錄』 卷1, 卽位年 8月 戊午 史論)이라고 말한 내용에서 확인된다.

64) 王朝體制에서의 군신권력관계는 권력의 정점인 王權과 왕권을 중심으로 전개되는 신료들과의 정치적 세력관계를 나타내고 있다. 그런데 군신권력관계를 나타낼 때 흔히 사용되는 王權·臣權·宰相權·言官權·郎官權 등의 용어는 그 개념이 불분명한 채 사용되어 왔다. 최근 金燉은 1997, 『朝鮮前期 君臣權力關係硏究』, 서울대학교 출판부, 6~7쪽에서 君權과 臣權인 재상권·언관권·낭관권 등을 포괄하는 넓은 의미의 왕권을 설정하고, 그 왕권은 계속적으로 강화될 수밖에 없다고 파악하였다. 좁은 의미의 왕권인 君權은 정치 상황에서 부각되는 국왕의 公的·私的 권력 행사가 제도화되면서, 신

권과 상대적 대응 관계에 놓이는 군신권력관계의 일단을 의미한다고 하였다. 언관권 역시 군권의 지칭과 관련하여 사용한다고 하였다. 정치사 관련 분야에서 왕권과 신권과의 관계 설정 및 용어의 개념을 정리하여 그 의미를 좀더 분명하게 제시해 주고 있다는 점에서 주목된다.

필자는 앞 연구에서 언급되지 않은 넓은 의미에 사용되는 왕권의 위상 설정의 근거와 왕권·군권·신권의 관계 설정의 근거나 논리를 제시하고자 한다. 또한 왕권·신권에 있어서 '權'의 의미의 차이도 염두에 두면서 나름대로 이 논문에서 사용하는 각 용어의 개념을 한정해 보고자 한다.

먼저, 왕권은 "上曰 人君之職 代天理物"(『世宗實錄』 卷37, 9年 9月 甲申)이라는 기록에서 보이듯 天으로부터 賦與받은 것으로 인식되고 있었다. 또한 중세 왕조체제 국가에서는 國家權力은 곧 왕권으로 상징되고 있었으니 만치, 代天理物하는 王權=국가권력으로 표현될 수 있다고 판단된다.

신료들은 어떠한 존재인가. "上……曰 今之守令 卽古之諸侯 民事 予不能親莅 故擇爾等遣之爾等體予之心 欽哉 夫民無恒心 故用不能節 爾等敎民節用 又勸農桑 使樂其生"(『世宗實錄』 卷38, 9年 12月 乙丑)이라든가, "御書諭諸道守令曰……盖天生蒸民 立以司牧長 天不能自有所爲 必借之人君 人君不能親督庶務 必委之百官 均是代天理物 所當日愼一日 常以不合天心爲慮"(『世祖實錄』 卷14, 4年 11月 己丑)에서 보이는 바와 같이, '代天理物'하는 왕권이지만 모든 국사에 친히 임하여 다스릴 수 없으므로, 封建 諸侯와 같은 百官과 수령을 세워 통치권을 위임한다고 하였다. 즉, 왕권을 정점으로 하는 國家體制는 官品을 매개로 하여 성립된 官僚制와 封建制가 구조적으로 결합된 형태인 것으로 이해하였던 것이다. 제도 자체로는 봉건제가 아니지만 봉건제적 성격을 띤 것으로, 신료들은 封建的 分權의 형태로 위임받은 권한을 행사하는 것으로 이해하였다. 신권·재상권·언관권·낭관권 등의 용어는 그러한 의미에서 사용될 수 있을 듯하다.

한편, 국가권력으로 상징되는 왕권은 좁은 의미의 왕권(=君權)과 재상권·언관권·낭관권 등의 臣權을 포괄하고 있다. 재상권·언관권·낭관권 등이 臣權으로 포괄되면, 신료들의 권한 행사를 통괄하는 좁은 의미의 왕권인 君權이 성립된다. 따라서 '權'도 왕권의 '권'은 '權力·權柄'의 의미로, 宰相權·言官權·言官權·郎官權 등의 '권'은 '權限'의 의미로 사용하되, 내용상 의미의 차이를 구분하여 서술할 수 있는 용어가 적절하지 않으므로, 편의상 (왕권이나 신'권') 모두 '권'으로 표현하기로 한다. 요컨대, 필자는 왕권과 신권의 구분 지표를 첫째 '권'의 근거는 각각 대천리물·왕권에서 分任되는 것으로, 둘째, '권'의 행사에 있어서는 각각 專制性·制限性을 갖는 것으로, 셋째, '권'과 법과의 관계에서는 각각 超越性·拘束性을 갖는 것으로 이해하였다.

보해 나갔다.

3) '擇賢說'

을사사화에 대한 論功行賞이 진행되는 상태에서 경기관찰사 金明
胤[65)]이 윤임 조카인 桂林君 瑠와 鳳城君 岏[66)]의 을사사화와의 관련
성을 상소하였다.

이 논문에서 왕권의 强弱을 논할 때의 왕권은 군권을 의미한다. 국왕이 신료
들의 제 영역을 통괄하고, 정국 운영을 실질적으로 주도하는 정도에 따라
'왕권의 강화' 또는 '약화' 등으로 표현하기로 한다. 그리고 좁은 의미의 '군
권'을 '왕권'으로 사용하였고, '재상권'은 인물의 천거에 직접적인 영향력을
미칠 수 있는 三公과 六卿으로 제한하여 사용하였다.

65) "方李芑(尹)元衡 行胸臆羅織之時 刀鉅之濫 構陷之慘極矣 明胤乃身先告變
誣陷無辜之人 大起士林之禍"(『明宗實錄』卷31, 20年 11月 辛亥 史論)라는
기록을 볼 때 김명윤이 사화 정국에 便乘하여 무고사건을 일으킨 것이었다.
한편 명종 말년에 이르러서는 을사 餘黨의 雪寃을 건의하는가 하면, 曺植·
李恒 등이 召命을 받게 되자 善類에게 아첨하는 등 더욱 교묘하게 농단하는
기술을 부려 사림의 분노를 증폭시켰는데, 결국 선조 즉위년에 삭탈관작을
당하였다(『栗谷全書』卷28, 經筵日記1, 宣祖 卽位年[1567]).

66) 계림군 유는 자는 彦封이며, 尹汝弼(중종의 제2계비 章敬王后의 父)의 외손
으로 일찍이 성종의 셋째 아들 桂城君 恂의 양자로 襲封을 받아 계급이 올
랐다. 文筆에 마음을 두어 여러 왕족 중에서 명성이 자자하였는데, 세자를
보호한다고 말한 윤임이 사실은 유를 추대하려 했다고 윤원로가 말을 꾸며
연루되었다(『燃藜室記述』卷10, 明宗朝 故事本末 乙巳士禍). 김명윤의 고
변이 있은 후 한달 정도 지난 후 능지처사되었다(『明宗實錄』卷2, 卽位年
10月 甲午). 봉성군 완은 中宗의 後宮 洪嬪의 소생으로 명종의 異母弟이다.
중종의 喪을 당하여 간절하게 哭泣하여 사람들이 칭탄하였는데, 윤임 등이
마음에 둔 대상이었다고 모함당하였기 때문에 사건에 연루되었다(『明宗實
錄』卷2, 卽位年 9月 甲戌). 이후 왕실이 봉성군의 입장을 배려하여 論罪하
지 않았으나, 홍빈은 스스로 私家로 나갔고, 봉성군은 江原道 蔚珍으로 귀
양 갔다. 결국 '良才驛 벽서 사건' 때 圍籬安置해서 自處케하였다(『明宗實
錄』卷4, 元年 9月 丙寅 ; 『明宗實錄』卷4, 元年 9月 辛未 ; 『明宗實錄』卷6,
2年 閏 9月 甲午).

　조정에서 宗社의 大系를 위하여 이미 세 사람의 죄를 확정하였으니, 참으로 국가의 무한한 복입니다.……桂林君 瑠는 윤임의 조카로서 윤임이 그에게 의지하여 흉측한 謀議를 하였으니 유도 반드시 그 實情을 알았을 것입니다. 이미 그 實情을 알고도 즉시 告變하지 않았으니 용서할 수 없는 죄이어서 당연히 처치한 바가 있어야 할 터인데도 조정에서는 아직까지 처치함이 없습니다. 이는 필시 범죄의 괴수가 이미 제거되었으니 이런 것쯤은 염려할 것이 없다고 여겨 버려두고 기론하지 않는 것일 겁니다. 그러나 신의 어리석은 생각으로는 사실이 이미 명백하게 드러났으니 유가 아무리 스스로 빠져 나갈 계책을 생각해도 반드시 될 리가 없을 것인데 不道한 무리들이 바로 이 점을 이용해 不詭를 도모할 것은 필연의 이치입니다. 그런데 만약 謀叛이 발생한 뒤에 처치한다면 반드시 聖上의 심려를 다시 번거롭게 할 것이니, 삼가 바라건대 여러 대신들과 의논하여 빨리 善處하소서.
　鳳城君 岏은 신의 죽은 아내의 가까운 친척인데-명윤이 洪景舟의 딸에게 장가들었는데 완은 바로 (洪)景舟의 외손자이다.-나이가 아직 어리니 필시 계략이 없을 것입니다. 그러나 완이 여러 왕자군 중에서 조금 뛰어났다 하여 무지한 무리들 중에 간혹 칭찬하는 자가 있으니, 국가가 위험한 시기를 당하여 功勳을 탐내고 災殃을 일으키기를 좋아하는 무리들이 이에 의지하여 叛亂의 階梯로 삼을 자가 없다고 또한 보장할 수 없습니다. 아울러 처치하소서(『明宗實錄』 卷2, 卽位年 9月 辛酉).

　김명윤은 계림군 유와 봉성군 완 兩人이 無知·不道한 무리들과 결탁하여 명종의 왕권에 도전할 수 있는 위험 소지를 없애기 위해, 두 인물에 대한 정치적 결단을 신속히 단행할 것을 촉구하였다. 이 사건은 문정왕후가 공개하였던 편지 내용을 볼 때, 이미 예정되어 있었던 것과 다름없었다. 문제는 특히 윤임이 유인숙·유관과 함께 조카인 계림군 유에게 왕위를 옮기기 위한 모종의 계획을 이미 세워 놓고 있는 상태로 몰아가고 있었다는 점이었다. 이 상황을 종합하면 앞서 봉성군

완을 먼저 거론하였던 이유는 바로 계림군 유를 끌어들이기 위한 사전 포석이었음을 알 수 있다.

곧 이어 幼學 韓性源이 계림군 유가 8월에 도망갔다는 사실을 고변하고, 安世遇가 도망간 유의 소재지를 알 수 있다고 고변하였다.[67] 이에 따라 유의 소재처를 탐문하고, 처벌된 3인의 자식들을 수감하며 관련자들을 추국함으로써 사화는 확대일로를 걷게 되었다.

특히 관련자 중 한 사람으로 지목된 윤임의 사위 李德應은 供招에서 소위 '擇賢'과 관련된 내용을 거론하였다. 즉 擇賢의 대상을 봉성군 岏으로, 그 논의의 최초의 발설자로 郭珣을 지목한 것이다.[68] '擇賢說'의 언급자로 지목된 곽순은 다음과 같이 진술하였다.

> 아비가 죽으면 아들이 계승하고 형이 죽으면 아우에게 미치는 것이 古今의 공통된 도리인데 主上께서 嫡統으로 大行王을 계승해야 한다는 것을 愚夫愚婦인들 누가 모르겠습니까. 지난 해(중종 39, 1544) 정순붕이 대사헌으로 있을 때 동궁에게 끝내 계승할 後嗣가 없게 되면 大君이 당연히 즉위해야 한다는 의논이 있었습니다. 신은 이 말을 듣고 이미 지극히 절실한 의논이라 여겼는데 어찌 또 다시 異議를 제기하여 망령되이 발설할 수 있겠습니까. 택현하여 즉위시켜야 한다고 했다는 말은 절대로 무리한 말입니다. 後嗣를 정하는 것은 바로 人主가 하는 것이므로 신하가 감히 의논할 일이 아닙니다 (『明宗實錄』卷2, 卽位年 9月 壬申).

중종 39년경부터 後嗣 문제를 둘러싸고 조정의 신료들은 대소윤의 권력투쟁에 무관할 수 없는 입장이었다. 그래서 현실 정치 상황에 대해 논의했을 가능성은 있다. 그러나 국왕만의 고유 권한인 왕위승계 문제에 특정인을 지목하여 정하려는 기도는 할 수 없었을 것이다. 택

---

67) 『明宗實錄』卷2, 卽位年 9月 壬戌 ; 丙寅.
68) 『明宗實錄』卷2, 卽位年 9月 辛酉~丙寅.

48

현설은 윤임도 의중에 두었던 듯하다.[69] 그러나 언급하는 것 자체가
왕권의 不可觸性과 관련되는 것이어서 은밀하게 나돌았고, 소윤도 그
것을 감지하고 있는 상태였다.[70] 곽순은 택현설과의 관련성을 부인하
였지만 죽음을 당했다.[71] 그럼에도 택현설은 사실 여부와 관계없이

---

69) "蓋以仁廟無嗣 萬世後 不必傳位於大君 當擇宗室之賢者而立之也 此乃尹
任之意 而李煇言之 聞者實少"(『明宗實錄』卷1, 卽位年 8月 戊午).
70) 『明宗實錄』卷3, 元年 2月 丁巳.
71) 『明宗實錄』卷2, 卽位年 9月 乙亥. 金燉은 1993, 앞의 논문, 116~121쪽에서
'택현설' 자체를 李芑가 말한 '형적의 실상'이라고 파악하면서, '擇賢說'로 인
해 乙巳士禍가 발생하는 것으로 서술하고 있다. 그러나 앞서 살펴보았듯이
명종대 을사사화 발생의 결정적 계기가 된 것은 '윤원로 탄핵사건'이었다.
'택현설'은 김명윤의 고변을 통해 표면화되었고, 李德應의 供招에서 확인되
면서 정치쟁점화 되었으며, 집권세력에 의해 공식화된 것이다. 따라서 명종
이 이미 즉위한 상황에서 '택현설'은 거론한 사실 여부와 관계없이 가장 核
心的인 事案으로 부각될 수밖에 없었고, 관련되었다고 의심되는 자들에게
피해 범위가 확대될 것은 必然의 사실이었다. 이기가 말한 바 '형적'은 윤임
등 3인의 처벌을 유도하기 위한 애매한 죄목일 뿐이었고, '택현'은 집권세력
이 이덕응과 곽순의 공초를 통해 3인을 '택현'과 관련된 인물로 지목하면서
정치 논리화하였던 것이다.
또한 김돈은 '택현설'이 거론되었다는 자체를 명종대 王權의 位相의 약화가
前提된 것이라고 하였다. 왕위승계 문제에 외척이 정치세력화하여 개입하였
던 것은 前朝에서는 없었던 일이다. '택현설'이 왕권의 상징적인 위상에는
부정적으로 작용하였겠으나, 거론되었다는 그 자체가 왕권의 弱化를 의미하
는 것은 아니라고 생각된다. '택현설'이 정치 쟁점화되면서, '택현'을 도모한
것으로 지목된 인물들이 처벌되었다. 따라서 관련자 제거에 앞장 선 훈척들
의 왕권에 대한 정치적 입장은 강화될 수밖에 없었다. 또한 '택현설'을 명분
으로 반대세력을 숙청한 그들이 독점적 정치세력이 되었고, 그러면서 그들
이외의 왕권 지지 기반이 형성되는 것을 차단하였다. 그러한 결과 왕권이 고
립되면서 약화되었던 것으로 이해하는 것이 타당하다고 판단된다. 또한 문
정왕후의 권력행사도 왕권약화의 원인 중 하나였다.
한편 지두환은 1994, 앞의 책, 60~84쪽에서 이 당시의 상황을 성리학의 理
解·進展 과정과 관련지어 이해하였다. 즉 朝鮮初期에는 정치적인 상황에
따라 宗法에 입각한 왕위계승을 표방하는 정도였다. 종법에 따라 즉위한 燕
山君이 反正을 통해 축출되고, 반정을 주도한 세력들에 의해 晋城大君(중

김명윤의 고발을 기점으로 하여 집권세력에 의해 정치 현안으로 등장
하였고, 그들에 의해 공식화되었다. 그렇다면 택현설의 실체는 과연
무엇인가.

 이덕응의 형 文應이 그 아우가 죽음을 면할 수 있는 방도를 임백
 령에게 물으니, 백령이 문응에게 계책을 말해 주었는데 "흉측한 모의
 와 비밀스런 계획을 자세히 다 공초하면 너의 아우는 죽음을 면할
 수 있을 것이다." 하였다. 문응이 백령의 거짓말을 덕응에게 자세히
 말하니 덕응이 자세히 꾸며서 거짓으로 공초하여 大獄을 만들어 중
 종 40년 동안 배양된 훌륭한 선비들이 一網打盡되게 하였으니, 백령
 의 無狀함이 극에 달하였다. 백령과 윤원형은 10년전부터 서로 찾아
 오면 손님을 물리고서 낮이 다하고 밤이 새도록 서로 비밀스럽게 의
 논하였는데, 의논한 것이 무슨 일이었기에 이때에야 드러나게 되었
 을까(『明宗實錄』 卷2, 卽位年 9月 丁卯 史論).

 '흉측한 모의와 비밀스런 계획'의 실체인 '택현설'은, 실로 윤원형과
훈구가 정권 장악과 사림의 제거를 위해 오래 전부터 치밀하게 모의
해 온 결과였다. 즉 小尹과 勳舊들이 중종대에 거론되었다고 짐작되
는 擇賢의 문제를 李德應으로 하여금 거짓으로 공초하게 함으로써,
사림세력을 제거하는 을사사화의 정당성과 명분을 구축하였던 것이

종)이 추대되었다. 중종대에 발생한 여러 정치적 사건이나 특히 중종 말기
세자(인종)와 경원대군을 둘러싸고 나타난 대소윤의 대립을 아직 종법이 확
립되지 못한 상태였기 때문에 일어나게 되었다는 것이다. 또한 종법에 입각
하여 즉위한 仁宗이 즉위 8개월 만에 急逝한 후, 『經國大典』의 "적장자가
無後이면 衆子가 계승한다"는 원칙에 따라 명종이 즉위하는 것은 소윤이나
사림도 당연시하였지만, 그러나 소윤이 인종의 後嗣를 따로 세워 왕위를 계
승하게 하려 한다는 혐의를 대윤일파에게 두면서, 사화가 일어나게 되었다
는 것이다. 그러한 입장은 왕위계승문제를 종법제도의 정착 과정 및 성리학
이해의 진전 과정과 관련성을 갖고 검토하였다는 점에서 새로운 시각이라
생각된다.

50

다. 따라서 이덕응의 공초에서 이름이 거론된 인물들의 대부분은 이 사건의 연루된 자로 지목되었고 처벌받음으로써, 사림은 일대 타격을 받게 되었다.

요컨대 윤원형과 훈구는 을사사화와 관련되어 죽음을 면하게 해 준다는 조건을 내걸어, '택현'에 관한 내용을 이덕응으로 하여금 공초하게 하였다. 택현이 왕위승계와 관련된 문제였으므로 택현의 대상으로 거론되었던 계림군과 봉성군은 물론이고, 조금이라도 관련이 있다고 의심되는 인물들은 정치적 생명을 유지할 수 없게 되었던 것이다. 이 사건은 윤임 등 3인의 謀逆을 확인시키는 결과로 귀착되고,[72] 집권세력에게는 '擇賢說'이라는 사화의 명분을 확보하게 함으로써 을사사화의 핵심을 이루었다. 훈척세력은 '택현설'에 대한 응징이라는 정치적 명분을 이후 발생하는 정치 사건에 적극 활용하면서, 權力集團[73]의 성격을 확고히 하였다.

---

72) "領經筵事李芑曰……又曰 尹任柳灌柳仁淑謀逆之事 實爲非當 當初定罪之時 猶不分明罪狀 而據安世遇金明胤陳告 乃始治之 彼若不告 則不能明示於其時"(『明宗實錄』卷6, 2年 10月 戊午).

73) '權力集團'이라는 용어는 한국역사연구회, 1990, 『朝鮮政治史』(上), 청년사, 「서론」에서 정치세력의 層位를 기존체제와 관련하여 權力을 중심으로 나눌 때 개념화하여 사용되었는데, 권력을 장악하여 정국을 주도적으로 운영하는 계층을 지칭하였다. 그 외에 정치세력을 중앙의 高位 官職을 띠고 있어 권력집단의 母集團을 이루면서 중앙 정치의 중요한 事案의 결정에 참여할 수 있는 政治集團, 정치집단의 모집단을 이루면서 中央과 地方의 官職으로 나아갈 수 있는 政治勢力, 구체적인 관직은 없으나 정치에 참여하는 것이 허용되는 정치 참여층 내지 廣義의 지배층으로서 정치 참여 가능층, 그리고 피지배층으로 구분하고 있다. 이 논문에서 사용되는 '권력집단'이라는 용어는 위의 개념을 따라 사용한 것이다.

2. 衛社功臣의 策錄

을사사화의 처리가 일단락되자, 명종은 성종대 佐理功臣(성종 2년, 1471)의 예에 따라 공신을 策勳하라는 전교를 내렸다.[74] 이는 물론 문정왕후의 뜻이었다. 다음날 명종이 을사사화를 '처음 아뢴 자'인 李芑·鄭順朋·林百齡·許磁 등을 1등공신으로 정하였다. 또한 영중추부사 洪彦弼이 성종조 신묘년(성종 2)의 '좌리공신'의 예와 추후에 함께 의논한 재상들의 명단을 써 올리자, 명종은 영중추부사 洪彦弼·영의정 尹仁鏡·좌찬성 李彦迪·우찬성 權橃·좌참찬 丁玉亨·우참찬 申光漢·예조판서 尹漑·대사헌 閔齊仁·대사간 金光準 등을 2등으로, 도승지 및 입참한 사관을 3등으로 각각 정하고, 功臣 號는 의논하여 일단 '保翼功臣'으로 정하였다.[75]

공신 호와 명단이 결정되었음에도 명종은 공신들의 반대를 무릅쓰고 1등공신의 子弟를 書啓하라는 명목을 내세워 참여시켜야 할 사람을 함께 서계하도록 여러 차례 언급하였다. 바로 漏落된 윤원형을 策勳하기 위해서였다.[76] 이에 따라 1등공신인 우의정 이기·이조판서 임백령·대사헌 허자 등이 문정왕후와 명종의 의도에 부합하기 위해 추가로 공신을 책정하였다. 즉 윤원형(문정왕후의 同母弟)·韓景祿(명종의 누이 懿惠公主의 남편)·林九齡(임백령의 아우)·尹敦仁(문정왕후의 同姓從叔父)·崔彦浩(최보한의 족속)·寶城守 萬年(정순붕의 사위) 등을 3등공신에 포함시켰고, 또한 명종의 명령에 따라 尹參(문정왕후의 同姓 庶族)도 3등공신에 책록하였다. 또한 같은 날 4등공신 호를 없앴는데, 이기의 아들 李元祐와 정순붕의 아들 鄭礩은 原從功臣으로 내려갔다.[77]

---

74) 『明宗實錄』 卷1, 卽位年 8月 戊午.
75) 『明宗實錄』 卷1, 卽位年 8月 己未.
76) 『明宗實錄』 卷1, 卽位年 8月 庚申.
77) 『明宗實錄』 卷2, 卽位年 9月 辛酉.

처음 책록된 공신명단에는 당시 대신 반열에 포진해 있던 사림파적 성향을 지닌 인물들도 다수가 포함되었다. 그러나 그 내용이 그대로 유지된 것은 아니었고, 조정 과정을 거치면서 최종적으로 28명이 확정되었다. 그 명단과 등급을 살펴보면, 1등공신은 李芑·鄭順朋·林百齡·許磁, 2등공신은 洪彦弼·尹仁鏡·尹元衡·閔齊仁·崔輔漢·金光準·林九齡·韓景祿, 3등공신은 李彦迪·丁玉亨·申光漢·尹漑·宋麒壽·崔演·宋世珩· 李潤慶· 尹敦仁·萬年·崔彦浩·鄭礥·申秀涇·趙璞·朴漢宗·尹參 등이었다. 변동의 핵심은 3등공신이었던 尹元衡·林九齡·韓景祿 등이 2등으로 陞錄된 반면, 2등 李彦迪·丁玉亨·申光漢 등이 3등으로 降等되고, 崔輔漢·申秀涇·鄭礥 등은 새롭게 追錄된 것이다. 공신호도 보익공신에서 '衛社功臣'으로 바뀌었다.[78] 확정된 위사공신의 특징은, 문정왕후 및 윤원형과 관련된 戚族세력이 다수 포함되어 있다는 점과 그 훈척들의 수와 등급이 상향 조정되고 있었다는 사실이다.

반면 사림계 인물들은 공신 등급의 조정과정을 통해 降等되거나 削勳되었다. 즉 권벌은 논의에 다름이 있었다는 이유로, 鄭源은 논의에 참여하지 않았는데 단지 승지여서 錄勳된 것이라 하여 삭훈되었다.[79] 李文楗은 조카 李煇에 연루되어, 安馠은 그의 妹가 윤임의 아들 興仁과 혼인한 관계로 각각 삭훈되었다.[80]

처음 훈척이 사림계 인물을 위사공신에 포함시킨 이유는 연합적인 정국운영을 표방한다는 명분의 차원에서 였다. 따라서 만약 사림과의 정치적 연합의 필요성이 없어지거나, 사림세력의 약화를 기도하려고

---

78) 『明宗實錄』 卷2, 即位年 9月 乙亥. 衛社功臣은 선조대에 이르러 그 削勳에 대한 문제가 제기된 후 논란을 거치다가 선조 10년(1577) 10월에 전면적으로 삭훈된다(『經筵日記』 卷3, 宣祖 10年 6月).

79) 『明宗實錄』 卷2, 即位年 9月 乙丑.

80) 『明宗實錄』 卷2, 即位年 9月 壬申. 이문건은 을사사화 때 택현설과 관련하여 능지처사된 李煇의 伯父이다(『明宗實錄』 卷2, 即位年 9月 辛未).

한다면 공신 등급의 재조정은 언제든지 가능한 것이었다. 실제 초기 여러 상황을 거치면서 자신들과 사림계 신료들의 정치적 입장이 다르다는 사실을 확인한 1등공신 이기 등은 공신의 조정을 시도하였고, 그래서 조정 결과가 대조적으로 나타난 것이었다.[81]

'功臣 선정의 주체가 누구인가'하는 문제가 王權의 强弱에 중대한 변수로 작용하는 한다는 사실[82]을 감안할 때, 공신 선정을 이기 등이 주도하였다는 것 자체가 그들의 정치적 위상을 확인시켜 주고 있는 셈이다. 즉 그들은 자파인 훈척계열의 공신의 등급은 상향 조정하여 강화시키는 반면 사림세력들은 降等 또는 削勳하여 그들의 공신으로서의 위상, 궁극적으로는 정치적 위상을 약화시키고 있었던 것이다.

한편 자연적인 사망[83]과 분열 등 자기 도태의 과정을 거치면서 위사공신 집단의 총체적인 힘이 약화되었다. 그러자 그 공백을 메우고 보강하기 위해 이기 등은 명종 3년(1548) 다시 공신의 追錄을 단행하였다. 아무리 훈척의 위세가 대단하다 하더라도 공신을 책봉한 지 3년이나 지났기 때문에 많은 반대가 뒤따랐다.[84] 그럼에도 그들은 黃憲·沈連源·金明胤·安世遇 등을 3등공신에 追錄하였다. 심연원은 왕실과의 連婚한 것으로, 황헌은 親소윤계 인물이어서, 김명윤·안세우는 告變한 것 등이 추록된 이유였다.[85] 공신 추록은 즉위 초 공신의

81) 『明宗實錄』 卷2, 卽位年 9月 乙亥 ; 『明宗實錄』 卷3, 元年 正月 壬午.
82) 崔承熙, 1987, 앞의 논문, 135쪽.
83) 먼저 원년 7월에 임백령의 사망을 시작으로 하여 우찬성 최보한(2등), 우의정 정순붕(1등), 좌의정 윤인경(2등), 영의정 홍언필(2등), 지중추부사 최연(3등), 錦川君 정옥형(3등), 영중추부사 이기(1등)와 명종 8년 윤3월에 이조판서 송세형(3등)이 차례로 사망하였다(차례대로 『明宗實錄』 卷4, 元年 7月 癸酉 ; 『明宗實錄』 卷4, 元年 12月 庚子 ; 『明宗實錄』 卷7, 3年 4月 丙寅 ; 『明宗實錄』 卷8, 3年 7月 壬辰 ; 『明宗實錄』 卷9, 4年 正月 己亥 ; 『明宗實錄』 卷9, 4年 2月 甲辰 ; 『明宗實錄』 卷9, 4年 5月 丙戌 ; 『明宗實錄』 卷13, 7年 4月 庚辰 ; 『明宗實錄』 卷14, 8年 閏 3月 丁巳).
84) 『明宗實錄』 卷8, 3年 8月 戊辰~『明宗實錄』 卷8, 3年 9月 丙子.
85) "史臣曰 (沈)連源 以連姻王室與焉 黃憲以交結小尹參焉 金明胤安世遇 以

選定을 주도하던 때보다 더욱 강화된 그들의 위상을 분명하게 보여주고 있다.

衛社功臣들은 공식적으로 차등 있게 토지·노비 등의 경제적인 특혜를 받았다.[86] 그 위에 사화의 피해자로부터 籍沒한 田畓의 分給이 지체되자 은과 비단을 先給받기도 하였다.[87] 비단 경제적인 給付뿐 아니었다. 3등공신 중 원래 無職者는 직장으로 서용되고 直長은 注簿로, 주부는 判官으로 각각 승진되는 특혜도 주어졌다.[88]

공신의 후원세력이 되는 原從功臣도 무려 1400여 명이 책록되었다.[89] 원래 을사사화 공신의 성격을 靖難功臣과 동일하게 생각한 명종은 원종공신 책록을 반대하는 입장이었지만, 정순붕의 주장을 따라[90] 3등급으로 책록하였던 것이다.[91] 兩司가 吏典人의 過多 책록이

<hr/>

善於告變得焉 皆公論之所嗤笑也"(『明宗實錄』卷8, 3年 8月 乙卯). 이 중 황헌은 佐理功臣 문제로 4년 6월에 삭훈되었다.

86) 1등공신은 伴儻 10인, 奴婢 12구, 丘史 7명, 전 150결, 家舍 1좌를, 2등공신은 반당 8인, 노비 10구, 구사 5명, 전 100결을, 3등공신은 반당 6인, 노비 8구, 구사 3명, 전 80결 등을 각각 수급받았다(『明宗實錄』卷2, 卽位年 9月 乙亥).

87) 1등공신에게는 은 50냥 段子 1필, 2등공신에게는 은 25냥 단자 1필, 3등공신에게는 은 15냥 단자 1필을 先給해 주기도 하였다(『明宗實錄』卷2, 卽位年 9月 戊子). 뿐만 아니라 피화자의 妻妾兄弟 총 54명을 공신에게 각 2명씩 分給해 주었으며, 피화자의 籍沒奴婢를 1등공신에게 15구, 2등공신에게 13구, 3등공신에게 10구씩 분급해 주기도 하였다(『明宗實錄』卷2, 卽位年 11月 甲申 ;『明宗實錄』卷3, 元年 正月 丁丑).

88) 『明宗實錄』卷2, 卽位年 9月 丙子 ;『明宗實錄』卷2, 卽位年 11月 丁丑.

89) 『明宗實錄』卷3, 元年 正月 丁丑.

90) 『明宗實錄』卷1, 卽位年 8月 庚申. 명종이 분명하게 原從功臣을 책록하겠다는 의사를 표시한 내용은 찾아지지 않는다. 그러나, 공신에 관한 일은 반드시 정순붕에게 의논한 뒤에 결정하라는 명종의 언급과 이 날 올린 그의 서계에 "潛邸로부터 大統을 이었을 경우 반드시 원종의 예가 있으니, 옛 관례를 따르는 것이 어떻겠습니까"라는 내용이 있었던 것으로 볼 때, 그의 주장을 따른 것으로 판단된다.

91) 『明宗實錄』卷2, 卽位年 9月 乙亥.

나 원종공신 1등으로서 通訓大夫로 있는 자 중 加資를 받는 자 등에 대한 문제를 제기하고 나섰다. 그러나 당상의 가자만을 개정하였을 뿐이다.[92] 과도하게 책록된 원종공신의 수와 혜택에 대한 개정 문제가 제기된 것은 지극히 당연한 일이었다. 그러나 이기 등은 "인심을 화합하는 차원의 일이라 비록 신들이 죄를 받는다 하더라도 錄勳을 바꿀 수 없다"[93]라는 왕권을 무시할 뿐 아니라 위협하는 발언까지 서슴치 않으면서 그들의 의견을 관철시켰다. 사화 직후 기화자인 이기·정순봉 등 위사공신의 정치적 위상이 어느 정도였는지 극명하게 보여 주는 것이다.

또한 원종 1등공신으로서 1등급씩 가자해 주는 혜택을 통하여 任權[94]·李浚慶[95] 같은 명망 있는 인물을 끌어들였다. 尙震[96]·具壽聃[97]·

---

92) 『明宗實錄』 卷3, 元年 正月 丁丑~『明宗實錄』 卷3, 元年 2月 壬辰.

93) 사신은 그러한 이기 등의 태도를 "其爲挾脅無君 不容誅矣"(『明宗實錄』 卷2, 卽位年 10月 庚寅)라고 신랄하게 비난하였다.

94) 임권은 처음부터 끝까지 인종을 문소전에 합부하지 않는 것을 부당하게 생각하였고, 普雨에 대해서도 여러 차례 極諫하였다(『明宗實錄』 卷5, 2年 5月 乙丑;『明宗實錄』 卷12, 6年 8月 戊寅). 당시 가장 강직한 재상으로 평가되고 있었다(『明宗實錄』 卷12, 6年 9月 甲辰).

95) 李浚慶은 윤원로의 처벌 문제를 극단적으로 처리하지 않도록 권한 인물로, 그가 병조판서에 임명되었을 때 청렴하고 꿋꿋하여 재상감이라는 기록으로 보아 명망이 있음을 알 수 있다(『明宗實錄』 卷3, 元年 2月 丁巳;『明宗實錄』 卷8, 3年 4月 壬申).

96) 이때(원년, 1546) 李芑가 극력 추천해서 의정부 우참찬으로 제수되었다. 그는 동궁(인종)에게 아들이 없다는 것으로 윤원로와 연결하여 뒷날의 기반을 구축하려다가 인종이 즉위하면서 유인숙에 의해 경상도 관찰사로 파출되었는데, 원년 9월의 병조판서도 李芑의 적극적인 추천으로 임명된 것이었다(『明宗實錄』 卷3, 元年 正月 乙亥;『明宗實錄』 卷4, 元年 9月 丁巳). 즉 상진은 이미 중종대부터 훈척과 긴밀하게 연결되어 있었고, 그러한 정치적 관계를 바탕으로 명종 4년(1549) 9월 우의정에 제수되는 것을 시작으로 18년까지 삼공을 두루 역임한다.

97) 윤원형의 가장 심복인 윤춘년의 인진으로 대간이 된 진복창과 구수담이 사이가 매우 좋았던 것으로 보아 親윤원형 성향의 인물이었음을 알 수 있다

趙彦秀98)・池世芳99)・尹思翼100)・ 張世豪101) 같은 親훈척계 인물들을 포섭하고 尹元弼・尹元老・尹元亮(문정왕후의 오빠) 및 李龜壽(문정왕후의 외삼촌) 등 문정왕후의 戚族을 후대하는 방편으로 이용하기도 하였다.102) 이는 명망 있는 새로운 인물을 국정 운영에 참여시키고 자파 인물들을 우대함으로써, 국정의 주도권을 장기적으로 독점하려는 훈척세력의 포석이었다.

요컨내 위사공신의 책록은 을사사화의 정당성을 확인하면서 공신인 훈척들의 정치적 위상을 보장한 것이었다. 왕의 즉위와 관련된 공신은 정치적으로 특별한 의미가 있는데, 그래서 위사 1등공신인 병조판서 李芑가 좌의정에, 鄭順朋이 우의정에 임명되었다.103)

그렇다면 兩人 이외의 위사공신의 진출 상황은 어떠하였는가. 명종즉위년 이후 수렴청정기의 議政府는 4년 9월 이후 재상을 역임하는 원종 1등공신인 尚震104)을 제외하면 尹仁鏡・李芑・鄭順朋・洪彦弼・黄憲・沈連源・尹漑・尹元衡 등 전원이 衛社功臣인 勳戚으로 구성되어 있었다.105) 六曹는 훈척이 주류를 이루지만 훈척 일변도의 의

(『明宗實錄』卷4, 元年 8月 癸丑 ;『明宗實錄』卷10, 5年 5月 乙酉).

98) 조언수는 어리석고 용렬한 인물이었지만 內批로 호조참판에 임명되었다. 특징이 뚜렷하게 나타나지 않는데, 特命으로 형조판서에 임명되거나, 특지로 사헌부 대사헌에 임명되는 것으로 미루어 친훈척계 인물로 판단된다(『明宗實錄』卷7, 3年 正月 丁亥 ;『明宗實錄』卷26, 15年 7月 丁卯 ;『明宗實錄』卷8, 3年 12月 癸卯).

99) 李芑의 家臣이었다(『明宗實錄』卷3, 元年 6月 丙午).

100) 이기의 뜻에 영합한 인물이었다(『明宗實錄』卷10, 5年 7月 乙巳).

101) 훈척계에 의해 장수에 합당한 품계에 있는 자로 추천되고 있다(『明宗實錄』卷3, 元年 4月 壬辰).

102) "傳于政院曰 尚震任權池世芳具壽聃尹思翼張世豪李浚慶趙彦秀尹元弼尹元老尹元亮(細註尹元弼以下三人 乃大王大妃同生娚)李龜壽(大王大妃外三寸叔) 各加一資(此人等 皆參原從功臣一等 親受加)"(『明宗實錄』卷3, 元年 2月 丙申).

103)『明宗實錄』卷2, 即位年 10月 己亥.

104)『明宗實錄』卷9, 4年 9月 甲申.

정부 구성과는 다소 다른 양상을 보이고 있었다.106) 그러나 銓曹의 권
한을 훈척재상들이 장악하고 있는 당시로서는 별 문제가 되지 않았다.
그들은 위사의 공과 정치적 위상을 바탕으로 자신들의 권력 행사의
정도와 범위를 강화하면서 국정을 장악해 나갔다.

3. 乙巳士禍의 확대

홍문관부제학 周世鵬이 언급한 바와 같이 을사사화 이후 수렴청정
기의 國事 모두를 문정왕후가 총괄하고 있었다.107) 그러나 실제 국정
운영은 대신들을 중심으로 이루어졌고,108) 그들의 국정참여 방식은
"일의 대소를 막론하고 院相이 힘을 다해 조치하라"109)라는 문정왕후
의 말에서 알 수 있듯이 院相制를 통해서였다. 그러나 사화 직후 이미
원상이 제 기능을 다하지 못하고 있다는 비판이 있었고, 이후 대신의
아룀으로 일시 혁파되었다. 그러다가 간원의 아룀으로 다시 평시에 하
루 걸러서 낮에만 출사하는 것으로 기능이 대폭 축소되었다.110)

원상제의 문제는 원상의 구성원 변화 때문이었던 것으로 살펴진다.
사화 전에는 원상에 윤인경·유관·홍언필 등 3인 외에 이언적·권벌
111)이 가세하여 사림세력의 공론에 바탕을 둔 운영이 가능할 수 있었

105) 『仁宗實錄』卷1, 元年 正月 己巳 ;『明宗實錄』卷2, 卽位年 10月 己亥 ;『明
宗實錄』卷8, 3年 5月 丙子 ;『明宗實錄』卷8, 3年 7月 戊子 ;『明宗實錄』
卷8, 3年 12月 己巳 ;『明宗實錄』卷12, 6年 9月 甲寅.
106) 金宇基, 1995, 앞의 논문, 36쪽.
107) "副提學周世鵬等 上疏曰……殿下天姿粹美 聰明之德 已近於道 而萬幾之
繁 則方總于慈殿"(『明宗實錄』卷2, 2年 正月 戊寅).
108) 『明宗實錄』卷3, 元年 2月 辛丑.
109) "(大王大妃)答曰……事無大小 院相盡力處之可也"(『明宗實錄』卷1, 卽位年
7月 己巳).
110) 『明宗實錄』卷2, 卽位年 9月 丁丑, 11月 乙丑. 당시 원상은 이언적·정순붕
·홍언필·윤인경·이기 등이었다.

다. 그러나 을사사화를 거치면서 사림계 인물이 원상에서 제외되는 반
면 위사공신인 이기·정순붕·임백령·허자 등이 임명되었다.[112] 그
들은 왕권이 문정왕후와 分占되어 행사되는 가운데 국정 전반에 걸쳐
자신들의 의도를 반영시키며 현실적으로 국정을 장악하였다.

수렴청정기의 정치가 문정왕후와 훈척의 상보적 관계로 충분히 가
능할 수 있는 시점에 이르러서는, 굳이 원상제라는 제도적 장치를 통
해 정치적 효율성을 높일 필요가 없었다. 영중추부사 홍언필·영의정
윤인경·좌의정 이기·우의정 정순붕 등이 중종의 喪制가 이미 끝났
고, 명종이 국정 운영을 원만하게 하고 있다는 명분으로 원상제의 혁
파를 건의하자, 문정왕후가 명종 2년(1547) 2월에 혁파한 것[113]은 바
로 그러한 상황을 반영한 것이었다.

한편 문정왕후와 훈척세력의 연합으로 국정 운영이 이루어지는 가
운데 '全城正의 家難'이 발생하였다. 그 내용은, 위사 1등공신인 임백
령이 사망한 후 成服하는 날 全城正(윤임의 생질 : 인용자 주)의 婢女
가 誹謗하는 말을 하였고, 또 임백령이 하사받은 윤임의 집 북쪽에 꽂
혀 있던 防川木을 윤임의 심복이었던 陽麓正 집 사람이 뽑아버렸다
는 것이다.[114]

그 같은 사실을 알게 된 문정왕후가 元勳을 비방한 것을 '國家와
朝廷을 무시한 처사'로 치부하여 관련자를 색출·추국할 것을 명하였
다. 그러나 그 결과 드러난 실상이 없었다. 그럼에도 대사간 윤원형은
'택현설'을 새삼스럽게 다시 거론하면서 을사사화의 餘孼을 없애야 할

111) 『明宗實錄』卷1, 卽位年 7月 甲戌 ; 『明宗實錄』卷1, 卽位年 7月 乙亥.
112) 『明宗實錄』卷1, 卽位年 8月 癸丑(이기를 원상에 임명하였다는 공식적인
　　기록이 없으므로 우의정에 제수된 이때 원상이 되는 것으로 하였고, 실록에
　　나타나는 것은 즉위년 9월 을해이다.) ; 『明宗實錄』卷2, 卽位年 10月 乙未
　　 ; 『明宗實錄』卷2, 卽位年 11月 戊寅 ; 『明宗實錄』卷2, 卽位年 12月 己酉.
113) 『明宗實錄』卷5, 2年 2月 辛卯.
114) 『明宗實錄』卷4, 元年 8月 戊子.

것을 주장하고 나섰다.[115] 이를 빌미로 사림에 대한 재탄압을 본격화
하려는 것이었다. 이때 잔존 사림을 대표한다고 할 수 있는 이언적ㆍ
권벌도 처벌되었는데, 피화자는 다음 <표 1>과 같다.

<표 1>

피화인물	처벌내용	전거
이임	賜死	『명종실록』권4, 원년 8월 기축
한숙, 나숙, 정원, 이약해, 김저, 이중열	邊方安置	동상
성세창	外方竄出	동상
林亨秀, 韓澍, 權橃	削奪官爵	동상, 『명종실록』, 8월 갑오
柳貞	永不敍用	『명종실록』, 8월 갑오
愼居寬, 李首慶	削奪官爵, 遠地竄配	『명종실록』, 8월 계축
李彦迪	勳籍 官爵 削奪	『명종실록』, 9월 기미
나식 정원 나숙 이약해	賜死	『명종실록』, 10월 기유
權應挺, 權應昌	삭탈관작, 罷職	『명종실록』권5, 2년 정월 무진
이중열 成子澤	賜死	『명종실록』, 3월 갑자

문정왕후나 을사사화의 기화자들은 아무 정치적 의미가 없는 사안
을 '전성정의 가난'으로 정치 쟁점화하여 강경하게 대응하였다. 이는
을사사화 이후 국정 운영에 대한 불안감의 표출인 동시에 잔존하고
있는 사림들을 계속 의식하고 있다는 반증이었다. 그들이 국정 운영에
대해 가지고 있는 불안감은 언제라도 또 다른 정치적 무고사건을 조
장하는 배경으로 작용할 수 있는 소지를 담고 있다는 점에서 더욱 문
제였다.

1) 良才驛 壁書의 獄

정국의 기류가 불안정한 가운데 명종 2년(1547) 9월 부제학 鄭彦愨

---

115)『明宗實錄』卷1, 元年 8月 己丑.

60

이 良才驛 壁에 쓰인 "女主가 위에서 政權을 잡고, 奸臣 이기 등이 아래서 권세를 弄奸하고 있으니, 나라가 장차 망할 것을 서서 기다릴 수 있게 되었다. 어찌 한심하지 않은가"라는 내용을 고변하는 것으로 '壁書의 獄'이 시작되고 있었다. 영의정 윤인경·좌의정 이기·우의정 정순붕 등이 그 匿名書의 내용을 그즈음에 떠돌던 '을사사화와 衛社 功臣의 부당성을 주장하는 邪論'의 연장선상에서 인식하고 있었기 때문이다.116)

"이덕응은 곤장을 참을 수가 없어서 誣服한 것이다. 그것이 어찌 사실이겠는가? 허위이다"라는 내용의 '이덕응 誣服說'까지 생원 許忠吉이 언급하고 있던 터였다. 집권세력의 입장에서 볼 때 인심이 안정되지 못한 상태에서 을사사화의 정당성을 위협하는 분위기가 조성되고 있는 것이었다. 그래서 즉각 삼공이 처벌할 죄인들을 적어 封進하는 수순을 밟아 을사사화 피화인에게 加刑하는 조처를 취했던 것이다.117) 이들의 罪目은 "勳舊를 지적하여 공 없이 勳籍에 기록되었다 하고, 역적의 무리를 편들어 사실이 아닌 죄를 받았다"118)라고 한 것이었다. 이로 인해 처벌된 인물은 다음 <표 2>와 같다.119)

---

116) "尹仁鏡等回啓 見此朱書 非直迷劣者所爲也 此乃匿名書不可取實也 但臣等聞之近年邪論(指罪人爲誣服 指勳臣爲無功)飛騰 不知出自何處也 臺諫侍從 亦皆聞之 未知言根所出 臣等已欲以所聞 從實上達 但未知邪論所出之根 故未果耳 此書雖不足取實 然見此則邪論飛騰 亦不虛矣"(『明宗實錄』 卷6, 2年 9月 丙寅)라고 하여 이 사건을 사론의 연장선상에서 인식하고 있음을 보여 준다.
117) 『明宗實錄』 卷6, 2年 9月 丙寅.
118) "敎中外大小臣僚耆老軍民人等 王若曰……直斥勳舊 謂錄籍之無其功 陰右逆流 指伏誅之非其實……"(『明宗實錄』 卷6, 2年 9月 丁卯).
119) 이 도표에서 임형수 이하의 인물들은 이 사건 당시는 아니지만, 그 연장선상에서 1달 정도의 기간을 두고 처벌이 이루어지고 있으므로 피화 대상자에 포함시켰다.

<표 2>

피화인물	처벌내용	전거
송인수 이약빙	사사	『명종실록』 권6, 2년 9월 정묘
이언적 정자	극변안치	동상
노수신 정황 柳希春 金鸞祥	絶島安置	동상
권응정 권응창 鄭惟沈 이천계 권물 이담 임형수 한주 安景祐	遠方付處	동상
권벌 宋希奎 白仁傑 李彦忱 閔起文 황박 이진 李洪男 김진종 尹剛元 趙璞 安世亨 尹忠元 안함	부처	동상
임형수	사사	『명종실록』, 9월 기사
이염	극변안치	동상
金忠甲	삭탈관작 門外出送	『명종실록』, 9월 신미
韓灝 朴承任 柳景沈	파직	동상
유희춘 권벌	귀양	『명종실록』, 윤9월 임오
李潤慶	勳籍削除 罷黜	『명종실록』, 윤9월 임진
봉성군 완	自處	『명종실록』, 윤9월 계사

이 사건으로 가장 많은 사람이 加重 처벌 또는 治罪되었고, 이미 처벌된 피화자들의 家産을 籍沒하는 후속 조치도 취해졌다.[120] 또한 집권세력들은 왕실이 수용하지 않던 '택현'의 대상자인 봉성군 완도 결국 圍籬安置시켜 自處케 하였다.[121] 이렇게 해서 '택현설'에 연루되었던 인물들이 거의 다 제거되었고, 그에 따라 士林의 정치적 기반은 철저하게 파괴되었다.

'양재역 벽서의 옥'이 일어날 수 있던 배경은 당시 실세이던 이기가 여론의 동향을 피력한 다음의 내용에서 찾아진다.

金安老가 敗亡한 후에는 사람들 모두가 그의 이름을 부르며 罵倒

120) "郭珣 鄭希登 朴光佑 鄭源奴 成蕃 鄭郁 羅湜 羅淑 李霖 李若海 李中悅 金碏 成子澤 李若氷 宋麟壽 林亨秀 尹興仁 尹興義 尹興禮 柳希曾 柳希顔 柳希閔 柳希孟 李學齡 柳光贊 李文瑚 已上 籍沒家産"(『明宗實錄』 卷6, 2年 9月 己巳).
121) 『明宗實錄』 卷6, 2年 閏 9月 癸巳.

62

한 것이 마치 천한 노예처럼 했었습니다. 윤임과 유관 유인숙은 이미
伏誅되었는데도 사람들 모두가 반드시 '某爺'(아무 어른)라고 부르
니, 그들이 한 때의 이름을 도둑질한 것을 알 수 있습니다(『明宗實
錄』卷6, 2年 10月 戊午).

즉 중종대 정권을 농단하다가 敗死했을 때 김안로를 심하게 비난하
는 것이 일반적인 정서였던 것과는 대조적으로 을사사화로 처형을 받
은 윤임 등에 대한 여론은 아직까지도 매우 동정적이라는 것이다. 그
러한 여론 동향은 곧 을사사화의 정당성에 대한 인식과 직결되는 것
인 만큼, 집권세력에게 부담으로 작용할 수밖에 없었다. 따라서 '벽서
사건'이 아니어도 士禍 主導세력이 동원하는 방법이 문제일 뿐 잔존
하는 사림세력을 제거하려는 시도는 반드시 일어날 수밖에 없는 상황
이었던 것이다. "邪論으로 인심이 불안정하여 나머지 殘黨들에게 죄
를 가하는 문제를 이미 대신들과 결정한 상태에서, 벽서사건으로 이들
의 죄를 追論한 것에 불과하다"[122]라는 지경연사 閔齊仁의 말에서 그
같은 상황이 확인된다.
    결국 '벽서의 옥'은 표면적으로는 垂簾聽政期의 國政 運營을 부정
적으로 비판한 데서 출발하고 있지만, 실상은 벽서 내용을 빌미로 남
은 사림에게 또 다른 정치적 일격을 가한 것이었다. 이 사건은 이기
등이 의도한대로 마무리되었다. 그 결과 훈척세력만이 유일한 정치세
력으로 굳게 재편되었고, 그래서 독점적 지위를 누리게 되었다.

  2) 安名世의 獄

  양재역의 벽서를 빌미로 사실상 또 한차례 사화를 주도한 문정왕후

---

122) "知經筵事閔齊仁曰 近者邪論飛騰 人心不靖 故朝廷共憂之 曾欲啓達 而適
    因國家多事 未及啓之 加罪餘孽 非因壁書而發也 大臣之議 已定於前 故追
    論而改定其罪 在王法罔故也"(『明宗實錄』卷6, 2年 9月 甲戌).

는, 을사사화의 여파가 계속되면서 점차 남은 자들의 죄를 더하여 무거운 법으로 다스리거나 밖으로 竄逐한 것, 조정이 불안하고 봉성군완이 죽은 것 등 을사사화가 확대되는 근본적인 원인을 모두 윤임에게 돌렸다.[123] 또한 그들이 治罪되었음에도 인심이 안정되지 않는 이유를 역모의 실상을 제대로 알지 못한 때문으로 인식하였다. 그래서 윤임 등의 흉한 謀議와 逆賊의 실상을 外間 사람들에게 제대로 알려야겠다는 문정왕후의 강한 의지[124]와 加禍의 정당성을 합법화하기 위한 훈척세력들의 입장은 새로운 史書를 조작하는 방향으로 일치되었다. 그리하여 성종대부터 當代까지를 『續武定寶鑑』(일명 『乙巳定難記』: 인용자 주)으로 편찬하는 작업이 구체화되었다.[125]

그 과정에서 撰集廳 堂上들은 을사년 8·9·10월의 時政記 참고에 반대하는 史官을 추고하면서까지 시정기를 다시 옮겨 실어가 열람하였다. "사화 당시의 기록을 보고 자신들에게 불리하게 기록된 부분이 있으면 다시 사화를 일으키려고 하였다"[126]라는 것에서 알 수 있듯이 李芑 등 을사사화의 起禍者들이 조그만 문제라도 드러날 경우 또 다시 관련자를 철저하게 제거하려는 분명한 의도를 가지고 있었기 때문이다.

찬집청 당상들은 시정기 을사년 8월의 기록에 죄인들의 招辭가 생략되어 있는 점과, 당시 처벌된 자들의 情狀을 역적으로 기록하지 않았다는 점을 트집잡아서, 당시의 사관이었던 孫弘績과 安名世를 잡아다 추국하였다.[127] 이미 처벌 방향을 정해놓고 있었던 만큼 손홍적을

---

123) 『明宗實錄』卷6, 2年 10月 戊午.
124) "傳曰 尹任等賊黨之事 包藏禍心 非一朝一夕之故 其兇謀逆計 外間之人 容或有不知者 其依武定寶鑑 印出廣布事 議于大臣"(『明宗實錄』卷6, 2年 10月 甲子).
125) 『明宗實錄』卷6, 2年 11月 丁亥.
126) 『明宗實錄』卷6, 2年 11月 癸卯.
127) 『明宗實錄』卷7, 3年 2月 己未. 당시 찬집청 당상은 영의정 윤인경, 좌의정 이기, 우의정 정순붕, 이조판서 윤원형, 우찬성 황헌, 한성부 판윤 최연, 대사

定州로 유배하고, 안명세를 斬하였으며, 趙璞을 즉일로 慶源에 杖流하였다.[128] 문정왕후와 훈척이 획책한 목적을 충분히 이룬 셈이었다.

이 사건의 결과 시정기의 내용을 改定하게 하였다. 더 나아가 史草에 이름까지 기록하게 하여[129] 사화의 흔적조차 남기지 않고 역사를 조작하려 하였다. 요컨대 집권 훈척세력은 자신들의 국정 운영에 부정적 시각을 지닌 자를 철저하게 탄압·봉쇄하면서, 국정을 굳건히 장악하려 하였던 것이다.

문정왕후와 집권 훈척세력들의 宿願 사업으로 진행되는 『續武定寶鑑』의 편찬이 마무리될 무렵 兩司가 다음과 같은 내용을 發議하면서 또 다시 파문이 일었다.

국가가 『武定寶鑑』을 纂集하여 中外에 널리 반포한 것은 모든 사람들에게 逆黨들의 정상을 낱낱이 알리기 위한 것입니다. 吏曹郎官 등이 이 책을 印出하려 하자 정랑 柳堪 만이 유독 달갑지 않은 표정으로 "어디 볼만한 책이 없어서 하필 이 책을 인출하는가"라고 하였습니다. 그는 『무정보감』이 볼만한 책이 못된다고 여겨 멋대로 異意를 제기, 인심을 동요시켰으니 먼 곳으로 竄逐하소서.

병조정랑 李元祿은 전일 逆類들을 죄줄 때 자못 불평하는 기색이 있었으며, 또 그의 숙부 이기를 지목하여, 滅族의 화가 있어야 한다고 하였습니다. 그의 마음이 음험하니 찬축하소서(『明宗實錄』 卷9, 4年 2月 癸卯).

간 진복창 등이었다. 그들 중 진복창 외에는 모두 衛社功臣이었다.

128) 『明宗實錄』 卷7, 3年 2月 庚申·辛酉·乙丑. 그리고 전에 피화되었던 송인수·이약빙·나숙·곽순·이임·정원·박광우·정희등·나식·이약해·정욱·윤홍인·이학령의 집과 田畓을 죽은 右贊成 崔輔漢, 靈城君 申光漢, 諸君, 公主, 成均館, 忠勳府에 나누어 주는 후속 조치가 이어졌다(『明宗實錄』 卷7, 3年 3月 丙戌).

129) 『明宗實錄』 卷8, 3年 11月 甲戌 ; 『明宗實錄』 卷9, 4年 正月 甲申.

즉 문정왕후와 훈척세력에게 있어서 의미있는 작업인 『속무정보
감』을 찬집하는 사업에 불만을 갖고 있다는 이유로 유감이 탄핵된 것
이다. 또한 이원록은 을사사화 피화자를 치죄할 때 '불평하는 기색이
있었다'라는 애매한 죄목으로 탄핵되고 있었다. 결국 집권세력의 국정
운영에 불만을 가진 것으로 간주된 兩人은 탄핵받은 당일에 極邊安
置되었다. 그 처벌은 택현설을 다시 거론하는 윤원형의 인식과 궤를
같이하는 것이었으나, 그들이 탄핵된 실제 이유는 평소에 吏曹判書인
尹元衡의 注擬에 불만을 품은 때문이었다.

    (윤)원형이 이조판서로 있을 때 친한 사람에게 "柳郞(이조정랑 유
    감)과 李郞(병조정랑 이원록)이 注擬가 있을 적마다 붓을 던지고 물
    러 앉아 눈을 부릅뜨고 대답도 하지 않았으며, 祗迎하기 위해 출입
    할 때도 눈을 흘기거나 언짢은 눈을 하였다. 이는 필시 내가 外戚으
    로 이조판서를 하고 있다고 여긴 때문일 것이다." 하였는데 말투가
    매우 거칠었다. 韓智源이 그 말을 듣고 즉시 유감이 "무정보감을 인
    출할 필요가 없다"고 한 말을 (윤)원형과 (윤)춘년에게 보내어 알려
    서 중상했다(『明宗實錄』 卷9, 4年 2月 丁卯).

유감과 이원록이 郞官으로서 윤원형 등의 人事權 행사에 반발하고
있다는 것은 이미 형성되어 있던 郞官權[130]이 권력구조 내에서 집권
훈척세력들과 긴장 관계를 형성하고 있다는 점에서 주목된다.

---

130) 최이돈, 1994, 앞의 책, 제4장 「明宗·宣祖朝 言官 및 郞官의 政治力 成長
    과 朋黨政治」 참조. 여기에서는 16세기 중종대에 낭관권을 바탕으로 성장한
    낭관들이 김안로 같은 권신과 명종대 윤원형·이량 일파의 낭관직 진출 및
    명종의 낭관 장악 시도에 대해서까지도 자신들의 의도와 부합되지 않을 경
    우 이를 끝까지 저지하는 양상과 선조대에 낭관권을 둘러싼 분쟁 때문에 혁
    파되기도 하지만(선조 16년, 1583) 自薦制가 慣行으로 남아 결국 다시 회복
    되는 강력한 권한으로 자리잡고 있다고 하였다.

66

3) 李洪胤의 獄

아우 李洪胤의 不道한 罪狀을 적은 李洪男[131])의 封書를 舍人 鄭惟吉(이홍남 처남)과 敎理 元虎變(이홍남 동서)이 고변하면서, 을사사화와 관련된 또 다른 옥사가 시작되고 있었다. 그 내용은 그의 동생 李洪胤이 術士 裵光義와 相從하며 今上을 燕山君에 비교하며 오래 갈 수 없다고 말했다는 것과 원망·비방하는 말을 하였다는 것이다.[132])

이홍윤(윤임의 사위 : 인용자 주)은 供招에서 자신의 입장과 이홍남과의 관계를 설명하며 분간하여 줄 것을 요청하였다. 이홍윤은 자신이 차남으로서 부모에게 많은 재산을 받은 것으로 형 이홍남이 의심하여 미워하였다고 하였다. 형제 사이의 오해로 인한 불화를 사건 발단의 원인으로 진술한 셈이었다. 그의 공초에 따르면 전적으로 형제 사이의 개인적인 문제였다. 그러나 다시 추문하는 과정에서 亂言과 逆謀한 정상이 있다고 지적되면서 상황은 급속히 변하였고, 관련자의 범위도 확대되었다.[133])

이홍남은 동생 홍윤이 윤원형·이기 중심의 정국과 명종이 오래 가지 못할 것이라고 하였다는 것 등을 공초하였다.[134]) 이홍남의 공초 내용은, 명종에 대해서는 不忠不敬한 逆臣이고 윤원형·이기 등에게는 집권을 부정하는 극악한 인물이 바로 이홍윤임을 부각시키기에 충분한 것이었다. 그러므로 관련자들에 대한 추국이 계속되었고 일차로 이홍윤 및 그와 관련된 자들이 陵遲處死되었다. 가족들과 재산에 대한 처분도 각각 이루어졌다.[135])

---

131) 이홍남은 李若氷의 아들로 '양재역 벽서사건'에 연루되어 영월에 유배된 상태였다(『明宗實錄』 卷6, 2年 9月 丁卯).
132) 『明宗實錄』 卷9, 4年 4月 丁巳.
133) 『明宗實錄』 卷10, 4年 4月 庚申.
134) 『明宗實錄』 卷10, 4年 4月 壬戌.
135) 『明宗實錄』 卷10, 4年 4月 癸亥~5月 庚午. 이때 먼저 능지처사된 자들은

그 외에 이홍윤의 庶弟인 李後丁을 잡아다 推鞫하였고, 그 과정에서 언급된 幼學들 역시 능지처사되었다.[136] 여전히 관련성을 부인하거나 승복하지 않은 자들에 대한 추국과정과 처벌 논의를 거쳐 李後丁·李福基·孫守恭·池七同·池億年·安世章·延瑗·孫守讓을 능지처사하고, 柳堤春 등 4인을 流 三千里에 처한 후[137] 내려진 傳旨를 통해 이 사건의 최종적인 성격을 살펴보면 다음과 같다.

오늘날 이홍윤 등이 몰래 蛇虺의 독을 기르고 梟獍의 무리와 체결하여 國運이 쇠하였으니, 王法을 바꿀 수 있고 天命을 도모할 수 있고 하늘도 쏠 수 있고, 어린 임금도 제거할 수 있으며 宗室인 毛山을 세울 수 있고 金義淳 裵光義 成世章 李輝의 점이 틀림이 없고 康惟善 崔大立 崔大臨 李彝의 배움에 의지할 수 있다고 여겨 백일하에 賊黨을 불러 모아 의논하여 模擬冊을 만들었다. 그리하여 사사로이 창·칼을 만들고 활·화살을 만들어 列邑의 군사를 동원 王城까지 넘으려 했으며, 3년 동안 모의가 더욱 僭毒하여 여러 고을을 꾀었는데도 고변하지 않았다. 그리고 供辭의 내용도 위에 간범되는 말이 많아서 입으로 차마 말할 수 없을 뿐만 아니라 붓으로도 차마 쓰지 못할 것이 있었다. 사람마다 분개하여 눈물을 흘리는데 누가 그들의 살을 먹고자 하지 않겠는가? 이런 짓을 차마 하니 말하자면 끝이 없다. 참여한 자 중에는 武士가 있기도 하지만 首惡은 모두가 儒生이다. 대저 어찌하여 반역의 무리가 자주 詩書의 가문에서 나오는 것

이홍윤과 배광의·최대관·이휘·이무정 등이었다.

136) 『明宗實錄』 卷10, 4年 5月 甲戌~庚辰. 이후정이 추국받는 과정에서 언급된 인물들인 생원 최대립, 유학 최대수, 생원 최대림, 유학 차한지, 유학 연백재, 유학 안희우, 유학 안매, 유학 배몽석, 유학 안희봉 등이 능지처사되었다(庚辰). 그러한 상황은 정유길과 원호변이 (이)홍윤의 庶弟 後丁을 끌어들이면서 연루된 자가 많아 죽은 사람이 더욱 늘어났고, 그 중에는 두 사람의 얼굴도 모른 채 죽은 사람도 있었다(『燃藜室記述』 卷10, 明宗朝 故事本末 李洪胤獄事). 당시 연루되어 죽음을 당했던 幼學들은 후정에 기인하는 바가 컸음을 알 수 있다.

137) 『明宗實錄』 卷10, 4年 5月 丁亥.

인가? 인심이 이와 같으니 天理를 어찌 논할 수 있겠는가?……誣告
로 끌어들인 자는 分辨하여 용서하고 아울러 초사에 연관된 자는 죽
이지 않고 귀양 보냈다. 그랬는데도 죽임을 당한 자가 37명이나 되
며, 더러는 杖下에서 죽고 더러는 연좌로 죄를 입어 어미와 아내가
종이 되고 집안이 멸망되었으니, 어찌 刑杖을 맞고 肢體를 조리돌린
것뿐이었겠는가? 이것은 나의 수치이니 내가 어찌 흔쾌하겠는가?
(『明宗實錄』卷9, 4年 5月 庚寅).

즉 이홍윤 등이 배광의 등의 점괘를 믿고 3년 동안 사사로이 군사
를 모아서 종친인 모산을 왕으로 세우려고 謀議하였으며, 강유선 등
의 도움을 받아 모의 절차를 기록한 책 즉 모의책까지 만들었다. 특히
역모의 수악이 전부 유생이라는 점이 충격적이며, 그래서 죄인들을 寬
典으로 다스렸지만 죽음을 당한 자가 무려 37명이나 되었다는 것이
다.

이 사건은 이홍남이 당시 영월에 유배되어 있으면서 석방될 계책이
없자, 이홍윤이 윤임의 사위인 점을 이용하여[138] 왕권과 당시 實勢인
이기·윤원형을 비난하였다고 교묘하게 내용을 꾸며 고변하면서 시작
되었다. 실제 3년 동안 역모를 추진했다면 설사 유생들이어서 주목의
대상이 되지 않고 용의주도하게 추진했다 하더라도 그 실체가 드러나
지 않을 수 없었을 것이라는 점에서 무고가 분명하였다. 또한 사건의
핵심 인물이 未婚인 이홍윤인데다 서제 이후정까지 포함되면서 관련
자로 의혹을 받은 많은 유생들이 무고하게 희생을 당했던 것이다.

獄事의 결과 주륙 당하거나 귀양간 자가 무려 40~50인에 달하여
충주 전체가 온통 비게 될 정도로 타격을 받았다.[139] 이 역모 사건으
로 충청도는 淸洪道로 이름이 바뀌고 충주는 維新縣으로 邑號가 降

---

138) 『明宗實錄』卷9, 4年 4月 庚申 ;『燃藜室記述』卷10, 幽憤錄 明宗朝 故事本
　　末 李洪胤獄事.
139) 『明宗實錄』卷9, 4年 4月 丁巳.

等되었다. 반면 이홍남은 功을 인정받아 喪을 마친 후 敍用되는 대가
를 얻었다.140)

이홍남 사건을 을사사화와 관련된 마지막 사건으로 처리한 문정왕
후와 훈척세력은 안정된 기반 위에서 상보적 관계를 바탕으로 수렴청
정기의 정치를 이끌어 나갔다. 훈척은 공신으로서의 정치적 위상을 강
화하여 권력을 집중하였고, 집중된 권력으로 변칙적인 행태의 '훈척정
치'를 성립시켰다. 훈척들의 권력 집중·독점에 의한 '훈척정치'는 정
치 권력관계에서 명종대 정치사의 특징이자, 을사사화가 지니는 정치
사적 의미이기도 하다.

문정왕후 역시 정치적 사건의 최종적 해결자로서 명종의 왕권을 확
고히 했다는 功을 내세워, 명종 治世 내내 영향력을 발휘하였다. 그래
서 친정기의 권력관계에서도 명종 왕권이 문정왕후나 훈척에 의해 많
은 제약을 받게 되었고, 결과적으로 명종대 대부분 기간의 國政 운영
이 跛行을 면치 못하게 되었던 것이다. 또한 기묘사화보다 더욱 참혹
하게 을사사화에서 화를 당한 사림이 이후 두려워하고 조심하면서 구
차히 살아가는 것만을 다행으로 여기게 될 정도로,141) 을사사화는 사
림에게 사화에 대한 極甚한 恐怖心를 심어 두고 있었다.

---

140) 『明宗實錄』 卷10, 4年 5月 庚寅. 그 후 이홍남은 工曹參議로 까지 기용되었
　　으나, 선조 초년에 옥사에 연루되어 귀양갔던 사람을 방환하고 몰수당했던
　　재물을 모두 돌려주는 과정에서 관직을 삭탈당하였다(『燃藜室記述』 卷10,
　　明宗朝 故事本末 李洪胤獄事).

141) "……闕後己卯諸賢 稍欲有爲 而讒鋒所觸 血肉糜紛 繼以乙巳之禍 慘於己
　　卯 自是士林 狼顧脅息 以苟活爲幸 不敢以國事爲言"(『栗谷全書』 卷5, 萬言
　　封事(선조 7년, 1574)).

Ⅱ. 垂簾聽政期(명종 즉위년~8년 7월) '勳戚政治'의 展開

1. 明宗과 文定王后의 權力關係

명종이 12세에 즉위함에 따라 문정왕후의 수렴청정이 시작되었다. 문정왕후가 현실적으로 통치구조의 頂点에 있게 된 것이다. 더구나 문정왕후는 소윤과 훈구의 결탁을 주도하여 명종의 왕권을 위협하는 잠재세력으로 인식한 사람을 을사사화로 제거하였으므로, 그의 정치 권력은 한층 강화된 상태였다.

그렇다면 명종 왕권과 문정왕후와의 관계는 어떠하였는가. 또한 국정 운영의 실제는 어떠하였는가.

전하께서는 어린 나이에 즉위하시어 위에 慈殿이 계시므로, 나라의 모든 정치를 謙讓하셔서 스스로 판단하지 않으시며, 비록 經筵 중에 進言하는 자가 있어도 論難을 허용하지 않기 때문에 스스로 그 말을 다하지 못하는 경우도 있습니다. 慈殿이 수렴청정하는 것도 한 달에 불과 하루 이틀 뿐이므로, 上下의 情意가 시간이 갈수록 疎遠해져서 생각이 있는 사람도 다 말할 수 없게 되었으니, 이는 治道에 매우 방해가 되는 것입니다. 지금부터는 자전께서 衙日(백관이 조회하고 정사를 보는 날인 5, 11, 21, 25일)마다 꼭 나오시고 일이 있으면 물러가십시오. 그러나 다음 날 조용히 講究하셔서 미치지 못한 것을 닦아 위로는 天意를 돌이키시고 아래로는 인심을 변화시키기

72

를 생각하신다면 더없이 다행이겠습니다(『明宗實錄』卷6, 2年 7月
甲戌).

수렴청정을 하면서도 문정왕후는 공식적인 時務에 불참하는 경우
가 많았다. 그래서 실제 정책 논의가 활성화되지 못하고 국정 운영에
장애가 되고 있는 현실을 지적하면서, 아일만이라도 정사에 참여할 것
을 대사간 李蓂이 계청한 것이다. 국정을 주도하는 것은 곧 왕권의 실
현 과정이다. 왕권이 정상적으로 행사된다면 모든 주요 분야에 관한
최고 권한이 제도적으로 보장된 위에서, 국왕이 논의를 주도하여 정책
을 결정하는 방식으로 이루어지는 것이 당연하였다. 그런데 현실은 그
렇지 못하였다.

명종대 국정 논의 구조는 사실상 중종 11년(1516) 6월 부활된 議政
府署事制였다. 그러나 부활된 중종대에도 "대신은 마음으로 恐懼만
할 뿐이어서 서사는 文簿에 불과하다"[1]라고 자조할 정도로 그 정상적
인 기능은 회복되지 못한 상태였다. 더구나 기묘사화 이후는 훈척들이
당국하여 國政을 농단하였고, 金安老가 敗死한 중중 33년 이후 중종
이 국정의 중심에 서고 사림들이 조정에 포진하는 시점에 이르러서야
국정 운영이 그 이전 시기에 비해 상대적으로 정상화되었다. 중종대에
국정논의 구조를 변경한 적이 없으므로 명종대도 의정부서사제의 연
장선상에 있었다고 할 수 있다. 그런데 문제는 문정왕후가 국정을 총
괄하는 위치에 있었기 때문에 명종이 자연히 공사에 대해 신료들과
적극적으로 논의하지 않았을 뿐 아니라 비록 논의를 한다 하더라도
그 논의를 종합해서 스스로 결정하는 일을 하지 않고 있다는 사실이
었다.

왕과 주요 신료가 한 자리에 모여 治道와 施政의 득실을 논하고,
정책과 국정의 중대 사안을 결정하는 현실 정치의 장인 經筵[2]에서도

1)『中宗實錄』卷25, 11年 6月 辛亥 ;『中宗實錄』卷35, 14年 3月 甲寅.

명종의 태도는 동일하였다. 즉 문정왕후를 의식한 명종은 경연에서 신료들의 進言에 논란을 허용하지 않고, 전혀 可否를 논하지 않는 등 직접적인 언급조차 회피하는 것으로 일관하고 있었다.3) 또한 경연의 분위기를 의도적으로 엄하게 하여 "進講하는 자들은 句讀만 한 차례 講讀해 넘긴 다음 다시 한 마디의 말이 없다"4)라는 상황을 만들고, 서둘러 강독만을 끝내는 등 형식적인 입장을 취함으로써 君臣 간의 의리나 간쟁은 더욱 閉塞되었다.5) 이는 "수렴청정이 있은 후로 禮貌가 너무 엄격하여 이미 祖宗朝에 한 堂에 모여 서로 즐겁게 토론하던 本意가 없어졌다"6)라는 말 그대로 公論을 형성·주도하는 경연의 근본 의도가 상실된 상태였음을 보여준다.

정국 주도에 소극적인 명종의 입장이 계속되자, 이에 대한 비판이 다시 제기되었다.

主上이 즉위 초에는 어렸다 하더라도 이제 벌써 4년이 지났으니, 春秋가 이에 이르렀으면 中等의 임금이라도 정치를 할 수가 있습니다. 더구나 상의 학문은 日就月將하지 않습니까. 모든 庶政을 자전에게 여쭈어 결정하고 싶더라도 대강은 무슨 일인들 聖上의 마음속에서 살피지 못하겠습니까. 국가의 일이 한결같이 상에게서 나오면 大臣된 사람도 편안할 터인데, 판서 이상 資憲(정2품 관계)·嘉善

---

2) 經筵에 대해서는 다음 논문이 참고된다. 南智大, 1980, 「朝鮮初期의 經筵制度」, 『한국사론』 6, 서울대 국사학과 ; 權延雄, 1981, 「朝鮮 成宗朝의 經筵」, 『한국 문화의 제 문제』, 국제문화재단편, 시사영어사 ; 1982, 「世宗朝의 經筵과 儒學」, 『세종조 문화연구(1)』 ; 1990, 「朝鮮前期 經筵의 災異論」, 『역사교육논집』 13·14합집 ; 1991, 「朝鮮前期 經筵의 諫諍論」, 『경북사학』 제14집 ; 1994, 「燕山朝의 經筵과 士禍」, 『황종동교수 정년기념사학논총』 ; 1996, 「朝鮮 中宗代의 經筵」, 『길현익교수 정년기념사학논총』.

3) 『明宗實錄』 卷8, 3年 8月 丁卯.

4) 『明宗實錄』 卷13, 7年 正月 甲辰 ; 『明宗實錄』 卷13, 7年 2月 甲戌.

5) 『明宗實錄』 卷14, 8年 閏 3月 丙辰.

6) 『明宗實錄』 卷32, 21年 正月 己亥.

(종2품 관계)을 李芑가 반드시 "아무개를 제수할 만하다" 하므로, 지난 해에 物論이 함께 분하고 답답하게 여겼었습니다. 그러나 상이 어리어 오로지 대신에게 위임한 까닭에 아랫사람들은 모두 그의 잘못을 알면서도 감히 입을 열지 못하였습니다(『明宗實錄』 卷7, 3年 4月 甲子).

명종 3년(1548) 4월 대사간 陳復昌이 좌의정 李芑를 탄핵하면서, 명종의 정국 주도를 강력하게 촉구하고 나섰다. 그것은 명실상부한 왕권의 복원을 강력하게 촉구하는 의미로 해석된다.

명종은 즉위 이래 국정을 주도하는 것과는 거리가 있는 행보를 취하였다. 게다가 훈척이 의정부 육조를 장악하고 있는 만큼 명종 역시 그들에 의지해서 운영하는 형태를 취할 수밖에 없었다. 이러한 상황에서 명종과 문정왕후, 문정왕후와 훈척, 명종과 훈척과의 정치적 관계로 국정을 위임받은 李芑가 '政出多門'의 폐단을 만들어 내고 있다는 것이었다. 특정 재상이 인사를 전횡하는 폐단을 불식시키기 위해서 나중에 문정왕후와 따로 논의하더라도, 명종이 주도적으로 정국을 이끌어가야 한다는 것이다.

물론 이 같은 발언이 실제 명종의 왕권 강화를 위한 것은 아니었다. 명종의 독자적인 국정 주도를 내세워 문정왕후나 윤원형의 정치적 입장을 약화시키는 이기의 정치적 독주를 견제하려는 것이었다. 그러나 한 가지 분명한 사실은 親윤원형계 인물인 진복창의 상소에서 국정 운영에 대한 명종의 미온적인 입장이 통치 능력의 부족이나 스스로 원해서가 아닌, 수렴청정을 의식한 처신임이 재확인되고 있다는 사실이다. 그러나 이후로도 명종의 변화된 입장은 찾아지지 않는다.

그렇다면 명종은 전혀 국정 운영에 관여하지 않았는가. 그런 것은 아니었다. 명종은 세세한 일을 직접 챙기는 방식으로 국정에 관여하고 있었다. 즉, "작게는 各司의 宿直, 음식에서 군졸의 把守, 閭閭의 里門, 功役의 勤慢, 陵寢의 修繕의 여부 등 극히 미세한 일과 간단한 행

사까지도 內臣을 보내어 摘奸" 하였다.[7] 그것은 국왕으로서 명종이
최소한의 국정이라도 운영하고 있어야 왕권의 失墜를 방지할 수 있다
고 인식한 문정왕후가 세세한 사안에 직접 관심을 두도록 유도한 결
과였다. 왕권이 재상권보다 한 차원 높은 위치에서 大體를 잡아 統領
하는 방향이 아닌 개개의 사안에 관여함으로써 권력을 행사하는 형태
였던 것이다. 그러다 보니 적간하는 일이 지나쳐 '王政의 大體'는 손
상되고 '자잘한 간섭'을 행하는 것으로 인식되면서,[8] 국왕의 명령이
아래에서 제대로 시행되지 않는 지경에 이르고 있었던 것이다.

이제 문정왕후가 국정을 총괄한 면모를 검토하고자 한다. 먼저 尹
任·柳仁淑·柳灌 등을 제거하기 위해 윤원형에게 密旨를 내린 을사
사화의 초기 단계부터, 3인의 賜死에 이르게 한 결정까지 문정왕후의
의지가 강력하게 작용하고 있었다.[9] 윤임 등 3인의 애매한 罪目을 거
론한 병조판서 李芑의 상소에 대해, 문정왕후는 즉각적이고도 단호하
게 그 사안을 '宗社와 관련된 문제'로 처리하도록 조정을 강박하였다.
그 같은 문정왕후의 압박에 따라, 윤임의 使嗾를 받은 유관이 왕(明
宗)의 母子를 고립시키고 인종의 薨逝 때 명종의 존재를 부인하였으
며, 유인숙은 문정왕후의 수렴청정을 저지하였다는 '鄭順朋의 상소'가
유도되어 나오게 되었던 것이다.

문정왕후는 극단적인 조치를 전제한 상소 내용에 의거하여 3인을
'叛逆罪人'으로 규정하여 賜死토록 하였다. "명종은 처음부터 끝까지
말이 없었고, 慈殿(문정왕후)은 반복해서 윤임 등의 죄가 크고 무거워
죄를 주지 않을 수 없다"[10]라는 사사할 당시 상황 설명에서도 사건에
대한 문정왕후의 확고한 의도가 재확인된다.

뒤이어 김명윤이 桂林君 瑠(윤임의 조카)와 鳳城君 岏(中宗 後宮

---

7) 『明宗實錄』 卷11, 6年 2月 戊寅.
8) 『明宗實錄』 卷7, 3年 2月 壬子 ; 『明宗實錄』 卷13, 7年 2月 丁巳.
9) 을사사화에 관한 내용은 韓春順, 1998, 앞의 논문 및 본서 1장 참조.
10) 『明宗實錄』 卷1, 卽位年 8月 戊午.

76

洪嬪의 소생. 명종의 異母弟)이 연루되었음을 상소하자,11) 문정왕후
는 桂林君 瑠에 대해서는 즉각적으로 처벌을 결정한 반면 鳳城君 岏
에 대해서는 계속 비호하는 등 각각에 대한 처리 방향을 달리하였다.
일련의 사화 정국은 "문정왕후가 안에서 攝政하고 윤원형이 밖에서
擅權"하는 상태에서 가능하였던 만큼,12) 문정왕후의 의도대로 진행된
것이었다.

　수렴청정기 정치에서 문정왕후는 직접·간접적으로 영향력을 발휘
하는 정국 최대의 변수였다. 문정왕후는 표면상 '수렴청정이 자신의
원하는 바가 아니다'라고 하였고, 스스로의 不德 때문에 현실 정치 참
여를 권하는 신료들의 요구에 부응하지 못한다는 사정을 피력하기조
차 하였다.13) 그러나 그러한 발언은 진의가 아니었다. 문정왕후는 경
연에 정기적으로 참여하는 길을 확보해 놓고도14) 불참하는 날이 많았
다. 그래서 명종은 신료들과 공적인 정책 토론이나 현안을 논의하는
데 미온적일 수밖에 없는 입장이 되었지만, 문정왕후는 오히려 명종을
통해 개인적인 의도를 정국 운영에 개입·반영시킬 수 있는 여지를
한층 더 높일 수 있었던 것이다.

　문정왕후의 국정 운영의 성향은 윤원로나 내수사 소속인을 편파적
으로 처벌한 것에서 찾아볼 수 있다. 가령, 윤원형의 사주를 받은 尹
春年이 "전 主簿 李建陽 등과 인종 병세의 吉凶을 점쳤다"라는 이유
로 윤원로를 처벌할 것을 상소하였다.15) 그러자 명종은 至親인 윤원
로를 削奪官爵하여 自願付處하였으면서도, 이건양을 갑산에 圍籬安
置한 후 服招하였다.16) 문정왕후가 동기인 윤원로에게 私情을 두었기

11) 『明宗實錄』 卷2, 卽位年 9月 辛酉.
12) 『明宗實錄』 卷13, 7年 6月 甲子.
13) 『明宗實錄』 卷10, 5年 5月 乙丑.
14) 『明宗實錄』 卷2, 卽位年 9月 庚辰.
15) 『明宗實錄』 卷3, 元年 2月 丁巳. 尹元衡과 再從형제 사이인 尹春年은 이때
　　당시 병조좌랑으로 이미 윤원형의 心腹·爪牙였다.

때문에[17] 衡平性을 잃은 처벌 결과로 나타나게 된 것이었다.

濫刑했다는 내수사 委差 尹萬千의 거짓 上言에 따라, 羅州牧使 河億水를 즉시 罷黜한 명종은,[18] 그러나 거짓 상언이 밝혀졌음에도 罷職을 철회하지 않았다.[19] 두 사건의 처리 방향은 문정왕후가 攝政을 한 이후 "姻戚이나 사사로운 관계에 따라 행하는 편파적이고 불공정한 政事"의 전형적인 사례였다.[20]

그러면서도 문정왕후는 개인적으로 관심있는 정책이나 사안에 대해서는 철저하게 시행해 나가는 면모를 보였다. 윤원형이나 仁宗에 대한 인식, 그리고 불교정책에서 그러하였다. 먼저, 문정왕후는 을사년에 宗社를 지킨 가장 공이 큰 功臣으로서 윤원형을 특별히 대우해야 한다는 입장이었다.[21] 윤원형을 대사헌에 제수하도록 한다든가,[22] 良妾 소생 자녀를 嫡으로 만들어 許通시켰으며, 1등공신의 예에 따라 노비와 전답을 加給하고 첩에게 職牒을 成給하기도 한 것[23] 등은 윤원형에 대한 문정왕후의 인식이 실현된 구체적 사례였다. 즉 공신으로서 윤원형의 정치적 입지를 한껏 확고하게 해주고 있었던 것이다.

---

16) 『明宗實錄』 卷3, 元年 3月 戊午~辛未 ; 『明宗實錄』 卷3, 元年 3月 甲戌~4
    月 戊戌.
17) 『明宗實錄』 卷3, 元年 5月 丁巳.
18) 『明宗實錄』 卷5, 2年 2月 癸巳.
19) 『明宗實錄』 卷5, 2年 2月 丙申~甲辰.
20) "自 聖烈王后 攝政以來 事多偏係之私 至於罪人罰人之際 姻婭攀附之人 每
    加曲護 雖臺諫侍從 交章論列 恬莫之恤 如尹元老申秀涇等事 固已甚矣 況
    丁孫尹萬千 乃刑餘僕隸之人 而猶信誣罔之言 曲示護惜之意 牢拒擧朝之公
    論 而又從而爲之辭 當時士林無不鮮體"(『明宗實錄』 卷5, 2年 2月 乙巳).
21) "(慈殿敎曰)……自上 豈不知卿之功乎 頃在乙巳 宗社之危 如在反掌 卿能
    盡心竭力 得扶其顚 嘗有遜讓之志 故雖不參 等之功 孰有加於卿之功乎 天
    地之神 祖宗之靈 豈不知乎 每以不能報大功爲念"(『明宗實錄』 卷9, 4年 8月
    丙辰).
22) 『明宗實錄』 卷3, 元年 正月 丙子.
23) 『明宗實錄』 卷9, 4年 9月 壬申 ; 『明宗實錄』 卷14, 8年 3月 庚寅.

78

한편 仁宗을 대우하는 문제에 있어서도 문정왕후는 인종을 정통 군주의 선상에서 배제하려 하였다. 사림계의 대표격인 좌찬성 李彦迪 등은 명종이 인종에 대해 父子의 의리를 가져야 할 것을 주장하였다.[24] 그러나 훈척계인 원상 尹仁鏡 등은 인종의 喪期를 4개월로 앞당기고,[25] 특히 이기는 "인종은 해를 넘기지 못한 군주"[26]라고 5개월 상기에 異意를 제기하였다. 인종의 상기 단축에 많은 반대가 있었으나,[27] 결국 4개월 短喪으로 결정되었다.[28] 이는 문정왕후의 의중에 적극 영합한 훈척이 4개월 단상을 주장하여 결정된 것이었다.

인종을 文昭殿[29]에 合祔하는 문제 역시 喪期 단축의 동일선상에서 진행되고 있었다. 먼저 예조판서가 된 윤원형이 "명종의 四代祖인 世祖 神主를 옮기는 것은 미안하다"[30]라는 말로 발의를 시작하였다. 명종 2년(1547) 이 문제가 처음 논의될 때 영부사 洪彦弼, 영의정 尹仁鏡, 좌의정 이기, 우의정 정순붕 등과 홍문관은 인종의 합부 여부에 대해 결정적인 의견을 留保하였다.[31] 논의가 재개되면서 "문소전에서

---

24) 『明宗實錄』 卷1, 卽位年 8月 己亥.
25) 『明宗實錄』 卷1, 卽位年 7月 庚辰 ; 『明宗實錄』 卷2, 卽位年 10月 辛丑.
26) 『明宗實錄』 卷2, 卽位年 10月 辛丑 ; 『明宗實錄』 卷4, 元年 9月 己未.
27) 헌부·丁熿 및 성균관 생원 辛百齡 등이다(『明宗實錄』 卷1, 卽位年 7月 己卯 ; 『明宗實錄』 卷1, 卽位年 8月 癸巳 ; 『明宗實錄』 卷1, 卽位年 8月 庚戌).
28) 『明宗實錄』 卷2, 卽位年 9月 丙戌.
29) 文昭殿은 원래 태조의 親母인 한씨를 神懿王后로 追尊하고 이를 奉安하기 위해 세운 仁昭殿인데, 태조가 사망한 후에 문소전으로 고쳐서 태조의 魂殿으로 삼았다(『太祖實錄』 卷15, 7年 11月 癸未 ; 『太宗實錄』 卷16, 8年 9月 辛丑). 불교식 眞殿의 성격을 띤 문소전은 세종 14년(1432)에 시조인 始封之君을 不遷之位로 모시고 4대를 奉祀하는 5실 제도를 원칙으로 하는 國王家廟인 原廟制가 성립됨에 따라 원묘가 되었다(『世宗實錄』 卷57, 14年 8月 壬寅). 이에 대해서는 池斗煥, 1994, 앞의 책, 제2장 「廟制의 정비와 王室 正統論의 확립」이 참고된다.
30) 『明宗實錄』 卷5, 2年 4月 己酉 ; 『明宗實錄』 卷5, 2年 5月 丁巳.
31) 『明宗實錄』 卷5, 2年 5月 辛酉.

는 神位의 차례에 의해 옮겨지는 것이므로 合祔해야 한다"라는 삼공의 의견이 일단 공론으로 받아들여졌다.[32]

그러나 문정왕후는 새삼스레 "功德이 있는 世祖를 가볍게 여겨서는 안 된다"고 내세워 인종의 延恩殿[33] 別祔를 강행하였다.[34] 이미 결정된 논의를 뒤집는 처사였다. 부제학 周世鵬·양사·성균관 진사 鄭琚 등이 별부에 반대하고 나섰다.[35] 그러나 문정왕후는 "인종은 명종에 대해 皇兄이 되는 것이지 父子의 代로 논할 수 없다"[36]라는 등의 명목으로 끝내 연은전에 別祔하였다. 이것은 중종대부터 있어 온 大小尹 갈등의 연장선상에서 인종의 정통성을 인정하지 않으면서 貶下하려는 의도의 발로였다.

당시 문정왕후의 정치적 위상은 절대적인 것이었다. 예컨대 문정왕후의 同氣인 윤원로를 賜死할 때의 죄목은 '문정왕후를 원망하여 관계를 단절하였다'라는 것이었다.[37] 명종대 초반 衛社功臣으로서 국정

---

32) 『明宗實錄』 卷5, 2年 5月 乙丑. 이기는 이 논의가 발의되었을 당시부터 인종을 연은전에 別祔하고자 하였다.

33) 成宗은 四親(曾高祖父)을 모시는 원칙을 따라 文宗을 문소전에서 遞遷하고, 文宗의 아우이면서 端宗을 폐한 世祖를 祔廟하였다(『成宗實錄』 卷6, 卽位年 6月 辛未). 그리고 성종 자신은 德宗의 아들이지만 睿宗의 立後가 되었으므로 예종을 문소전에 부묘하였다(『成宗實錄』 卷11, 2年 7月 丙子). 문소전의 親親之義의 성격이 변질되고 있었다. 즉, 성종은 睿宗을 이어 왕위에 즉위하였으므로 德宗을 문소전에 부묘할 수 없었다. 그래서 여러 논의를 거친 결과 鄭麟趾 등의 주장을 따라 別廟를 세워 문소전의 예로 덕종을 모셨는데, 이 별묘가 延恩殿이다(『明宗實錄』 卷60, 6年 10月 戊子·庚寅).

34) 『明宗實錄』 卷5, 2年 5月 戊辰. 인종의 연은전 별부는 沈連源이 문정왕후의 뜻에 영합하기 위해 처음 이 논의를 세워 끝내 별부하게 된 것이었다.

35) 『明宗實錄』 卷5, 2年 5月 戊辰 ; 庚午·壬申. ·甲戌 ; 丁丑.

36) 『明宗實錄』 卷5, 2年 5月 戊寅. 이때 이기가 연소전 별부에 대한 반대 논의를 停啓시켰다. 그 후 인종의 문소전 합부 문제는 선조 2년(1569) 4월에 논의가 再開되어, 신진사류의 주장에 따라 인종·명종을 1세로 인정하여 문소전에 합부하는 것으로 결정된다(『宣祖實錄』 卷3, 2年 4月 戊寅 ; 『宣祖實錄』 卷3, 2年 4月 甲子).

운영을 실질적으로 주도하였던 李芑를 제거할 때의 결정적인 이유도, 이기가 丁酉三凶(金安老·許沆·蔡無擇)과 李彦迪·權橃 등에게 加罪할 것을 청하였을 때, 문정왕후가 들어주지 않자 '불평하는 마음을 품었다'라는 것이었다.[38] 훈척세력 간의 내부 분열로 제거·탄핵해야 할 인물이 있을 경우에 그 죄목은 바로 문정왕후에 대한 不忠·不敬이었던 것이다.

국정을 처리하는 과정에서도 드러나기는 했지만 문정왕후의 절대적인 위상은 아무래도 內需司의 2품아문 격상과 양종 복립 및 불교정책을 공식화한 것에서 극도로 현시되고 있었다고 살펴진다. 그 같은 내수사나 불교 관련 사안들은 명종이 親政을 하였으면 결코 불가능하였을 일이기 때문이다.

문정왕후는 수렴청정 직후부터 불교에 대한 관심을 표면화하고 있었다. 개인적 관심은 단계적인 절차를 거쳐 可視的인 정책으로 나타났다. 먼저 내수사를 담당하는 환관에게 명종 5년(1550) 정월 堂上印을 만들어 주었고,[39] 위사 3등공신인 환관 朴漢宗을 內需司 提調로 삼아 내수사와 僧徒의 일을 摠攝하게 하였다.[40] 원래 내수사는 세종대에 설치된 이래 세조대에 京中各司의 5품 아문으로 정비되었으나, 환관이 관리가 되어 長利를 운용하는 등 왕실 재정을 관리하였으므로 왕실 私司의 성격이 강하였다.[41] 그 같은 내수사 본래의 기능에다 불교정책을 추진할 실무 기관으로서의 비중을 더하는 二重의 포석으로,

---

37)『明宗實錄』卷6, 2年 12月 丙寅·癸酉.
38)『明宗實錄』卷7, 3年 4月 甲子. 이기의 심복인 陳復昌도 자전을 비난하여 탄핵되었다(『明宗實錄』卷10, 5年 5月 丙戌).
39)『明宗實錄』卷10, 5年 正月 庚午.
40)『明宗實錄』卷14, 8年 3月 庚寅.
41) 鄭鉉在, 1981,「鮮初 內需司 奴婢考」,『慶北史學』3, 1~8쪽 ; 池承鍾, 1985,「朝鮮前期 內需司의 性格과 內需司奴婢」,『韓國學報』40, 21~25쪽 ; 李成茂, 1995,「朝鮮時代 奴婢의 社會的 地位」,『朝鮮兩班社會硏究』, 일조각, 316~319쪽.

문정왕후는 내수사의 정치적 위상을 격상시켰던 것이다.

초기 정국이 안정 국면에 이르렀다고 판단된 명종 5년(1550) 12월에, 문정왕후는 "無度牒僧의 增加를 막고, 軍額 감축 현상을 방지한다"라는 명분으로 '禪教 兩宗의 復立'을 선언하였다.[42] 대간이나 유생들의 극렬한 반대 투쟁에도, 문정왕후는 "1년을 두고 아뢴다 해도 시끄럽기만 할 뿐 끝내 윤허받을 수 없는 것이다"[43]라는 명종의 말로써 반대 언론 공세에 쐐기를 박았다. 명종이 불교정책과 자신과의 관련성을 적극 부인하였고,[44] 문정왕후가 사망한 후 양종이 廢止되는 것을 보더라도,[45] 양종 복립은 문정왕후의 의지를 따른 것임을 알 수 있다.

요컨대 수렴청정기에 가장 강력한 권력을 행사할 수 있던 문정왕후는 명종의 왕권을 안정·강화시키기보다는, 假借한 王權을 私權的으로 행사하여 정책 논의를 통한 공론 형성이 어려운 초기의 국정에 직·간접적으로 개입하면서, 자신의 사사로운 의도를 철저하게 관철시키고 있었던 것이다.

2. '勳戚政治'와 그 運營構造

1) '勳戚政治'와 議政府-六曹-郞官 構造

문정왕후의 수렴청정이 시작된 명종 즉위 초에 발생한 을사사화 및 이와 관련된 무고 사건으로 정치세력이 대폭 교체되었다. 衛社功臣이 策錄되었고, 조정 과정을 거쳐 위사공신 대부분은 척신인 소윤계와 훈구계 인물들로 채워졌다. 공신 策勳으로 그들은 을사사화의 정당성

---

42) 『明宗實錄』 卷10, 5年 12月 甲戌. 불교정책과 관련된 부분은 별도의 연구가 필요하므로 여기에서는 구체적으로 다루지 않는다.

43) 『明宗實錄』 卷10, 6年 正月 丁未 ; 『明宗實錄』 卷10, 6年 正月 戊申.

44) 『明宗實錄』 卷21, 11年 9月 戊辰 ; 『明宗實錄』 卷15, 8年 8月 辛未.

45) 『明宗實錄』 卷32, 21年 4月 辛巳.

을 인정받았고, 정치적 위상도 보장받게 된 것이다. 국왕과 재상 사이의 권력관계는 왕의 즉위 명분이나 즉위 과정에서의 재상들의 역할, 그리고 정치세력들 간의 역학관계에 따라 달라질 수 있다. 따라서 정치세력 교체에 직·간접적으로 개입한 왕권은 명종 또는 문정왕후에게 안정된 기반을 마련해 준 공신의 영향을 받기 마련이었다.

일반적으로 공신은 국왕의 일차적 지지기반이다. 더구나 국왕의 즉위 과정에서 책봉된 親功臣은 정치적으로 특별한 의미를 가지는 존재였다. 그래서 명종 즉위년 이후 수렴청정기의 의정부는 4년(1549) 이후 재상을 역임하는 원종 1등공신인 尚震46)을 제외하면 尹仁鏡·李芑·鄭順朋·洪彦弼·黃憲·沈連源·尹漑·尹元衡 등 전원이 衛社功臣이었다. 즉 勳·戚으로 구성되었던 것이다.47) 6조는 훈척 일변도인 의정부의 구성과는 다소 다른 양상을 보였다. 그러나 銓曹의 권한을 훈척재상들이 장악하고 있는 상태에서 인적 구성은 별 문제가 되지 않았다.

위사공신인 훈척은 "일의 대소를 막론하고 院相이 힘을 다해 조치하라"48)라는 문정왕후의 諭示에서 알 수 있듯이, 원상제를 통해 국정 전반에 영향력을 미칠 수 있었다. 그런데 을사사화를 거치면서, 원상에 사림계 인물인 李彦迪·權橃 등은 제외되고 훈구계인 李芑·鄭順朋·林百齡·許磁 등이 충원되었다.49) 그들이 국정 운영을 장악한 것

---

46) 『明宗實錄』卷9, 4年 9月 甲申.
47) 『仁宗實錄』卷1, 元年 正月 己巳 ; 『明宗實錄』卷2, 卽位年 10月 己亥 ; 『明宗實錄』卷2, 卽位年 10月 己亥 ; 『明宗實錄』卷8, 3年 5月 丙子 ; 『明宗實錄』卷8, 3年 7月 戊子 ; 『明宗實錄』卷8, 3年 12月 己巳 ; 『明宗實錄』卷12, 6年 9月 甲寅.
48) "(大王大妃)答曰……事無大小 院相盡力處之可也"(『明宗實錄』卷1, 卽位年 7月 己巳).
49) 『明宗實錄』卷1, 卽位年 8月 癸丑(실록에 원상으로 나타나는 것은 즉위년 9월 을해이다.) ; 『明宗實錄』卷2, 卽位年 10月 乙未 ; 『明宗實錄』卷2, 卽位年 11月 戊寅 ; 『明宗實錄』卷2, 卽位年 12月 己酉.

이다.

명종 2년 원상제가 혁파된 후에도 훈척세력은 의정부의 대신으로서 국정 전반을 주도하였다. 그 가운데 을사사화의 起禍者로 문정왕후·윤원형의 정치적 목적을 이루어 줌으로써 대단히 특별한 위치에 있는 위사 1등공신인 병조판서 李芑가 좌의정에, 鄭順朋이 우의정에 임명된 것은,[50] 말하자면 양인의 특수한 위상에 걸맞는 조치인 셈이었다. 특히 勳舊의 중심인물인 이기가 擅權하고 있었다.[51]

문정왕후 역시 훈척들을 의지해서 국정을 운영해 갈 수밖에 없는 입장이었다. 조선전기에 국가권력이 王權에 집중·수렴되도록 구조화되어 있던 것과는 달리 명종대에는 문정왕후·명종·훈척에게 分占되는 양상을 띠고 있었다. 문정왕후는 특정한 사안 외에는 국정 운영에 직접 참여하지 않았다. 반면 막후에서 명종을 통해 政事를 불공정하게 처리하도록 압력을 가함으로써, 원활한 국정 운영을 방해하고 있었다. 문정왕후의 그 같은 운영 방식은 명종이 經筵같은 현실 정치의 장을 충분히 활용하지 못하고 있는 상황에서, 정국을 점진적으로 주도해 나갈 수 있도록 힘을 실어 주는 것이 아니었다. 오히려 명종의 정치적 운신의 폭을 좁히는 행태였던 것이다.

개인적 관심에 중점을 두는 문정왕후의 국정 운영의 성향을 따라, 훈척은 親功臣이자 원상으로서 또는 三公의 위치에서 문정왕후의 정치적 의도에 영합하는 반면 명종의 정당한 인사권 행사나 정책 결정은 제한하면서 국정을 獨斷해 나갔다. 권력을 독점한 훈척재상은 그 권한을 사사롭게 남용하면서, 정치세력·정치구조·정국운영 방식 등을 변칙적으로 재편하였다. 소위 '훈척정치'를 행하고 있었던 것이다.

---

50) 『明宗實錄』 卷2, 卽位年 10月 己亥.

51) "史臣曰 (曺)光遠 初爲南道節度使 俄遷爲北道節度使 今又爲觀察使……當今之時 李芑擅權自恣 而光遠 芑之甥也 憑勢曲謀 連作一方之重任 不啻如一家之事 惟意所欲 不以爲難 惜乎 朝廷命令 皆出於芑之口 除官拜職 猥濫至此 雖古之權臣 何過於此也"(『明宗實錄』 卷5, 2年 6月 丙午).

그렇다면 훈척은 어떤 구조로 '훈척정치'를 전개해 가고 있었는가. 왕권과 재상권의 권력관계가 가장 첨예하게 반영되는 인사[52]와 정책 결정을 통해 '훈척정치'의 운영 구조와 그 실태를 살펴본다. 먼저 국왕의 의지를 대변하는 인사권이 구현되는 실상을 검토해 보겠다.

> 평소 재상들의 除拜는 銓曹가 관장하였으나 각조 堂上을 除授하는 것을 자체에서 管掌할 수 없기 때문에 신들이 같이 의논하여 감히 아룁니다. 찬성은 崔輔漢이, 이조판서에는 閔齊仁이, 병조판서에는 尙震이, 호조판서에는 金光準이 합당할까 합니다(『明宗實錄』卷 4, 元年 8月 甲寅).

영의정 윤인경, 좌의정 이기, 우의정 정순붕 등이 재상의 인사를 吏曹에 맡기지 않고 자신들이 직접 관장하겠다는 의지를 밝혔다. 그러면서 각 요직의 인선을 單望으로 주의하였다. 동시에 명종이 敍用을 거부하였던 이기의 동생 李芑을 특별히 서용토록 한다든가, 영의정 윤인경의 오촌 조카인 尹俅을 防禦使로 差遣하는[53] 등 개인적 친분 관계에 있는 인물들을 끌어들였다. 그것은 명종 초기 권세를 휘두른 이기 자신이 武職을 많이 거친 것과 무과 출신인 아들 李元祐를 인연해 많은 武班들과 관계를 맺고 있는 것과 무관하지 않다.[54] 훈척재상은 개인적 관계에 있는 무신들을 진출시켜 병권을 굳게 장악하는 한편 향후 명종의 인사권을 제한하겠다는 의도를 분명히 드러내고 있었던 것이다.

인사권 장악을 천명한 훈척 대신들은 政曹-郎官(銓郎)구조의 구축을 시도하였다. 수렴청정기의 기간 동안 이조판서에는 閔齊仁・金光準・尹元衡・尙震・許磁・宋世珩・安玹 등이, 병조판서에는 李芑・

---

52) "治天下國家之要 在於用人而已"(『三峯集』卷7, 「朝鮮經國典」入官).
53) 『明宗實錄』卷4, 元年 8月 甲寅.
54) 『明宗實錄』卷7, 3年 4月 癸酉 ; 『明宗實錄』卷13, 7年 4月 庚辰.

尙震・李浚慶・尹元衡・金光準 등이 차례로 제수되었다.[55] 이들 중
원종 1등공신인 상진・이준경과 비공신인 안현을 제외하고는 모두 친
공신인 만큼, 훈척세력이 의정부 및 政曹를 구성하고 있는 것으로 볼
수 있다. 除拜의 권한을 거머쥔 훈척재상들은 그들의 세력권 안에 있
는 銓曹의 관원을 '자리만 지키는 관리'로 無力化시키면서[56] 청탁 인
사를 관행화하고 있었다. 명종은 그들의 人選대로 관직을 제수하였다.
"인물의 拔擢이 아랫사람에게서 결정되고, 宰相의 불공정한 승진 인
사를 대간이 극력 반대해도 반드시 재상의 말만을 取信한다"[57]라는
대간의 비판을 받으면서도 속수무책이었다.

   勳戚이 하나의 권력 집단이 되어 국정을 농단한 연원은 어디에서
찾을 수 있는가. 즉위의 명분과 정통성이 약한 世祖가 여러 차례 공신
을 책봉하면서 훈척의 권력 집단화가 시작되고 있었다. 세조는 '癸酉
靖難'의 결과 端宗 元年(1453)에 靖難功臣을 책봉하였고, 즉위한 후
策勳한 佐翼功臣에 그들 다수를 포함시켰을 뿐 아니라, 여러 측면에
서 그들을 特待하였다. 특히 韓明澮는 훈신으로서 왕실과 重婚함으로
써 당시 훈척을 대표하는 인물이 되었다. 한명회를 위시한 申叔舟・
鄭麟趾・鄭昌孫 등은 세조의 훈척 特待 정책을 계기로 성립된 훈척
적 지배체제의 핵심세력으로 의정부・육조에 배치되어 국정 운영에
중추적인 역할을 담당하였다.[58]

---

55) 이조판서직은 『明宗實錄』 卷4, 元年 9月 丁巳 ; 『明宗實錄』 卷4, 元年 12月
    壬寅 ; 『明宗實錄』 卷7, 3年 正月 庚子 ; 『明宗實錄』 卷9, 4年 正月 辛巳 ;
    『明宗實錄』 卷9, 4年 9月 甲申 ; 『明宗實錄』 卷10, 5年 5月 戊寅 ; 『明宗實
    錄』 卷12, 6年 9月 甲寅 ; 『明宗實錄』 卷14, 8年 正月 丙午. 병조판서직은
    『明宗實錄』 卷2, 卽位年 9月 辛酉 ; 『明宗實錄』 卷4, 元年 9月 丁巳 ; 『明宗
    實錄』 卷8, 3年 7月 戊子 ; 『明宗實錄』 卷12, 6年 8月 壬午 ; 『明宗實錄』 卷
    12, 6年 9月 庚子.
56) 『明宗實錄』 卷9, 4年 8月 乙巳.
57) 『明宗實錄』 卷4, 元年 10月 壬寅.
58) 金泰永, 1994, 「朝鮮초기 世祖王權의 專制性에 대한 一考察」, 『韓國史硏

그렇다고 훈척이 전횡한 것은 아니었다. 정인지·정창손 등 몇몇 특정 신료가 세조와 충돌할 정도로 그들의 권력이 비대했던 것은 사실이지만,[59] 필요할 경우 專制的 왕권을 행사한 세조가 그들의 권력 확대 및 越權을 견제하였으므로 국왕 대 개별 공신이라는 君臣關係는 유지되고 있었다. 그들은 또한 睿宗 즉위년(1469)과 성종 2년(1471)의 翊戴功臣과 佐理功臣에도 중첩적으로 책록되었고, 睿宗대에는 院相이라는 지위까지 겸함으로써 政事에 상당한 영향력을 미치고 있었다.[60] 성종대에 이르러서는 국정 운영이나 인사 같은 공식적인 부분에 미치는 영향력은 현저하게 축소되었지만,[61] 정치적 경제적 특권을 누린 것은 분명한 사실이었다.

연산군대에는 의정부·육조에서 몇몇 훈척이 활동하였을 뿐이다. 말하자면 정치세력의 성분이 달라졌다. 그러나 중종반정으로 형성된 정국공신과 척신이 중종대에 擅權하였으며, 명종대에도 훈척이 핵심 정치세력이었던 것이다.

한편 명종대 훈척이 인사를 독점하는 가운데 재상을 견제할 수 있는 郎官(銓郎)權의 기능을 검토할 필요가 있다. 성종대 사림이 진출하기 시작한 이후 성종 21년(1490)에 홍문관이 공론 소재지로 인정되었고, 동 22년(1491)과 동 25년(1494)에 각각 홍문관원의 대간, 낭관으로 전출이 각각 가능하게 되었다. 삼사가 인적 구성의 동질성을 갖게 된 것이다. 사림은 언관직은 물론 각 관서의 정책을 立案하는 행정적 기능을 담당한 낭관직에도 진출해 있었다. 그런데 그들은 낭관의 실질

究』87, 138~144쪽. 그러한 입장은 조선왕조에서 '훈척'이라는 특정한 정치세력이 하나의 권력집단으로 행세하게 되는 출발점을 밝히고 있다는 점에서 그 의미가 크다 하겠다.

59) 崔承熙, 1997, 「世祖代 王位의 취약성과 王權强化策」, 『朝鮮時代史學報』 1, 24~31쪽.

60) 鄭杜熙, 1983, 『朝鮮初期 政治支配勢力硏究』, 일조각, 195~241쪽.

61) 韓春順, 2002, 앞의 논문 및 2003, 앞의 논문.

적인 권한 확대를 시도하였다. 즉 해당 부서의 사안을 당상관과 논의
해서 결정할 수 있는 권한인 낭관권을 확보하려 한 것이다. 그래서 중
종 12년(1517)에 이르러 이조의 낭관권을 확보하였고, 동 17년(1522)
까지는 다른 부서의 낭관권도 확보하였다. 인사에 영향력을 행사하는
것에서 더 나아가 時任이 後任을 추천할 수 있는 自薦制까지 확보해
놓았다.[62]

자천제는 낭관의 選任에 재상의 간여를 배제할 수 있다는 점에서,
堂下官 인사의 보호 장치로 기능할 수 있었다. 인사가 왕권과 재상권
에 의해 좌우되는 상황에서 사화 정국을 거치면서 큰 타격을 받은 三
司의 전철을 피할 수 있는 방안을 마련한 셈이었다. 그래서 낭관은 낭
관권을 바탕으로 대간과 연합하여 당상관을 견제하는 등 공론을 주도
하였던 것이다.

명종대에도 낭관직은 "文官이라도 物望이 없으면 選에 들지 못한
지 오래되었다"[63]라고 할 정도로 淸選으로 인식되었다. 명종 초반에
李芑가 정승의 말을 듣지 않는 舍人・檢詳을 비난한 것을 볼 때,[64]
의정부의 낭관들이 독립된 영역을 확보하고 있었음을 알 수 있다.

당시 훈척은 주요 정치기구를 手中에 넣고, 그 威勢로 양사에 자파
인물을 진출시키거나 언관을 劫制하는 행태로 언론을 좌우하고 있었

---

62) 崔異敦, 1994, 앞의 책, 37~141쪽. 한편 郎官은 5품 이하의 郎階를 가진 모
   든 관원을 지칭하는 용어이나, 여기에서는 의정부의 4품 관원인 舍人을 포
   함한 당시 영향력이 큰 의정부와 육조의 낭관을 지칭하여 사용하였다. 郎官
   權은 參上官인 낭관이 각 기관 내의 결정에 참여하는 권한, 즉 낭관의 정치
   권력을 의미한다. 낭관권은 성종대 중앙 정계에 진출한 사림이 弘文館을 言
   官化하여 정치적 진출의 교두보를 확보한 후, 學生薦舉・遺逸薦舉・賢良科
   실시 등을 통해 왕권・재상권 중심의 권력구조 변동을 추진하는 정치세력으
   로 성장하였으나 士禍라는 정치적 상황으로 타격을 입은 후 새로운 대응 방
   법을 모색하는 과정에서 관행으로 형성되었다.
63) 『明宗實錄』卷5, 2年 5月 壬申.
64) 『明宗實錄』卷6, 2年 12月 庚戌.

다. 언론 삼사가 훈척의 입장을 대변하는 기관으로 전락한 것이다. 이에 따라 낭관이 대간과 연합하여 당상관을 견제하면서 공론을 이끌던 기능이 무력화되었다.

훈척은 각 관서 사이에 형성되었던 기존의 유기적 관계를 무너뜨리면서, 홍문관이나 양사를 조정하여 비협조적인 낭관들을 축출하고 있었다. 특히 윤원형이 낭관직에 깊이 개입하고 있었다. 예컨대 그는 자신의 측근 인물이나 자신의 천거를 반대하였던 林亨秀나 權應挺을 각각 削奪官爵토록 하였다.[65] 또한 이조판서인 자신의 인사에 노골적으로 불만을 드러낸 이조정랑 柳堪과 병조정랑 李元祿도, 『續武定寶鑑』 인출 문제와 관련시켜 탄핵·極邊安置시켰다.[66] 그 뿐만이 아니었다. 이조좌랑으로 있으면서 親윤원형계인 李戡을 천거해 주지 않은 許曄도 '宗家 改營의 부정 혐의'를 빌미로 최측근인 대사헌 윤춘년을 동원해 명종 8년(1553) 9월 탄핵·파직시켰다.[67] 낭관의 핵심인 이·병조의 낭관으로서, 윤원형의 인사 행태에 불만을 표출하거나 친윤원형계 인물의 진출을 막은 인물들을 체제 저항 인물로 지목하여 축출하였던 것이다. 그러나 이감은 명종 7년(1552) 이조정랑 沈銓이 降薦하여 결국 이조좌랑이 되었고,[68] 이감의 후임인 李壽鐵도 진복창과 친분이 있는 것으로 볼 때,[69] 이들은 모두 윤원형계 인물인 셈이었다. 말하자면 윤원형은 反動戚的 성향의 낭관을 제거하면서 다른 한편으로 자파 인물을 낭관에 진출시키는 방법으로 낭관직을 장악해 나갔던 것이다.

---

65) 『明宗實錄』 卷4, 元年 8月 己丑 ; 『明宗實錄』 卷5, 2年 正月 戊辰.
66) 『明宗實錄』 卷9, 4年 2月 癸卯 ; 『明宗實錄』 卷9, 4年 2月 丁卯.
67) 『明宗實錄』 卷15, 8年 9月 辛酉. 허엽이 윤원형계인 이감을 천거해 주지 않은 시기는 분명치 않으나, 허엽이 좌랑이 되는 명종 4년(1549)에서 정랑이 되는 명종 6년(1551) 사이의 일로(『明宗實錄』 卷9, 4年 4月 壬寅 ; 『明宗實錄』 卷12, 6年 11月 壬子) 추정된다.
68) 『明宗實錄』 卷13, 7年 8月 丙辰.
69) 『明宗實錄』 卷15, 8年 10月 戊子.

그렇다면 오로지 윤원형이 당시 實勢였기 때문에 낭관직을 수중에
둘 수 있었던 것인가. 아니면 그 외에 다른 배경은 없었는지 살펴 본
다.

조종 조에서는 六曹를 중히 여긴 까닭에 낭관으로 선임되면 사람
들이 영광으로 여겼고, 반드시 30개월을 채운 뒤에야 陞遷하였습니
다. 때문에 낭관의 缺員이 드물었고 아무나 다 이 직을 얻을 수 없었
습니다. 그런데 지금은 그렇지 아니하고 吏曹가 마음대로 하여 공정
치 못하므로, 門蔭으로 낭관이 된 자도 久任이 되는 것은 물론 外職
에 轉補되기를 구하면 원하는 대로 外職을 제수 받습니다. 따라서
闕員하는 대로 充員하므로 구차하게 되는 경우가 많습니다. 銓曹가
그 부당함을 모르는 것은 아니나 인정에 끌려 그렇게 되는 것이니,
이제부터 낭관은 반드시 그 기한을 채운 뒤에 체직시키소서(『明宗實
錄』 卷9, 4年 正月 戊子).

銓曹가 여러 상황으로 생기는 잦은 闕員을 자의적으로 주의한 인
물을 낭관에 충원하다보니, 그 人選이 문란해졌다는 執義 洪暹의 진
단이었다. 낭관의 잦은 이동이 윤원형에게 자파세력도 심고 반훈척적
낭관을 축출하는 기회를 제공해 주고 있었던 것이다. 『經國大典』에
文官으로만 임명하도록 규정되어 있는 이·예·병조의 낭관이 아닌
호·형·공조의 경우는 門蔭이나 武科 출신자들도 진출이 가능하였
다. 그런데 호·형·공조에 문음 출신들이 지나치게 진출하고 있던 중
종대의 현상[70]이 명종대에도 계속되고 있었다.[71]

---

70) 중종 7년(1512) 4월에 門蔭人의 낭관직 서용 자체가 문제시되고 있었는데,
   중종 24년(1529)에는 문음인들의 지나친 낭관직 진출을 비판하는 것으로 바
   뀌었다(『中宗實錄』 卷66, 24年 12月 丁卯 ;『中宗實錄』 卷15, 7年 4月 丙
   寅). 그것은 己卯士禍가 발발하기 전까지는 육조 낭관의 문관 서용이 관행
   화되었으나, 사화 후 權奸이 當國하면서 인사 제도의 문란과 함께 낭관직의
   문음인 서용이 확대·보편화되고 있음을 반증해 주는 것이라 판단된다.

홍섬은 문음인이 낭관직에 진출하는 폐단만을 집중적으로 거론하였다. 그러나 낭관직의 문란이 하필 문음인 진출에만 국한된 상황은 아니었을 것이다. 홍섬은 문음인의 낭관직 진출과 그로 인한 폐단을 銓曹의 책임으로 부각시키면서, 기실 銓曹를 좌우하여 낭관직을 장악하려는 훈척재상을 비판한 것이었다.

중종대 權臣 金安老가 擅權하였을 때에도 낭관직의 중요성은 인정되고 있었고,[72] 그가 敗死한 주요 원인으로 낭관권을 장악하지 못한 것이 지적될 정도였다.[73] 그러한 실패를 自招하지 않기 위해서, 명종대 훈척은 김안로 때보다도 더욱 교활한 방법으로 장기적인 정국 주도권과 직결되어 있는 낭관의 철저한 자기 세력화를 획책하였다. 말하자면 훈척은 대신으로 장악한 전조를 통해 郎官權을 手中에 두고, 그러한 구조로 인사를 獨斷하려는 것이었다.[74]

결국 수렴청정기에 형성된 소위 '權奸'이라 지칭되는 훈척이 전개한 '훈척정치'의 본질은 핵심 정치기구인 의정부를 기반으로 육조를 장악하여 행정 계통의 實權을 잡으면서, 언론 삼사와 낭관까지 수중에 두는 구조였다. 그러한 정치구조는 성종대 사림이 진출한 이후 형성되었던 홍문관·대간·郎官의 인적 구성의 동질성과 홍문관은 대간을, 대

---

71) "憲府啓曰 六曹郎官 乃朝廷淸選之職 而糾檢屬司 其任至重 中宗朝有勿以門蔭之人 濫授六曹之敎 故若過數人 則臺諫必爲之論 其與選者 皆是有名之人 今者三曹郎官 以門蔭得授者 多至八人……其中刑曹正郎金生海 工曹正郎尹澤 戶曹佐郎安世遇 尤爲不合 請竝遞 以文官擇差 其餘亦漸次遞之"(『明宗實錄』卷5, 2年 5月 壬申).

72) 金宇基, 1990, 앞의 논문, 76~78쪽.

73) "史臣曰……初安老之黨 分據言論之地 以固其勢 然各驟陞高官 在堂下官漸以稀疎 注擬之際 不得備望 故時人有腋下蹇澁之比 而知其必敗焉"(『中宗實錄』卷85, 32年 8月 己酉).

74) "領經筵事尙震曰……夫外議出於天下無道之時 若使朝廷之上 君臣上下 截然有紀綱 則議論常在於朝廷 而不出於外矣 臣嘗爲吏曹判書 注擬之時 郎廳 以外議言曰 某也可爲某職某也不合某官云 臣知其不可 習俗已成 故黽勉從之 凡注擬 必以外議爲主"(『明宗實錄』卷10, 5年 6月 甲辰).

간은 대신들을 제약할 수 있는 상호견제 체제 및 대간을 통해 堂上官을 견제하던 낭관의 기능 등을 전면적으로 毁破한 파행적인 것이었다.

그럼에도 중종대에 비해 제수된 인물이나 빈도에 있어 두드러진 명종대 핵심적인 이·병조 낭관의 중요성은 여전하였다. 의정부 사인·검상, 이·병조의 정·좌랑은 모두 문과 출신으로 제수되는 원칙도 지켜지고 있었다.75) 이 같은 관행의 정착으로 언론 삼사와 낭관의 연합적 관계가 분열된 상태에서 탄압을 받으면서도 폐기되지 않았다. 소수의 낭관이 훈척에 대항하는 양상은 친정기에 이르러 낭관을 중심으로 국왕에 저항하거나 훈척을 견제하는 세력 기반의 마련이라는 측면에서 정치적 의미가 크다 하겠다.

이제 훈척에 의해 자행된 인사 전횡이 이루어지는 행태를 살펴보겠다. 인사는 크게 '개인적 관계의 인물 등용'과 '賣官賣職'의 두 범주로 행해지고 있었다. 먼저 의정부 재상들이 개인적으로 친분 관계가 있는 인물을 察訪이나 別坐에 임명하는 행태가 있었다.76) 無祿官職인 찰방이나 별좌는 재임 중에 일시 관직을 떠나 있던 자들이 재복직될 때까지 대기하는 직책이었다. 당시에는 무록관직이 蔭職化되는 추세를 띠면서, 正職 祿官으로 나아가는 방편으로 활용되고 있었다.77) 말하자면 훈척재상들은 무록관직을 개인적 친분 관계에 있는 인물들의 正職 진출 통로로 활용하고 있었던 것이다.

당시 광범위하게 이루어지고 있던 '매관매직'의 실상을 추적해 본

---

75) 李宰熙, 1993, 앞의 논문, 101쪽.

76) 가령, 명종 2년 5월에 영의정 尹仁鏡이 家婢 남편을 경상좌도 虞侯에, 명종 8년 3월에 영의정 沈連源이 육촌 동생인 許敦을 察訪에, 우의정 尹漑가 친구 李達亨을 尙衣院 別坐에, 우참찬 宋世珩이 사촌 金世柱를 察訪에 천거·임명되도록 하였다(『明宗實錄』 卷5, 2年 5月 癸丑;『明宗實錄』 卷14, 8年 3月 癸巳·丙申·辛卯).

77) 朴洪甲, 1994,『朝鮮前期 蔭職 研究』, 영남대학교 박사학위논문, 118~136쪽.

다.

옛날에는 인물의 賢能에 따라서 武士를 등용하였는데, 지금은 재
상과 결탁한 뒤에야 등용이 되며 守令이 된 무사가 權臣에게 뇌물을
바치기만 하면 兵使나 水使가 될 수 있으므로, (軍民을) 侵奪하지
않을 수 없습니다. 오늘날 조정의 두려워할 만한 권세를 가진 자들을
신이 어찌 다 말을 하겠습니까? 지금 사람들의 말에 察訪의 값은 細
木 8同, 別坐의 값은 6同인데 그 값을 奴婢나 田畓으로 치르려면 노
비는 7~8명, 전답은 15섬지기라 하니 이로써 世道를 알 수 있습니
다. 또 內價·外價라는 말을-內價는 內殿에 뇌물을 바치고 落點받
기를 구하는 것-사대부들이 공공연히 하고 있으니, 이런 일을 上께
서 각별히 살피신다면 간사한 무리들이 두려워 그런 짓을 하지 못할
것입니다(『明宗實錄』卷14, 8年 3月 庚辰).

대사간 尹春年이 武臣의 승진 인사가 오직 뇌물에 따라 좌우되는
현실을 비판하였다. 당시 삼공은 영의정 심연원, 좌의정 상진, 우의정
윤개였다. 그러한 행태가 하필 무신의 승진 인사에만 국한되는 것은
아니었다. 정언 沈守慶이 명종 3년(1548) 재상들의 공공연한 청탁 편
지로 인해 銓曹가 마음대로 주의하지 못하는 폐습을 공개적으로 거론
하였고,[78] '어느 수령은 어느 재상의 家臣이다'[79]라는 말까지 생기고
있었기 때문이다.
당시 '內價'는 문정왕후와 연결되어 행해졌다는 점에서 주목된다.

---

[78] 『明宗實錄』卷8, 3年 5月 丙子.
[79] 『明宗實錄』卷9, 4年 8月 乙巳. 한편 그러한 인사 현실은 을사사화 이후에
인물이 부족한 실정에 기인하는 것이기도 했다(『明宗實錄』卷2, 卽位年 11
月 己巳, 乙酉 ; 『明宗實錄』卷3, 元年 4月 甲寅). 특히 명종 2년(1547) 9월
에 '양재역 벽서사건'이 발생하여 사림세력이 철저하게 제거된 이후에는 인
재의 부족으로 六卿에 擬望할 인물이 없을 정도였다(『明宗實錄』卷7, 3年 3
月 壬寅).

佛事에 힘쓰면서 소모되는 많은 비용을 문정왕후가 수령으로 나가 있
는 戚里들의 私的 進上으로 충당하자, 먼 인척들까지도 진상하게 되
었다.[80] 이에 '內價'라는 술어가 생길 정도로 內殿이 부패하게 되면서,
그 外延인 훈척이 필연적으로 부패하는 구조를 통해 매관매직이 이루
어지고 있었던 것이다.[81]

매관매직의 풍조는 이기·윤원형이 국정을 담당하면서, 뇌물에 의
한 인사가 재상들에게까지 파급·고착된 때문이었다.[82] 재상들의 청
탁 서간에 의한 인사는 正職에 국한되지 않았다. 그들이 관서의 都提
調나 提調를 겸하고 있는 만큼 掖庭·司鑰 같은 宮內 側近職에도 관
행처럼 굳어지기에 이르렀다.[83] 따라서 당시 파행적 인사 행정은 ①
훈척재상·(내전)-전조-관찰사·수령·찰방·별좌, ② 훈척재상·내
전-전조-병사·수사·첨사·만호, ③ 훈척재상-궁내 측근·하위직
등의 계통으로 구조화되었던 것으로 판단된다.

다른 한편 집권 훈척세력은 인사의 관행까지 고치려고 하였다.

錄事를 서용할 때 전 인원을 擬望했기 때문에, 그 사이에는 혹 늙
고 병든 사람이나 또는 庸劣하여 임무를 감당할 수 없는 사람도 首
點하는 수가 많이 있었습니다. 쓸만한 자를 가려 三望을 갖추게 하

---

80) "史臣曰 是時諸山供佛之費巨萬 中使絡繹於內 願堂等寺內需司或匱 王子
諸宮亦助辦 且戚里之在守令者 始爲私進上 其後踈戚亦效 蜂起私進之弊漸
極 民生困頓 皆由於慈殿力爲佛事也"(『明宗實錄』卷13, 7年 7月 庚寅).

81) "史臣曰 是時請託寔煩 賄賂公行薦人之際 用人之間 不察其人之賢與否 而
見其勢焰之盛不盛 請簡之高不高 此習因循 公道掃如 至使外人 議于未政
之前曰 某也捧某相之簡 今政定拜某官矣 某也納某物于某相 今政除某職
矣 政目一下 如合符節 馴致此弊 末流難救 嗚呼惜哉"(『明宗實錄』卷11, 6
年 6月 辛巳).

82) "……及李芑尹元衡當國 無所忌憚 開門受賂 卿相效之 恬不知愧家臣妾族
鄕生雜類 布列庶官 雖至切親 必受臧獲田頃"(『明宗實錄』卷14, 8年 3月 辛
卯).

83) 『明宗實錄』卷4, 元年 12月 癸巳.

94

는 것이 어떻겠습니까(『明宗實錄』卷2, 元年 10月 癸卯).

京衙前인 錄事는 종 6품에서 去官하도록 되어 있었고, 거관 후에는 수령 取才 시험 합격 여부에 따라 수령으로 임용될 수 있었다.[84] 이조가 주의된 녹사 全員을(長望) 경력 순서대로 東班에 임용하는 것이 관례였다. 그런데 삼공인 윤인경·이기·정순붕 등이 全員을 주의하던 관례를 삼망으로 개정토록 한 것이다. 이는 곧 청탁자를 받기 위해서였다.[85]

奔競 조장 및 낮은 관직을 청탁의 통로로 삼으려는 재상의 부도덕성을 들어 侍講官 金鎧가 녹사 備望 변경을 공개적으로 반박하자,[86] 궁지에 몰린 대신들은 辭職으로 맞섰다. 명종이 대신들의 주장을 수용함으로써 녹사 천거 문제는 일단락되었다.[87] 재상들은 녹사 동반 서용 관례 개정을 통해 매관매직의 또 다른 합법적인 통로를 확보하였던 것이다.

훈척재상이 전횡하고 있는 현실을 문정왕후는 어떻게 인식·대응하고 있었는가.

나랏일이 날로 글러져서 유지해 나갈 수가 없으니 어찌 이런 일이 있을 수가 있겠는가. 작은 法令도 大小 관원들이 奉行할 뜻이 없어 백성이 날로 곤궁해져서 나라의 근본이 이미 병들었다.……이제 새롭게 敎化하려면 다른 데서 구할 것이 아니다. 宰相으로부터 庶官에 이르기까지 마땅히 淸廉한 사람을 등용해야 할 것이니, 문관과 무관 그리고 南行을 구별하지 말고 가려서 아뢰면 내가 그 사람을 알아서 등용하고자 한다. 庸劣한 자를 淘汰하고 청렴한 자를 승진시킨다면

84) 『經國大典』卷1, 吏典 京衙前.
85) 『明宗實錄』卷4, 元年 10月 癸卯.
86) 『明宗實錄』卷4, 元年 12月 辛卯.
87) 『明宗實錄』卷4, 元年 12月 壬辰 ;『明宗實錄』卷4, 元年 12月 癸巳.

貪汚한 풍습은 거의 제거될 것이다. 삼공은 百官을 總括하므로 가려 뽑는 도리를 다 해야 할 것이니, 이조·병조와 함께 賢良한 인재를 신중히 가려서 아뢰라. 또 중종 때부터 재상으로서 파직된 자는 겨우 數朔만 지나면 으레 巡將에 付職시켰기 때문에 징계하는 바가 없다. 재상으로 파직된 자는 舊例에 의하여 서계하면 내 마땅히 짐작하여 서용하겠다(『明宗實錄』 卷12, 6年 11月 丙戌).

문정왕후는 재상의 인사권 전횡을 언급하지는 않았다. 그러나 대소 관원들이 政令을 제대로 봉행하지 않고, 고식적으로 對농민행정에 임한 결과 백성들이 疲弊해졌다고 지적하면서, 행정 쇄신과 백성의 소생을 위해 필수적인 청렴한 京外官의 人選을 문정왕후 자신이 직접 관장하겠다는 뜻을 밝혔다. 모든 국정 이완과 문란이 잘못된 경외관 선발에서 초래된 것임을 비판하면서, 인사를 장악한 의정부 및 이병조에 공정한 인사행정을 강력하게 주문하였던 것이다.

명종초의 정국은 사실상 훈·척인 이기와 윤원형의 제휴로 출발한 것이었다. 훈구를 대표하는 이기가 윤원형의 승진을 요구하면서 "土禍의 주동자는 윤원형과 尹敦仁이고 자기들은 따르기만 했다"[88]라고 그를 치켜 올렸고, 윤원형의 良妾 소생 자녀의 許通을 논의할 때, 허통은 물론 陞品까지를 강력하게 주장하였다.[89] 그것은 윤원형과 결탁하여 정국을 계속 주도하려는 의지의 발로였다. 한 때 이기가 명종 3년 '安名世의 獄' 때 독자적인 威權으로 李彦迪과 權橃을 謀殺하려 하면서,[90] 윤원형·이기의 共助關係에 분열 조짐이 있기는 했다. 그러나 윤원형이 문정왕후와 통하여 이기의 계획을 좌절시키면서도, 다만 정승의 지위에서 체직시켜 그의 기세를 꺾었을 뿐이다.[91] 이와 같

---

88) 『明宗實錄』 卷6, 2年 10月 戊午.
89) 『明宗實錄』 卷9, 4年 9月 壬申.
90) 『明宗實錄』 卷7, 3年 2月 庚申~乙丑.
91) 『明宗實錄』 卷7, 3年 2月 丙寅 ; 『明宗實錄』 卷10, 5年 7月 丙午.

이 훈·척은 연합하여 정국 운영을 도모해야 하는 처지였다.

그러한 정치 구도 하에서 문정왕후가 훈척의 전횡을 制御하기는 쉽지 않았다. 그러나 국정 책임자로서 갈수록 피폐해지는 백성들의 생활상에 따른 입장 표명이 불가피했기 때문에 결연한 의지를 천명하지 않을 수 없었던 것이다. 그러나 이후에도 재상들의 인사권 농단 행태는 개선되지 않았다. 오히려 더욱 심화되고 있었다.

> 상께서 公道를 회복하고자 至誠에서 나온 간곡하고 자상한 전교를 내렸으니, 銓曹는 서둘러 전교를 받들어 따라야 마땅할 것입니다. 그런데도 왕명을 귓전을 스치는 바람처럼 여겨 듣고도 못들은 체하여 전혀 마음을 쓰지 않고, 도리어 奴婢처럼 비굴하게 재상의 집에 아첨하고 비위를 맞추는 데에만 급급하여, 昨今의 政事가 모두 私請에 의하여 이루어지고 있으므로 온 나라 사람들이 경악하지 않는 이가 없습니다.……銓曹는 다만 재상이 있는 줄만 알 뿐 다시 君父가 있는 줄은 알지 못하니, 신들은 전조의 벼슬아치들이 전하의 祿을 먹는 것인지 아니면 재상의 녹을 먹는 것인지 알지 못하겠습니다. 祿은 전하에게서 먹고 말은 재상에게서 들으며, 전하를 어린아이로 취급하여 국가의 人事權이 있는 銓曹를 자기들이 은혜를 팔아 利益을 얻으려는 자리로 여기고 있습니다. 오늘의 폐습을 變革하려면 먼저 기강을 세우지 않으면 안되니, 吏曹의 堂上 郎廳을 파직하여 신하로서 君命을 따르지 않는 폐습을 혁파하소서(『明宗實錄』卷14, 8年 3月 辛卯).

청탁 인사 관행을 극복하기 위해 명종이 공정한 인사를 명하였으나, 銓曹는 거행하지 않았다. 오히려 沈連源·尹元衡·金光準·宋世珩 등 재상의 親族을 주의하였다. 遺逸인 成悌元·趙昱을 6품직에 서용하라는 명령도 거행하지 않았다.[92] 그 같은 상황에서 간원이 여

---

92)『明宗實錄』卷14, 8年 3月 辛卯.

러 형태의 불공정 인사를 비판한 것이다.

국왕이 지위에 상응하는 권력을 행사하지 못한 반면 재상들의 實權
이 왕권을 능가하고 있는 권력관계가 극명하게 드러나고 있다. 수렴청
정 말기에 훈척재상의 인사 전횡이 고착화되면서, 국왕의 인사 명령이
재상에게 장악된 전조에 의해 거부되는 지경에까지 이르고 있었다. 그
근본적인 원인은 政曹 판서들의 왜곡된 銓注權 행사를 명종이 알면
서도 禁하지 못함으로써, 7~8년 동안 정권이 훈척재상에게로 옮겨진
때문이었다.[93] 그 결과 왕권과 연결된 권력집단이 그들의 私的인 영
역을 더욱 확장함으로써, 왕권을 압도하고 있었다. 권력은 그들에게
집중되고, 왕권은 擬制的 권위는 남아 있으나 실질적인 면에서는 그
위상이 낮아진 권력관계를 이루고 있었던 것이다.

2) ‘勳戚政治’와 國政 論議 構造

그렇다면 왕권의 또 다른 실현 경로인 정책 결정 과정에서, 명종의
위상은 어떻게 나타나고 있었는가. 먼저 문정왕후가 모든 국사를 대신
에게 위임하는 형태를 취하고 있는 상태에서의,[94] 국정 논의구조를
검토해 본다.

근년 이래로 모든 논의가 있으면 반드시 闕庭으로 나아가는데, 비
단 갑작스러워서 정밀하게 생각하지 못할 뿐만이 아닙니다. 지위가
높은 사람이 자기의 소견을 한번 주장하면 같이 참석한 사람들이 어
기거나 拒逆하지 못하므로 매우 구차하게 동의하는 폐단이 있어서,

---

93) “諫院啓曰……用人之權 在於吏兵兩判書 而今之判書 不能擇人而用之 惟
視請之高下而注擬焉 此則吏胥之任也 自上知之而不能禁 故自七八年以來
政權下移 用人失當 內之百司 外之守令兵水使 皆不得人焉”(『明宗實錄』卷
14, 8年 3月 癸卯).
94) 『明宗實錄』卷3, 元年 2月 辛丑 ;『明宗實錄』卷5, 2年 正月 甲戌.

명칭은 비록 널리 의논한다 하나 실제로는 단지 한두 사람이 논의할 뿐입니다. 아래 사람들의 實情이 통하지 않으면 상께서 아무리 두 의견을 가지고 절충해서 그 알맞은 것을 찾고자 하셔도 될 수 있겠습니까. 신들은 들으니 祖宗朝에서는 무릇 큰 議題가 있으면 집에 있거나 仕進해서나, 친구에게 의논하기도 하고 經史를 참고하기도 하여 위에 전해 올리면 위에서 선택해서 사용했다고 합니다. 지금부터는 널리 의논하는 모든 일을 한결같이 조종조의 예를 따른다면 구차스레 동의하는 폐단이 없어질 것이며 갑작스러워 極盡하지 못한 걱정이 없어질 것입니다(『明宗實錄』卷14, 8年 6月 戊寅).

국정이 논의되는 구조는 있었다. 그러나 소위 지위가 높은 사람 즉 당시 권세를 잡고 있는 훈척들이 개인적·편당적 이해관계에 따라 국정 현안·쟁점들을 일방적으로 농단하고 있었고, 그 實情을 간원이 비판한 것이다.

조선왕조가 개창된 이후 각 왕대별로 왕의 성향이나 정치적 상황에 따라 議政府署事制 또는 六曹直啓制 방식 중 하나를 국정 논의구조로 택하여 운용하였다. 앞서 살펴본 바와 같이 명종대는 형식적으로는 중종 11년 6월 복설된 의정부서사제의 동일선상에 있었다. 그러나 한두 權臣이 국가 공사를 사사롭게 결정하는 상황에서 그 같은 구조의 작동은 폐기된 것과 다름없었다. 그러므로 정상적이고 원활한 국정 운영을 위해서 의정부서사제를 시행하거나, 또한 의정부서사제가 폐지된 이후 의정부와 육조의 당상들이 장악하고 있는 각 부서의 이해를 대변하면서 국정 현안에 대한 의견을 집약하는 방법인 '大臣 收議'[95]를 활성화시킬 것을 제안한 것이었다.[96]

---

95) 崔異敦, 1990, 「文班政治構造」, 『朝鮮政治史』하, 394쪽.

96) 金燉은 1997, 앞 책, 254쪽에서 이 시기 대신이 전횡을 일삼아 언관권이 농단된 상태에서 국정 운영은 기본적으로 '大臣 收議' 방식으로 이루어졌고, 그 방식은 중종 11년(1516)에 부활된 '議政府署事制'의 본격적인 시행의 연장선상에 있는 것으로 이해하였다. 그러나 필자는 앞서 서술한 바와 같이 그

조선왕조실록 CD에서 확인한 결과 공사에 대해 수의한 것은 109회
였다. 10회가 넘었던 해는 2, 10, 12년이었고, 6회의 수의가 있었던 13
년 이후에는 0~4회 정도로 거의 행해지지 않는 것과 같았다. 요컨대
국정 논의에서 대신 수의는 별 의미가 없었던 것이다.

훈척이 국정을 전횡하고 있는 상황이라 하더라도, 명종이 국가 정
책에 전혀 무관심한 것은 아니었다. 즉 '部民告訴法' '監軍御史制' 등
民生 관련 정책에 관심을 보였다. 먼저 부민고소법은 "자기 伸寃만을
허용하고, 誣告者는 杖 一百 徒 3년의 벌"을 주도록 『經國大典』에 등
재되어 있다.[97] 그러다가 『大典後續錄』에서는 부민고소자를 全家徙
邊하도록 규정이 강화되었다.[98] 이 법으로 수령의 통치권은 강화되었
다. 그러나 강력해진 수령권의 남용에 따른 민폐가 문제였다. 민폐는
구조화된 청탁 인사로 임명된 수령에 의해 야기되는 것이었기 때문이
다.

　백성들이 초췌하기가 지금 같은 때가 없습니다. 그 원인을 찾아보
면 수령을 잘 가리지 못하는 데 있고, 수령을 잘 가리지 못하는 것은
벼슬길이 맑지 못한 데 있으며, 벼슬길이 맑지 못한 원인은 또 請託
이 공공연히 행해지는데 있습니다. 政事하는 날이면 車馬가 輻輳하
고 注擬가 있는 날은 청탁서간이 빗발쳐 銓曹에서도 마음대로 할 수
가 없습니다. 인물의 賢否는 不問하고 단지 청탁자의 높낮이만을 따
져서, 初入仕도 이에서 결정되고 수령도 이에서 결정되어, 비록 열번
의 政事를 하더라도 공정하게 推薦된 경우는 한번도 없습니다. 그리
하여 전조의 職任이 마치 文書를 잡고 呼名이나 하는 관리처럼 되
어 버렸으니, 이러고서야 벼슬길이 어떻게 맑아지겠으며, 적격자인
수령을 어떻게 얻을 수 있겠습니까? 지금 부당하게 賦稅를 징수하고
있는 죄도 오로지 수령에게만 있는 것이 아닙니다. 朝廷은 四方의

러한 관점과는 견해를 달리 한다.
97) 『經國大典』 卷5, 刑典 訴寃.
98) 『大典後續錄』 卷5, 刑典 雜令.

표본이고 公卿은 庶官의 모범인데 스스로 법도를 지키는 경우는 적고, 거의가 구차하게 자기 욕심만 충족하려 하므로, 수령들이 힘을 다해 잘 섬기려고만 노력합니다(『明宗實錄』卷9, 4年 8月 乙巳).

당시 軍役·貢納·徭役 등의 국가 수취 항목은 軍籍과 田籍을 근거로 하여, 군현 단위로 정액·수취하도록 제도화되어 있었다. 그러한 제도의 운용은 郡縣民을 직접 다스리고 관할하는 수령의 裁量權에 의해 크게 좌우되어, 세력가에게는 헐하게 소농민에게는 무겁게 부담되는 형태로 시행되고 있었다.[99]

공정한 인사 시스템이 작동되지 않는 상태에서 병수사를 비롯한 수령 등 대부분의 外官은 재상에게 청탁하여 임명되었다. 그래서 "兩界의 병수사는 虎皮를 수집하여, 청홍·전라도의 수령은 모시와 蔘을 거두어 들여, 황해·평안도의 수령은 明紬를 거두어 들여"[100] 자신을 발탁해 준 재상을 받들기 위해 현지에서 가혹한 수탈을 恣行하였던 것이다. 그 비리의 總體的 실상을 부제학 閔箕가 적실하게 지적한 것이 앞 사료의 내용이다.

국가 지반이 붕괴되고 있는 상황에서도 명종은 재상들에게 '求請하지 말 것'과 '定數 외의 私伴人을 알아서 줄여줄 것'을 권면하는 정도였다.[101] 반면 수령에 대해서는 나름대로의 대응책을 모색하고 있었다. 수령들의 對農民行政의 실상을 파악하기 위해 問弊使를 파견하였고, 결과 보고에 따라 失政이 적발된 수령들을 파직하였다.[102] 또

---

99) 金泰永, 1992, 앞의 논문, 131~132쪽.
100) 『明宗實錄』卷15, 8年 9月 癸亥. 율곡은 "選外官者 民生休戚係於守令…… 守令非人 則蠹貽媚權 肥己瘠民"(『栗谷全書』卷3, 「諫院陳時事疏」)이라고 수령을 파악하였는데, 명종대 외관들은 '蠹貽媚權 肥己瘠民'의 전형적 행태를 보여주고 있다.
101) 『明宗實錄』卷9, 4年 12月 辛丑.
102) 『明宗實錄』卷5, 2年 6月 丙戌. 삼공인 윤인경, 이기, 정순붕 등이 사사로이 비호하여 舍人을 통해 여러 가지 이유를 내세워 罷職하지 말고 推考할 것을

다른 방안으로 侍從臣을 수령으로 파견하였다. 領經筵事 沈連源이
侍從臣의 수령 파견을 반대하였다. 이는 심연원 개인의 생각이라기보
다는 훈척재상의 공통된 의견이었을 것이다. 그러나 명종은 백성이 곤
궁이 심하다는 이유로 일축하였다.[103]

명종은 훈척의 반대를 물리치고 시종신을 지방관으로 파견함으로
써 대 농민행정을 개선하고 인근 수령들을 견제하는 이중의 효과를
거두려는 것이었다.[104] 그러나 당시 훈척재상이 인사권을 장악하고
다양한 구조를 통해 수령을 배치하고 있었던 만큼, 시종신이 파견된다
하더라도 폐단의 실상을 적발하는 것도 쉽지 않았을 것이고, 또한 설
령 적발했다 하여도 실상을 있는 그대로 아뢰기는 더욱 어려운 분위
기였다. 따라서 그러한 대응책은 별 효과를 거두지 못하였다.

백성의 생활상을 파악할 수 있는 다른 방법이 필요했다. 명종이 백
성이 蘇復될 때까지 부민고소법을 『經國大典』의 내용인 '자기 伸冤만
을 許容하고, 誣告者는 杖 일백 徒 3년으로 처벌한다'는 규정으로 완
화시켜 시행하려고 한 것[105]은, 백성들로부터 직접 수령의 행태를 들
으려는 의도였다. 그러나 "部民으로 하여금 邑宰를 고소하게 하는 것
은 臣子로 하여금 자기의 君父를 고소하게 하는 것"[106]이라는 대신들
의 반대로 그 시행은 留保되었다.

이제 水軍 문제와 관련된 監軍御史制의 추진과정을 검토해 보겠다.

僉使·萬戶를 제수할 때 판서는 으레 부탁받은 청탁 書簡의 高下
에 따라 注擬했습니다. 만약 편지를 얻지 못하면 다시는 望에 들지
못했습니다. 만호 등으로서는 재상을 알리가 없는데도 片簡을 얻은

아뢰었음에도 명종은 결국 파직하였다(『明宗實錄』卷5, 2年 6月 丁亥).
103)『明宗實錄』卷12, 6年 10月 癸未.
104)『明宗實錄』卷12, 6年 10月 壬午.
105)『明宗實錄』卷11, 6年 7月 戊戌.
106)『明宗實錄』卷11, 6年 7月 己亥.

자가 있습니다. 그 지위의 좋고 나쁨에 따라 그 값의 高下가 정해지
는데, 어떤 자는 남에게 꾸어서라도 편간을 얻는 밑천으로 삼습니다.
그래서 赴任한 후에는 다투어 徵歛해서 꾼 돈을 갚으려는 계책을 세
웁니다. 이 때문에 여러 가지 방법으로 백성을 侵害하는데 급급합니
다(『明宗實錄』 卷7, 3年 2月 壬子).

당시 수군은 역사에 자주 동원되었다. 자주 동원되는 괴로움을 피
하기 위해 그들은 代立과 放軍收布를 택하고 있었다. 장령 宋贊이 僉
使·萬戶의 임명 실태에 대해 아뢰었지만, 비단 그들에 국한되는 상
황은 아니었다. 지방군의 지휘관인 병사·수사·첨사·만호와 그 아
래 官屬 등 擧皆가 재상에게 賄賂하여 부임하고 있었기 때문이다.107)
그런데다가 외관직에 대한 녹봉은 未挈家의 관찰사·절도사·都事
및 양계의 虞侯·評事에게만 주어지고, 외관직의 대부분을 차지하는
첨사·만호 등에게는 지급되지 않았다.108) 따라서 그들은 군졸들에게
방군수포를 강요해서라도 그 비용을 충당하거나, 녹봉에 상응하는 비
용을 마련할 수밖에 없었다. 그 과정에서 필연적으로 수탈이 자행되었

107) 李泰鎭, 1968,「近世 朝鮮前期 軍事制度의 動搖」,『韓國軍制史(近世朝鮮前
期篇)』, 육군본부, 234~253쪽 ; 金鍾洙, 1996,「軍役制度의 崩壞」,『韓國史』
28, 국사편찬위원회, 102~113쪽.
108) "觀察使都事節度使兩界虞侯評事並有祿 挈家觀察使節度使否"(『經國大典』
戶典 祿科) ; "鎭將供給 用衙祿田 不足則用官屯田 無衙祿田官屯田處 鎭將
諸鎭軍官 諸邑校生及主鎭將虞侯軍官 並用軍資"(『經國大典』 卷2, 戶典 外
官供給). 이에 대해 후대의 실학자 磻溪 柳馨遠[광해군 14(1622)~현종
14(1673)]은 다음과 같이 그러한 사실을 지적한 후 개혁할 것을 주장하였다.
"外方官員吏隷 亦皆定給常祿(今外官擧無常祿 守令則科外斂民以爲資 監
司則食於各邑 兵水使僉使萬戶則放番軍收布以爲資 察訪則斂於驛卒以爲
資 是皆自爲斂 多寡無節 至於吏胥僕隷 則八方擧無所食 各以所管漁奪
爲資 此所以一國生民無處不罹害也 當參酌古意 自大小官員 以至吏胥僕隷
皆給常祿 以本處經費會減 以支其數 見祿制 旣爲如此 則從前諸弊 掃除革
絶 其官需諸物 亦皆有定數 依食貿用 切勿分徵民間"(『磻溪隨錄』 卷3, 田制
後錄 上).

던 것이다. 방군수포가 보편화되면서 큰 鎭조차도 머무르는 군사가
소수에 불과하고, 수군의 役이 무거워 逃散하는[109] 등 군사체계의 동
요가 심각한 지경에 이르고 있었다.

수군의 상황을 개선하기 위한 방안이 필요한 시점에 경연관이 건의
를 하자, 명종이 대신들에게 그 내용을 논의하도록 명하였다. 그 결과
전라·경상도에 年少文臣을 파견하여 수군의 休戚을 살피게 하는 감
군어사제가 시행되었다.[110] 그 후 감군어사의 파견은 양계까지 확대
되었다. 대신들의 강력한 반대가 있었지만 병수사의 수탈을 포함한 지
방행정 전반을 감시하는 데까지 그 기능은 확대되고 있었다.[111] 감군
어사의 파견으로 '邊將의 恣意的인 收奪을 방지하고 軍民도 혜택'을
보는 효과가 나타났다. 그러나 그 제도는 오래 시행되지 못하였다. 흉년
을 이유로 먼저 경상·전라도의 감군어사가 혁파되었기 때문이다.[112]
그런데 혁파된 근본적인 원인은 흉년 때문이 아니었다. 백성들로부터
는 환영을 받았으나,[113] 당시 권세가들이 자신들이 발탁한 수령·병
수사·첨사·만호 등과 연결하여 立案을 위조하여 屯田을 빼앗는 등
私的 이익을 추구하는 데는 장애가 되었기 때문이었다.[114]

감군어사의 파견은 훈척과 지방관 사이에 구조화되어 있는 利權 침
탈의 연결고리를 끊으려는 노력의 일환이었으나, 집권 세력의 이해관

---

109) 『中宗實錄』 卷93, 35年 9月 丙辰 ; 『明宗實錄』 卷2, 2年 2月 己丑.
110) 『明宗實錄』 卷10, 5年 7月 壬子.
111) 『明宗實錄』 卷11, 6年 2月 乙酉 ; 『明宗實錄』 卷14, 8年 3月 甲辰.
112) 『明宗實錄』 卷11, 6年 2月 壬午 ; 『明宗實錄』 卷16, 9年 2月 丁酉.
113) 『明宗實錄』 卷16, 9年 2月 丁酉.
114) "憲府啓曰 屯田之設 所以供各官之需 而備軍糧之具也 近來食祿之人 更生
無厭之欲 恃其權力 劫奪是事 爲守令兵使水使僉使萬戶者 逢迎其欲 托稱
陳荒 成立案而給之 使祖宗數百年相傳之物 爲私門子孫永傳之業 以此前日
富實之各官 盡爲棄邑 富實之各營 盡爲斃鎭 守令兵使水使僉使萬戶等 不
得已或擅用國穀 或責辦民間 徒擁虛器 百弊俱生 言至於此 極爲寒心"(『明
宗實錄』 卷12, 6年 8月 己未). 특히 이기는 黃州·鳳山 및 전라도·청홍도
병영의 둔전까지 빼앗고 있었다(『明宗實錄』 卷10, 6年 10月 己卯).

계에 밀려 결국 시행이 중단되고 말았다. 일련의 민생 관련 정책의 시행 취지가 지방관과 훈척들의 私的 利害에 상충되는 사안들인 만큼, 지속적인 시행이나 그로 인한 효과를 거두기 쉽지 않았던 것이다.

정책의 결정·시행에서도 훈척의 이해가 강하게 반영되는 반면 이를 시정하려는 명종의 시도는 간헐적이거나 시행 여부를 탐색하는 소극적인 입장에 머무르고 있었다. 정책 결정이나 시행 측면에서도 명종이 훈척재상에 의해 상당한 견제를 받는 왕권 약화와 재상권 강화라는 변화된 권력관계가 반영되고 있었던 것이다.

3. 言論의 機能과 限界

유교정치의 실현을 理想으로 하는 조선왕조에서 언론의 通塞은 그 정치의 盛衰와 직결되는 것으로 이해되고 있었다. 그런데 유교정치의 실현 과정에서 필연적으로 발생할 수 있는 전제적 왕권을 행사하는 왕의 과오를 방지할 수 있는 장치가 필요했다. 아울러 관리의 기강을 肅整하며, 정치의 是非를 가리는 장치도 필요했다. 그 같은 기능을 적극 구현하기 위해 마련된 것이 대간제도였다.[115]

언론 활동을 통해 君主의 過失과 施政의 得失을 논하는 것이 대간의 주요 임무였다. 그래서 대간의 활동은 국왕이나 집권자의 언관에 대한 인식, 정치적 성향 및 언관의 구성에 따라 변화되었고, 消長도 달라졌다. 조선초기의 언론은 주로 왕권 강화와 관련하여 활성화되거

---

115) 조선왕조의 臺諫은 태조 원년(1392)에 時政의 得失을 論執하고, 風俗矯正·百官의 功過를 考察하는 직무로 설치된 司憲府와 태종 원년(1401) 7월에 의정부를 설치할 때 門下府 郎舍가 독립하여 된 司諫院의 통칭이다(『太祖實錄』卷1, 元年 7月 丁未 ;『太祖實錄』卷2, 元年 7月 庚子). 조선초기 대간에 대해서는 崔承熙, 1976, 앞의 책과 鄭杜熙, 1994, 『朝鮮時代의 臺諫硏究』, 일조각이 참고된다.

나 또는 彈壓을 받았다.[116] 언관을 보호하는 제도적 장치가 없는 가운
데 任免이 전적으로 국왕과 재상에게 달려 있는, 말하자면 독자적인
위상을 확보하지 못했기 때문이었다.

한편 양사와 더불어 성종 21년(1490)에 弘文館도 공론의 소재지로
인식되었다.[117] 특히, 기묘사림이 등장한 이후에는 정치적인 상황에
따라 名實의 附合하는 정도의 차이는 있었으나, 공론에 의한 정국 운
영을 표방하게 되었다. 중종대 권신 김안로가 집권할 때에도 공론의
필요성은 인정되고 있었다. 正郞·言官이 공론을 대표한다는 인식도
계속되었다. 김안로 일파는 자파 인물을 언관직에 진출시켜 자신들에
게 공론이 소재하는 것으로 행세하면서, 그들을 공격하는 것 자체가
공론을 거부하는 것이라는 논리로 반대세력을 제거하여 정국을 장악
하였다. 척신세력조차도 공론을 내세우지 않고는 상대를 공격할 수 없
을 정도로 공론은 일반화되어 있었던 것이다.[118] 이는 언론의 정치적
비중이 강화된 사실을 잘 보여주고 있다.

그렇다면 명종대와 같이 왕권이 취약하고 훈척이 득세한 권력구조
에서 언론은 어떻게 기능하고 있었는가. 먼저 명종의 언관·언론에 대
한 입장을 살펴본다. 명종은 을사사화가 己卯士林의 餘類인 柳仁淑
등이 尹任과 締結하여 경박한 무리들을 언관에 포진시키고, 공론을
假托하여 일을 만들어 내려는 것에서 발생한 것으로 이해하고 있었
다.[119] 명종 스스로의 판단이라기보다는 문정왕후나 훈척세력에 의해
영향을 받았을 가능성이 높지만, 명종이 언관 언론을 상당히 부정적으
로 인식하고 있었던 것은 사실이었다.

명종은 국왕의 권위를 훼손시키지 않는 범위 내에서 언론을 일정하

---

116) 崔承熙, 1976, 앞의 책, 99~153쪽.
117) 『成宗實錄』卷242, 21年 7月 己巳. 이에 앞서 홍문관의 대간 탄핵권은 19년
    (1488) 12월에 인정되었다.
118) 金宇基, 1990, 앞의 논문, 74~77쪽.
119) 『明宗實錄』卷3, 元年 5月 乙亥.

게 용납하였고, 그 범위에서 벗어나는 경우에는 엄격하게 거절하는 태도를 취하였다.120) 때문에 대사헌 柳辰仝은 간언을 잘 받아들이지 않고 남의 말을 들으려 하지 않는다고 명종을 비판하였다.121) 그런데도 재상에게 아부하여 3품이 되고 훔친 官物을 바쳐 陞加까지 받게 된 南原府使 張應星의 파직을 언관이 여러 차례 요구하면서, 속히 결단하지 않는 명종을 두고 '상의 뜻이 어디 있는지 모르겠다'라고 언급하자, 명종은 "新進인 사람이 임금을 脅迫하여 따르게 하려 하였다"라고 질책하였다. 언관의 言辭에 대한 명종의 강경한 입장은 계속되고 있었던 것이다.

특히 貴戚이나 近習 또는 불교 등 특정 분야에 대해 더욱 심하게 언론을 指斥하는 입장을 분명히 하고 있었다.122) 이는 물론 명종의 의중이라기보다는 문정왕후와의 관계를 의식한 처사였을 것이다.

대간에 대한 문정왕후의 인식은 어떠하였는가. "위의 下敎가 옳은 것도 아래(대간)서 반드시 그르다고 한 것을 중종이 恨으로 여기셨다"라고 한다거나, "대간이 嫌疑를 내세워 辭避하면 위에서 비록 불러도 직무에 나오려고 하지 않는 태도가 중종조에 김안로·趙光祖가 用事하면서부터 비로소 형성되어 결국 나라를 그르치기에 이르렀다"라고 한 것에서,123) 사림이나 그들로 구성된 대간의 역기능이 중종대부터 심각하였다는 문정왕후의 극단적인 인식이 잘 드러나고 있다.

당시 훈척의 對언론관을 살펴본다.

120)『明宗實錄』卷4, 元年 11月 乙亥 ;『明宗實錄』卷6, 2年 7月 甲戌.
121)『明宗實錄』卷8, 3年 8月 乙巳 ;『明宗實錄』卷8, 3年 8月 辛酉.
122) "大司諫金澍等上箚曰 人主之好善非一 而納諫爲好善之最 人主之失德非一 而愎諫爲失德之甚……邦本已搖 國勢岌岌 殿下固當優容讜論 延納嘉言 轉危作安 綿國祚於無疆 此其秋也 經幄之臣 臺諫之官 苟有論列 非徒不見納 又有詆訛之色 嚴辭以拒之 峻言以折之 言及於貴戚 事涉於近習 則雖論執逾年 竟不兪允 至於君子小人之進退 吾道異端之消長 實是治亂存亡之大機 而無一事得蒙聽納"(『明宗實錄』卷13, 7年 2月 丁巳).
123)『明宗實錄』卷1, 卽位年 8月 壬子 ;『明宗實錄』卷5, 2年 5月 戊寅.

중종조의 年少한 무리들이 일 만들기를 좋아하였고, 임금은 諫言 따르기를 물 흐르듯이 하여 여러 차례 조정과 사림의 화가 일어났습니다. 지난 己卯년의 일로 말하자면 趙光祖의 본심은 비록 간사한 데 이른 것은 아니었으나, 年少한 무리가 그를 빙자하여 擧事하여 마침내 큰 화를 일으켰으니, (조)광조도 그 책임을 벗어날 수가 없습니다. 지난 정유년(중종 32, 1537)에는 대간으로 있던 자가 대부분 올바르지 못한 무리였으므로 나라 일을 거의 그르칠 뻔하였고, 을사년(명종 즉위년, 1545)에 이르러서는 큰 혼란을 빚어냈으니, 이는 모두 연소한 무리가 일을 만들어 내기를 좋아하는 데서 생긴 폐단입니다(『明宗實錄』 卷6, 2年 7月 甲戌).

尹春年은 중종대 기묘사화·김안로의 用事 그리고 을사사화에 이르는 조정 분란의 진원지를 전부 연소한 사림들로 구성된 대간으로 지목하였다. 대간에 대한 윤춘년의 비판과 힐난은 곧 문정왕후의 입장과 상통하는 것이자 대간에 대한 윤원형의 입장으로 보아도 무방할 것 같다.

수렴청정기 정국의 實勢 중 한 사람인 李芑 역시 "조광조는 너무 과격한 언론 활동으로 綱常의 윤리조차도 지키지 않아 不信하는 풍조를 조장한 장본인"으로서, 사림은 "중종이 언론을 優容하였음에도 언관으로 활동하면서 공론을 제대로 형성하지 못하여 세 차례의 변란을 겪게 만든 원흉"으로 판단하고 있었다.[124]

이기는 특히 종중대부터 사림들로 구성된 언관에게 여러 차례 탄핵을 받은 바 있었다. 그래서 을사사화나 무고 사건에 깊이 개입하여 사림을 논박·제거하는 핵심적인 역할을 하였던 것이다. 이기는 그러한 목적을 이루는 과정에서 "하찮은 일이라도 반드시 언관의 말을 꺾는다"[125]거나, 陳復昌·李無彊 같은 그의 鷹犬·爪牙의 무리를 대간에

---

124) 『明宗實錄』 卷6, 2年 10月 戊午;『明宗實錄』 卷6, 2年 12月 庚戌.
125) 『明宗實錄』 卷7, 3年 4月 己酉.

심어 놓고[126] 공론을 稱托하였다. 즉, "一國의 공론을 유지하는 대간이 그의 耳目과 爪牙가 되려고 하는"[127] 상황을 조성하고 국정을 농단하였다.

윤원형 쪽에서도 공론을 활용하고 있었다. 윤원형의 입장을 대변한 인물은 윤춘년이었다. 그는 공론에 용납되지 못하는 진복창을 윤원형에게 알려 파직시키도록 하였다.[128] 또한 윤춘년이 장령에 임명된 후 사헌부에서 異例的으로 겉으로는 공론을 청탁하고 속으로는 私慾을 채우려 했다는 죄목으로 직제학 이무강을 논박하여 파직시켰다.[129] 진복창·이무강 같은 이기의 爪牙·鷹犬의 무리가 모두 外地로 쫓겨난 후에야 비로소 이기에 대한 탄핵이 시작되었고, 파직되었던 것이다.[130]

이기의 권력 농단이나 축출 과정을 통하여 수렴청정기 당시 공론이 차지하는 정치적 비중의 일단을 가늠해 볼 수 있겠다. 당시 훈척은 의정부와 육조를 독점하는 한편 언론 삼사를 지휘·조정하고 있었던 것이다.

이기 등이 제거되자, 윤원형은 명종 7년(1552) 3월 대사간 擬望者의 자격을 '堂下階梯職에 있는 사람'까지로 청한 후, 윤춘년을 대사간에 배치하였다.[131] 최측근 인물을 언론직에 진출시켜 윤원형 체제를 구축하려는 사전 포석에 다름 아니었다. 이후 윤춘년은 三司의 장관을 두루 역임하고, 시종·대간직 인사에 영향력을 발휘하면서 언론을 좌

---

126) 『明宗實錄』卷9, 4年 8月 丙辰 ; 『明宗實錄』卷11, 6年 4月 戊寅.
127) "大司憲具壽聃曰……今者 主上幼冲 國事專委元勳之人 而大臣不奉上意 反恃其功 莫敢誰何 生人殺人 皆出其手 爵人賞人 盡任其意 臺諫 持一國公論者也 而欲爲其耳目爪牙 國勢將非 誠朝廷大憂 今之大臣 別無差等 其中 尤甚者 左議政李芑也"(『明宗實錄』卷7, 3年 4月 甲子).
128) 『明宗實錄』卷10, 5年 5月 乙酉.
129) 『明宗實錄』卷11, 6年 4月 戊寅.
130) 『明宗實錄』卷12, 6年 10月 己卯~『明宗實錄』卷12, 6年 11月 甲午.
131) 『明宗實錄』卷13, 7年 3月 癸卯.

우하였다.132) 그것은 바로 문정왕후와 윤원형의 의중을 충실히 반영
하도록 언론의 방향을 자유자재로 움직임으로써, 그들의 일방적인 체
제 유지를 위해 服務하게 한 것이었다.

　실제 수렴청정기의 언론은 명종과 문정왕후에 의해 억압당하면서,
대부분 그들의 정치적 목적을 방조하는 방향으로 움직이고 있었다. 또
한 을사사화 이후로 윤원형·이기 등의 전횡을 개혁·쇄신하려는 공
론도 전혀 형성되지 못한 터였다.133) 언관직에 자파 인물을 진출시키
거나 공론을 稱託하는 훈척의 언론 활용도 계속되었다. 그러므로 당
시 언관의 언론은 時議를 쫓아 형식적으로 책임을 메운다거나, 훈척
세력의 이익을 충실히 대변하는 것에 머물고 있었다. 그렇다고 언론의
긍정적 활동이 전혀 없는 것은 아니었다. 명종대에도 공론의 필요성이
나 공론 소재지로서의 언론 삼사의 기능은 인정되고 있었으므로, 명분
상 유리한 '양종 복립'이나 불교 관련 문제에 대해서만은 적극적으로
언론 활동을 전개하고 있었다. 명종·문정왕후의 강력한 저지와 봉쇄
로 소기의 목적을 달성하지 못한 한계는 분명히 있지만, 유교정치를
지향한 조선에서 異端으로부터 吾道를 수호한다는 입장에서 나름대
로의 역할을 수행하려 하였던 것이다.

---

132) 『明宗實錄』 卷14, 8年 6月 甲申.
133) "史臣曰……自乙巳以來 尹元衡李芑之徒 殺逐忠良 引進憸邪 濁亂朝廷 國
　　勢岌岌 寵臣臺諫 結舌鉗口 無一言者"(『明宗實錄』 卷15, 8年 7月 辛酉).

Ⅲ. 親政期(명종 8년 7월~22년 6월) 權力關係의 변화와 '勳戚政治'

명종과 훈척재상들의 권력관계는 인사권 행사를 통해 나타난다고 할 수 있다. 親政을 시작한 명종은, 단계별로 왕권에 상응하는 인사권을 행사하였고, 그 정도에 따라 정치세력이 변동되었다. 그러므로 명종의 왕권 행사와 그에 따른 정치세력의 변동을 기준으로 親政期를 세 시기로 구분하여 검토할 필요가 있다.

먼저 윤원형을 핵심으로 하는 훈척이 여전히 권력집단으로 행세하고, 그 같은 정치체제를 극복하기 위해 명종이 인사권을 행사하여 점차 국정 운영의 발판을 마련해 나가는 과정 등 친정 초반인 8년(1553) 7월부터 13년(1558) 5월까지의 동향을 '친정 초반 훈척정치의 추이'에서 살펴보고자 한다.

명종의 지지로 입장을 선회한 명종 妃의 祖父 沈連源 등 심씨 一門을 기반으로 명종이 인사권을 전제적으로 행사하여 李樑 세력을 형성하고, 명종을 배경으로 정치구조 개편을 통해 이량이 전횡하는 것과 맞물린 윤원형의 세력 약화 및 문정왕후의 사망, 그리고 당시 활동하는 사림의 동향과 재등장하는 국면 등 친정 중반에 해당되는 13년 6월부터 20년(1565) 4월까지의 정치 변동을 '명종 중반 친정체제 강화와 정치구조의 변동'에서 다루겠다.

이량·윤원형이 축출된 이후 명종이 새로운 정치세력으로 등장한 사림과 국정을 운영해 가는 양상과 심씨 일문의 강화된 위상 및 명종의 사망 등 명종 후반 20년 5월부터 22년(1567) 6월까지의 정국 동향을 '명종 말의 왕권과 정국 동향'에서 살펴보고자 한다.

친정기 언론의 역할과 한계에서는 친정기뿐만 아니라 명종대 전 시기 언론의 기능을 검토하되, 특히 윤원형·이량이 축출된 이후 정치 개혁의 차원에서 부활되는 공론정치의 실제와 역사적 의미도 함께 검토할 것이다.

1. 親政 初半(명종 8년 7월~13년 5월) '勳戚政治'의 推移

1) 尹元衡의 專橫과 新進 士類의 動向

명종 8년(1553) 7월 명종의 親政이 시작되었다.[1] 李芑·尹元衡 제휴에 의한 훈·척 연합 공조체제는 명종 7년(1552) 4월 李芑가 사망한 후, 윤원형 체제로 歸一된 상태였다. 권력집단인 훈척이 여전히 국정을 농단하고 있는 상황은 분명 친정하는 명종의 名實相符한 왕권 행사에 부담으로 작용할 것이었다.

게다가 문정왕후는 명종에게 "나와 원형이 아니었다면 상에게 어떻게 오늘이 있었겠소"[2]라는 말로써, 명종과 자신 및 윤원형의 정치적 관계를 새삼 확인하고 나섰다. 권력의 一角을 차지하겠다는 것이었다. 이에 公的 관계를 逸脫한 명종과 문정왕후 사이에 권력배분 관계가 형성되어 문정왕후의 권력 專橫이 용인되었다. 특히 兩宗과 內需司 분야에 직접 仲使를 파견하는[3] 등 독자적인 지배권을 행사하거나 윤원형의 정치적 지위를 위해 필요한 때마다 국정에 개입한 것이 전횡의 구체적 내용이었다.

---

1) 『明宗實錄』卷15, 8年 7月 丙辰.
2) 『明宗實錄』卷31, 20年 11月 辛亥.
3) 『明宗實錄』卷26, 15年 4月 乙酉·戊申.

요컨대 명종이 정국의 분위기를 단기간에 反轉시킬 수 있는 상황은
아니었던 것이다. 따라서 명종은 '친정'이라는 변화된 정치 환경에서,
파행적 구조를 타파하고 독자적으로 정국을 주도할 수 있는 방안을
모색하거나 정치상황에 탄력적으로 대응할 수 있는 지지세력을 확보
하는 문제들을 실현하기 위한 다각도의 방안을 찾아야 하는 상황에
직면해 있었다.

친정 초 윤원형을 핵심으로 하는 훈척이 獨走하는 실상을 검토해
보겠다. 먼저 그들의 권력 기반인 의정부는 명종 6년 9월부터 시작된
영의정 심연원, 좌의정 상진, 우의정 윤개 체제가 유지되고 있었다. 6
조의 구성은 수렴청정기에 비해 衛社功臣이나 윤원형계 인물들의 비
중이 축소되는 양상을 띠었다. 그럼에도 의정부는 여전히 윤원형 세력
으로 구성되었고, 문정왕후를 배경으로 하는 윤원형이 政曹에 진출하
고 있어 六曹를 장악하고 있는 것과 다름없었다.

윤원형의 威勢는 친정 직후인 명종 8년 10월에 의정부 좌찬성으로
있으면서 일찍이 관심을 가지고 있던 庶孼 許通 논의를 주도한 것에
서 단적으로 드러나고 있었다.

서얼의 허통이 15세기에 전혀 없는 것은 아니었다. 先王들과는 달
리 파격적인 통치 스타일을 보인 세조가 허통에 대해 비교적 너그러
운 입장을 취하고 있었다. 그래서 李施愛亂 평정에 공을 세웠고 세조
의 特恩으로 세조 14년(1468) 重試에 應試하여 1등으로 入格한 柳規
의 庶子인 柳子光이 서자로서는 드물게 출세가도를 달렸다. 예종대에
는 南怡 獄事를 일으켜 翊戴 1등공신이 되었다. 그러나 성종 16년
(1485)에 유자광의 신분 때문에 그 자손의 許通 문제가 쟁점화된다.
우여곡절 끝에 성종이 이미 先王代에 허통된 데다가 향리의 딸을 妻
로 맞은 유자광을 인정하여 그 자손의 허통을 허락하였다.[4] 선대에서

---

4) 韓春順, 2003, 「世祖~成宗 代 科擧에 관한 一考察」, 『조선시대의 과거와
벼슬』, 集文堂, 125쪽 및 136~139쪽. 그는 중종대 成希顔과의 친분으로 靖

114

이미 허통되었더라도 그 자손대에 다시 문제가 될 정도로 허통은 아직 엄격하게 제한되고 있었던 것이다.

그런데 윤원형이 허통 논의를 주도하자 大臣들조차도 윤원형에게 제압당한 상태에서 논의에 한 마디의 반론도 제기하지 못한 채 찬동하는 형편이었다.5) 윤춘년은 사헌부의 長으로서 반대 언론을 봉쇄하였다. 그렇더라도 간단한 문제가 아니었기에 몇 차례의 논의가 없을 수 없었다. 여러 의견들이 논의된 결과, 良妾子의 경우에만 손자대에 이르러 許通하는 것으로 결정되었다.6) 이는 친정 초기 정치 상황을 단적으로 말해주는 하나의 사례였다. "안에서는 大妃가 일을 결단하고 밖에서는 윤춘년이 그 의도를 시행하여, 윤원형이 국왕을 능가하는 권력으로 정치를 專制하여 명종이 제지를 받는 상황"7)은 당분간 계속될 수밖에 없었던 것이다.

윤원형은 명종 6년(1551) 9월 우의정에 임명되었지만 사직을 요청하여 체직되었다.8) 그 후 동 9년(1554) 2월 병조판서에 임명되었고, 동 9년 7월부터 위사공신으로서 정1품의 부원군 겸 영경연사, 곧이어 10년 11월 영중추부사, 동 11년에는 영중추부사 겸 이조판서, 동 13년 3월에는 병조판서로 임명되었다.9) 또한 최측근인 윤춘년이 홍문관 부

國 1등功臣이 되었지만 무오사화를 일으키는 등 정치적 경력이 문제가 되어 일찍이 勳籍에서 삭제된다(李秉烋, 1984, 『朝鮮前期 畿湖士林派硏究』, 一潮閣, 197~201쪽).
5) 『明宗實錄』 卷15, 8年 10月 庚辰. 당시 서얼 허통 논의에 대해 사신은 賤妾에게서 많은 자녀를 낳은 윤원형이 주도한 邪惡한 논의를 아첨하는 무리들이 附和雷同하여 2백여 년 동안의 名分을 어지럽힌 것이라 비판하였다(『明宗實錄』 卷15, 8年 11月 壬午).
6) 『明宗實錄』 卷15, 8年 10月 壬午 ; 『明宗實錄』 卷15, 8年 11月 甲寅.
7) "史臣曰 是時尹元衡專制朝廷 權傾人主 爵賞由心 刑戮在口 殘賢害善 汚國虐民 垂十年 大妃主斷於內 尹春年煽助於外 攀據勢古 莫敢誰何 上束手見制 徒擁虛器"(『明宗實錄』 卷15, 8年 11月 辛酉).
8) 『明宗實錄』 卷12, 6年 9月 庚子·癸卯.
9) 『明宗實錄』 卷16, 9年 2月 壬申 ; 『明宗實錄』 卷17, 9年 7月 乙丑 ; 『明宗實

제학과 사헌부 대사헌에 번갈아 제수되었고,[10] 윤원형이 추천한 崔堣
와 李彦憬은 각각 사헌부 장령·홍문관 전한에 진출하였다.[11] 윤원형
은 의정부와 政曹를 핵심 기반으로 하면서, 홍문관과 사헌부를 지지
기반으로 삼고 있었던 것이다.

윤원형은 구축한 정치 기반을 자신의 세력을 공고히 하는 방편으로
삼았을 뿐 아니라 청탁 인사의 통로로 활용하고 있었다.[12] 윤원형을
구심점으로 하는 소윤세력은 크게 두 부류로 구성되어 있었다. 먼저
親·姻戚 관계의 인물인데, 그들은 재종형제인 尹春年, 일찍부터 윤
원형과 결탁한 尹仁恕, 윤원형의 처남인 鄭浚, 윤원형과 사돈 관계에
있는 安馣·黃大任 등이었다. 이들을 제외하고는, "윤원형을 종처럼
섬겼다"[13]거나, "윤원형을 잘 섬겼다"[14]라는 내용이 말해 주듯 정치
적 이해관계로 결집된 부류가 있었다.

윤원형 등 훈척은 인사권과 병권을 장악하고, 수렴청정기 이래 명
종 13년(1558)까지 의정부·육조를 세력권 안에 두고 있었다. 이를 기
반으로 병·수사 및 五衛都摠管까지도 자파 인물로 포치하였다. 명종
대 주요 기구로 부상하는 備邊司의 인적 구성도 훈척 계열의 인물이
압도적 비중을 차지하고 있는 상태였다. 특히 동 12년(1557)에는 윤원
형이 領中樞府事 겸 이조판서로서 삼정승과 함께 비변사 都提調의

───────────────

錄』卷21, 11年 7月 甲申;『明宗實錄』卷24, 13年 3月 乙亥. 영중추부사로
제수된 된 기록은 실록에 나타나 있지 않다.
10) 홍문관 부제학(『明宗實錄』卷19, 10年 11月 丁巳;『明宗實錄』卷21, 11年
11月 己卯). 윤춘년은 명종 8년 7월에 사헌부 대사헌 임명된 후 명종 10년 2
월까지 장기간 재직하였고, 명종 11년 5월-11년 10월까지 다시 재직하고 있
다.
11)『明宗實錄』卷21, 11年 11月 己未.
12)『明宗實錄』卷22, 12年 2月 丁酉. 이 외에도 '守令·方伯을 가려 뽑지 않는
다'거나, '찰방·별좌·만호·군관 등은 모두 定價가 정해져 있다'는 등의 상
태도 계속되었다.
13)『明宗實錄』卷18, 10年 5月 乙卯.
14)『明宗實錄』卷26, 15年 7月 辛未.

구성원이 되어 병권을 장악하고 정국을 주도하는 기반으로 삼았다.[15] 당시 정치 상황은 윤원형을 宗主로 하고 훈척이 모여 결속을 공고히 하면서, 모든 國事를 반드시 윤원형의 명령을 받아 결정하였다. 바로 '一國의 威福이 모두 그의 手中에 장악되어 있는 형세'였던 것이다.[16]

윤원형 중심의 정국 구도는 그가 (영중추부사) 겸 이조판서로 제수 된 명종 11년(1556) 7월을 기점으로 변동의 조짐이 나타나고 있었다. 즉, 좌의정 尹漑가 "젊은 新進들이 私私로이 논의하여 다른 인물을 이조판서로 薦進할까 염려하여 윤원형을 吏曹의 長으로 삼을 것을 힘껏 주장, 그들을 저지하였다"[17]라는 것에서 그러한 정황이 포착된 다.

당시 젊은 신진들이란 주로 언론 삼사나 낭관직에 진출해 있는 사 림 즉 金虯 · 金弘度 · 金繼輝 · 李龜壽 · 尹澍 · 高景虛 · 朴民獻 · 尹 毅中 · 李憲國 등을 지칭한다.[18] 그들 중 金弘度 · 金繼輝 등은 명종 의 妻 外叔 李樑을 賜暇讀書에서 삭제하자는 논의에 참여하고 있었 다.[19] 또한 反윤원형 세력으로도 활동하고 있는 상태였다. 말하자면 젊은 신진들이 反戚臣 그룹으로 정치세력화하고 있었던 것이다. 윤원

---

15)『明宗實錄』卷21, 11年 7月 甲申 ;『明宗實錄』卷22, 12年 4月 甲辰. 한편 명종 9년부터 13년 사이 兵權의 推移는 병조의 경우 尹元衡 · 南致勤 · 鄭浚 등이 있어 전체적인 비율에 있어서 劣勢임에도 소윤세력이 우위를 유지하고 있었으며, 윤원형이 판서직을 두 차례 역임하였으므로 사실상 병조를 장악 한 것과 다름없었다. 당시 병수사 중에서 소윤세력과 관련된 인물은 趙安國 · 李光軾 · 南致勤 · 鄭允誠 · 劉寬 · 朴麟壽 · 尹先智 · 鄭浚 · 閔應瑞 · 吳淪 등이었다(金宇基, 1995, 앞의 논문, 163～175쪽).

16) "史臣曰 時勳臣等 以同盟之故 並荷恩眷 權同骨肉 而酒食相徵逐 殆無虛日 皆以元衡爲宗主 凡有作爲 必稟而後行之 以致權仵於上 而一國威福 都在 其手 可勝痛哉 (金)明胤不足數也 (宋)麒壽號稱儒士 而承風順旨 曲爲阿附 其私謁之頻 情好之篤 人莫敢間其間云"(『明宗實錄』卷22, 12年 2月 戊申).

17)『明宗實錄』卷21, 11年 7月 甲申.

18)『明宗實錄』卷22, 12年 5月 甲戌.

19)『明宗實錄』卷19, 10年 閏 11月 丙寅 ;『明宗實錄』卷22, 12年 5月 甲戌.

형 중심의 훈척정치가 안정적으로 지속되기 위해서, 윤개는 그들의 정치적 성장을 견제할 필요가 있었고 그래서 그 최적의 방안으로 윤원형을 이조판서에 끝내 임명하였던 것이다.

그렇다면 을사사화에서 참혹한 화를 당한 이후 사림의 동향은 어떠하였는가. 중앙 정계에서의 발판을 상실한 사림이 속수무책으로 있었던 것은 아니었다. 붕괴된 기반을 복구하기 위해서는 후속세대를 양성하는 것이 시급한 과제였고 그래서 세력 양성을 위한 방안을 모색하게 되었으며 그 과정에서 書院에 주목하였다. 서원은 교육기관이라는 성격상 훈척들의 집중적인 경계의 대상에서 벗어날 수 있기 때문이었다.

중종 38년(1543) 周世鵬이 順興에 白雲洞書院을 건립한 이래, 명종대에만 17개소의 서원이 건립되고 있었다.[20] 당시 건립된 17개의 서원 중 특히 李滉은 『退溪文集』의 詩文인 '書院十詠'에 文憲書院(海州)·藍溪書院(咸陽)·臨皐書院(永川)·伊山書院(榮州)·迎鳳書院(川谷:星州)·西岳書院(慶州)·硏經書院(書岩:大邱) 등에 대해 기록해 놓았을 뿐 아니라 伊山·迎鳳·易東·硏經 서원에 대해서는 書院記[21]까지 남기고 있었다. 서원 확대에 이황이 크게 기여하고 있었던 것이다. 그 같은 사실은 이황의 영향력이 큰 이유도 있지만, 훈척 집권 하에서도 紹修書院·문헌서원·임고서원·남계서원 등이 賜額되었다는 사실[22]에서 알 수 있듯이, 여전히 사림계열의 영향력이 잔존하고 있기 때문이었다.

다른 한편 을사사화와 직접 관련이 없는 사림은 명종 재위 기간 동안 시행된 7회의 式年試를 비롯하여 別試·謁聖試 등 총 23회의 문

20) 李泰鎭, 1989,「士林과 書院」,『朝鮮儒教社會史論』, 知識産業社, 181쪽.
21) 鄭萬祚, 1997,「朝鮮 書院의 成立過程」,『朝鮮時代 書院研究』, 集文堂, 40~41쪽.
22) 『明宗實錄』卷10, 5年 2月 丙午;『明宗實錄』卷17, 9年 10月 丁丑·11月 己亥;『明宗實錄』卷18, 10年 2月 庚寅;『明宗實錄』卷33, 21年 6月 甲戌.

과를 통해 入仕하고 있었다.23) 그리고 그들은 "乙巳士禍에 女主가 집
권하여 搢紳을 屠戮하였지만 수년 후 淸流로서 등용된 자가 있었는
데, 나라가 망하지 않은 것은 대개 이 때문이었다"24)라는 내용에서 알
수 있듯이 일정 시기가 지나면서 정치적 위치를 확보해 나갔던 것이
다.

그렇다고 당시 신진사류의 정치적 성향이 동일한 것은 아니었다.
앞서 언급한 반윤원형 사류의 대표적 인물인 金虯・金弘度뿐 아니라,
그들 외에 金汝孚・崔堣 등의 친윤원형계, 姜克誠으로 대표되는 친
이량계,25) 그리고 반이량 사류인 洪天民・朴素立 등이 존재하고 있었
다. 그 중에서도 명종 7년(1552)에 낭관직 추천을 싸고 알력이 시작된
김여부계와 김홍도계26)가 각각 偏黨을 이루어 대립하고 있는 상태였
다.27)

그러나 낭관직을 둘러싸고 士類들이 처음 대립하였을 때 윤원형은
방관적인 입장을 취했다. 즉 "다 우리 집 사람이니 어찌 반드시 누구
는 취하고 누구는 버리랴"28)라는 것이었다. 이는 수렴청정기부터 자

23) 李宰熙, 1993, 앞의 논문, 102쪽.
24) 『大東野乘』卷25, 象村雜錄.
25) 명종 6년 2월 성균관 유생들이 양종 복립에 대한 반대 상소를 올리고 空館
하자, 명종의 명에 따라 대신들이 회유에 나섰을 때, 이량은 申百齡・李彦怡
・朴慄・姜克誠・沈筍 등과 함께 다른 유생들보다 앞서 就館한 사실이 있
다(『明宗實錄』卷11, 6年 2月 辛未). 이때의 강극성・이언이와의 관계가 지
속되고 있음을 알 수 있다.
26) 명종 7년(1552) 6월에 김여부가 吏曹佐郎으로 있으면서 이조 낭관이 천거한
김홍도를 반대하였고, 김여부의 黨與는 그를 해치려 하였다(『明宗實錄』卷
13, 7年 6月 己未 ;『明宗實錄』卷22, 12年 2月 丁酉). 김규가 명종 7년 10월
에 이조좌랑이 되면서 김홍도가 그의 도움으로 명종 8년 윤3월에 이조좌랑
이 되었다(『明宗實錄』卷13, 7年 10月 辛亥 ;『明宗實錄』卷14, 8年 閏3月
甲寅).
27) 김홍도계에는 김규・이귀수・김계휘・高景虛・尹澍・朴民獻・梁應鼎・注
書 安自裕・金添慶 등이, 반대세력인 김여부계는 崔堣・李銘・金鎭・鄭得
등이 속해 있었다.

신이 낭관직을 장악하고 있었으므로 군이 직접 개입할 필요가 없기 때문이었다.

낭관 내부의 朋黨的 성격을 띤 양측의 잠재적 대립은 명종 12년 (1557) 5월 김규가 吏曹郎官 당시에 또는 吏曹先生으로서 先任 이조 판서인 李浚慶·趙士秀·尹元衡 등과 인사 문제를 놓고 심하게 대립하였고, 심지어 인사권자인 국왕까지 의심했다는 점을 양사가 논박하면서 표면화되었다.29) 그런데 김규가 논박받은 본질적인 이유는 윤원형을 공격하려는 김홍도 등의 계획이 윤춘년·김여부를 통해 윤원형에게 누설된 때문이었다.30) 다시 말하자면 김여부 등이 김홍도 등에 대한 軋轢을 윤원형의 탄핵과 연결시켜 이용하면서 朋黨的 성격을 띠고 충돌하였던 것이다.31)

김홍도계에 대한 윤원형·김여부 등의 정치적 이해관계가 일치되면서, 윤원형이 김규 등을 공격하기 위해 김여부를 사간에 임명하는 등 그들의 탄핵과 처리에 만전을 기했다.32) 그 결과 반윤원형 성향을 가진 인물로 지목된 김규·김홍도 등이 대대적으로 축출되었다.33)이

---

28) 『燃藜室記述』卷11, 明宗朝 故事本末 兩金相軋.

29) 『明宗實錄』卷23, 12年 5月 壬申.

30) "金汝孚素與金弘度有隙 互相詆毁 弘度之友金虯李龜壽金繼輝等 相與逐密 遂成角立之勢 弘度等嘗欲擊尹元衡 潛袖疏草 示于尹春年 春年言于汝孚 汝孚曰 當此危疑甫定之時 上之倚任以爲國者此人耳 今若効之 則安知 上意之必無疑惑也 上意若以爲此後更有何事乎 則事極難矣 其事遂止 汝孚言 于尹漑 尹漑並以汝孚止之言 而言于元衡 元衡深德而謂之曰 可謂有遠計 者矣 此長者之子弟 所以異於人也云 自是 汝孚諂附日密 此虯等被罪之本 也 所謂兩問詆毁之言 不可枚擧……然此事則亦微 而與必度相軋既久且著 故避其 而發之于虯也"(『明宗實錄』卷22, 12年 5月 乙亥).

31) 그러한 사실은 "金汝孚素金弘度有隙 互相詆毁 弘度之友 金虯李龜壽金繼 輝 相與親密 遂成角立之勢……自時(김여부가 김홍도 등이 윤원형을 탄핵 하려 한다는 사실을 말한 때 : 인용자 주)汝孚諂附日密 此虯等被罪之本也" (『明宗實錄』卷22, 12年 5月 乙亥)에서 확인된다.

32) 『明宗實錄』卷22, 12年 2月 丁酉. 대사헌 오겸에게 촉탁하는 한편 명종에게 도 密啓를 올려 놓았다.

들의 축출은 당시까지 독점적 권력집단으로 행세하던 훈척세력에 대항하여 새롭게 정치 세력화하려는 사림이 집단적으로 제거된 것을 의미한다.

훈척정치의 변동을 추진하려는 사류가 대부분 제거된 이후 남은 사류들의 활동은 개별·분산적으로 되었고, 그 같은 상황은 결과적으로 또 다른 척신인 李樑·沈通源 등이 등장하는 계기가 되었다. 따라서 명종대 정치사에서 김홍도 등이 축출된 의미는 자못 크다고 할 수 있겠다.

이 사건이 표면적으로 신진 사류들 사이의 갈등으로 처리된 것과는 달리 김여부계가 결집하여[34] 친윤원형 계열로 돌아서는 계기가 되었고, 윤원형에게는 반척신 세력을 제거하는 기회가 되었다.[35] 요컨대 명종 12년까지도 권력자로서의 윤원형의 위상은 확고하였던 것이다.

그런데 이 사건의 전개 과정에서 주목할 만한 점이 또 있었다. 그것은 윤원형의 최측근인 윤춘년의 정치적 위상 변화였다. 당시 김규·김홍도 등의 반척신계 사류나 김여부 등의 친윤원형계 사류들 양측 모두 윤춘년을 중심으로 집결되어 있었다. 그런데 김규 등의 사건으로

---

33) 이날 김홍도 삭탈관작·문외출송, 이귀수·김계휘, 고경허는 다음 날 파직되었다. 尹毅中과 李憲國은 각각 김여부·윤원형의 族弟라는 것으로 처벌을 면했다(『明宗實錄』 卷22, 12年 5月 甲戌). 곧 이어 윤주·양응정, 안자유, 정언 김첨경, 박민헌 등이 처벌되고, 김규와 김홍도·李龜壽·金繼輝·윤주·양응정 등이 가중 처벌되었다.

34) "金汝孚 以素所奮怨之心 乘此機會 讒構於尹元衡 以逞忿毒 則果不出於私意乎……其一時所與交者 並皆罷斥 亦已甚矣 況因此機而有畏禍附會時議者 有乘時報復私嫌者 有性本媚嫉者 有平時不得見容於蚍輩者 羣起而奮臂 如權纘崔堈李銘彦琚鄭得鄭裕金鎭申汝悰之輩 陰謀合力專事擊駁 可勝歎哉"(『明宗實錄』 卷23, 12年 10月 丁未).

35) "尹元衡 以凶慝老姦 知其不容於公議憤其斥己 捃摭羅織 欲置之死地 終不免投竄罷黜 可謂慘酷 臺諫阿意順旨 無所違逆 反爲指使 而助其聲勢 自上亦見欺於元衡 而不知耳目之論 皆爲元衡報復 而竄黜之不惜 亦甚痛哉"(『明宗實錄』 卷23, 12年 6月 辛卯).

윤춘년이 비록 처벌받지는 않았으나,[36] 언론 삼사에서 떠났기 때문이
다.[37] 그 후로는 언론의 장에 임명되지 못하였다. 그것은 곧 윤원형이
언론 기반을 상실한 것을 의미하는 동시에 향후 위축된 그의 정치적
입지를 회복하기 어렵게 만드는 또 하나의 원인으로 작용할 것을 예
고하는 것이었다.

김홍도 등이 축출된 후 윤원형의 측근인 최우는 그 자신이 檢詳에
진출한다거나, 正4品인 李銘을 7資級이나 깎아서 이조좌랑이 되게 하
는[38] 등 무리하게 청요직에 자파세력의 확대를 꾀하고 있었다. 더구
나 최우 등은 '심하게 降薦하였다'는 것으로 다시 이명의 체차를 요구
하였다.[39] 이는 곧 영경연사(영의정) 沈連源이 "결국 좌랑이 된 사람
을 곧 체직시켜 정랑에 주의하는 것"[40]이라고 지적한 바와 같이 정랑
에 진출할 수 없는 자를 일단 편법으로 좌랑에 진출시킨 후 다시 체직
시켜 정랑에 배치하려는 것이었다. 심연원이 그 같은 부당성을 공론화
시키면서 최우·이명은 축출되었고, 黨與인 김여부·김진·정득 등도
각각 파직·체직되었다.[41] 요컨대 윤원형 계열 사류의 청요직 중심의
세력 확대 기도가 심연원의 제재를 받아 좌절된 것이었다.[42]

---

36) 『明宗實錄』卷22, 12年 5月 甲戌.
37) 윤원형이 김홍도를 공격하기 위해 김여부를 사간에 임명하고, 김홍도 등이
    양사의 논박을 받기 전에 윤춘년은 이미 부제학에서 체직되었다. 체직되는
    이유나 시기는 구체적으로 드러나 있지 않으나, 이 사건이 은밀하게 진행 중
    인 시점에서 成世章이 홍문관 부제학으로 임명되고 있음을 볼 때(『明宗實
    錄』卷22, 12年 3月 乙亥), 문책성 인사의 성격이 강하다.
38) 『明宗實錄』卷23, 12年 10月 丁未 ; 『明宗實錄』卷23, 12年 11月 庚午.
39) "諫院啓曰 吏曹郎官 極選重地 不得已人所取重 治於物望 然後擬之 故間或
    有不計爵秩高下而薦之 但當薦之人 若職次不相當 則削其資級 至於降品差
    授 極爲未便 佐郎李銘 累經掌令 曾在正四品之列 而降授本職 至削七加 以
    承議下批 古無其例 在本曹雖是愼簡之意 政事之顚倒 物情之駭怪 莫甚於
    此 請李銘遞差"(『明宗實錄』卷24, 13年 正月 壬子).
40) 『明宗實錄』卷24, 13年 正月 丁卯.
41) 『明宗實錄』卷24, 13年 正月 丁卯·戊辰.

이제 심연원의 정치적 성향을 살펴보겠다. 심연원은 위사공신에 追錄된 이후 줄곧 문정왕후나 윤원형의 입장을 지지한 반면 명종의 정책에는 반대하는 입장을 분명히 해 왔었다. 그런데 명종 13년(1558)의 최우 사건에서 윤원형의 세력 확대를 견제하는 최선봉에 서 있었고 결국 그것을 저지하였다. 명백한 이유는 찾아지지 않지만, 어쨌든 이때 명종을 지지하는 입장으로 선회하고 있었던 것이다. 이후 심연원의 반윤원형 입장은 계속되었다. 그것은 향후 명종에 의해 沈氏 一門이 重用되는 계기가 되면서, 명종이 인사를 주도하여 윤원형을 공격할 수 있는 입지를 넓혀주고 있다는 점에서 그 정치적 의미가 상당히 크다. 심연원의 아들인 國舅 沈鋼과 그의 손자인 沈義謙도 친사림적 성향을 띠면서, 명종 후반기 사림을 보호하는 데 중요한 역할을 하게 된다.

최우 및 그 黨與가 제거됨에 따라 윤원형은 타격을 입은 반면, 명종은 이량을 공개적으로 超擢하는 등 본격적으로 정국을 주도해 나간다.

2) '勳戚政治'와 明宗의 國政運營

명종이 親政을 시작하였지만 훈척의 전횡은 계속되었고, 문정왕후는 자신의 관심 분야인 내수사·양종을 지배하는 것으로 권력을 顯示하고 있었다. 그러한 변칙적 권력구도는 친정기 명종 왕권 漏水의 根因으로 작용할 수밖에 없었다. 예컨대, 친정 후 신료나 대간이 양종과 內需司 관련 사안 처리의 재검토를 계청하였으나, 명종은 慈殿에게 책임의 소재를 돌리며 개혁의 의지를 보이지 않았다.[43] 또한 인사에

---

42) "……及(崔)堈繼爲是職(司諫) 密與權纘 相結陰附尹元衡 與之共謀 斥其素所不悅者 遂遍蔓不已 士林淸議 漸益見擠 人多內懷不平 而畏爲黨比 莫敢開口 領相沈連源 諫於上前 言其不可 崔堈金汝孚 李銘金鎭 相繼遞差 譏謗之論 至是稍解"(『明宗實錄』卷23, 12年 10月 丁未).

문정왕후나 윤원형의 의중을 반영하여 尹春年을 대사헌에, 尹敦仁(윤
원형의 五寸叔 : 인용자 주)을 司饔院 正으로 각각 임명하기도 하였
다.44)

　훈척과 문정왕후에게 제재를 받고 있었지만, 명종은 斷續的으로 국
정을 주도해 나가려는 시도 자체는 하고 있었다. 친정 시작을 前後하
여 南으로는 倭, 北으로는 女眞과의 충돌 사태가 발생하였다. 국방 문
제가 긴급한 현안으로 부상하고 있었다. 骨幹의 造山堡 침공이나 乙
卯倭變 등 국방 문제에 제대로 대처하지 못한 武臣들의 처벌에 대신
들과는 입장을 달리하여 명종이 자신의 의지를 관철시키고 있는 것에
서 국정 주도 의지의 일단을 찾아볼 수 있다.

　먼저 명종 9년(1554) 5월에 骨幹(女眞의 부족)이 造山堡를 침공한
사건45)부터 살펴본다. 사건이 터지자, 영의정 沈連源, 좌의정 尙震,
우의정 尹漑 등 삼공과 備邊司 관계 인물들은 국가적 위기 상황을 빌
미로 파직된 무신들을 再敍用한다거나, 무신들의 犯法 사실을 축소하
는 등 그들을 비호하기에 급급하였다.46) 그러나 이틀 뒤 제주목사 南
致勤과 전라우수사 金贇이 倭變의 발생을 馳啓하자, 명종은 조산보
문제를 再論하여 이미 처벌된 무신들을 중징계로 다스렸다.47) 대신들
의 처리 행태에 警鐘을 울린 것이었다. 명종의 단호한 재조치의 의미
가 전달되면서, 비로소 대신들의 온당치 못한 武臣 임명을 論駁하는

43)『明宗實錄』卷15, 8年 7月 辛酉·癸亥 ;『明宗實錄』卷15, 8年 7月 辛未.
44)『明宗實錄』卷15, 8年 7月 己巳 ;『明宗實錄』卷16, 9年 4月 己卯.
45) 9年 정월에 우의정 윤개의 주장에 따라 骨幹을 공격하였는데, 그에 대한 반
　격으로 5월 22일 조산보를 공격하였던 것이다(『明宗實錄』卷16, 9年 正月
　丙午·甲戌).
46)『明宗實錄』卷16, 9年 6月 甲戌.
47)『明宗實錄』卷16, 9年 6月 丁丑. 資級만 낮추기로 하였던 경흥부사 南致勗
　을 削奪官爵하여 本鎭에 充軍시키고, 북도병사 李思曾과 전 경흥부사 徐慶
　千 등을 각각 鞫問·減死로 조율하였다(『明宗實錄』卷16, 9年 6月 丁丑 ;
　『明宗實錄』卷16, 9年 6月 庚辰 ;『明宗實錄』卷16, 9年 6月 甲申).

124

公論이 발의되었다. 다소 장황하지만 그 내용을 살펴보고자 한다.

근래 조정에서 처리하는 일이 모두 事宜를 잃고 있기 때문에 남으
로는 濟州의 근심(9년 6월 정축에 제주목사 南致勤과 전라우수사 金
贇이 5월 22일부터 시작된 倭賊과의 충돌을 치계한 것 : 인용자 주)
이 생겼고, 북으로는 造山의 변이 발생하였습니다. 큰 禍가 이미 일
어나 앞으로 구제할 수 없는 지경인데 그에 대한 처치는 갈수록 더
욱 잘못되고 있습니다.……요즘 武班 사람들은 재상들을 잘 섬겨 북
방에서는 貂皮를, 남방에서는 細布를, 서방에서는 細紬를 바치고 있
습니다. 평상시에 많은 선물을 받았으니, 그 恩惠에 보답하려는 자는
의당 못하는 짓이 없을 것입니다. 그래서 좋은 자리이면 온갖 수단을
다해 보내려 하고, 死地이면 免해 주고 있습니다. 前者에 濟州의 變
이 창졸 간에 일어나 재상들이 賓廳에 모여 牧使를 가려 보낼 때, 서
로 親한 사람을 보호하느라 한낮이 되어도 결정을 못하다가, 李玎이
적당하지 않음을 알면서도 억지로 差遣하였으므로,[48] 온 나라 사람
들이 痛憤하지 않는 이가 없었습니다.
　지금 北方의 일은 매우 위급합니다. 한번 기회를 놓치면 摩天嶺
이북을 모두 잃게 될 것입니다. 진실로 마천을 잃게 되면 鐵嶺 이북
도 우리의 것이 아닙니다. 장수를 뽑아 보내는데는 愼重하지 않을
수 없는데, 서울에 있는 유명한 사람들은 모두 이를 免하려 하기 때
문에 合當하지도 않은 南致勗을 慶興으로 보낸 것이니, 앉아서 軍機
를 그르쳐 造山의 욕이 있게 된 것입니다. 崔豪의 경우에 있어서는
그가 武才가 있기는 하나 이미 罷職되고 告身도 빼앗았는데, 官에
있는 사람들이 많지 않은 것도 아닌데도 억지로 최호를 보낸 것은

48) 명종 7년(1552)에 제주목사 金忠烈이 倭變에 대한 書狀을 올리자, 대책을
　마련하는 과정에서 삼공 및 병조·비변사는 제주목사 김충렬을 즉시 체직시
　키고 李玎을 목사로 삼도록 하였다. 영의정 심연원 등의 계청에 의해 제수된
　그는 材器가 庸劣하여 적을 殲滅할 인재가 되지 못할 뿐더러, 임금의 명을
　받으면 즉시 출발해야 한다는 것조차 모르고 있었다. 윤개가 그를 파직시키
　고 南致勤을 대신 보냈다(『明宗實錄』卷13, 7年 5月 辛亥).

한편으로는 최호에게 市恩하려는 것이요, 한편으로는 자기를 섬기는 사람을 免하게 해 주려는 것이니, 그것이 나라 일을 계획하는데 과연 어떻다고 보십니까? 요즘에 파직된 金以豪를 또 다시 北道 虞侯로 差遣하였는데, 그렇다면 在官 무신들은 모두 김이호만 못하다는 말 입니까.

  국가에서 평상시에 武士를 養成해 두고 많은 綠을 주며 높은 벼슬로 빛내 주는 것은 급한 때에 쓰기 위해서 입니다. 그런데 평시에는 재상의 奴隸가 되어 군졸들을 侵虐해서 그 마음을 기쁘게 하고, 危難한 때에 미쳐서는 온갖 수단으로 免하려고만 할 뿐, 國家의 存亡과 國政의 安危에 대해서는 생각지도 않고 있으니, 신들의 생각에는 國家의 근심거리는 骨幹이 난을 일으키는 데 있는 것이 아니라 武夫들이 피하려는 데 있다고 여겨집니다. 지금 서울에 있는 李世麟·崔守仁·方好智·辛敬興·崔彦英 같은 이들로 府使를 삼고 助防將을 삼아 북방의 危急함을 구해도 되지 않을 것이 없는데, 하필이면 靈岩군수 權詹을 부사로 승진시키고 파직된 金以豪를 虞侯로 삼아야 합니까(『明宗實錄』 卷16, 9年 6月 戊寅).

  당시 국경 지역을 방비하는 府使·牧使·虞侯 등은 위기관리 능력이나 부임지의 遠近 등에 전혀 상관없이 부임하고 있었다. 오로지 재상들의 청탁에 따라 邊將들이 발탁되고 있었던 것이다. 그래서 그들은 평시에 재상들에게 아첨하기에 급급하였다. 반면 정작 국토의 喪失을 초래할 수도 있는 국가적 위기 상황에는 제대로 대처하지 않으려고 하였다. 만연된 그들의 그러한 경향 자체가 국방 위기의 본질적 측면으로 부각되고 있었던 것이다. 그러나 총체적 인사 부조리에 대한 헌부의 논박이 있었음에도 단지 金以豪만 체차되었을 뿐이다.[49]

  재상들의 무신을 비호·두둔하는 입장은 명종 10년(1555) 5월에 발생한 '乙卯倭變'[50] 때에도 달라지지 않았다. 그 단적인 例가 우의정

---

49) 그런데 김이호는 열흘 후인 明宗 9年 6月 20日 己丑에 다시 北道虞侯로 제배된다.

126

윤개의 추천을 받아 경흥부사로 제수되어 '造山의 變'을 발생하게 한
장본인으로 처벌된 南致勗51) 같은 무신들을 再敍用한다거나,52) 지휘
체계의 재정비 과정에서 군사지휘 능력이 없는 자들을 재임명한 것이
다.53) 훈척재상이 지휘 통솔을 제대로 하지 못한 무신들을 여전히 비
호하고 있었던 것이다.54) 대간의 비판이 발의되면서 金景錫·趙安國
은 각각 拏推되고, 李世麟·南致勤은 각각 治罪·推考되었다.55)

특히 을묘왜변시 영암 전투에서 제대로 대처하지 못한 김경석의 처
벌에 대해 대간이 論駁하면서 명종과 三公 사이의 갈등은 자못 심각
하게 표면화되었다.56) 명종은 차제에 관련 무신들의 책임 소재를 엄
격하게 밝혀 대신들의 구조화된 인사 부조리를 견제하려 하였다. 김경

---

50) 『明宗實錄』 卷18, 10年 5月 己酉.
51) 『明宗實錄』 卷16, 9年 6月 乙酉.
52) 『明宗實錄』 卷18, 10年 5月 庚戌. 구체적으로 金舜皐·李思曾·남치욱·서
   경천 등이었다.
53) "史臣曰……如池世芳方好義李夢麟林千孫宋孟璟李玎李倪辛敬興元俊良梁
   允義李元祐劉寬金景錫金舜皐朴鐵壽劉弘緖尹先智趙安國貪婪詐謫者 列爲
   閫帥 以虐軍民 軍民憔悴 未有甚於斯世 雖不得比而誅之 亦豈無善處之道
   乎 噫"(『明宗實錄』 卷14, 8年 閏3月 庚申). 위에 거론된 인물 중 金景錫이
   右道防禦使에, 趙安國이 전라병사에, 尹先智가 우도방어사에 각각 임명되
   었다(『明宗實錄』 卷18, 10年 5月 己酉). 재상과 변장들은 사신이 지적한 바
   대로 "故武班之人 因緣攀附 擬爲資身之策 爲宰相者 利其厚賂 圖爲市恩之
   地 故雖權管萬戶僉使之類 皆有定價 況於守令府牧使之任乎 又況於水使兵
   使之職乎 是以 輦寶馱財 公然行貨"(『明宗實錄』 卷16, 9年 6月 戊寅)하는
   관계였다.
54) 『明宗實錄』 卷18, 10年 7月 戊戌.
55) 『明宗實錄』 卷19, 10年 7月 癸卯·丁未 ; 『明宗實錄』 卷19, 10年 8月 乙亥
   ·壬午.
56) 『明宗實錄』 卷19, 10年 8月 甲子. 영의정 심연원·좌의정 상진·우의정 윤
   개가 김경석이 2품의 반열에 있고 나이가 많다는 것을 이유로 '刑推 再考'를
   요청하고 나선 이후부터, 이 문제 처리에 대한 명종의 강경한 의지 및 김경
   석을 옹호하려는 대신에 대한 불만은 계속되고 있다(『明宗實錄』 卷19, 10年
   8月 庚寅).

석의 戰功을 주장하는 삼공의 말을 일축하고, '가장 죄가 큰 자인 김
경석을 엄중히 다스려 남은 사람을 징계하겠다'[57)]는 명종의 발언은
그 같은 의지의 표현이었다. 자신들의 주장을 끝까지 관철시키려는 훈
척재상들에게 선전포고를 한 명종은 前전라도 관찰사 趙安國, 及第
崔潾·李希孫·洪彦誠·柳泗를 각각 杖 一百, 流 三千里로 決斷하
고, 決杖할 날짜가 지난 李世麟·魯克精 등을 그대로 결장하도록 명
하였다.[58)] 선언이 선언으로만 그치지 않는다는 점을 보여준 것이었다.

한편 명종대에 중요 기구로 부상하게 되는 備邊司는 중종 5년
(1510) 설치되었다. 그러나 그 기능이 계속되었던 것은 아니고 置廢가
반복되었는데, 동 36년(1541)에 復設된 상태였다.[59)] 초기의 비변사는
都提調-提調-郞廳 구조로 조직·운용되고 있었다.

명종대에 이르러서는 국경의 충돌을 우려한 명종이 9년(1554) 2월
에 知邊事 재상을 많이 뽑도록 대신 및 병조·비변사에 전교하였다.
그러나 사간원은 무신 堂上들이 兵端을 만들어낸다는 이유로 오히려
비변사 혁파론을 제기하였다.[60)] 이때까지 비변사의 운영 방향이 확고
하게 정해지지 않았음을 알 수 있다. 그런데 동 9년 6월 왜적이 제주
에 침입하였고 침입한 왜적을 金贇이 포로로 잡은 사건이 발생하였
다. 이 사건을 처리하는 과정에서, 긴급한 邊事의 처치를 비변사에 모
여 회의하고 그 의결된 내용을 啓聞하는 것으로 재가를 받았다.[61)] 이
는 비변사가 獨立 衙門이 된 것을 의미한다.

---

57) 『明宗實錄』 卷19, 10年 9月 辛亥.

58) 『明宗實錄』 卷19, 10年 9月 丁酉 ; 『明宗實錄』 卷19, 10年 9月 壬子.

59) 李泰鎭, 1968, 「軍令 軍政系統의 變化」, 『韓國軍制史(近世朝鮮前期篇)』, 육
군본부, 345~356쪽.

60) "諫院啓曰 備邊司設立之後 邊境殆無寧歲 盖以其司堂上 多武臣 好功善事
鼓動兵端……近日自上 命加出堂上 未知上意之所在也 備邊司者 祖宗朝無
所也 施於中宗末年 其時大臣 未慣兵事啓而設之 不知後弊 至此極也 請依
祖宗朝故事 革罷備邊司"(『明宗實錄』 卷16, 9年 2月 丙子·己卯).

61) 『明宗實錄』 卷16, 9年 6月 戊子.

비변사가 독립 아문이 된 것은 왜적의 침입이라는 비상한 사태 때문이었다. 그렇지만 비변사를 정치적으로 활용하려는 명종과 비변사를 주도하고 있는 훈척재상들의 미묘한 입장이 복합적으로 반영된 점도 중요한 이유였다.

당시 윤원형 등 훈척재상이 수렴청정기 이래 명종 13년(1558)까지 의정부·육조는 물론 병·수사까지도 자파 인물로 채우고 있었다. 곧 비변사도 장악하고 있었던 셈이다. 훈척정치를 극복하려는 명종은 비변사의 인적 구성에 무관심할 수 없었다. 그래서 親국왕 성향의 인물을 지변사 재상으로 진출시켜 국방 문제를 담당시키려는 구상을 하였고 반면 훈척재상은 왜적 침입을 계기로 비변사를 정치기구로 독립시켜 이미 장악하고 있는 兵權을 통해 권력 기반을 확고히 하려 한 것이었다. 그런 상황 속에서 동 10년에 을묘왜변이 발생하였고, 자연스레 비변사의 기능은 강화되고 있었다.

강화된 비변사의 실제 기능은 어떠하였는가. 비변사는 호령을 오로지 하려는 것은 물론이고, 邊將이나 수령에 대한 추천권도 모두 행사하고 있었다.62) 사실상 그 방면 인사에 專權을 행사하는 것과 다름없었다. 그런데 문제는, 軍政·軍令權을 장악하여 功은 賞으로 권장하면서도 罪는 법으로 처벌하지 않고 있는 비변사의 운영 방식, 그것이었다. 말하자면 막강한 권력을 행사하는 비변사가 훈척재상의 사사로운 관계에 비중을 두면서 운용되고 있었던 것이다.63)

명종 11년(1556)에 비변사의 역할을 두고 삼공과 명종의 충돌이 재현되었다. 영의정 심연원, 좌의정 상진, 우의정 윤개 등이 비변사의 軍務 처리 지연을 이유로 모든 軍政의 兵曹 지휘를 주장하고 나섰고, 명종은 戰時 상황임을 내세워 반대한 것이다. 영의정 심연원 등이 "삼

---

62) "史臣曰……備邊司無決勝千里之智 而籌策紛紜 欲使一號令 皆出於其手……
……自有備邊司以來 國事顚倒 中外騷擾 至於邊將之授 守令之差 皆由於備
邊司之薦"(『明宗實錄』卷18, 10年 6月 癸酉).

63) 『明宗實錄』卷19, 10年 7月 己亥 ; 『明宗實錄』卷18, 10年 6月 丁卯.

공은 큰 일이 생기면 자연히 참여할 것이므로 따로 備邊司 都提調로 부르지 말자"라고 한 제의를 명종이 수용하는 선에서 이 문제를 일단락 시켰다.[64] 대신 발언의 진의는 자신들은 비변사 도제조로서 군사 및 국방 문제에 참여하는 것이 아니라, 언제라도 三 議政으로서 중요한 국정에 참여할 수 있다는 점을 강조한 것이었다.

명종과 훈척 대신의 비변사에 대한 논의는 정치적 의미가 내포되어 있었다. 삼공이 都提調를 겸임하고, 판서 및 知邊事 재상이 제조를, 그리고 낭청으로 구성된 명종대 비변사가 병조를 능가하는 새로운 기구로 등장하였을 당시, 實勢인 윤원형이 병조판서로 비변사 제조를 예겸하면서 다수의 소윤세력을 비변사에 진출시키고 있는 상태였다. 그래서 수렴청정기 이래 의정부ㆍ전조를 핵심으로 하여 인사나 정책을 오로지 獨斷해 온 윤원형을 위시한 훈척 대신들은 문반 중심의 정치구조를 유지해 旣得의 권력구조를 유지하려 한 것이다. 반면 명종은 병사ㆍ수사 등의 武班 출신의 지변사 재상들을 비변사에 진출시켜 훈척 권력 기반의 한 축인 兵權을 약화시키려고 하였던 것이다. 명종의 그러한 의도는 13년 이후부터 병조판서를 特旨 또는 親政으로 자신의 의중에 합당한 인물을 임명하는 것으로 본격화된다.

훈척재상을 견제하는 명종의 입장은 무신들을 처벌하는 것 외에 '不待敍用法'의 개선, '部民告訴法'의 실시 및 '어사 파견' 등의 정책을 통해서도 표출되었다.

당시 堂上官으로서 수령으로 부임하였던 인물은 파직되었다가도 곧바로 서용되는 '부대서용법'을 惡用하여, 자신이 원하는 郡縣으로 쉽게 이동하고 있었다. 명종은 파직된 당상관의 명단을 따로 抄啓하도록 하고, 별도로 인사 관리를 하는 방향으로 부대서용법을 개선함으로써 그러한 폐단을 없애고자 하였다. 그러나 대신들의 반대에 밀려 시행되지 못하였다.[65]

---

64) 『明宗實錄』 卷20, 11年 正月 乙亥.

명종은 9년(1554) 安東 生員 李苞가 民苦를 진달하는 상소에 대한
批答에서, 수렴청정기에 실시를 유보했던 部民告訴法을 재론하였다.
　적극적인 실현 의지에도 훈척재상의 반대로 유보되었던 부민고소
법을 명종이 새삼 거론한 사실을 주목할 필요가 있다. 어떤 형태로든
그 법을 시행하겠다는 의지의 표명이기 때문이었다. 그 의지는 『經國
大典』및『後續錄』의 법을 자세히 밝혀, 국가에 관계되는 것과 불법
으로 殺人한 것 외의 부민고소자는 全家徙邊시키고, 自己 訴冤者는
聽理하고 誣告者는 杖 一百에 流 三千里로 정하여 시행을 명하는 것
으로 나타나고 있었다.66)
　또한 당시 중앙의 훈척재상들과 연결되어 부임한 수령들이 현지 군
현에서 가혹한 수탈을 자행하고 있는 상황에서, 명종이 시기 문제를
들어 반대하는 대신들의 의견을 일축하고, 郡民의 상황을 實查하기
위해 특별히 명망 있는 사람을 가려 어사로 파견한 것도67) 제한적인
부민고소법의 시행을 보완하기 위한 정책의 일환으로 판단된다.
　결국 南北變亂의 처리 과정에서 드러난 명종과 재상들의 입장 차
이는 국정 운영의 주도권을 둘러싼 힘겨루기였다. 명종은 무신을 처벌
한다거나 비변사를 활용하는 방법으로 대신들의 구조적 인사 부조리
를 개선하려는 한편 부민고소법 실시나 어사 파견 등 구체적인 조처
를 시행함으로써 수령에 대한 감시를 강화하고 있었다. 명종의 국정
운영의 방향은 명종과 훈척재상의 향후 정국 주도권의 향배를 가늠하
는 試金石적 성격을 띠는 것이면서도, 친정 이후 명종이 미약하게나
마 국정 운영의 발판을 마련해 가고 있는 상황을 보여 주는 것이다.
　명종의 왕권강화 노력은 윤원형의 專橫을 우회적으로 견제하는 것

---

65)『明宗實錄』卷16, 9年 6月 癸酉. 貪汚한 수령들이 부임지를 富裕한 郡縣으
　로 바꾸는 방편으로 不待絞用法을 활용하면서, 각 군현이나 백성들이 피폐
　해졌다.
66)『明宗實錄』卷16, 9年 4月 丁酉 ;『明宗實錄』卷16, 9年 6月 壬申.
67)『明宗實錄』卷17, 9年 7月 癸丑・庚子.

에서도 나타나고 있었다. 명종은 獨走하는 윤원형에 대한 불편한 심기를 드러냈다. 명종 10년(1555) 6월에 私慾을 채우고, 언관으로 재직할 때 공론을 무시한 혐의로 削奪官爵된 學官 韓智源의 직첩 환급을 반대하는 헌부에 대해, 명종이 "약한 사람에게만 公論이 행해지는 것이 일찍이 개탄스러웠다"라고 하면서, 아울러 "권세가 많아 말하기 어려운 곳을 糾察해야 한다"라고 질책하였다.[68] 그것은 대간의 기회주의적인 언론 행태를 힐책하는 것이었지만 궁극적으로 당시 국정을 장악한 윤원형에 대한 불만의 표출이자 指斥이었다.

윤원형의 최측근인 侍從臣 鄭浚[69]·李瓘 등을 外職에 差任한 것은 바로 그 연장선상에서 단행된 일이었다. 윤원형의 권력 기반인 홍문관이나 사헌부가 이것을 문제 삼고 나서는 것조차 일축하였다.[70] 요컨대 명종은 윤원형의 羽翼을 분산시켜 그의 권력 약화를 꾀하고 있었던 것이다.

명종이 윤원형 및 훈척을 견제하기 위해 소극적인 방법만을 택한 것은 아니었다. 보다 적극적인 방안으로 中殿(仁順王后)의 외숙인 李樑을 발탁하고, 그를 중심으로 대응세력 양성에 나섰기 때문이다. 이량은 명종 7년(1552) 식년시에 급제한 후,[71] 승정원 注書로 初入仕하였다.[72] 이어 명종비의 부친이자 매부인 靑陵府院君 沈鋼의 도움으로 弘文錄에 선발되었고, 동 10년(1555) 9월에는 예조정랑으로 있으면서 대제학 鄭士龍의 도움으로 賜暇讀書에도 들었다.[73] 그런데 "揀

---

68) 『明宗實錄』 卷18, 10年 6月 己巳. 한지원은 이기와 윤원형에게 아부하여 크게 氣勢를 펴고 있었다.

69) 정준의 伯父인 鄭允謙의 妾女가 원형의 첩으로서 부인이 되었고 정준은 윤원형을 종처럼 섬겼는데, 명종 9년 7월 강원도 관찰사로 부임하였다(『明宗實錄』 卷15, 8年 11月 戊午 ; 『明宗實錄』 卷17, 9年 7月 辛亥).

70) 『明宗實錄』 卷17, 9年 6月 甲午.

71) 『國朝文科榜目』 卷7, 明宗朝 壬子式年榜.

72) 『明宗實錄』 卷13, 7年 6月 癸酉.

73) 『明宗實錄』 卷25, 14年 正月 辛巳 ; 『明宗實錄』 卷19, 10年 9月 丁酉.

選하는 지위에 있으면서도 분주하게 얻기를 구하여 못하는 짓이 없어서, 독서당에 뽑히기를 구하였다"라는 헌부(장령 金虬 주도 : 인용자 주)의 탄핵을 받아 독서당에서는 삭제되었다.[74] 이는 짧은 官歷에도 외척임을 배경으로 정치적인 특혜를 받고 있으면서도 청탁까지 하는 이량의 행태를 헌부가 견제한 것이었다. 아직 명종이 국정 전반에 걸쳐 강력한 왕권을 행사할 정도는 아니었으므로 親王적 성향의 인물인 이량이 독서당에서 제외되었던 것이다.

그러나 이때 후일 이량의 黨與로 指目된 인물들인[75] 李翎은 사간원 사간, 李戡은 홍문관 교리,[76] 李彦忠·金百鈞·姜克誠 등도 각각 홍문관 교리·강원 도사·홍문관 정자에 자리잡고 있었다.[77] 강극성이 이량과 명종 6년 양종 복립 반대 상소 후 空館하였다가 함께 먼저 就館하였고 사가독서에도 함께 들었던 사실을 감안하면, 적어도 명종 9년을 전후한 시기부터 親이량 성향의 인물들이 堂下官에 진출해 있었던 것으로 파악된다.

---

74) 『明宗實錄』卷19, 10年 閏 11月 丙寅.
75) "史臣曰 樑 浮誕之甚者……所與締結者 如權信之邪毒貪濁 如姜克誠之輕妄陰毒 如趙光彦之輕誕浮妄 如李翎之庸卑醜雜 如金百鈞之昏愚阿諂 如李戡之奸邪毒害之類 皆不容於一時之淸議 至如隷僕之徒 羞稱其爲人 而樑也以爲爪牙耳目 顧指氣使 有同奴僕 吹噓推薦 躋升淸班 布列兩司與玉堂 爲一時名器之辱 爲國家後世之羞"(『明宗實錄』卷19, 10年 閏 11月 丙寅).
76) 『明宗實錄』卷15, 8年 7月 乙卯.
77) 『明宗實錄』卷16, 9年 正月 庚申 ;『明宗實錄』卷16, 9年 6月 丙申 ;『明宗實錄』卷17, 9年 11月 壬戌.

2. 明宗 中半(명종 13년 6월~20년 4월)
親政體制 强化와 政治構造의 變動

1) 明宗의 人事權 행사와 政治勢力의 再編

명종이 전제적으로 인사권을 행사하여 윤원형 중심의 勳戚政治를 본격적으로 극복하기 시작한 것은 친윤원형 계열의 최우 등이 제거되고, 심연원이 명종을 지지하는 입장으로 선회함에 따라 정국을 주도하는 운신 폭이 넓어진 상황에서였다. 친윤원형 계인 최우 사건 이후, 조정은 영의정 상진, 좌의정 윤개, 우의정 윤원형으로 바뀌었다.[78] 그럼에도 의정부는 여전히 윤원형의 세력권 안에 있었다.

명종은 인사에 대한 불만을 구체적으로 피력하면서, 적극적인 인사 주도 의지를 천명하였다. 아직 强固한 윤원형의 권력 기반을 깨뜨리겠다는 선언이었다.

근년 이래로는 政事하는 사이와 注擬할 즈음에 精密하게 가려서 하지 않는데, 지금 처음 그런 것이 아니고 그래 온 지가 이미 오래다. ……學宮은 현명한 인재를 가르치고 기르는 곳인데, 벼슬을 좋아하는 어둡고 용렬한 申汝楫을 典籍자리에 으뜸으로 주의하였고, 闌外를 절제하는 소임은 또한 마땅히 가려서 보내야 하는데도 형체가 썩은 나무와 같은 宋孟璟을 병사에 주의했다.……侍講院 등의 직에 있어서는 더욱 가려서 주의해야 마땅한데, 더러는 구차하게 擬望만 채우는 경우도 있다. 그러므로 특별히 金百鈞을 弼善으로 삼은 것이다.
金啓는 평안도 都事였을 때 한번 巧言을 한 일로 대신이 추천해서 京職을 제수했다가, 드디어 諫院에 들어가게 했다. 그는 사람됨이 말을 조심하지 않아 狂妄한 태도가 있고, 간절하지도 않은 말을 많이 하여 正直을 파는 자료로 삼는 것을 내가 경연에서 여러 차례 보았

78)『明宗實錄』卷24, 13年 5月 丙子.

134

다. 그가 耳目의 소임에 합당한지 모르겠는데, 대신-尹漑-이 칭찬하여 아뢰기까지 하였으니 나는 그 말이 옳은지 모르겠다. 대저 "新進으로서 일 벌리기를 좋아하는 사람을 쓰지 말라"는 것은 예로부터 말해 왔거니와 公卿의 班列도 또한 마땅히 淳厚하고 方正한 사람을 써야 한다. 股肱의 소임에 있으면서 巧言만 일삼고, 이목의 직을 憑藉하여 狂憚한 말을 습관적으로 한다면 조정 안에 어찌 뒤 폐단이 없겠는가(『明宗實錄』卷24, 13年 10月 戊申).

정치세력을 재편하기 위한 명종의 직접적인 행보는 수 년 사이의 잘못된 인사 관행을 지적하는 것으로부터 시작되었다. 특히 이량 일파인 金百鈞을 嚴選하여 필선에 임명하였음을 강조하면서, 그의 개정을 청하였던 정언 金德鵾은 체직시켰다. 김덕곤은 평안도 評事에 제수되었는데, 그 후로는 끝내 淸班에 오르지 못하였다.[79] 명종이 지원하고 있는 이량 일파를 논박한 것에 대해 보복성 인사를 당한 것이었다.

명종이 단행한 인사 중 공론에 합하지 않는 경우가 있을 수 있고 따라서 김덕곤과 같은 발언이 나올 수 있는 가능성은 항상 있는 것이었다. 명종의 인사를 반박하는 발언이 자주 나온다면 생각대로 인물을 제수하기 어렵게 되고, 그러한 상황이 자주 벌어진다면 명종의 대응세력 양성 계획이 무산될 우려도 있었다. 그래서 김덕곤을 체직하고 淸要職의 재진출을 막음으로써 향후 인사권 행사에 대해 반론을 제기하지 못하도록 쐐기를 박은 것이었다.

헌납 金啓는 명종 13년(1558) 9月 朝講에서 士氣가 頹微하고 조정에 忠直한 기풍이 없음을 지적하고, 이를 해결하기 위한 방안으로『小學』의 권장을 요청하였다. 우의정 尹漑도 이에 찬성하였다.[80] 그런데

---

79)『明宗實錄』卷24, 13年 11月 庚寅. 그 후 명종 14년(1559) 문정왕후의 私貿 행위를 대신한 譯官을 잡아 가둔 平安評事 김덕곤의 행동을 명종이 불만스럽게 여기고 있는 터에, 계속 김덕곤을 낭관직에 의망하자 색랑청을 파직시키기까지 하였다(『明宗實錄』卷25, 14年 12月 丙午 ;『明宗實錄』卷27, 16年 4月 甲寅).

명종이 그러한 발언을 한 김계는 '狂妄하다'고, 김계의 말을 칭찬한 윤
개는 '巧言하였다'고 질책하였다. 신료들에게 국왕의 입장을 분명하게
밝히고 있는 점 뿐 아니라 공개적으로 질책까지 한 명종의 태도는 친
정한 이후 달라진 모습으로 주목된다. 명종은 나름대로 윤개의 불만스
러웠던 행동81)을 기억해 두었다가 김계 발언과 연관시켜 윤원형의 최
측근 고위 관료인 그를 오랜 삼공의 자리에서 공개적으로 축출하고
있었던 것이다.82)

　稱病을 이유로 우의정 윤원형이 명종 13년 10월에 청한 사직을 그
대로 허락한 것도 같은 맥락이었다.83) 명종의 조치는 곧 수렴청정기
부터 당시까지 훈척정치의 핵심 권력기구로 작동되고 있는 의정부의
인적 구성을 분쇄하려는 의지의 구체적 실행이었다. 또한 자신이 양성
하는 이량 및 그 黨與에 대한 비호 의지를 강력하게 천명한 것이었다.
다시 말하면 명종은 인사권을 행사하여 정치세력 및 정치구조를 변동
시키겠다는 對 윤원형 공세를 공개적으로 본격화하고 있었던 것이다.

　우의정에서 免職된 윤원형은 영중추부사 및 연경연사의 위치에 있
다가 명종 18년(1563) 정월에 영의정으로 복귀할 때까지 實職에서 물

---

80) 『明宗實錄』 卷24, 明宗 13年 9月 癸卯.

81) 구체적으로 김여부 등의 죄를 정할 때 분명하게 대답하지 않아 奸黨들을 엄
중하게 다스리는 뜻이 없다가, 그 뒤 경연에서 士氣가 손상되었다는 이유를
들어 김여부 등을 구원하려는 듯한 태도를 취한 것, 『大明會典』에 실려 있
는 우리나라의 간절한 소망인 宗系 문제를 중국 사신에게 말하지 못하게 지
난 일을 끌어다 회계한 일, 올해 항복한 倭人을 죽이지 말아야 한다는 공론
을 배척하고 '賊을 옹호하고 도둑에게 아첨한다.'고까지 하면서 고집한 것 등
이 대신으로서 벗어난 體貌를 보였다는 것이다(『明宗實錄』 卷24, 13年 10月
甲寅).

82) 이 일로 尹漑는 명종 6년 9월 우의정에 제수된 이후 계속 재직하던 左相에
서 免職되었다(『明宗實錄』 卷24, 13年 10月 丁巳). 윤개는 을사사화 발생시
부터 윤원형에게 아부하여 勳籍에 참여되는 등 계속적인 밀착 관계를 유지
하고 있는 인물이었다.

83) 『明宗實錄』 卷24, 13年 10月 庚戌.

러나 있게 된다. 그 사이에 명종은 윤원형 세력을 약화시키고, 이량
세력을 양성하면서 정치권의 재편에 박차를 가하였다.

명종이 전제적으로 인사권을 행사한 사례는 貪汚하고 '賣官'한 인
물로 평판이 나쁜 沈通源[84]을 승진시킨 것에서도 찾아진다. 즉 13년
12월에 심통원을 우찬성에 제수하였는데, 官歷의 문제를 들어 개정할
것을 청한 三司에게 명종은 "대저 官員을 특별히 除授할 적에는 위에
서 충분히 商量해서 하고 있으므로, 진실로 큰 허물이 없는 사람이라
면 論執할 것이 없다"[85]라고 하였다. 김덕곤의 경우에서 예고했듯이
이후 국왕이 행하는 인사에 대해 언급하지 말 것을 사실상 강요한 것
이다. 문정왕후의 압력으로 이조판서에 임명하지 못한 심통원을 15년
(1560) 정월에 그 직에 끝내 기용하였다.[86] 명종은 왕권을 점차 강화
시키면서 문정왕후를 의식하지 않을 정도로 인사권을 행사하고 있었
다.

당시 명종의 인사권 행사는 윤원형의 권력 약화와 직결되어 있는
터였다. 심통원이 이조판서가 된 후 윤원형이 實職에서 떠나 瑞原府
院君이 되었고, 윤춘년은 사직하였던 것[87]도 그러한 정국 상황과 맞
물려 있었다. 몇 달 후의 卜相에서도 명종은 윤원형을 배제하고 심통
원을 우의정에 임명하였다.[88] 그것은 윤개를 공개적으로 축출한 이후,

---

84) "(沈)通源 性行龗鄙 濟以陰謟……俟附尹元衡 則以朴淳等議林百齡謚號不
稱 將起大獄而搆陷 又結李樑 則斥朴素立等 幾成一網打盡之計 乘時假威
鬻獄賣官 賄賂輻輳 請託盈門 多營第宅 廣植田園 子鍇鏵等 憑藉父勢 捏造
虛語 脅取人財 莫敢誰何 道路以目"(『明宗實錄』卷24, 13年 12月 己酉).

85) 『明宗實錄』卷24, 明宗 13年 12月 乙卯.

86) 『明宗實錄』卷26, 15年 正月 癸未. 명종 14년에는 윤춘년을 이조판서로 임
명하였다.

87) 『明宗實錄』卷26, 15年 2月 庚子.

88) 『明宗實錄』卷26, 15年 6月 壬寅 ; 『明宗實錄』卷26, 15年 6月 丙午. 이 날
(병오) 이량과 정치적으로 交結한 金明胤이 特加를 받고 이조판서 兼 판의
금부사로 임명되었다. 그것은 명종이 이조판서를 친이량계 인물로 채워 인
사를 專權하려는 계획의 일환이었다.

翠露亭에서 신료와 독서당 관원들에게 '親賢辨奸箴' 등의 御製를 내어 製述토록 한다거나, 명종 15년(1560) 9월에 仁政殿에서 유생에게 權臣들의 정치적 처리에 대한 것을 御製로 策問하는 등 윤원형에 대한 견제 입장을 노골화시키면서,89) 단계적으로 친정체제를 강화해 가는 수순이었다.

그렇다면 명종은 어떤 정치구조를 통해 이량 세력을 양성하였는가. 결론부터 말하자면 명종은 政曹-郞官 구조로 이량의 정치적 성장과 이량 세력의 확대를 도모하려 하였다. 이량은 동 14년 2월·3월·5월에 각각 부응교·응교·전한이 되었다.90) 곧이어 6월에는 명종이 近侍職 인물의 적합성 여부를 강조하면서 "前例에 의하여 執義 司諫 副應敎 이상을 주의하도록 하라"라고 이량을 염두에 둔 전교를 내렸고 그를 동부승지에 임명하였다.91)

이제 명종이 이량을 임명한 배경을 살펴본다.

이량은 당시 典翰으로 있으면서 총애가 바야흐로 융성하였다. 상이 超拜하고자 하였으나 어렵게 여기다가, 前例를 들어 執義 司諫 副應敎 이상을 아울러 승지에 주의하도록 吏曹에 명하여 제수하였다. 이량은 임자년(명종 7, 1552)에 登科하여 8년이 되었는데 그 사이에 居喪하느라 仕宦한 것은 6년에 불과했는데 금년 봄에는 정랑이 되고 여름에는 이러한 발탁이 있었다.……이량은 왕비의 外叔으로서 성질이 험악하고 재주도 淺薄하여 公論에 容納되지 못하였으나, 상이 尹元衡에게 싫증을 느껴 이량을 등용하여 그 權力을 分散

89) 『明宗實錄』卷25, 14年 8月 丁卯 ; 『明宗實錄』卷26, 15年 9月 己丑.
90) 『明宗實錄』卷25, 14年 3月 庚辰 ; 『明宗實錄』卷25, 14年 5月 丙戌.
91) 『明宗實錄』卷25, 14年 6月 癸亥. 그런데 문과 及第부터 동부승지에 제수되기까지의 평균 기간은 14.5년인데, 이량은 7년 만에 동부승지가 되었다. 일반적으로 동부승지가 되는 길은 직제학을 거치는 것이었으므로, 이량 같이 전한에서 동부승지로 제수되는 것은 드문 일이었다. 명종의 배려가 없이는 불가능한 상황이다(李宰熙, 1993, 앞의 논문, 78~79쪽).

시키려 하였다. 이 때문에 不次로 超擢한 大小政事의 인물 進退는 모두 몰래 이량에게 물어본 연후에 이루어졌다(『明宗實錄』卷25, 14 年 6月 癸亥).

명종이 윤원형에게 集中된 권력을 弱化시키기 위해 이량을 의도적으로 승진시키는 한편 이량 세력을 양성하였다는 것이다. 이량은 명종의 측근 侍御 內人 등을 동조 세력화하고, 그들을 통해 탐지한 명종의 微意를 그 사안이 거론되기에 앞서 받들어 행하였다.[92] 명종의 의중과 윤원형의 위상 그리고 앞으로 전개될 세력 판도의 변화 등 정치 상황을 잘 파악하면서, 이량은 정치적 야심을 가지고 움직이고 있었던 것이다. 당시 "왕비의 親家에 특별히 후히" 하는 명종에게 이량의 그러한 처신은 정치적으로 신임을 받기에 충분한 것이었다.[93] 더구나 윤원형 견제 의도와 맞물려 있는 만큼 超擢이 거듭된 것은 자연스런 과정인 셈이다.

명종과 이량 사이에 정치적 관계가 처음 형성된 시기를 알려 주는 기록은 구체적으로 나타나지 않는다. 짐작하자면, 그 시기는 아마도 과거 합격자 중 인품을 중시하여 선발하는 弘文錄에 沈鋼의 도움으로 이량이 선발된 이후부터 일 것으로 판단된다. 홍문록에 선발된 것을 인연으로 하여 명종 10년 예조정랑에 진출하고, 예조정랑일 당시 戚里임을 배경으로 사가독서에도 선발되었다가 헌부의 탄핵으로 삭제되었음은 이미 살펴본 바와 같다. 그런 측면에서 볼 때, 헌부의 이량 탄핵은 이량과 명종의 정치적 관계 형성을 겨냥한 것이거나, 또는 이미 형성된 관계에 대한 견제로 해석된다. 따라서 명종 10년 무렵을 전후한 시점에서 이량과 명종의 관계가 시작되었고, 윤원형을 탄핵하려는 낭관이 대대적으로 축출된 후 명종과 이량 관계는 급속하게 진

---

92) "……宮中侍御內人 櫟無不善事 而探知上微意 先事承順 以故得幸"(『明宗實錄』卷27, 16年 5月 辛未).

93) 『明宗實錄』卷26, 15年 5月 辛巳 ;『明宗實錄』卷26, 15年 7月 丁卯.

전되었을 것으로 추찰된다.

한편 이량을 동부승지로 임명하기에 앞서 명종은 낭관직에 주목한 바 있었다. 그 계획은 두 차례에 걸쳐 시도되었다.

　이량이 그 세력을 믿고 吏曹에 들어가려 하니, 이조낭관 洪天民이 쫓지 않았다. 이조 당상 중에 이량을 돕는 이가 있었으나, 홍천민이 문득 다른 사람을 천거하였더니, (명종이) 이조의 추천을 받은 이는 다 물리치니 마음이 (이)량에게 있기 때문이었다. 朴好元이 새로 典籍에 陞進되었는데, 천민이 호원을 (이조낭관에) 추천하니 임금이 평안도에 흉년이 심하여 훌륭한 인재가 필요하다고 핑계하고 호원을 龍岡縣令으로 내보내었다. 그러나 역시 천민이 (이량이 이조에 들어오는 것을) 즐기지 않아서 어쩔 수 없었다. 의정부로 들어가려 하였으나 朴大立이 舍人으로 있으면서 거절하니, 임금이 應敎로 승진시켰다가 곧 올려 승지가 되었다(『燃藜室記述』 卷11, 明宗朝 故事本末 李樑竄逐).

처음 이량의 낭관직 진출은 홍천민의 반대로 무산되었다. 이량을 낭관에 배치하기 위해 명종은 이조의 추천을 받은 낭관 후보자들을 전부 外職에 보임시켰다. 그러나 홍천민이 이량의 낭관직 진출을 끝까지 반대하여 결국 좌절되었던 것이다. 천거된 다른 인물인 柳塤·李俊民은 각각 特旨로 外職에 제수되었고, 이조낭관으로 추천된 김덕곤도 平安評事로 보내졌다.[94] 4인의 외직 차임이 13년 7월부터 11월에 걸쳐 있음으로 보아 명종이 13년 무렵에 이량을 이조낭관에 진출시키려고 하였음을 알 수 있다. 곧이어 의정부 낭관으로 진출하려는 이량의 계획도 사인 박대립과 李文馨이 추천을 거절함에 따라 좌절되

140

었다.95)

　13년 후반부터 14년 초에 걸쳐 시도된 이량의 낭관직 진출 계획은, 명종의 적극적인 지원에도 이량을 통하여 명종과 대립하였던 결속된 낭관들의 권한이 국왕의 압력을 물리칠 정도로 강화되어 결국 실패하였다. 이는 윤원형에게 장악된 상태에서 벗어난 일부 낭관이 상당한 외압을 물리칠 정도로 나름의 독자적 권한과 역할을 확보하고 있음을 보여준다는 점에서 주목된다.

　낭관직을 장악하여 정치세력을 재편하려는 계획에 차질이 생기자, 명종은 政曹를 주목하였다. 그래서 친이량계 인물들을 政曹 판서에 임명하였다. 그들의 제수는 "뭇 신하들의 쓸만한 지 여부를 명종이 늘 이량으로 하여금 그 사람 이름 아래 쓰게 하는"96) 방식, 즉 이미 형성되어 있는 公的 人選체계를 逸脫한 명종과 이량으로 직결된 인사의 秘線을 통해 이루어지고 있었다.

　명종이 본격적으로 인사를 주도한 이후부터 이량이 축출되기 전까지 이조판서는 沈通源・金明胤・元繼儉・鄭惟吉・李樑 등이, 병조판서는 李潤慶・金明胤・安瑋・權轍・丁應斗・吳謙 등이 차례로 맡았다. 이 가운데 이윤경・오겸을 제외하고는 모두 친이량계 인물이었다. 특히 병조판서는 吏曹의 銓衡보다 자주 왕의 特旨 또는 親政에 의해 임명되었는데, 정응두는 무려 세 차례 병조판서에 제수되기도 하였다.97) 그것은 친이량계 인물을 병조판서로 제수하여 새로운 軍政

---

95)『明宗實錄』卷28, 17年 正月 庚戌.
96) "史臣曰……羣臣之可用與否 上 常使疏其名下云"(『明宗實錄』卷25, 14年 11月 乙未).
97) 이조판서직은『明宗實錄』卷26, 15年 正月 癸未 ;『明宗實錄』卷26, 15年 6月 丙午 ;『明宗實錄』卷26, 15年 10月 壬戌 ;『明宗實錄』卷28, 17年 7月 丙申 ;『明宗實錄』卷29, 18年 7月 壬辰 참조. 병조판서직은『明宗實錄』卷26, 15年 正月 庚辰 ;『明宗實錄』卷26, 15年 5月 戊辰 ;『明宗實錄』卷26, 15年 6月 丙午 ;『明宗實錄』卷26, 15年 7月 戊子 ;『明宗實錄』卷27, 16年 5月 丙戌 ;『明宗實錄』卷27, 16年 6月 庚寅 참조.

기구로 부상한 비변사에 진출시킴으로써, 윤원형 권력 기반의 한 축인
兵權을 약화시키려는 명종의 이중적 포석이었다.

명종이 적극 제수한 심통원도 이조판서가 된 후 이량의 세력을 三
司에 확장시키는 데 기여하였다. 가령, 명종 15년 3월의 인사에서 이
량이 사간원 대사간에, 金百鈞이 홍문관 부응교에, 이영이 사헌부 지
평에 각각 제수되었다. 이들 외에도 高孟英·權信·趙德源·李重慶
·趙光彦·李戩·尹百源·黃三省 등이 이량 세력으로 활동하고 있
었다.[98] 이때부터 삼사의 당하관 세력이 윤원형에서 이량으로 기울어
지면서, 본격적으로 이량 세력이 형성된 것으로 판단된다.

일정한 자격을 전제하는 방법으로 명종은 이량을 不次擢用하고, 이
량 세력을 扶植시키기 위해 전제적인 인사를 계속하였다. 가령, 이량
을 부제학에 임명할 때에도 그를 주의하도록 한 후 제수하였고, 오랜
만에 행한 親政에서도 승지 擬望 조건을 東壁(우승지 이상)을 지냈던
자로 하여 이량을 도승지에 제수하였으며, 다음 달 親政에서는 예조
참판에 제수하였다.[99] 장령을 집의에 주의하도록 하여 장령 權信을
집의에 제수한다거나, 평안도 관찰사로 나갔던 이량이 京官으로 돌아
온 후에는 그와 결탁하여 강원도 관찰사가 되었던 高孟英을 後任을
기다리지 말고 상경하도록 하였다.[100] 또한 사간원이 추고를 받고 있
는 친이량계인 대사간 李彦忠의 체직을 청하자, 같은 이량계인 부제
학 李重慶과 맞바꾸도록까지 하였다.[101]

私權的으로 행사되는 인사권이 偏黨的으로 활용되면서, 다른 계열
인물의 진출이나 다양한 정치세력의 형성이 근본적으로 차단되고 있
었다. 君臣관계는 公的 성격을 일탈하여 측근이나 近臣을 위주로 하

98) 『明宗實錄』卷26, 15年 3月 丙戌.
99) 『明宗實錄』卷25, 14年 11月 乙未 ; 『明宗實錄』卷26, 15年 6月 丙午 ; 『明
　　宗實錄』卷26, 15年 7月 丁卯.
100) 『明宗實錄』卷26, 15年 9月 庚辰 ; 『明宗實錄』卷28, 17年 3月 壬辰.
101) 『明宗實錄』卷27, 16年 6月 己卯.

는 사적 성격으로 변질되었던 것이다.

명종이 인사를 주도하면서 시작한 정계 개편의 결과, 명종 16년 (1561) 정월 무렵에는 윤원형 추종세력들이 다수 이량·심통원 계열로 전향한 상태로 바뀌었다.[102] 윤원형의 失勢와 이량의 得勢가 교차하는 가시적인 결과인 셈인데, 특히 이량의 기세가 치성하였다.[103]

아무리 인사에 대한 대간의 논박 봉쇄를 강조했다 하더라도, 그 같은 명종의 인사에 대한 비판이 없을 수 없었다. 그 비판은 명종 15년 (1560) 9월에 실시된 別試의 策題에 우회적으로 나타났다. 즉 一所 試官인 尹春年은 이량이 윤원형의 권력을 빼앗아 가는 것을 指目하여, 二所 試官인 洪暹은 이량의 獨走를 경계하기 위해 策題를 각각 外戚·宦侍·藩鎭 등으로 一致시켜 출제한 것이다.

이량 세력을 겨냥한 책제임을 모를 리 없는 명종은 책제의 일치를 추궁하였다. 그러나 각각 출제하였는데 우연히 일치한 것으로 해명하는 그들을 달리 처벌할 수도 없었다. 주의를 주는 정도 선에서 일단락시킬 수밖에 없었다. 그러나 홍섬·윤춘년은 결국 병을 稱託하고 사직하였다.[104] 명종의 인사에 대한 간접적인 비판조차도 허용되지 않는 분위기가 형성되어 있었던 것이다.

명종은 자의적인 인사를 통해 훈척의 '私' 기구화되었던 의정부를 개편하는 한편, 政曹 및 삼사까지도 親국왕 성향의 인물 내지 이량 세력으로 채웠다. 훈척에 의해 그들의 세력으로 채워진 정치기구가 바뀌

---

102) 『明宗實錄』 卷27, 16年 正月 甲申. 그러나 윤원형이 그때까지도 여전히 정치적으로 영향력을 발휘하고 있었다. 가령, 海州목사 尹行의 堂上 陞職, 귀양갔던 宋純이 나주목사가 된 것, 영경연사로서 新受만 읽도록 경연 규칙을 개정한 점, 靈光郡의 田畓을 점거하고 목마장까지 빼앗은 윤원형의 家臣을 杖殺한 영광군수 金漢卿을 헌부를 동원하여 논박·파직시킨 것 등이다(『明宗實錄』 卷26, 15年 7月 辛未; 『明宗實錄』 卷27, 16年 8月 己未; 『明宗實錄』 卷27, 16年 2月 丙申; 『明宗實錄』 卷27, 16年 2月 己亥).

103) 『明宗實錄』 卷26, 15年 5月 丁丑.

104) 『明宗實錄』 卷26, 15年 9月 癸酉.

었다. 그것은 아무래도 親政하는 국왕의 권력이 강화되고 문정왕후나 윤원형의 정치적 입지는 축소된 데다가, 명종의 지지세력화한 심씨 일문의 힘이 실린 때문이었다. 그러나 공적인 제도나 규정에 입각하여 추진된 것이 아니었던 만큼, 새로운 정치세력의 등장이나 정상적인 정치구조의 회복 등으로 이어진 것은 아니었다.

왕권 강화는 公的체계를 정상적으로 작동시켜 제도적으로 시행해야만 되는 것이었다. 이를 위해서는 偏重된 인사를 지양하는 한편, 堂下官의 자율성을 보장하여 이들이 활발한 언론 활동을 수행함으로써, 정치집단 사이의 균형과 견제를 도모하는 방식이 적절하였다. 그러나 친정기 이후 명종의 왕권 강화책은 공적 기능의 활성화를 통해 시도된 것이 아니었다는 점에서 이미 그 한계를 내포하고 있었다. 명종은 자신이 직접 인사를 주도하여 특정 세력을 비호하였을 뿐 아니라, 이에 반대하는 論駁을 적극 봉쇄함으로써 권력의 사적 편향을 심화시키는 폐단을 일으키고 있었다. 결과적으로 명종의 왕권 강화는 국왕의 정치 논리를 일방적으로 追隨하는 戚里나 신료들을 집중적으로 등용함으로써, 수렴청정기와 그 인적 구성만을 달리하는 왜곡된 구조를 재생산하는데 그치고 있었던 것이다. 반면 왕권과 연결되어 부식된 정치집단은 왕권에 假托하여 그들의 영역을 더욱 확장시켜 나갔다.

2) 明宗의 政局 主導와 尹元衡의 沒落

명종을 배경으로 한 이량으로의 권력 이동이 가속화되자, 윤원형이 반격을 시도하였다. 양자 사이의 갈등은 명종 16년(1561)에 집중적으로 표출되고 있었다. 윤원형이 빌미로 삼은 것은 동 16년 4월에 있은 館試에서 入格된 李廷賓 등 5명 가운데, 명종이 심통원의 아들 沈鏵를 변칙적인 방법으로 入格시킨 일이었다. 그것은 곧 편법으로 '어린 權門의 자제'를 의도적으로 발탁하여[105] 이량 세력을 확충하려는 명

144

백한 시도인 만큼 윤원형으로서는 袖手傍觀할 수 없었던 것이다.

그런데 심화의 경우뿐 아니라, 이전에도 과거가 척신세력 확대의 한 방편으로 轉用된 바 있었다. 예컨대, 명종 6년(1551) 10월 鄭士龍이 그의 문인인 이량에게 箋의 제목을 미리 알려 주어, 이량이 庭試에서 首席하여 殿試에 直赴하였던 것106)이 그 같은 사례였다. 또한 동 13년(1558) 8월에는 別試의 殿試에서 策題를 사전에 漏泄한 試官 정사룡의 파직과 罷榜이 요구되었고, 借作으로 乙科에 首席 합격한 愼思獻이 양사의 논박으로 결국 削科되는 사태도 있었다.107) 신사헌의 부친이 정사룡과 친구관계이고, 정사룡은 친이량계 인물이었다. 그러한 관계로 미루어 볼 때, 이량 등이 科擧 試官을 통해 신사헌을 자파세력으로 끌어들이려고 획책하였음을 알 수 있다. 동 18년(1563) 3월 文廟 行幸 후 거행된 문무과 親試에서 환관 丁蕃이 箋의 제목을 미리 이량에게 알려주었고, 그래서 그의 아들 李廷賓이 장원급제하기도 했다.108) 요컨대 이량 등은 일찍부터 개인의 영달과 그의 세력 확대에 과거를 변칙적으로 활용하고 있었던 것이다.

명종의 이량 세력에 대한 정치적 배려가 공식적 인재 선발의 關門인 과거를 통해 그들의 다음 세대에게까지 확장되고 있었다. 강력하게 추진되고 있는 명종의 대응세력 양성은 이미 권력이 약화된 상태인 윤원형에게 더욱 위협적으로 느껴졌을 것이다. 그래서 다시 문정왕후

---

105)『明宗實錄』卷27, 16年 4月 壬辰. 심화를 입격시킨 저간의 사정은 "……當初名爲殿講 其所落點 亦未盡出於公 而入講者纔七八人 又令製試 至成科目 其所與者 皆是權門乳臭子弟 而因緣戚畹之輩也"(『明宗實錄』卷27, 明宗 16年 4月 乙未)한 것이었다. 명종이 양사의 館試 罷榜 주장을 받아들이지 않았지만, 雷變을 계기로 결국 파방하였다.

106)『明宗實錄』卷12, 6年 10月 丁卯.

107)『明宗實錄』卷24, 13年 8月 戊辰 ; 9月 庚子·10月 甲辰. 그러다가 신사헌의 아들 신희의 두번째 상소로 科第를 환급하였다(『明宗實錄』卷25, 14年 3月 辛丑).

108)『明宗實錄』卷29, 18年 3月 辛巳.

의 지원을 받으면서 반격을 시도하지 않을 수 없었던 것이다. 자신과
윤원형이 명종 즉위와 왕권 유지에 최대의 공로자라는 문정왕후의 주
장이 아직 有效하기 때문이었다.

실제 문정왕후는 명종을 압박하여 이량을 16년(1561) 5월에 평안도
관찰사로 내보내도록 하였다.109) 또한 順懷世子의 嬪을 윤원형 측근
인 黃大任의 딸로 간택하도록 强迫하여,110) 명종 이후 권력의 장기적
인 장악을 노리고 있었다. 황대임 딸의 지병이 밝혀지면서 윤원형의
계획은 좌절되었지만 문정왕후는 여전히 명종을 제재하고 있었다.111)

이량이 外職으로 전출되자, 윤원형은 을사사화의 부당성을 논하는
邪論이 있음을 거론하였다. 위사 1등공신인 崇善府院君 林百齡의 諡
號 三望이 문제가 될 것을 미리 알고, 이량과 사림을 연계시켜 양측
모두를 제거하기 위한 분위기를 조성하려는 것이었다.

명종이 임백령의 諡號에 '忠'자가 없음을 정식으로 문제 삼자, 윤원
형은 製諡官인 朴淳·朴謹元이 이량의 使嗾를 받았다고 공격하고 나
섰다.112) 문정왕후가 개입한 상태에서 이량 및 사림의 대대적 축출 등
파란이 예상되는 상황이었다. 처리 방향에 따라 조정에 돌이킬 수 없
는 큰 혼란과 분쟁은 물론이고, 애써 단계적으로 강화시킨 왕권이 약
화될 수도 있었다.

위급한 상황에 직면한 명종은 자신의 최측근인 척신 심통원·이

---

109) 『明宗實錄』 卷27, 16年 5月 辛未.

110) "上 御仁政殿 行王世子定親禮-嬪前參奉黃大任之女 大任安함之妹夫 而함
    之養子德大則尹元衡之壻也 元衡自以恩眷漸衰 文定王后一朝賓大 則更無
    可倚之勢 與大任及其所厚國卜盲人金永昌 營謀改大任之女生年日月 變凶
    爲吉 又以必聘大任之女之意 密告于文定王后以定之 上及中殿 皆非其意
    迫於慈敎 不得已而爲之"(『明宗實錄』卷27, 16年 正月 丙子).

111) 『明宗實錄』 卷27, 16年 5月 癸未 ; 『明宗實錄』 卷31, 20年 11月 辛亥, "明宗
    旣親政 猶爲文定所制 不得自由 而元衡凡有所爲 必潛通文定 脅制明宗 上
    憂憤 至形於辭色".

112) 『明宗實錄』 卷27, 16年 5月 己卯.

량·沈鋼에게 그러한 상황을 타개할 수 있는 방안을 密旨로 下問하였다. 그런데 3인 중 심강만이 사림의 보호를 주장하였다. 이량을 寵倖하는 명종의 입장에 심강의 주장이 보태지면서, 명종이 박순과 박근원을 罷職시키는 선에서[113] 시호 문제로 촉발된 혼란을 수습하였다. 이량과 사림을 동시에 제거하려던 윤원형의 계획은 또 한번 좌절되었다.

그러자 윤원형은 대사헌 金弘胤을 동원하였다. 한 때 자신의 측근이었다가 이량에게로 전향한 李戡과 李瓘을 '趨向이 그르다'는 것으로 탄핵하게 한 것이다.[114] 당시 사헌부가 대부분 이량 일파로 구성되어 있었으므로 김홍윤은 동료들과 상의없이 단독으로 啓할 수밖에 없었다. 그런데 親이량계인 대사간 奇大恒 등이 단독으로 '趨向의 說을 제기하였다'는 것을 문제삼아 오히려 김홍윤을 탄핵하는 사태가 벌어졌다.[115] 이 일로 양인을 제거하려는 계획이 무산되었을 뿐 아니라 윤원형은 정치적 타격까지 입게 된 셈이었다.

李戡·李瓘을 논박할 때까지는 윤원형의 권력이 이량과 대응할 만하였다.[116] 그러나 이량 세력이 정치적으로 優位를 점하고 있는데다가[117] 명종의 비호까지 보태져 실패하였던 것이다.

이 문제를 처리하는 과정에서 명종은 當代 정치를 다음과 같이 논하였다.

> 지나간 先朝 때에 奸臣이 조정에 있으면서, 輕妄스럽게 雜된 論議를 제기하여 公論을 假托하여 제 마음대로 하여 조정을 불안정하게

---

113)『明宗實錄』卷27, 16年 5月 庚辰.
114)『明宗實錄』卷27, 16年 5月 辛巳.
115)『明宗實錄』卷27, 16年 5月 丙戌.
116) "……少時人以俠類 與尹元衡連姻 故始附元衡 涉歷華秩 及其利盡 背端李樑……此後憲府之駁 元衡之指也 元衡與樑皆以戚畹 權勢相侔 故如此"(『明宗實錄』卷27, 16年 5月 乙卯).
117) "史臣曰……自數年以來 一國權勢 盡歸於李樑 而元衡之勢 反居下焉"(『明宗實錄』卷27, 16年 5月 丙戌).

함으로써, 많은 사람을 殺傷시킨 데 대해 내가 늘 온편치 못하게 여
겨왔다. 그래서 나는 매양 人心을 鎭定시키고 朝廷을 安定시키려
고 하였으나, 내가 어리석어 剛明함이 부족한 탓으로, 近年 이래 임
금은 弱해지고 臣下는 强해졌으며 人心도 偸薄해졌다. 그리하여 私
心을 끼고 權勢를 弄奸할 줄만 알 뿐, 國家의 安定은 생각지도 않으
므로, 한 사람이 唱導하면 苟且하게 같이하는 習性을 면치 못하여
奸術이 行해지게 하였으니, 어찌 한심하지 않은가(『明宗實錄』卷27,
16年 5月 丙戌).

명종은 김홍윤이 제기한 '趣向之說'을 중종대 奸臣이 公論을 假托
하여 사림을 제거한 방식과 동일한 것으로 간주하였다. 자신이 剛明
하지 못하여 '君弱臣强'의 상황이 초래되었고, 그러한 상황을 이용하
여 권간이 權力을 私的으로 濫用하고 奸術을 행하였다는 것이다. 윤
원형이 주도하였던 시기를 전면적으로 指斥하면서, 이량을 重用한 명
종의 의도가 '君弱臣强'의 상태를 타파하고 강력한 왕권을 회복하는
데 있음을 밝힌 것이었다.

명종의 反윤원형 입장이 점점 노골화되자, 영중추부사인 윤원형은
老病으로 사직하는 영의정 尙震과 교체되는 형식으로 영의정에 제수
되었다. 이때 윤원형은 공식적인 卜相도 거치지 않은 채 먼저 宮掖을
통하여 영의정이 된 것이다. 지위를 이용해 명종 및 이량에 대해 재반
격을 해야 하는 상황에서118) 정식으로 절차를 밟다가 오히려 제배되
지 못할 수도 있기 때문에 편법을 쓴 것이었다.

문정왕후 역시 윤원형에게 불리한 상황을 반전시키기 위해 인사에
깊이 개입하고 있었다. "어느 殿의 內旨라고 칭해지는 작은 도장을 찍
은 것이 外間에 성행되고 있으며, 간혹 訟事를 판결하는 곳에도 있고,

---

118) "……但於頃年以來 與李樑爭攀 附己者浸浸移附於樑 勢焰漸殺 幾爲樑所
扼 心常怏怏 痛入骨髓 今欲據上台以快宿憤 先緣宮掖 不待卜相 而已有注
擬之敎 乃由是除"(『明宗實錄』卷29, 18年 正月 丙申).

148

官職을 제수하는 일에도 작은 도장을 찍은 것이 어느 殿의 內旨라고 銓曹의 장관에게 내려왔다"[119]라는 지평 李墍의 말에서 그 같은 사실이 확인된다. 그러나 문정왕후나 윤원형의 노력은 무의미하였다. 윤원형이 領相이 된 직후의 인사에서 이조판서 鄭惟吉과 그 후 이판이 된 이량이 人選 때마다 전원 내지 대부분을 이량의 黨與로 제수했기 때문이다.[120]

또한 윤원형과 관련하여 罷職되었던 박근원·박순 그리고 김홍도 사건으로 축출된 인물들도 재서용되었다.[121] 게다가 양사의 논계에 따라 윤원형이 치료차 다니던 경기 廣州 椒水의 근원 및 그 곳의 왕래자를 일절 끊어버리도록 한 조치도 있었다.[122] 영의정 윤원형의 존재 자체를 압박하는 상징적인 의미를 가진 조치까지도 단행되는 상황이었던 것이다.

윤원형의 정치적 위상이 추락하는 상황에서, 명종 20년(1565) 4월 문정왕후가 사망하였다.[123] 윤원형의 정치적 후광이 사라진 것이다. 명종 말기 德興君과의 혼약을 强請하여 명종 死後의 권력 회복을 노렸지만,[124] 문정왕후가 사망한 후 윤원형은 대사헌 李鐸과 대사간 朴淳 등의 탄핵을 받았다. 정치 환경이 변화한 만큼, 대간의 탄핵은 곧

119)『明宗實錄』卷30, 19年 2月 癸丑,
120) 사헌부 대사헌에 奇大恒, 이조참판 李重慶, 사간원 대사간 尹毅中, 사헌부 집의 朴謹元, 李遴·姜克誠 홍문관 응교, 사간원 사간 金慶元, 지평 朴栗·柳永吉, 홍문관 교리 趙德源, 홍문관 부수찬 李訒 등이었다(『明宗實錄』卷29, 18年 2月 癸亥) ;『明宗實錄』卷29, 18年 7月 壬辰·癸巳.
121)『明宗實錄』卷28, 17年 2月 戊午 ;『明宗實錄』卷28, 17年 9月 丁酉.
122)『明宗實錄』卷29, 18年 6月 庚戌 ;『明宗實錄』卷29, 18年 8月 庚戌.
123)『明宗實錄』卷31, 20年 4月 壬申.
124)『明宗實錄』卷30, 19年 6月 辛卯. 윤원형의 그러한 시도는 율곡이 "今我國家 自廢私兵之後 所謂權臣者 莫非依寵而作威 不敢陵上而干紀"(『栗谷全書』卷15, 東湖問答 右論當之時勢今)라는 내용에서도 알 수 있듯이, 조선초기 私兵이 혁파된 이후 권력을 보장받을 수 있는 가장 확실한 길은 왕권과 연결되는 것이었기 때문이다.

윤원형의 몰락을 의미하는 것이었다.

　　전 영의정 윤원형은 본래 간사하고 음흉한 사람입니다. 國舅로서
　왕실과 가깝다는 핑계로 공신의 자리에 참여하였으며, 領相의 자리
　에 올라 一國의 정권을 쥐고 임금의 위엄을 빌어 生殺與奪을 제 마
　음대로 하였으며, 廷臣들을 얽어 놓아 盛衰가 그의 입에 달려 있었
　습니다. 위엄과 권세가 날로 높아져서 형세가 梁冀의 가문보다 더
　빛나고, 蓄財하는 욕심이 한이 없어 董卓의 萬歲塢보다 더 호화롭습
　니다. 백관이 앞을 다투듯 뜻을 받들고 팔도에서 남보다 뒤질세라 뇌
　물을 바칩니다.……신들은 우선 만인의 입에 오른 것과 만인의 눈으
　로 본 것을 뽑아서 전하를 위해 조목별로 진술하겠습니다(『明宗實
　錄』卷31, 20年 8月 戊寅 ;『栗谷全書』卷3, 論尹元衡疏).

　　윤원형의 구체적인 26조목의 罪狀이 열거되었다. 윤원형을 파직하
거나 또는 이준경을 영의정으로 交替하는 선에서 문제를 매듭지으려
한 명종의 의도와는 달리 신료들의 반대는 계속되었다. 결국 명종은
삭탈관작하여 放歸田里하는 것으로 윤원형의 처벌을 매듭지었다.125)
그런데 이때 윤원형과 관련되어 거론된 인물은 윤춘년 등 소수에 불
과하였다. 그 이유는 윤원형이 장기 집권하였으므로 직·간접적으로
관계를 맺지 않는 인물이 거의 없었기 때문이었다.

3) 李樑의 專橫과 言官-銓郎 構造의 限界

　이량을 공격해서 명종을 견제하려는 문정왕후·윤원형의 공세는
명종이 문정왕후나 윤원형의 압력에 탄력적으로 대응하면서, 이량 세
력으로 구성된 정조·삼사를 동원해 무력화시켰다. 이에 따라 문정왕

---

125)『明宗實錄』卷31, 20年 8月 辛卯. 잇달아 윤원형 첩의 夫人帖이 거두어지고,
　　관련 인물들이 처벌되는 후속 조치가 취해졌다.

후나 윤원형의 입지가 크게 위축된 반면 정국 주도권을 확고히 한 명
종을 배경으로 이량이 言官-銓郎 구조를 통해 본격적으로 세력 확대
에 나서고 있었다.

김홍윤을 동원한 윤원형의 이량에 대한 공격이 최종적으로 실패한
후, 명종은 외척들의 密啓에 올려진 인물들을 집중적으로 임명하고
있었다. 이량의 측근인 沈通源·元繼儉·鄭惟吉 등이 번갈아 銓曹의
長을 맡았다. 관직의 高下를 막론하고 이량 세력이 대대적으로 임명
된 만큼, 자연 그들에게 容納되지 못한 자들은 전부 축출되었다.[126]

언론 삼사까지 이량 세력으로 채워졌다. 예컨대 명종 16년(1561) 7
월 당시 언론 삼사는 대사헌 奇大恒, 대사간 李重慶, 홍문관 부제
학 李彦忠 등 장관은 물론이고, 하부구조 역시 이량 세력 일색이었
다.[127]

조정을 다 이량의 黨與로 채운 후, 명종은 工曹參判에 평안감사 이
량을 擬望하도록 명하여 그를 소환해 들였다.[128]

명종 17년(1562) 정월 조정으로 돌아온 이량은 공조참판·이조참
판·예조판서·의정부 우참찬 등 단시일 내에 陞進을 거듭하였다.[129]
당시 將相과 侍從은 물론 양사와 홍문관의 長도 모두 그의 黨與가 계
속 장악하였다.[130] 삼사 및 조정에 이량 세력이 치성해지고, 윤원형
세력이 감소되는 추세가 확연하였다. 그 같은 상황은 무엇보다도 이량

---

126) 『明宗實錄』卷28, 17年 正月 丙午. 이 외에도 이량 세력의 독점에 대한 기록
　　　은 상당히 많다.
127) 『明宗實錄』卷27, 16年 7月 己亥. 구체적으로는 사헌부에는 權信·李翎·
　　　姜克誠·高敬命 등이, 사간원에는 趙德源·李選·金偉·柳永吉 등이, 홍문
　　　관에는 趙光彦·金慶元·李遜 등이 진출해 있었다.
128) 『明宗實錄』卷28, 17年 正月 己亥.
129) 『明宗實錄』卷28, 17年 3月 庚寅 ; 『明宗實錄』卷28, 17年 4月 戊寅 ; 『明宗
　　　實錄』卷28, 17年 7月 丙申. 이량이 예조판서일 당시 權勢가 국왕을 凌駕할
　　　정도가 되어 인사가 중간에 除授되는 폐단이 나타나고 있었다.
130) 『明宗實錄』卷28, 17年 12月 丙辰 ; 『明宗實錄』卷28, 17年 8月 戊午.

이 명종의 倖臣임을 假托하여, 중종대 김안로와 같은 행태로 '동조자
는 진출시키고 달리하는 자는 배척'하는 偏黨的 用事를 더욱 심하게
恣行한 결과였다.131)

　더 나아가 이량은 新進들에게까지 동조세력의 범위를 확장하면서,
그들에게 동조하지 않는 사림계 인물들을 제거하였다. 먼저 黨與와
관련 있는 신진들을 淸職에 배치하였다.132) 특히 명종과 이량 사이에
교량 역할을 한 환관 丁蕃을 통해 箋의 제목을 미리 알아 親試에서
壯元한 아들 李廷賓을 병조좌랑, 사간원 정언을 거쳐 이조좌랑에 앉
혔다.133)

　마치 집안의 소유물을 다루듯이 한 나라의 官爵을 分配하는 이량
의 인사 전횡134)은 필연적으로 相避法을 무너뜨리거나 압력을 가하는
등 불법성을 띠면서 강행되기 마련이었다. 예컨대, 이정빈의 외종형
沈義謙이 이조좌랑인 상태에서 이량이 이정빈을 병조낭관에 제수하
도록 布置함에 따라, 처음으로 相避法이 무너지게 되었다. 또한 이정
빈이 이조낭관으로 양사의 署經을 거치지 않은 상태에서 이량이 이조
판서가 되었다. 그러자 그는 상피법으로 체직될 상황에 이른 이정빈을

---

131) "史臣曰……數年來李樑專寵用事 至是益甚 廣聚無賴 布列淸要 作爲鷹犬
　　 氣焰薰灼 聲勢鴟張 同己者進之 異己者斥之"(『明宗實錄』卷29, 18年 正月
　　 戊申). 가령 중종대에도 "大抵國權 宜在於上 而不宜在下 有權奸(金安老)竊
　　 弄大柄 則趨附者多 國之大勢 豈不殆哉 況朝廷大事 盡出於己 異己者斥之
　　 附己者進之 豈人臣之道乎"(『中宗實錄』卷85, 32年 10月 庚午)하는 상태였
　　 다.

132) 이량의 최측근인 이감의 아들 李成憲은 登第하자 승정원 주서에, 이량의 측
　　 근인 權信의 조카인 權純은 사헌부 장령에 제수되었다(『明宗實錄』卷29, 18
　　 年 正月 癸未 ;『明宗實錄』卷29, 18年 2月 己未).

133) 『明宗實錄』卷29, 18年 3月 辛巳 ;『明宗實錄』卷29, 18年 4月 丁巳 ;『明宗
　　 實錄』卷29, 18年 6月 庚午, 7月 戊子.

134) 『明宗實錄』卷29, 18年 8月 乙丑. 가령, 이량이 이조판서가 되면서 이정빈이
　　 사간원 정언이 되어 "入則銓曹 出則言官"(『明宗實錄』卷29, 18年 7月 壬
　　 辰)은 바로 그러한 상황을 극명하게 보여준다.

이조낭관 先生에 포함시키기 위해 署經을 처리하도록 양사를 압박하
였다. 이것은 당시 이조낭관들 사이에 前任者인 선생의 영향력이 큰
데다가, 이량 자신이 이조낭관을 歷任하지 못한 데서 吏曹先生 丁胤
喜와 時任 尹仁涵을 협력자로 끌어들여 이정빈의 郎官職 進出을 강
행한 것이었다.

그 뿐만이 아니었다. 이량은 이정빈이 체직된 후 자기 동료인 李彦
怡과 정빈의 친구인 柳永吉을 차례로 낭관에 배치할 것도 계획하고
있었다.[135] 즉 이량과 그 일파는 言官-銓郎 구조를 구축하려 하였던
것이다.[136]

다른 한편으로 이량은 자신의 낭관 장악에 저항한 낭관들을 대대적
으로 축출하였다. 경상도 관찰사 吳祥의 '宰批 漏落' 사건을 트집 잡
아 이정빈의 낭관직 주의를 반대한 時任 이조낭관 朴素立・尹斗壽
등을 파직시켰다.[137] 또한 반척신적 경향을 보인 바 있는 奇大升・尹

---

135) 『明宗實錄』 卷29, 18年 7月 戊子.
136) 金宇基는 1995, 앞의 논문, 54~55쪽에서 소윤세력은 政曹 중심의 지배체제
   를 유지하려 하였고, 이량 세력은 銓郎-言官 체제를 확보하려 했다고 하였
   다. 또한 소윤세력은 政曹 중심의 정국 운영에 비중을 두면서 전랑과 언관을
   附隨的으로 이용하려 했을 뿐이고, 이량 세력은 연령・품계상으로 政曹에
   진출할 단계에 이르지 못하여 자파 이익을 실현하려는 방법으로 전랑-언관
   체제를 채택하는 한계를 지니기는 하였으되, 士林派의 政局 運營 방식과 유
   사하다는 점을 들어 전 시기보다 한 단계 진전된 정치운영이라고 파악하였
   다. 그런데 소윤세력이 단지 정조 중심의 지배체제를 유지하였던 것은 아니
   었다. 그들은 사실 의정부를 핵심으로 하여 육조・낭관을 장악하고, 그 威勢
   로 언론 삼사까지 좌우하는 파행적 정치구조를 만들어내고 있었다. 명종이
   親政을 시작하면서 의정부의 훈척적 권력 기반으로서 기능을 무너뜨리고 政
   曹의 판서를 친이량계 인물로 임명하면서부터, 이량이 낭관과 삼사에 그 세
   력을 확대할 수 있었던 것이다. 그러므로 이량 세력이 정조에 진출하지 못하
   였다는 파악이나 그들이 구축하려 한 언관-전랑 구조를 진전된 정치운영으
   로 이해한 것은 再考되어야 한다고 생각된다.
137) 『明宗實錄』 卷29, 18年 8月 庚申・辛酉. 윤원형이 이량의 권세에 눌리는 정
   치적 상황은 점점 심화되었다. 그래서 박소립・윤두수를 비롯한 일군의 改

根壽·許曄·李文馨 등을 '結爲朋比' 또는 '高談峻論으로 나라를 해
침이 심하다'라고 공격하여 삭탈관작하거나 파직하였다.138) 뿐만 아니
라, 吏曹先生들까지 등을 外職으로 左遷시킬 계획을 세워139) 철저하
게 낭관권을 자기 手中에 두려고 하였다. 그 같은 이량 전횡의 배경은
다시 말할 필요도 없이 왕권의 비호였다.

이량은 政曹·언론 삼사를 장악하고 낭관직을 중심으로 형성된 反
戚臣 경향의 사류들을 축출함으로써, 장기적·독점적으로 국가권력의
전횡을 획책하였다. 그러나 수렴청정기에 윤원형에게 일방적으로 축
출되었던 것과는 달리 친정기의 낭관들은 명종이나 權臣들의 압력에
결속하여 저항할 정도로 독자적인 위상을 지키고 있었다.140)그러한
낭관의 위상은 다음 宣祖代에 朋黨 발생의 단초가 될 정도로 그 정치
적 비중이 강화된 상태였음을 잘 보여 준다.

이량이 권력을 농단하는 상황은 이윽고 부제학 奇大恒 등이 이량을
탄핵하면서 급속하게 反轉되었다.

　　임금이 德과 敎化를 베푸는 자리에 단정히 拱手만 하고 계셔도 국

革 士類를 제거할 때, 이량은 윤원형의 동조까지 얻어 그 일을 추진하였다.
138) 『明宗實錄』 卷29, 18年 8月 癸亥. 박소립·기대승이 삭탈관작으로 문외출송
　　되는 가장 중한 처벌을 받았다. 이량 등은 사림의 宗匠인 李滉과 曺植까지
　　도 제거하려고 하였다. 『燃藜室記述』에서는 박소립·윤두수 사건의 전개 과
　　정을 다음과 같이 기록해 놓았다. "(李)樑之子廷賓愚駿不學 癸亥 謁聖親試
　　擢魁……未踰月薦拜銓郞 俄而樑除判書 以相避而遞 廷賓囑諸同僚 薦柳永
　　吉爲其代 蓋其密友也 其時正郞朴素立佐郞尹斗壽 頗持淸論 不從其言 廷
　　賓卿之 又如李文馨許曄不肯附樑 奇大升尹根壽以後進爲士類推許 樑黨忌
　　之"(『燃藜室記述』 卷11, 明宗朝故事本末 李樑竄逐).
139) 『明宗實錄』 卷29, 18年 8月 乙丑.
140) 가령 명종이 貶斥한 김덕곤을 계속 낭관직에 추천한다거나, 이량의 낭관직
　　진출이 무산된 사실, 이정빈의 낭관직 진출이 반대에 직면한 일, 또한 "郞廳
　　之薦 郞廳爲之 然郞廳亦以其有前薦 故例爲擬望矣"(『明宗實錄』 卷25, 14
　　年 12月 丙午) 라는 吏曹判書 尹春年의 말에서도 그러한 사실이 확인된다.

가가 유지되고 통솔되는 것은 威福이 있기 때문입니다.……(이조판서 이량은) 오로지 權力을 장악하는 데 힘써, 威福을 도적질하여 농락하면서 邪惡하고 위험스러운 무리들과 유대를 맺고 그들을 끌어들여 黨與로 삼아서, 분주히 追從하는 길을 넓히고는 자기에게 반대하는 자는 배척하고 아부하는 자는 등용하면서 어진 이를 방해하고 나라를 병들게 하는 온갖 짓을 다하였습니다.

조정의 官爵을 자기 집 私有物인양 생각하고……더 심한 것을 말하지면 사사로이 남에게 벼슬을 주고자 하여 銓曹에 부탁할 때는 上旨라고 협박하고, 애완할 보물을 모으려고 널리 남의 집에 요구할 때는 內獻할 것이라고 핑계하였으며, 비록 정승의 자리에 있는 자-좌의정 이준경-라도 조금만 자기에게 동조하지 않으면 금시 넘어뜨릴 계획을 세우곤 하였습니다. 그밖에 제멋대로 기탄없이 행한 방종한 행위는 낱낱이 다 거론하기 어렵습니다.

그는 또 철부지 자식을 權力있는 要職에 두고자 하여 자주 騎曹(병조)에 천거케 하여, 처음으로 相避의 법을 파괴하였으며-이때에 심의겸이 전조에 있었는데 억지로 이정빈을 騎曹 좌랑에 천거케 하였으니, 그가 공론에 拘碍받지 않음이 모두 이러하였다.-곧 天官(이조)을 차지하여 公論의 입을 틀어막았습니다.……大臣들은 전하의 股肱인데도 말을 하지 못하고 臺諫은 전하의 耳目인데도 규탄하지 못하였으며, 一國의 사람들은 무서워서 바로 서지도 못하고 바로 보지도 못하면서 이량이 있는 줄만 알고 전하가 계신 줄은 모릅니다.……兩司는 公論이 나오는 곳인데도 도리어 노비처럼 屈從하면서, 그가 은밀히 使嗾한 말을 오히려 따르지 못할까 두려워했으니, 국가에서 대간을 설치한 뜻이 어디에 있습니까. 삼가 바라건대 전하께서는 즉시 公論을 따라 백성들의 마음을 시원하게 하여 주소서(『明宗實錄』 卷29, 18年 8月 乙丑).

기대항이 이량을 탄핵한 이유는 무엇인가. 부제학 기대항은 이량의 최측근이었다. 그러나 그는 이량 세력이 士類를 一網打盡하려는 계획에 동조하지 않았다. 오히려 그것을 저지하려 하였다. 당시 최고의 권

력자인 이량의 계획을 저지하는 것은 결코 쉽지 않았다. 그래서 沈鋼
(國舅)・심의겸과 연계하였고, 심씨 부자가 명종비에게 알린 상태에
서 발의하였던 것이다.[141] 차자가 올려지자 즉시 이량은 삭탈관작 문
외출송, 이정빈은 삭탈관작, 양사는 모두 체직되는 조치가 취해진 것
도 이미 명종이 이량 축출을 용인하고 있었기 때문이었다.

  그렇다면 이량에 대해 명종이 즉각적인 결단을 내린 이유는 무엇인
가. 이량의 권세는 명종이 왕권 강화를 위해 대리인으로 발탁한 것에
서 출발한 것이었다. 그러므로 만약 왕권의 비호가 사라진다면 그의
정치 기반은 즉시 무너질 수밖에 없는 것이었다. 그럼에도 이량은 박
소립・윤두수를 제거하려는 의도를 제지하고,[142] 자신까지 비판한 沈
義謙을 제거하려고 하였다. 명종은 이량이 재상을 견제하는 낭관권을
철저하게 장악하고 권력을 독점하는 것을 원하지 않았다. 결국 명종과
심강・심의겸의 정치적 입장이 일치되면서, 이량은 축출되었던 것이
다.[143] 명종의 寵臣으로 권력을 농단한 이량이었지만 왕권의 비호가

---

141) 『明宗實錄』卷29, 18年 8月 乙丑. 또한 "樑以椒房之親……自知不爲公論所
    容 欲除異己 以立其威 乃指朴素立五六人 爲浮浮請罪之 將行一網打盡之
    計 靑陵府院君沈鋼 恐其嫁禍於朝廷 乃副提學奇大恒議之 玉堂箚論樑等之
    罪 上命聽之 中外快之"(『明宗實錄』卷29, 18年 10月 庚申)라는 내용에서
    심강이 결정적인 역할을 하고 있음을 알 수 있다.
142) 『明宗實錄』卷29, 18年 8月 癸亥.
143) 『明宗實錄』卷29, 18年 8月 乙丑 및 『明宗實錄』卷34, 22年 正月 丙子. 한
    편 김돈은 1997, 앞의 책, 267・268쪽에서 李樑 一派가 失脚한 결정적인 이
    유가 홍문관을 장악하지 못한 것이라고 하였다. 또한 권력관계에서는 언관
    언론의 장악 여부에 따라 政事 운영의 주도권과 정치세력의 得勢와 失脚이
    좌우되는 專權의 전형적인 양상이 나타난다고 이해하였다.
    그러나 필자는 이량 일파의 축출은 명종 王權과 직결된 문제였다고 생각한
    다. 원래 기대항은 친이량계 인물로 최측근으로 분류된다. 그러나 사림을 일
    망타진하려는 이량의 획책에는 반대하였다. 그래서 親사림적 경향의 姻戚인
    심강과 의논하고 명종 비를 통해 명종에게도 알린 후 이량의 탄핵을 추진하
    였던 것이다.
    당시 언론 삼사는 거의 이량 세력이 독점한 상태였고, 그것은 명종이 이량을

156

사라지자 즉시 제거된 것이었다.

이량 및 그 측근들과 전 대간들이 축출된 후, 몇 차례의 조정 과정을 거쳐 소위 '6奸'으로 指目된 李樑·李戩·尹百源(윤원로의 子)·權信·愼思獻·이영 등이 江界·慶源·會寧·碧潼·巨濟·南海에 각각 유배되었다.144) 그 외의 친이량계 인물들도 축출되었다.145) 짧은 기간 동안에 상호 간에 혈연적인 관계나 交友 관계를 중심으로 결집된 친이량계 인물의 대부분이 一擧에 제거된 것이었다.146) 반면 박소립·기대승·윤두수·이문형·윤근수·허엽 등은 복직되었다.147) 정치세력이 교체되면서, 사림이 정치의 전면에 등장하는 轉期가 마련되고 있었다.

이량이 축출되었다고 해서 바로 정국 분위기가 일신되는 것은 아니었다. 세력이 약화되기는 했지만 아직 윤원형이 존재하고 있는 데다가 오랫동안 전개된 훈척정치로 인해 고착된 악습이 일거에 제거되는 것도 아니기 때문이다. 대사헌 金貴榮은 "威福이 아랫사람에게 옮겨져서 임시로 變通만 하는 政事가 많고, 명령이 시행되지 않아서 그럭저럭 예전대로만 하는 병폐"를 그 악습의 본질로 지적하면서, 그것을 근절하는 동력을 국왕의 一心에서 구하고 있었다.148)

지원함으로써 가능하였다. 따라서 이량이 홍문관을 장악하지 못해서 실각한 것이 아니었다. 郎官權을 통해 권력을 집중하여 왕권을 능가하려는 이량에 대한 명종의 불만에다 척신인 심의겸과의 敵對관계가 가장 중요한 變數로 작용한 것이었다. 적어도 친정기 정치세력의 得勢나 失脚은 명종 왕권의 향배와 밀접하게 관련되어 있었기 때문이다. 또한 간접적으로는 사림들의 성장이나 심강·심의겸의 친사림적 성향도 작용하였을 것이다.

144) 『明宗實錄』卷29, 18年 8月 丙寅 ; 『明宗實錄』卷29, 18年 10月 庚申.
145) 李彦忠·姜克誠·趙德源·黃三省·金百鈞·高孟英·李重慶·鄭士龍, 元繼儉 등이다(『明宗實錄』卷29, 18年 9月 己卯 ; 『明宗實錄』卷29, 18年 12月 戊申). 다만 국왕의 동정을 모두 알려준 이량 권력 壟斷의 최대 협력자인 宦官 丁蕃만은 명종의 비호로 무사할 수 있었다.
146) 金宇基, 1995, 앞의 논문, 103~105쪽.
147) 『明宗實錄』卷29, 18年 9月 庚寅. 홍섬은 예문관 대제학에 제수되었다.

국왕이 나서서 개혁하지 않으면 급기야 문란에 빠지게 되고야 마는 현실 정국의 실체는 무엇인가. 權臣은 제거되었으나 재상이 인사 때마다 압력을 행사하여 관직의 가격에 따라 인물이 제수되는 풍조가 계속되는 것이었다.[149) 그 풍조는 재상과 수령 사이의 구조적 인사 부조리가 수령을 통해 획득되는 경제적인 富와 관련되어 있었으므로 광범하게 이루어지고 있었다.

당시 海澤 개발이 본격화되면서, 개발 지역이 黃海·平安道로 北上하고 있는 추세였다. 그래서 혜택이 肥沃하다는 것을 알고 있는 재상들은 수령이 임지로 赴任할 때 힘써 부탁하였다. 築堰과 耕墾뿐 아니라, 穀種의 給與와 運穀까지 當該 지방관의 긴밀한 협조 하에 이루어지고 있었다.[150)

명종대 가장 대표적인 權勢家라고 할 수 있는 윤원형은 "海澤을 많이 막고 또 良田을 연해 및 內地의 邑에 차지하여 官家로 하여금 給種케 하고 수령이 監農케 하며, 백성은 모두 耕墾의 奴로 삼아서"[151) 운영하였다. 지방관의 협조 행위, 그 자체가 바로 훈척에게 趨附하는 것이었다. 더욱이 수확하는 과정에 監穫하는 일에 留鄕所를 동원한다든가, 임의로 伴人을 정하여 復戶까지 해 주면서 경작에 동원시킨다든가, 수확량이 부족할 경우 官穀을 채워서 보내고 있었다는 사실이 주목된다.[152)

명종 11년(1556)에 이미 職田制마저 폐지되었으나, 농업생산력의

148)『明宗實錄』卷30, 19年 2月 癸丑.

149) 同上. 예컨대 가장 대표적 인물인 윤원형은 郡邑과 鎭堡에 節鉞을 받은 자 및 兵符를 차고 출입하는 자를 모두 진출시켰을 정도로 청탁인사의 핵심이었다(『明宗實錄』卷31, 20年 8月 戊寅).

150)『明宗實錄』卷16, 9年 5月 庚戌 ;『明宗實錄』卷25, 14年 2月 辛亥 ;『明宗實錄』卷31, 20年 8月 丁卯.

151)『明宗實錄』卷31, 20年 8月 丁卯.

152)『明宗實錄』卷16, 9年 5月 庚戌. 이와 같은 내용에 대해서는 李泰鎭, 1986, 「16세기 沿海地域의 堰田 開發」,『韓國社會史硏究』가 참고된다.

발전으로 地方 場市가 전국적으로 설치되고 그러한 상업적 기반을 토대로 국가 收取體制에 편승한 防納行爲 등과 같은 경제적 변동이 광범하게 전개되고 있었다.

그래서 특히 이 시기에 外戚과 權門勢家의 자제들은 수탈을 위해 外職을 選好하였던 것이다. 그들은 富裕한 군현의 수령으로 제수되었고, 수탈을 자행하였으므로 백성들은 피폐하고 군현들은 衰殘해졌다. 권세가의 비호 때문에 감사도 考課에 의한 黜陟을 제대로 할 수가 없었다.153)

중앙과 연결되어 있는 훈척의 자제나 친인척들은 불법적 이익 실현이 가능한 지방에서 계속적인 이익을 확보하려고 하였다. 그 방법은 民의 上言이라는 형식을 빌어 仍任되거나 加資를 받는 것이었다. 가령, 全州府尹 沈鉊이 姜雲의 상언으로, 중전의 외숙 李楫(이량의 형)은 載寧郡守 시에 많은 善政이 있었다는 것으로 1등급을 加資받고 각각 仍任되었다. 이집의 동생인 李楗 역시 治績이 있었다는 것으로 遞職되지 않도록 하였다.154) 또한 沈連源의 외손인 李韶가 恩津현감 시에 큰 善政을 베풀었다는 것으로, 문정왕후의 姻戚인 南畢星이 流民들을 모이게 하였다는 것으로 각각 잉임과 유임을 청하기도 하였다.155)

인사를 매개로 권력형 경제 부조리가 확산되는 폐단을 인식하고 있는 명종이 請託 人事 排除 명령을 내렸다. 그럼에도 이조판서는 여전히 권세가의 청탁을 따라 추천하고 있었다. 이량 제거 후의 이조판서는 權轍·宋麒壽·吳謙 등이었다. 그런데 송기수는 大小 인사가 있을 때마다 반드시 윤원형·심통원에게 품의한 뒤에 시행하였고, 오겸은 많은 士類를 모함하였음에도 顯秩을 보전할 정도로 時議를 잘 알

---

153) 『明宗實錄』卷30, 19年 7月 丁卯.
154) 『明宗實錄』卷28, 17年 4月 乙丑 ; 『明宗實錄』卷26, 15年 4月 戊午 ; 『明宗實錄』卷29, 18年 4月 庚戌.
155) 『明宗實錄』卷28, 17年 8月 庚申 ; 『明宗實錄』卷29, 18年 6月 己未·庚申.

고 따랐는데 명종의 인사 교지를 받들지 않고 청탁 인사를 행하여 추고를 당하였다.156) 윤원형이 축출된 뒤의 이조판서는 閔箕・朴永俊이었다.157) 특히 박영준은 뇌물을 많이 받아 공론의 배척을 받았다. 여전히 오랜 청탁 인사 관행을 따르는 전조의 행태와 즉위한 이래 細細한 사안에 직접 간여하는 형태로 국정을 운영한 명종이 萬事를 느슨하게 만들고 그로 인해 권위를 잃었기 때문에,158) 그 명령이 아래에서 시행되지 않고 있었던 것이다. 寵臣이나 權臣이 제거되었다고 해서 국왕의 권위 자체가 회복되는 것은 아니었다.

새로운 정치세력으로 등장한 사림은 당시 국정 이완과 문란을 改革할 근본적인 추동력을 왕권에서 찾고 있었다. 그것은 "王權이 大公至正하면 조정과 기강은 저절로 바로 잡힐 수 있다"라는 李栗谷의 왕권론159)과 궤를 같이하는 것이기도 했다. 그러나 '대공지정'한 왕권에 의한 정상적이고 효율적인 정치개혁을 이루기에는 몇 가지의 걸림돌이 있었다.

먼저 정상적인 국정 운영을 위해서는 經筵의 활성화가 필요하였다. 친정기에도 경연의 기능은 회복되지 못한 상태였다. 더구나 명종 16년

---

156) 『明宗實錄』 卷31, 20年 2月 庚午 ;『明宗實錄』 卷31, 20年 2月 丁酉・12월 辛卯.

157) 『明宗實錄』 卷32, 21年 正月 庚戌 ;『明宗實錄』 卷34, 22年 正月 庚申.

158) "史臣曰……人君之道 唯在任賢去邪而已 固不敢過爲叢脞 而使萬事至於墜弛 今之時則異於是 自公卿大夫 以至於參外之官 無有任其職者 瑣屑之科條 悉稟睿裁 絲毫之罪 併取上斷 雖六官之長 亦不敢有所剖決 積弊成痼 流風洽習 紀綱日以紊 風俗日以壞 上下之際 下無敢言 故摘奸之命 紛然屢下 欲矯其弊 而反益其弊也 摘奸之後 推考之命 遍及於下流之冗賤 而主者更無所懲 嗚呼 此所以威益玩而命益亂也"(『明宗實錄』 卷28, 17年 5月 己酉).

159) "紀綱者 國家之命脈也 紀綱整則重事自理 紀綱紊則百度皆廢 紀綱之整 不在怯之以威 驅之以法也 在於擧措得宜 賞罰必信而已 夫使賢者在位 而不肖者不敢進 能者在職 而不才者不敢干 賞當其功 罰當其罪 大臣秉勻 足以服衆 臺諫補闕 足以盡言 而人君以大公至正之道 照臨于上 則紀綱自整 而朝廷可肅也"(『栗谷全書』 卷3, 玉堂陳時弊疏).

160

(1561) 영경연사 윤원형이 신료들이 반대하지 못하는 가운데 舊受(전날 읽은 부분 : 인용자 주)를 복습하는 것마저 폐하면서,160) 경연은 더욱 유명무실해졌다. 예컨대 이량이 제거된 후 몇 달 만에 열린 경연에서도 경연관 모두가 국정 懸案에 대해 한마디 언급 없이 그대로 罷하는 정도였다.161) 경연의 활성화를 통한 국왕 중심의 정치개혁은 사실상 難望한 상태였던 것이다.

명종 또한 정치개혁을 주장하는 사림계에 비중을 두기보다는, 자신의 약화된 왕권을 강화하기 위해 오히려 이량계인 李重慶을 再敍用하거나 이량을 재소환해 들이려는 의중을 가지고 있었다.162) 앞서 명종이 홍문관의 이량 처벌 발의를 받아들이기는 하였으되, 이량을 완전히 제거하려는 것은 아니었기 때문이다.163)

그 무렵 이량의 餘黨인 尹百源이 餘黨의 처벌 확대를 막으려고 하는가 하면, 조정에서는 심통원이 명종의 뜻에 맞춰 이중경 재서용과 이량 소환 계획을 세우고 있는 중이었다.164) 비록 양사의 비판으로 명종 20년(1565) 정월 그 계획은 철회되었고, 그 일파에 대한 처벌은 가중되었지만,165) 명종은 정치세력 교체와 정치상황 변화에 따라 확고

---

160) "政院以領經筵意啓 經筵規式 漸次降殺 當初音釋各二遍 又後除釋一遍 只音一遍矣 伏念自上 旣讀舊受一遍 又讀新受一遍 以致日晚久勞 聖體深爲未安 請自今朝書夕夜講 除讀舊受 秖讀新受何如 傳曰 啓意似當 如啓"(『明宗實錄』卷28, 16年 2月 丙申).
161) "史臣曰 自前年九月之後 不御經筵 今日始開 而國家新經奸臣誤國之禍 東宮永陟之變 則經筵入侍 豈無一事之可言 而皆含默而退……(李)文馨以宰相之人 亦無一言之及 徒爲保全之計 吁可惜哉"(『明宗實錄』卷30, 19年 2月 壬子).
162) 『明宗實錄』卷31, 20年 正月 癸卯.
163) "史臣曰……故當初竄逐之時 留難不斷 久而得請者 豈但椒親之故 實由上無甚厭惡之心故也 被竄未幾 命叙其黨李重慶者 欲驗物議之如何爾 此正國家安危存亡之幾"(『明宗實錄』卷31, 20年 正月 丙辰).
164) 『明宗實錄』卷31, 20年 正月 辛亥 ; 『明宗實錄』卷31, 20年 正月 壬子.
165) 『明宗實錄』卷31, 20年 正月 乙巳.

한 개혁 의지를 가지고 국정을 운영하려는 입장이 아니었던 것이다.

심씨 일문의 존재도 개혁 작업의 변수였다. 심씨 외척은 윤원형·이량에 비해 조심하는 태도를 취하였다.166) 그러나 이량이 제거된 정국에서 가장 강하게 영향력을 미칠 수 있는 위치임은 부인할 수 없는 사실이었다. 심강은 명종 15년(1560) 別試의 책제 문제로 이량에 의해 死地에 몰릴 뻔한 洪暹을 구하였고,167) 동 16년 임백령의 諡號 문제로 위기에 처한 박근원·박순을 파직하는 선에서 그치도록 영향력을 행사하기도 했다. 특히 沈義謙은 친사림적 인물로 이량과 그 일파의 축출에 결정적인 역할을 하였다.168) 명종의 後嗣인 順懷世子가 죽은 후,169) 당시 중대한 국가 懸案인 儲副 세우는 문제를 부제학 李陽元 등이 그에게 타진할 정도였다.170)

한편 우의정 심통원도 名望있는 좌의정 李浚慶을 "小人이 거짓으로 慈殿의 명이라 속이고 말을 전한 일에 제대로 대처하지 못하였다"라는 것을 빌미로, 대사간 朴瑛俊과 양사를 동원하여 체직시켰다.171) 이 사건의 결과 의정부는 영의정 윤원형, 좌의정 심통원, 우의정 李蓂 체제로 바뀌었다.172) 심통원 역시 상당한 권력을 유지하고 있었던 것이다. 결국 여러 정치적인 여건으로 개혁은 부분적이고 완만하게 추진될 수밖에 없었다.

---

166)『明宗實錄』卷31, 20年 8月 辛巳.
167)『明宗實錄』卷29, 18年 10月 己酉.
168)『明宗實錄』卷32, 21年 4月 己卯.
169)『明宗實錄』卷29, 18年 9月 乙未.
170)『明宗實錄』卷33, 21年 11月 壬申.
171)『明宗實錄』卷30, 19年 4月 壬午;『明宗實錄』卷30, 19年 4月 乙酉.
172)『明宗實錄』卷30, 19年 4月 戊子.

3. 明宗 末(명종 20년 5월~22년 6월)의
王權과 政局動向

이량·윤원형 등이 축출된 후 사림으로 정치세력이 재편되었다. 沈氏 一門도 정치적 비중을 더하고 있었다. 명종은 "政令은 의당 위에서 나와야 하니 모든 일은 내가 재량하여 처리하는 데 달렸다"[173]라고 하여 의연 자신이 정국 운영의 주재자이며 책임자임을 분명히 하였다. 그에 따라 새로운 정치 질서의 수립을 요구하는 언관의 대 국왕 공세가 강화되고 있었다.[174]

명종이 잘못된 政事를 革新하여 이전의 폐단을 씻고 至治를 이룩하려는 뜻이 없는 것은 아니었다. 그러나 훈척정치에 대해 완전히 자유로울 수 있는 입장은 아닌 만큼 적극적이고 전면적으로 반전된 입장을 취하기 쉽지 않았다.[175] 그래서 국정 운영 방향에 대한 확실한 입장 표명을 하지 못하였다.

그럼에도 다른 한편으로 왕권을 극도로 제한하고 정치를 파행으로 치닫게 한 을사사화에 대한 명종의 인식은, "사화 관련 피해자 명단을 抄啓하라"[176]고 할 정도로 달라져 있었다. 그러한 기류의 변화 속에서 禁府는 정미년(명종 2, 1547) '양재역 벽서 사건'의 피화자 문제 및 기유년(명종 4, 1549)의 『乙巳定難記』 사건으로 極邊安置된 李元祿·柳堪 등이 李芑·尹元衡이나 兩司의 논계에 의해 일방적으로 처벌된 부당성 등을 제기하였다.[177]

---

173) 『明宗實錄』 卷32, 21年 5月 壬寅.
174) 『明宗實錄』 卷31, 21年 10月 癸酉 ; 『明宗實錄』 卷32, 21年 5月 壬寅.
175) "數十年根據奸兇 幾已蕩滌 朝廷士大夫 始得稍安 登賢洗冤 有足多者 但上意未能快回 稍有遲疑之慮 (弘文館副提學 尹毅中等)此疏 所以贊助美擧 而堅勉將來也"(『明宗實錄』 卷32, 21年 正月 己亥).
176) 『明宗實錄』 卷31, 20年 10月 己巳.
177) 『明宗實錄』 卷31, 20年 11月 戊午.

을사사화의 공에 참여해 특혜를 누린 자들이 정치적 변신을 꾀할
정도로 정치 지형은 변하고 있었다. 위사 3등공신인 大護君 鄭礥(위
사 1등공신 정순붕의 아들 : 인용자 주)은 심지어 명종이 私私로이 宗
社와 臣民의 원수인 外戚에게 자주 政權을 나누어 주었다는 권력 讓
移의 측면과 대간의 윤원형 귀양 논의를 '너무 가벼운 처벌'이라고 각
각 비판하면서, 공론에 타협하려는 입장의 변화를 보였다.178) 또한 桂
林君 瑠와 鳳城君 岏을 무고하였던 金明胤도 禁府의 명단에 들어 있
는 죄인들의 罪目의 輕重을 구별·伸雪해 줄 것을 요청하였던 것이
다.179)

그런데 명종은 을사 피화인의 伸雪을 내비침과 동시에 邊方 紛亂
의 조짐을 핑계로 이량 등을 內地로 옮기도록 하였다. 사림측에서 바
라는 조치를 내걸면서 내심 고심하면서도 선뜻 드러내 놓을 수 없는
문제인 이량을 가까운 곳으로 불러들이려 한 것이다. 그러나 양사의
반대로 이량을 移動시키는 계획이 철회된 반면,180) 을사 피화인의 방
환은 이루어졌다.181) 이는 과거 정치의 청산이라는 측면에서 뿐 아니
라, 명종 21년(1566) 6월에 李恒·成運·韓脩·南彦經·林薰·金範
등의 遺逸을 6품직에 제수하여 사림들을 조정에 배치하려는 것182)과

---

178) 『明宗實錄』 卷31, 20年 8月 辛巳 ;『明宗實錄』 卷29, 18年 10月 壬辰.
179) 기록된 죄인은 盧守愼·丁煌·柳希春·金鸞祥·李天啓·韓澍·李震·尹
    剛元·李爛·金忠甲·白仁傑·黃博·李堪·閔起文·權勿·宋希奎·柳堪
    ·李元祿 등이다(『明宗實錄』 卷31, 20年 11月 辛亥).
180) 『明宗實錄』 卷31, 20年 11月 癸亥 ;『明宗實錄』 卷31, 20年 12月 甲子.
181) 명종 20년(1565)에 방환되는 사림들의 명단과 내용은 다음과 같다. 盧守愼·
    金鸞祥·柳希春은 中道量移, 韓澍·李震·尹剛元은 近道量移, 柳堪·李元
    錄은 放送, 白仁傑·李湛·閔起文·黃博·尹忠元·宋希奎는 職牒還給되
    었다(『明宗實錄』 卷31, 20年 12月 乙丑). 그리고 이들의 대부분은 선조 초년
    에 재등용되고 있다.
182) 『明宗實錄』 卷33, 21年 6月 庚辰 ;『明宗實錄』 卷33, 21年 7月 戊申. '遺逸'
    은 중종대 趙光祖가 중심이 되어 鄕村의 '遺逸을 擢用한다'는 명분 하에 추
    진한 賢良科와 관련되어 있다. 현량과는 조광조가 중종 13년(1518) 2월 최초

164

아울러 사림세력이 정계에 본격적으로 재등장할 수 있는 발판을 마련
하였다는 점에서 그 정치적 의미가 작지 않다.

또한 各司에 定屬되거나 공신에게 賜給된 윤임의 자손들을 免賤시
키고 남아있는 피화인 金忠甲·韓灝의 門外出送을 풀고 李爛은 中道
付處하는 등183)의 최종적인 조치도 취하였다. 정국 분위기가 변하자
스스로 사직하였던 좌의정 심통원도 명종에 의해 藥房提調로 임명되
어 復用의 기회를 엿보고 있었다.184)

한편 명종 最末期 조정의 가장 시급하고도 중대한 사안은 사망한
順懷世子를 대신할 세자를 정하는 일이었다. 명종의 병세가 위급하였
을 때인 20년(1565)에 중전인 仁順王后 심씨가 중종의 庶子 德興君의
셋째 아들 河城君 鈞을 입시시켜 侍藥하도록 한 적이 있었다. 그러나
쾌차한 명종은 이 문제를 거론하는 것 자체를 회피하였다.185) 반면 중
차대한 이 문제를 조속히 결정해야 한다는 신료들의 상소는 계속되었
다. 조정의 만류로 留任되기는 하였으나, 이 문제를 거론한 이준경의
사직청원을 단번에 허락할 정도로186) 後嗣 거론 불가에 대한 명종의
입장은 단호한 것이었다.

後嗣가 결정되지 않은 상태에서 명종이 22년(1567)에 사망하자, 영
의정 이준경이 仁順王后의 명을 받들어 하성군을 입시하도록 주선하
였다.187) 이 문제에 있어서 하성군을 직접 지목한 인순왕후 심씨와 儲

로 발의하였고, 동 14년(1519) 4월 처음으로 현량과가 실시되었다. 120명의
천거자 가운데 28명이 합격하였다. 그런데 현량과가 실시되기 직전 경상도
관찰사인 金安國이 경상도 유생 34인을 '遺逸'로 추천하였고, 그 가운데 金
顒·都衡·金大有 등이 현량과에 及第하였다(李秉杰, 1984, 『朝鮮前期 畿
湖士林派硏究』, 一潮閣, 148쪽 및 부록 「賢良科 硏究」 참조). 이것으로 미
루어 볼 때, 유일을 사림계통으로 이해하는 것은 무리가 없다고 하겠다.
183)『明宗實錄』卷34, 22年 3月 甲子 ;『明宗實錄』卷34, 22年 6月 乙未.
184)『明宗實錄』卷31, 20年 12月 甲申 ;『明宗實錄』卷33, 21年 8月 乙亥.
185)『明宗實錄』卷31, 20年 9月 己酉 ;『明宗實錄』卷31, 20年 10月 癸酉.
186)『明宗實錄』卷32, 21年 윤10月 壬寅 ;『明宗實錄』卷34, 22年 5月 乙亥.

副 문제에 자문 역할을 하였던 沈義謙 등의 영향력은 가히 절대적인
것이라 할 수 있다.

심씨 일문 중 특히 빠른 승진을 거듭하는 심의겸의 정치적 거취가
주목받고 있었던 것은 바로 그러한 이유 때문이었다. 그는 인품에 대
해서는 긍정적인 평가를 받고 있었으나, 品階와 次序를 뛰어 넘는 官
職 진출에 대해서는 상당히 부정적인 평가를 면치 못하고 있었다.[188]
정치적 입장이 강화되어 있는 만큼 그도 이미 친사림 인사로서보다는
사류들의 경계 대상 인물로 부각되었고, 그래서 심의겸의 또 다른 발
호를 사류들이 경계하고 있었던 것이다.

河城君이 宣祖로 즉위하면서 인순왕후·심의겸을 중심으로 하는
심씨 일문과 이준경을 중심으로 하는 사림들의 영향력은 당연히 증대
될 것이었다. 그래서 선조대에는 훈척의 權奸的 정국 운영에 저항하
면서 꾸준히 자기 성장을 계속한 사림과 을사사화에 연루되었다가 방

---

187) 『明宗實錄』 卷34, 22年 6月 辛亥.

188) 外戚으로서의 인품은 인정하면서도 명종 17년 과거 급제 후, 만 4년 만에 당
상 반열에 올랐는데도 인혐하지 않고, 문전에 출입하는 많은 자들을 물리치
지 않은 것을 집중적으로 거론·비판하였다(『明宗實錄』 卷32, 21年 正月 癸
丑 ; 『明宗實錄』 卷33, 21年 閏 10月 丙申).
한편 율곡은 선조 12년(己卯, 1579) 東西分黨에 대해 논하면서 심의겸, 왕권
과 외척과의 관계를 다음과 같이 설명하였다. "又念 國家自韓明澮以來 外
戚多執權柄 蠹國病民 爲世大患 甚者至於魚肉士林 故外戚二字 士類視之
有同豺虎鬼魅 蠻頒相對者 有年數矣 如義謙者 別無罪惡 而一遭指玷 年少
士類 望風排擯 猶恐不及者 豈盡希旨附會者乎 良由名爲外戚 故不復舒究
而一槩非之矣 由是觀之 則雖洗滌東西 悉加器使 而略義謙則只當保其爵祿
不可更居要地也 因此垂訓後世 使之永勿授 外戚以權柄 則亦聖明裕後之一
道也"(『栗谷全書』 卷7, 辭大司諫陳洗滌東西疏). 즉, 韓明澮로부터 發身한
외척이 사림과 對蹠인 관계를 유지하였고, 심의겸에 이르러서는 外戚이기
때문에 實狀과 다르게 배척을 당하고 있는데 東西 分黨 사태가 잘 해결되어
참된 인재를 등용하더라도 요컨대, 심의겸과 같은 외척에게는 爵祿은 주되
要職에는 앉히지 말아서 절대 權柄을 주지 않는다는 것을 법칙으로 삼도록
하고 있다.

환된 사림, 그리고 명종 친정기 이후 정치적 영향력을 강화해 온 심씨
일문 등이 국왕을 중심으로 권력구조·통치구조·정국 운영 방식 등
을 개편해 나가게 된다.

4. 親政期 言論의 機能과 限界

친정기의 언론도 권력관계에 좌우되는 양상을 벗어나지 못하였다.
국왕의 권위를 손상시키지 않는 범위 내에서 언관의 활동을 용인하고,
귀척·불교 등에 대해 지적하여 편파적·제한적인 입장을 취한 수렴
청정기 명종의 언론에 대한 입장은 친정기에도 계속되고 있었다.

丹城현감으로 제수된 曹植이 명종 10년(1555) 11월에 올린 상소를
살펴본다.

> 전하의 國事는 이미 잘못되고 나라의 근본이 망하여 天意가 이미
> 떠나갔고 인심도 이미 떠났습니다.……慈殿께서는 생각이 깊으시지
> 만 깊숙한 궁중의 한 과부에 지나지 않으시고, 전하께서는 어리시어
> 단지 先王의 한낱 외로운 後嗣에 지나지 않습니다(『明宗實錄』卷19,
> 10年 11月 庚戌).

즉 조식은 친정 초반의 정치 상황을 천의와 민심이 떠난 최악의 상
태로 비판하였다. 그런 조정에서는 결코 관직을 맡지 않을 것임을 분
명히 하면서, 명종이 德化를 王道의 경지에 이르게 하였을 때 말석이
나마 신하의 직분을 다할 것이라는 내용을 더하였다. 이에 대해 "君臣
의 義理를 모르고, 자전에게 공손하지 못하였다"라고 분노한 명종이
조식의 改差를 명령하였다. 그 후, 언로가 더욱 閉塞되었을 것임은 다
시 말할 필요가 없다.

앞서 살펴본 대신 尹漑를 축출하기 위해 명종이 金啓와 관련시켜

'巧言하였다'고 질책한 것을 두고 정원이 "言路와 大臣을 예우하는 데서 벗어나는 것"이라고 하자, "내가 말 한마디만 하면 言路에 방해가 된다고 아뢰니, 임금의 입을 막아버릴 조짐이 이로부터 시작될 것이다"라고 격하게 반응하였다.[189] 그러면서 "言路는 士氣를 배양하는 일이 비록 중요하기는 하나, 신하된 사람이 임금을 공경하는 도리도 생각해야 한다"[190]라고 주문하였다. 요컨대, 국왕의 권위를 존중하는 범위 내에서의 언론의 필요성이나 활동을 재삼 강조하였던 것이다.

비단 명종만 언론을 제한하고 강박한 것이 아니라, 일정 시기까지 언론을 장악하고 있던 윤원형도 자신의 정치적 이해와 일치되는 방향으로 언론을 조정하였다. 그런 상황인 만큼 대간은 화를 두려워하여 감히 말도 꺼내지 못하고, 가차없는 말로 책임만 메우려고 하거나, 윤원형의 뜻에 아부하거나 지시하는 대로 따라 그의 聲勢를 돕는 등 국왕이나 훈척에 철저하게 동조하는 행태를 보였다.[191]

더구나 친정기 후반의 새로운 정치 實勢로 부상한 이량은 관작을 賣買하고는 대간을 불러 "탄핵하지 말도록 주의를 주기"까지 하면서, 중종대 金安老가 擅權할 때보다도 좀더 간사하고 교활한 방법으로 공론을 봉쇄·劫制하고 있었다.[192] 이량이 자파세력으로 조정과 언론 삼사를 채우고 국정을 獨斷하는 상황에서 언론은 '노비처럼 屈從'하

---

189) 『明宗實錄』 卷24, 13年 10月 己酉. 명종이 윤개와 김계를 질책한 내용은 본서 93쪽 참조.

190) 『明宗實錄』 卷24, 13年 10月 庚戌. 이에 대해 간원이 김계의 체직을 요청하고, 양사는 윤개를 탄핵하는 것으로 각각 임금에게 영합·순종하고 있었다 (『明宗實錄』 卷24, 13年 10月 戊申).

191) 『明宗實錄』 卷23, 12年 6月 辛卯 ; 『明宗實錄』 卷23, 12年 12月 己亥.

192) "史臣曰 金安老之當國也 雖賄以爵人 其人爲守令 爲百執事 或被臺諫論劾 亦未嘗以此反中言事之人 故雖其凶燄方張之時 公論稍得行焉 近日之權奸 如李樑輩則不然 官以賂成 又招乎臺諫 戒以勿駁 箝制公論 以此雖至無狀 之人 一結權臣 終始祿位 豈不痛心矣乎 抑其威權 此盛於被而然歟 抑小人 專擅之謀 無所不至而然歟"(『明宗實錄』 卷26, 15年 10月 丙申).

거나, '上典처럼 섬기며' 충실히 받드는 방향으로 움직이는 형세였다.[193] 언론 활동이 더욱 위축·굴절되고 있었던 것이다.

이량의 축출과 윤원형의 실각으로 朴素立·尹斗壽·奇大升·尹根壽·許曄·李文馨이 재서용되고 명종 17년 이미 활동하고 있던 박근원·박순, 고경허·양응정·윤주[194] 및 李珥 등 사림세력이 정국 전면에 재등장하면서, 언관의 언론은 새로운 轉機를 맞고 있었다. 그들은 훈척정치의 잔재 청산과 새 정치질서 수립의 필요성을 주장하면서, 먼저 힘쓸 바 12조목을 제시하였다. 그 내용은 義理를 밝힐 것, 邪正의 도를 삼가할 것, 벼슬길을 깨끗이 할 것, 貪慾의 풍조를 억제할 것, 內治를 정비할 것, 名分을 바르게 할 것, 수령을 잘 선택할 것, 장수를 잘 뽑을 것, 백성의 원한을 풀어줄 것, 사치를 금할 것, 直言을 받아들일 것, 權限과 紀綱을 總攬할 것 등이었다.[195]

사헌부가 몰락한 윤원형이 私占한 노비·家舍·토지 등을 訴狀에 따라 사건을 맡은 관아에서 처리하게 할 것과 여러 군현에서 濫占한 私伴人을 刷出해서 軍保의 闕額에 충당하도록 할 것을 계청한 것[196]도 훈척정치의 잔재를 청산하기 위한 구체적 방안의 하나였다.

특별한 사유가 아니면 임의로 고쳐 받을 수 없는 功臣의 丘史를 改數하여 濫占한 위사 2등공신인 淸原府院君 韓景祿과 위사 3등공신 寶城君 萬年도 사간원의 탄핵으로 治罪되었다.[197] 또한 關西 지방 船運을 금지시킨다거나, 명종대 가장 큰 양대 폐단으로 지목된 내수사 인신과 兩宗의 혁파를 선도하였으며, 海澤 折受를 금지한 것[198] 등도

---

193) 『明宗實錄』 卷29, 18年 8月 乙丑 ; 『明宗實錄』 卷29, 18年 8月 丙寅.
194) 『明宗實錄』 卷28, 17年 2月 戊午 ; 『明宗實錄』 卷28, 17年 9月 丁酉.
195) 『明宗實錄』 卷31, 20年 10月 癸酉.
196) 『明宗實錄』 卷31, 20年 9月 丁酉. 그 외에도 윤원형에게 재산을 빼앗겼던 백성들에 의해 소송이 제기되자 剛明한 관리를 정하여 列邑을 巡問하고 사실을 조사하여 本主에게 돌려주도록 하는 조치도 취하였다.
197) 『明宗實錄』 卷33, 21年 6月 丁丑.
198) 『明宗實錄』 卷31, 20年 12月 癸未 ; 『明宗實錄』 卷32, 21年 4月 庚辰·辛巳

당시 언론의 긍정적인 활동의 결과물이었다.

그 뿐만이 아니었다. 명종대 전 기간 동안 그 폐해가 尤甚했던 청탁 인사의 폐단을 신랄하게 지적하여 해당 관리가 추고되는가 하면,[199) 을사 피화인의 放還이나 이량 세력의 재진출을 막는 등 정치세력의 進退에도 적극적으로 개입하여 정국 분위기 쇄신도 주도하였다. 그러 한 언관 언론의 지향점은 바로 왕이 正心을 확립하여 어진 이를 등용 하고 백성을 편안하게 하는 것으로 귀결되고 있었다.[200)

그렇다고 언론 활동이 국정 전 분야에 걸쳐 행해지고 있는 것은 아 니었다. 권세가 있는 자, 특히 沈氏 一門에게는 미치지 못하였다. 예 컨대 沈通源과 沈鎬의 매관매직에 대해 비판하지 못한다거나, 대사헌 朴淳 등이 果川현감 庚容에게 부탁하여 宣陵의 守墓人을 伴倘으로 취한 沈銓을 그냥 두고 유용만을 罷職하도록 청한 것, 그리고 하급 동 료가 貪虐한 한성부 판윤 任說(심강의 사돈 : 인용자 주)을 論駁하도 록 요청했으나, 沈家에 견제된 대사헌 박순이 무시하였다는 것[201) 등 이 당시 공론의 제한적인 일면을 잘 보여주고 있다. 또한 심씨 일문이 존재하는 상태에서 개혁 기간도 짧았으므로, 가령 인종의 '文昭殿 祔 廟' 문제라든가 '乙巳削勳' 같은 문제는 선조대에 가서야 본격적으로 논의되기 시작하는 것이다.

이 시기 언론의 활동은 제한적이었다. 그렇더라도 짧은 기간 동안 언관이 훈척정치 폐습의 개혁을 선도한 것은 끊임없이 성장하는 사림 의 추세를 반영하는 것인 동시에 사림이 등장한 이후 정착되었다가 사화를 겪으면서 국왕 또는 훈척에게 겁제되어 위축·왜곡된 공론정 치의 부활을 알리는 신호탄이었다. 명종 말기에 회복되기 시작한 언론

; 『明宗實錄』 卷33, 21年 6月 丁卯.

199) 『明宗實錄』 卷31, 20年 11月 庚子 ; 『明宗實錄』 卷31, 20年 12月 辛卯.

200) 『明宗實錄』 卷32, 21年 5月 壬寅.

201) 『明宗實錄』 卷31, 20年 8月 辛巳 ; 『明宗實錄』 卷33, 21年 9月 丙辰·10月 庚申 ; 『明宗實錄』 卷34, 22年 5月 己未.

의 역사적 의미는 명종대 전 기간을 통해 국왕·훈척에 대항한 낭관과 함께 다음 宣祖代에 정치적 비중이 더욱 커지고 있다는 점에서 찾을 수 있다.

Ⅳ. 王室의 內需司 運用

1. 明宗代 以前의 내수사 性格과 그 運用

　조선왕조에서 국왕은 국가 首長으로서의 公的 지위와 왕실 家長으로서의 私的 성격을 다 갖추는 양면성을 지녔다. 따라서 중세 국가에서의 王權은 二重으로 현현될 수 있는 소지가 있는 것이었지만, 성리학의 名分論은 왕권의 제사권·인사권·군사권·재정권 등의 행사와 같은 公的 속성의 발현만을 긍정하고 있는 터였다.[1] 그러나 현실에서 왕권은 그 자체가 最高·最大 權府로서 왕실의 자체 영역을 확보하고 있었다. 그러면서 끊임없이 그것을 확대시키려는 경향을 갖고 있었는데, 특히 경제적 측면에서 이 같은 현상은 두드러졌다. 왕실의 자체 영역에 관련된 업무를 관장하는 기관이 內需司이다.[2]

　내수사는 원래 太祖·太宗의 潛邸였던 本宮(王位에 오르기 전의 居所 : 인용자 주)에 그 기원을 두고 있다. 세종 5년(1422)에 왕실 私藏庫로서 권위의 상징인 印信을 造給받아 內需所라는 명칭으로 출발

1) 그러한 인식은 가령 "夫王者之富 藏於國 不宜有私 王者而有私名 豈非可恥之甚乎"(『中宗實錄』卷3, 2年 7月 丁未)라는 홍문관의 상소에 잘 나타나 있다.

2) 內需司에 관해서는 다음의 논문이 참고된다. 鄭鉉在, 1981,「鮮初 內需司 奴婢考」,『慶北史學』3 ; 池承鍾, 1985,「朝鮮前期 內需司의 性格과 內需司奴婢」,『韓國學報』40 ; 李成茂, 1995,「朝鮮時代 奴婢의 社會的 地位」,『朝鮮兩班社會研究』, 일조각.

하였다.[3] 그러다가 세조가 세조 3년(1457)에 諸司와 동일하게 傳旨를 받은 후에 일을 시행할 것과 승정원이나 承傳 환관을 통해 啓稟할 것을 명하면서,[4] 衙門의 형식을 갖추게 되었다. 동 12년(1466) 정월의 관제 개편에서 內需司로 改稱되었고, 정5品의 衙門으로『經國大典』에 등재되었다.[5] 왕실기관이면서 정식 국가기관으로 공식화된 것이었다.

내수사는 정5품의 아문이었으나, "내수사의 재물이 모두 백성에게서 나오고 있으나, 用度는 국가와 관계가 없다"[6]라는 말처럼 국가재정의 통제를 받는 왕실재정을 관리하였으므로, 왕실 자체기관의 성격이 강하였다. 그것은 아마도 公私 混淆的인 성격을 本有하는 왕권의 성격과 일치하는 기관이기 때문이었을 것이다. 그래서 가령 내수소는 왕실의 收租地 뿐 아니라 고려 말부터 소유해 온 本宮 소속의 私有地에다 점차 더욱 확대된 사유지와 노비도 관장하고 있었다.

내수사로 개칭된 이후에 더 많은 전민을 소유해가고 있었다. 더욱이 지정된 지방기관의 分屬收租地 외의 토지 일반을 보편적인 國家收租地(國用田 : 인용자 주)로 일괄 통합해 국가재정을 一元化한 세종 27년(1445) 國用田制 시행 이후에도, 국가 수조지 2천 結을 내수사 수조지로 移屬시키는 등 왕실의 收租權에 입각한 토지지배는 일반적인 국가의 토지지배 원칙을 초월하는 성격을 지니고 계속되었다.[7] 이는 곧 '王家'로서 초월적 특권을 향유하려는 왕실 및 왕실기관으로서의 내수사 성격을 잘 대변해 주는 것이라 생각된다.

내수사가 왕실기관이었으므로, '왕의 家奴'이고 '手足과 같은 존재'

---

3) 『世宗實錄』 卷19, 5年 正月 己亥.
4) 『世祖實錄』 卷9, 3年 10月 壬辰.
5) 『世祖實錄』 卷38, 12年 正月 戊午 ;『經國大典』 卷1, 吏典 京官.
6) 『中宗實錄』 卷3, 2年 7月 丁未.
7) 金泰永, 1983,「科田法체제에서의 收租權的 土地支配關係의 변천」,『朝鮮前期土地制度史研究』, 지식산업사, 94~120쪽.

인 환관이 書題나 別坐에 임명되어 實務를 담당하였다. 그들은 대개 庶孽의 신분인 賤係로써 충원되고 있었다.[8] 환관들이 내수사를 관장하고 있는 한, 내수사는 왕의 '家內之事'를 담당하고 있는 것이었다.

한편 왕실재정은 각종 進上과 왕실 소유의 토지에서 획득되는 租稅 수입[9] 및 노비 신공 등으로 이루어졌다. 따라서 내수사는 奴婢 身貢과 '土田之入'을 관장하는 한편,[10] 外方 各邑의 本宮 農舍를 관리하였다.

신이 듣건대, 임금은 天下를 집으로 삼고 四海를 궁궐로 삼으니, 천하의 백성은 한 집 사람이며 나의 赤子라고 합니다. 이런 까닭에 옛 임금은 백성과 더불어 利를 다투지 아니하였고, 사사로이 간직해 두지 아니하며 그 宮中에서 쓰는 바는 卿의 祿의 10배이니, 녹이 경의 10배가 되면 사사로이 간직하는 것이 없어도 足합니다. 그런데 지금은 그렇지 아니하여 각 고을에 私第를 세우고 '本宮 農舍'라고 일컬으며, 사사로이 곡식과 布帛을 비축하여 날마다 백성들과 더불어 賣買하여 利益을 취하고, 또 서울 안에는 내수사를 세워 別坐 몇 명과 허다한 書題가 고을을 왕래하면서 誅求함이 끝이 없으며, 漕運해 올려와 많이 쌓아 놓아 썩기까지 합니다. 혹은 이것으로 淫祀를 수축하면서 말하기를, "국가에 관계되는 것이 아니고 本宮에서 사사로이 간직한 것이라"고 하니, 아아 하늘이 낸 재물은 단지 그 數가 있을 뿐이므로 백성에게 있지 아니하면 나라에 있을 것이고, 나라에 있지 아니하면 백성에게 있는 것입니다. 신이 모르기는 하나 내수사의 재물과 곡식은 다만 우리 백성에게서 나온 것이 아닙니까(『成宗實錄』 卷91, 9年 4月 丙午).

8) 『燕山君日記』 卷20, 2年 12月 辛巳 ; 『明宗實錄』 卷24, 13年 5月 辛酉, "宦寺庶孽之官".
9) 金玉根, 1984, 『朝鮮王朝財政史硏究』, 一潮閣, 143~145쪽.
10) "國家設內需司 以管臧獲之貢土田之入"(『成宗實錄』 卷32, 4年 7月 己未).

본궁 농사를 관리하면서 나오는 米穀·布帛을 토대로 한 長利 운영은 내수사의 왕실재정 관련 업무 가운데 가장 중시되었다. 장리를 통해 확보된 왕실재정이 "非關於國廩 乃本宮私藏"이라는 내수사의 주장에 맞서 내수사 장리 운용을 幼學 南孝溫이 비판하고 나선 것이다.

여기의 本宮 農舍인 私弟는 農莊이 없는 상태에서 곡물과 포백을 축적하여 고리대를 운용하는 長利所였다. 내수사 장리는 왕의 私利 추구라는 측면에서 성리학적 명분에 맞지 않는 행위였다. 성리학을 신봉하는 신료들의 반대를 받아 置廢가 반복된 것은 어쩌면 당연한 일이었다. 가령 성종대만 하더라도 성종 3년(1472) 정월에 당시 562개소에 달하고 있는 내수사 長利所 중 325개소가 혁파되었다.11) 그러나 동 13년(1482) 11월에 "자손이 심히 많아 私財가 있어야 한다"라고 하여 성종은 혁파된 325개소의 내수사 장리를 복립하였다. 그런데 그 전에 혁파될 당시 代償으로 내수사에 이속된 軍資田 3천결을 국가에 귀속시키지 않았다.12) 내수사전을 토대로 운용된 장리가 왕실재정의 중요 수입원이었으므로 편입된 내수사전을 그대로 유지하려 했기 때문이었다.

연산군 6년(1500)에도 晉城大君(중종) 出閤시에 곡물 7천석을 分給할 때 내수사 축적으로는 부족하여 國穀으로 충당하려 하였다. 이때 내수사 장리 이자율은 성종대 복립시 연 30%였던 것에서 연 50%로 높아진 상태였다.13) 중종 3년(1508) 경에도 왕실의 내수사 장리운용은 계속되었다.14)

내수사 장리는 왕실재정의 부족과 왕자 職田의 쇠퇴·소멸로 왕실재정의 확보가 절실한 상황과 맞물려,15) 典守奴들이 장리를 납부하지

---

11) 『成宗實錄』卷14, 3年 正月 癸亥.
12) 『成宗實錄』卷148, 13年 11月 丙申.
13) 『燕山君日記』卷36, 6年 2月 辛卯 ; 『燕山君日記』卷39, 6年 10月 丙戌.
14) 『中宗實錄』卷7, 3年 10月 丁丑.

못할 경우 隣徵·族徵하면서 牛馬·田地를 抑賣하거나, 장리 문건을 僞造하여 督納하는 등 많은 폐단을 수반하며 강행되고 있었다.16) 그러다가 己卯士林이 개혁 활동을 적극적으로 전개하는 기간인 중종 11년(1516) 6월 큰 폐단으로 지목된 내수사 장리와 忌晨齋가 동시에 혁파되었다.17)

내수사 장리를 혁파하였다는 것은 만백성의 부모라는 국왕의 명분에는 맞는 행위였다. 그러나 왕실재정의 주요 수입원이 사라졌다는 점은 문제가 아닐 수 없었다. 內資寺·內贍寺 등 공적인 국가재정에서 공급되는 품목 외에 宮中의 私需인 대왕대비·대비를 위한 진상이나, 사찰의 建立·重修 또는 施納 등과 왕자와 공주·옹주 등의 혼례 비용 및 賜給18) 등에 사용될 內用이 부족하게 되었기 때문이다.

자연 내수사 財源을 마련해야 하는 일이 왕실의 시급한 현안이 되었다. 중종은 부족한 內用을 보충하기 위해 곧바로 內願堂을 포함하여 팔도 寺刹 田地를 내수사에 이속시키는 조치를 취하였다.19) 이 내원당이나 寺社田地는 중종이 즉위 직후에 연산군 11년(1505)에 전면 혁파된 寺社田 중, 水陸社·陵寢寺·內願堂 등의 수조지를 還給하였다가, 중종 12년(1517)에 사원전을 屬公시킬 때 제외된 내원당과 사찰의 田地였다. 그 전지를 내수사로 하여금 관장토록 한 것이다.20)

---

15) 宋洙煥, 1991,『朝鮮前期王室財政硏究』, 고려대학교 박사학위논문, 81~90쪽.
16)『成宗實錄』卷8, 元年 10月 甲寅 ;『成宗實錄』卷210, 18年 12月 壬辰.
17) "命罷內需司長利及忌晨齋"(『中宗實錄』卷25, 11年 6月 壬子).
18)『中宗實錄』卷64, 23年 11月 丁巳 ;『明宗實錄』卷22, 12年 正月 甲子 ;『中宗實錄』卷28, 12年 6月 丙申 ;『中宗實錄』卷55, 20年 8月 乙未.
19) "史臣曰 此後內用告乏 卽命搜括八道寺利田地 移屬內需司 年年分遣委差 收所出輸入官倉 以備內間諸供"(『中宗實錄』卷25, 11年 6月 壬子).
20)『燕山君日記』卷60, 11年 12月 乙巳 ;『中宗實錄』卷1, 元年 10月 庚午 ;『明宗實錄』卷33, 21年 7月 癸卯, "丁丑(중종 12 ; 1517)……傳曰 陵寢寺刹外內願堂諸寺奴婢田地及收稅田 幷推刷屬公 內需司奴婢 仍屬內需司".

176

중종대 내원당이나 사찰 전지 또한 한정되어 있을 터였으므로 왕실
재정은 턱없이 부족하였다. 내수사 장리 혁파 이후 왕자녀의 出閤 時
에 내수사에서 長利穀을 분급하지 못하였던 것에서 그 같은 상황이
포착된다. 중종은 戶曹에 田地 割給을 요청하였고, 호조가 公田을 割
給해 왔다. 그런데 公田은 有限하고 王子女는 그 수가 많으므로 공전
을 계속해서 할급해 줄 수는 없는 형편이었다. 신료들과 중종 사이에
이로 인한 마찰이 없을 수 없었다.[21] 신료들의 비판과 반대가 심했지
만 왕실재정이 부족한 상태였으므로 중종은 大妃殿의 春秋 進上物을
호조에게 辦出할 것을 명할 수밖에 없었다.[22]

그런데 아무리 국왕이라 하더라도 왕실 需要에 국가재정을 마음대
로 사용할 수 없는 일이었다. 그래서 왕실은 내수사 노비의 身貢만이
라도 遺漏없이 收取하기 위해, 중종 23년(1528)부터 수령의 내수사 노
비 身貢의 納封 文記 여부를 解由시 憑考 자료로 삼도록 하였다.[23]
국가 행정력을 동원하여서라도 노비 신공의 收取에 철저를 기해야 할
만큼 왕실이 내수사의 운용을 강화하지 않으면 안 될 다급한 상황에
직면해 있었을을 잘 보여주고 있다.

21) "憲府啓曰……大抵祖宗以來 王子君公主翁主出閤時 例賜長利 皆朝廷所不
知之事也 近者每以長利未收 請受田地 前此戶曹從其上言 再不防啓 而皆
已賜給 至三度然後 始爲防啓 然王子女數多 而公田有限 如此無例之事 固
不可爲也 且其題給之田 皆出於屬公 而其中亦有爭訟未畢者 請前日題給之
田 並令屬公 毋貽後日之弊"(『中宗實錄』 卷55, 20年 8月 乙未).
22) "傳于政院曰 大妃殿春秋等進上雜物 內需司以爲乏盡 宜卽備忘記 捧甘結
于戶曹可也 此有前例故言之"(『中宗實錄』 卷64, 23年 11月 丁巳).
23) "傳于政院曰……且古者 內需司奴婢身貢 各官守令 勤勤捧納 輸送內需司
於解由之時 亦憑考而爲之 故內需司所儲 不至乏盡 近來守令 專不捧納而
輸送 故內需司無所儲 不能爲春秋進上 甚爲不可 自今以後 各官守令解由
時 內需司奴婢身貢捧納文記 并爲申明憑考事 言于戶曹"(『中宗實錄』 卷64,
23年 11月 丁巳).

2. 明宗代 內需司의 政治的 位相과 그 機能

1) 內需司의 2品 衙門 格上

왕실재정을 담당하는 것이 주요 소관 업무인 내수사의 역할은, 명종대에 이르러 정치권력 관계의 변동과 文定王后의 攝政에 따라 상당한 변화를 맞게 된다. 그것은 수렴청정하는 문정왕후가 명종을 통하여 내수사의 위상을 格上시키고, 그 운용 범위를 전 시기에 비해 크게 확대한 것에서 기인하였다.

왕실이 내수사를 운용하는 범주는 세 부분으로 구분될 수 있다. 첫째, 명종과 수렴청정기에 공적인 정치 활동의 전면에 나서지 않으면서 국정을 總括하는 위치에 있던 문정왕후가 국가행정 계통과 類別되는 또 다른 명령·행정 계통으로 내수사를 활용하였다. 둘째, 왕권의 超越的 성격을 철저하게 반영시키면서 내수사를 통해 왕실재정을 확충하고 있었다. 셋째, 불교정책을 추진하는 主務기관으로서 내원당의 경제력 마련을 주도하도록 하였다. 이러한 왕실의 내수사 운용 방향은 명종대 왕권의 특이성 및 왕권과 내수사와의 밀착 관계를 극명하게 보여주고 있다.

먼저 내수사가 명종과 문정왕후 등 왕실의 행정 계통, 명령 계통으로 활용되고 있는 양상을 '내수사의 정치적 위상'에서 다루고, 각각의 기능은 절을 달리하여 살펴보기로 한다.

근래에 摘奸하라는 命이 자주 있으니, 이것이 비록 해이한 폐단을 바로 잡기 위한 것이기는 하나 아래로 有司의 일을 침범하는 것이어서 이미 大體를 잃은 것입니다. 더구나 지금 光陵을 적간하면서 楊州까지 적간이 미치고 있습니다. 양주는 곧 外邑이니 어떤 불법을 탐지하려면 御史를 따로 파견하는 것이 옳습니다. 宦官을 보내는 것은 일이 번쇄할 뿐만 아니라, 아마도 크게 해로울 듯합니다(『明宗實錄』卷7, 3年 正月 戊子).

178

즉 명종은 해이한 弊端을 바로 잡는다는 명목으로 환관을 파견하여 摘奸을 자주 시행하고 있었다. 광릉을 살피러 나간 환관들이 양주의 民情까지 탐문하였다. 민정을 탐문하는 것은 평시에는 수령의, 특별한 경우 어사의 職務였다. 국왕이 환관에게 민정 탐문을 맡긴 것은 일반적인 통치의 한 부분으로 보기 어려웠다. 그래서 간원이 그 越權의 부당성을 제기한 것이었다. 그러나 명종은 적간하는 일이 前例임을 들어 정당성을 주장하는 한편, 救荒하는 때라서 광릉에서 가까운 양주를 살피도록 한 것이라 해명하였다.24) 그럼에도 일반 행정 계통을 통한 民情 파악이 아니었다는 점에서 행정 체계의 혼란과 환관의 作弊를 가져올 수 있는 소지가 여전히 남아 있었다.

명종의 내관에 의한 적간은 가령 "작게는 各司의 宿直·음식에서부터 군졸의 把守, 閭閻의 里門, 功役의 勤慢, 陵寢의 修繕의 여부" 등의 극히 간단한 행사에까지 미치고 있었다.25) 그것은 大體를 살피지 않고 細細한 사안에 직접 간여하는 형태로 권력을 행사한 명종이 조정에서의 공식적인 국정 운영 외에 채택한 변칙적인 政事 방식이었다.

명종이 국가공무를 별도 명령 계통인 내수사의 환관을 동원하여 처리한 것은, 수렴청정기 문정왕후와 훈척이 상보적 관계를 바탕으로 국정을 운영하고 있는 상태에서, 신료들과의 공식적인 논의 구조를 활성화시킬 수 없는 제한적인 위치에서의 代案的 방식이었다. 그러나 그 같은 便法 역시 문정왕후와 윤원형이 유도한 것이었다.

그렇다면 문정왕후는 내수사를 어떻게 활용하고 있었는가. 문정왕후는 환관에게 陵寢 사찰의 적간을 맡겼다. 그런데 문정왕후가 사찰에 소속된 승려들을 사역하지 말도록 하는 새로운 법을 세운 후 奉先

24)『明宗實錄』卷7, 3年 正月 戊子.
25) "史臣曰……小而各司之直宿飲食 軍卒之警守 閭閻之里門 功役之勤慢 陵寢之修否 至於么麽之事 抄忽之擧 莫不見遣內臣摘奸"(『明宗實錄』卷11, 6年 2月 戊寅).

殿의 추석 祭享 때 使役을 반대한 승려들을 典祀官 朴裕慶이 결박하
는 사건이 발생하였다. 문정왕후는 즉시 환관을 시켜 그 일을 적간·
확인하였고, 그 보고된 내용에 따라 명종은 "慈殿의 뜻을 경멸하였다"
라는 죄목으로 박유경을 送西하였다.26) 이 같은 예에서 알 수 있듯이
문정왕후 역시 불교 관련 사안을 처리하는 명령 계통으로 내수사를
활용하고 있었던 것이다.

　　"내수사의 하인들이 印을 관장하고 마음대로 公事를 하여 내수사
의 일이 허술하다"27)라는 이유를 내세워 명종은 명종 5년(1550) 정월
에 내수사 담당 내시에게 堂上印을 발급하도록 명하였다. 그런데 위
사 3등 공신으로 密城君에 封君되어 2품의 지위에 있는 朴漢宗이, 정
원만이 행하는 次知의 啓와 依允에 관한 일을 한 것으로 볼 때,28) 일
찍이 내수사의 제조가 되었음을 알 수 있다. 따라서 당상인이 발급된
후 내수사는 5품아문에서 2품아문으로 격상된 것이었다. 그와 같은 관
서의 파격적 격상은 정상적인 통치 하에서는 결코 있을 수 없는 일이
다. 더구나 국가적으로 승격시켜야 할 특별한 이유도 없었고, 특별한
상황도 아니었다. 그 본질적인 이유는 바로 동 5년 12월에 문정왕후가
양종을 복립29)하기 이전에, 향후 불교정책을 강력하게 추진하는 데
있어 실무 담당기관인 내수사의 위상을 미리 2품衙門30)으로 格上시

────
26) "傳于政院曰 陵寢寺利 慈殿 時遣內官摘奸 且使勿役僧人事 申明久矣 頃者
　奉先殿秋夕祭時 內摘奸 則典祀官朴裕慶 招致僧人 洗滌器皿 令助熟手之
　役 僧徒言曰 此處僧人不可役使 則卽令下人 結縛納土口中 自上新立其法
　而下不奉行 至爲非矣 當以輕蔑 慈旨 下禁府推治 然新進文官 不知事體 其
　送西"(『明宗實錄』卷10, 5年 8月 庚辰). 국가에서 애초에 軍職을 설치하여
　折衝 이하의 품계와 護軍 이하의 祿秩을 두어 將士들의 공로를 적절하게
　대우해 주기 위해 둔 西班에 門蔭이 많아지면서 생긴 職次가 없는 東班을
　옮겨 준 것을 '送西'라 한다(『光海君日記』鼎足山本 卷61, 4年 12月 己酉).
27) 『明宗實錄』卷10, 5年 正月 庚午.
28) 『明宗實錄』卷6, 2年 윤 9月 甲午 ;『明宗實錄』卷13, 7年 3月 癸卯.
29) 『明宗實錄』卷10, 5年 12月 甲戌.
30) 중종 35년(1540)에도 尙膳(내시부의 종2품직)인 林世茂가 내수사 제조를 맡

켜야 할 필요성 때문이었다. 내수사의 변칙적인 위상 강화는 문정왕후
의 절대적인 위상과 당시 정치적 상황이 맞물린 것이었다. 문정왕후가
垂簾聽政을 시작한 상태에서 乙巳士禍를 주도하였고, 그로 인해 중
종 후반 이후 정계에서 활동하고 있던 핵심 사림세력이 대부분 제거
된 반면 문정왕후와 을사사화를 처리하여 衛社功臣으로 책록된 小尹
과 훈구세력의 정치적 입지는 한층 강화되었다. 정치세력은 위사공신
인 勳戚만으로 재편되었다. 그리한 상태에서 훈적은 핵심 정치기구인
의정부·육조를 장악하였고, 제도적으로는 ‘院相制’를 통해, 정치적으
로는 명종과 문정왕후에게 안정적인 집권 기반을 마련해 주었다는 강
화된 입지를 가지고 정국을 이끌고 있었다.

집권 훈척세력은 국가정책과 인사를 장악하여 국정을 농단하는 훈
척정치를 수행하면서, 문정왕후의 지지 기반으로서 윤원형의 陞品과
첩 자녀의 許通, 인종의 短喪 및 延恩殿 別祔 등 문정왕후의 개인적
인 의중에 적극적으로 영합하였던 것이다. 반면 명종 왕권의 핵심이라
할 수 있는 인사권이나 정책 결정권 등은 철저하게 차단하였다. 그러
한 문정왕후와의 정치적 관계의 동일선상에서 내수사의 변칙적인 2품
아문으로의 格上에 동조하였던 것이다.

다른 한편 내수사가 왕실의 자체 기관이라는 인식과 당시 명종이나
문정왕후에게 불교나 내수사에 대한 언론 활동이 특히 제한받는 상황
에서 내수사 격상에 대한 언관의 별다른 異意 제기도 없었다.

2) 內需司의 權力機關化

내수사를 2품아문으로 격상시켰지만, 문정왕후가 전면에 나서서 그
활동을 주도한 것은 아니었다. 수렴청정하면서 특정한 관심 사안 외에

은 사례는 있었다. 그러나 명종대에 당상인을 발급함으로써 그 위상을 공식
화한 것과는 차이가 있다.

국정의 전면에 나서지 않는 것과 동일한 방식이었다. 특히 내수사는 국초부터 왕실이 운용해 오고 있는 터였으므로, 사망하기 전까지 그 운용을 獨斷하면서도 나서지 않는 방식으로 철저하게 일관하고 있었다. 불교 양종 관련 사안에 직접 나서서 주도적으로 처리·결정하는 것과 자못 대조적이다.

그런데 내수사가 2품아문으로 격상된 후 마찰이 발생하고 있었다.

> 지금 大小 신하들이 君臣의 分義에 밝지 못하다. 내수사 관원이 微賤하나 公事로 나갔는데 列邑의 관원들이 拒逆하여 내치고 대우하지 않았으니 事體를 알지 못하는 것이다. 만약 재상이 보낸 사람이라면 이렇게 하지는 않았을 것이다. 淸洪道의 兵使 水使와 夫餘 등의 고을에서 承傳한 公事는 봉행하지 않고 도리어 왕명을 받든 사람을-書題 宋憲-끌어 내쳤으니 事體를 알지 못한다는 뜻으로 推考하라(『明宗實錄』 卷12, 6年 11月 壬寅).

위 사료에 나타난 公事의 내용이 무엇인지는 구체적으로 알 수 없다. 그러나 청홍도의 병수사 및 여러 지역 지방관이 내수사 관원인 宋憲에게 비협조적이었고, 그 상황을 내수사 관원들이 呈訴하였다. 이에 명종이 왕명을 받은 사람의 공무 집행을 방해하고 구타하였다는 죄목으로 2品官인 병사·수사의 추고를 명하고 있는 것이다. 명종이 환관을 왕명을 받든 자라고 말한 것과는 달리, 당시 지방관들은 공무를 수행하는 자로 인식하지 않았던 것 같다.

미루어 짐작하자면 아마도 왕명을 받고 공무를 처리하러 내려왔다는 송헌이 격상된 내수사의 관원으로서 공무집행을 내세워 고위직의 지방관에게 고압적인 태도를 취했을 것 같다. 아니면 지방관들이 자신의 업무에 능동적 적극적으로 협조하지 않은 상황을 송헌이 과장했을 수도 있다. 어쨌든 2품아문으로 격상된 내수사를 동원한 왕실의 대 지방행정 수행은 저항에 직면하였고, 이후 그러한 파장의 확산을 막기 위해 비협조적인 지방관으로 지목된 兵水使를 추고하는 강경책을 택한 것이었다.

그렇다면 막강한 권력을 행사한 내수사의 책임자는 누구인가. 그 책임자는 위사 3등공신으로 提調를 맡은 환관 朴漢宗이었다. 그가 2품의 堂上印을 소지하고 내수사와 僧徒의 일까지를 摠攝하게 되면서, 왕실의 내수사 운용 내용은 한층 확대·강화되고 있었다.

> 한 환관(朴漢宗)을 內需司 提調로 삼아 印을 새겨 주어 2품의 班列에 끼게 하고, 그 權限을 중하게 하여 承政院을 통하지 않고 직접 임금께 아뢰게 하며, 내수사의 奴婢와 僧徒를 전담하게 하니 內外로 출입하며 威福을 恣行하고 지방으로 보내는 公文書가 길에 紛雜하게 되었다. 중과 奴婢의 일로 인하여 罷職된 守令과 갇히거나 곤장을 맞은 郡吏가 흔히 있었으나, 政院에서는 알지도 못하고 대간에서는 감히 말하지 못하여 별도로 한 개의 朝廷을 형성하였다(『明宗實錄』卷14, 8年 3月 庚寅).

박한종이 내수사 提調로서 내수사 노비 및 僧徒에 관한 공문서의 발송을 全擔하고 있었다. 5품 아문이었을 경우 소속된 吏曹를 통하여 공사를 보고하는 계통을 밟아야 했지만 2품아문이 된 후에는 단독으로 직계해도 법적으로 문제될 것이 없었다. 그래서 "마치 왕명을 출납하는 것이 政院 같고, 移文을 보내고 받는 것이 六曹와 같아서"[31] '別作一朝廷'으로 내수사와 양종 관련 사안을 국왕에게 直啓함으로써, 지방관과 鄕吏들이 처벌받는 경우가 頻發하고 있었다. 예컨대, 德山에 사는 盜賊 窩主로 갇힌 내수사의 종 希孫을 亂杖으로 訊問하는

---

31) "大司憲金澍等上疏曰……有一內官(指朴漢宗)作爲領袖 都內需之司 掌內庫之務 古無印信之用 而今則有焉 古無直發之文 而今則有焉 出納命令 侔擬政院 文移往復 有同六曹 勢焰薰灼 恣行兇暗"(『明宗實錄』卷14, 8年 6月 辛巳).

과정에서 죽게 한 덕산현감 李文衡과 病死로 보고한 검시관 梁應台를 각각 永不敍用・파직 후 推考토록 하였다.32) 국가행정을 표방하는 내수사의 시행령을 거부하는 경우 "수령도 파직당하고 京官도 견책받게" 될 정도로,33) 가히 내수사는 無所不爲의 權力機關으로 행세하고 있었던 것이다.

"조종 조에 내수사가 맡은 것은 本宮 노비의 貢物을 거두어 大內의 뜻밖의 쓰임에 대비하는 데에 지나지 않았다"34)라는 명종의 말과 같이, 내수사 노비의 신공이 왕실재정에서 차지하는 비중은 컸다. 내수사 장리가 혁파된 이후 신공의 중요성이 더욱 부각되었고, 그래서 중종 23년(1528)부터 내수사 노비 신공의 納封 文記 여부를 수령 解由 시 憑考 자료로 삼고 있는 관행을 따라, 신공 때문에 解由를 받지 못한 수령이 제조 박한종을 찾아가 청탁하는 새로운 폐습도 생기고 있었다.35)

명종 8년(1553) 7월에 명종의 親政이 시작되었다. 지경연사 申光漢은 양종과 내수사의 폐단을 지적하였고, 특히 燕山朝의 亂政이 내수사를 重視한 것에서부터 출발하였음을 들어 개혁할 것을 極諫하였다. 명종은 이를 일축하였다.

친정한 이후 모든 政令이 명종을 통해 하달되고 있었으므로, 문정왕후가 직접 내수사 운용에 개입하고 있는 구체적인 사례는 잘 드러나지 않는다. 그러나 친정기에도 문정왕후의 내수사에 대한 영향력은 여전하였다. 가령 동 10년(1555) 奉恩寺에서 유생이 作弊를 부린 사

32) 『明宗實錄』 卷14, 8年 3月 辛丑.
33) 『明宗實錄』 卷22, 12年 2月 癸丑.
34) 『明宗實錄』 卷20, 11年 2月 庚子.
35) "宦者朴漢宗 以功封君 爲內需司提調 郡縣守令 必盡內需司奴婢貢物 然後方許出解由 故漢宗恃權操縱 多行請託 弘文館博士安璲族人爲守令者 以不納內需司之物 不得出解由 璲爲之往謁漢宗而請之 始得出解由焉 其倚勢驕猾如此"(『明宗實錄』 卷17, 9年 9月 丁卯).

184

건이 발생하자, 문정왕후가 은밀하게 환관을 보내 잡아오도록 하였다.36) 더욱이 僧人에게 포학한 짓을 한 林川郡守 趙溥를 파직하라는 명종의 15년(1560) 4월 전교에서 문정왕후가 내수사·양종을 지배하고 있는 實狀이 명백히 드러나고 있었다.

林川군수 趙溥는 중에게 몹시 포학한 짓을 하였으니, 罪狀이 드러나는 대로 治罪해야 한다. 조종조로부터 慈殿이 寺利을 숭상한 일이 어느 시대인들 없었겠는가. 지난번 本郡 普光寺 중이 군수가 포학하고 무례하다고 本宗(양종 : 인용자 주)에 호소함으로써, 본종이 내수사에 牒報하여 자전께 계품하였으므로 中使를 보내어 적간하니 그 일이 헛소문이 아니었다. 그런데 中使가 돌아오던 날 溥는 더욱 심하게 성을 내고 중을 죽이려고 마구 때려서 상처를 입혔으니 파직하라(『明宗實錄』卷26, 15年 4月 丁酉).

林川의 普光寺 중들이 군수 趙溥가 포학·무례했다고 내수사에 보고하였다. 내수사는 문정왕후에게 그러한 상황을 알렸고, 문정왕후는 환관을 보내 사실 여부를 적간하였다. 문정왕후를 통해 적간된 내용을 들은 명종이 조보를 파직하였다. 이 같은 사례로 볼 때, 불교와 관련된 사안은 '양종→내수사→문정왕후→中使 적간→문정왕후→국왕'의 계통을 따라 처리되고 있었음을 알 수 있다.

친정을 시작한 지 7년 정도 경과한 시점에서, 일개 중이 수령이 자신들에게 포학·무례했다는 용어를 써서 내수사에 보고했다는 사실, 그리고 보고된 내용이 직무상의 명백한 과실이 아니었음에도 수령을 파직한 사실 등은, 명종이 불교 내수사 관련 사인을 독자적으로 通御하지 못하고 있음을 보여 준다. 이 사건에 대한 헌부의 입장은 어떠하였는가. 헌부는 보광사 중이 부정한 방법으로 內殿에 호소한 사실과 전달된 사실을 가지고 조보를 파직시킨 잘못만을 지적하였다.37) 당시

36)『明宗實錄』卷18, 10年 4月 丁亥.

언론 삼사는 명종과 문정왕후 및 훈척에게 견제·겹제된 상태였으므
로 문정왕후의 개입에 대해서는 언급조차 못하였던 것이다.

그러나 오히려 성균관 유생 柳希霖 등은 문정왕후가 개입하고 있는
상황을 조목마다 강력하게 비판·지적하고 나섰다.

> 조보가 중들과 혐의를 일으킨 꼬투리를 신들은 알지 못합니다. 그
> 러나 聖上께서 이 말을 계달한 것은 어느 길이며 전하께서 按劾하라
> 고 보내신 사람은 또 누구입니까?……전하의 승지는 政院에 있을 뿐
> 인데, 정원이 아뢰지 않은 것을 전하께서 알고 계시고 전하가 보내신
> 使臣을 정원이 모르고 있으니, 아 이것은 간사한 거짓이 나오게 되
> 는 까닭이요 부정하고 편벽된 일이 행해지는 까닭입니다.
> 聖明하신 전하께서 어찌 이와 같은 잘못이 있겠습니까? 이는 대개
> 慈殿이 명하신 것인데 효성이 지극하신 전하께서 뜻을 받들어 拒逆
> 하지 못하신 것입니다. 그래서 邪慝한 말이 들어와도 禁하지 못하시
> 고 中使가 달려가도 막지 못하신 것입니다. 비록 그렇기는 하나 政
> 事에 어찌 두 문이 있을 수 있겠습니까. 黜陟하는 법도를 어지럽혀
> 서는 안 됩니다. 慈殿은 수렴청정을 하고 계신 때가 아닌데도 中使
> 를 밖으로 보내었으니, 이것은 政事에 두 門이 있는 것입니다. 수령
> 은 감사의 考課가 있는 것인데 중들의 고소에 의해 廢黜되었으니 이
> 것은 출척하는 법도가 어지러운 것입니다.……바라건대 전하께서는
> 멀리 퍼지기 전에 악을 제거하시고 금방 닥쳐올 禍亂을 염려하시어
> 兩宗이 告해 바치는 풍토를 개혁하시고 내수사의 사사로이 통하는
> 길을 막으소서(『明宗實錄』卷26, 15年 4月 戊申).

유생들은 내수사가 양종의 일을 直啓하여 朝官을 파직시키는 일이
발생한 것을 비판하였다. 특히 친정기에도 문정왕후가 여전히 내수사
를 운용하면서 양종에 개입하여 中使를 파견하는 등 '政有二門'의 폐
단을 일으키고 있음을 극렬히 비난하였다. 이 사건을 계기로 양종이

---

37)『明宗實錄』卷26, 15年 4月 戊戌.

내수사와 통하여 內殿에 直啓하는 연결고리를 차단할 것도 주장하였다. 일반 행정 체계를 무시하고 문정왕후가 내수사를 私私롭게 운용하고 있는 전횡의 실상 곧, 내수사와 양종 폐단의 핵심을 지적하였던 것이다.

명종은 유생들의 계청을 받아들이지 않았다. 뿐만 아니라 "예로부터 慈殿이 中使를 절에 보냈고, 내수사가 절의 公事를 보살핀 것은 조종조의 전례"[38]라는 말로써 문정왕후의 내수사·양종 운용의 정당성을 재확인할 따름이었다. 명종의 그러한 처신은 명종의 즉위에 대해 여전히 자신의 절대적인 공로를 주장하는 문정왕후가 왕권을 假借하여 내수사의 운용과 불교 양종에서 專橫하는 상황에서 기인하는 것이었다.

이후로도 내수사·양종의 불법적·탈법적 행태를 둘러싸고 국왕(왕실)과 조정 신료들 특히, 언관을 중심으로 많은 논란이 있었다. 그러나 불교와 관련된 사안은 문정왕후가 생존해 있는 동안 '양종-내수사-문정왕후-국왕'으로 구조화된 계통을 따라 일방적으로 처리되었다. 그것은 왕실의 자체 기관인 내수사의 특성상 前代부터 승정원을 경유하지 않고 국왕에게 直啓한 관행에다 2품아문이 된 만큼 직계가 문제되지 않았던 것에서 가능하였다.

성종대까지는 내수사 직계가 문제시되었다. 그러나 성종대 후반 이후로는 적어도 固有 업무에 관한 한 일반적으로 행해졌다.[39] 명종대에 이르러서는 "내수사가 직접 아뢰고 직접 발송하는 것도 역시 전부터 하던 것이다"[40]라고 명종이 시인하고 있을 만큼 내수사의 直啓直發은 당연시되고 있었다. 가령 명종 10년(1555)에 발생한 乙卯倭變의

38) "答曰 趙溥事 自古慈殿遣中使于寺 而內需司之察桑門公事 亦非今始也"(『明宗實錄』 卷26, 15年 月 戊申).

39) 池勝鍾, 1985, 앞의 논문, 17~21쪽.

40) "答曰……(內需司)直啓直發 亦自前爲之矣"(『明宗實錄』 卷14, 8年 6月 辛巳).

여파로 동 11년(1556)에도 성을 쌓고 배를 만들기 위해 간혹 僧軍의 調發이 필요한 군현이 있었다. 그런데 내수사가 승군을 조발하지 말도록 受敎를 받아 비변사에 牒呈을 내기까지 하였다. '정출다문'한 내수사의 행태를 비판한 비변사가 '내수사 公事 중지'를 청하였지만, 명종은 받아들이지 않았다.[41)

이처럼 국왕이 국가기구나 행정체계의 문란을 방조하면서, 내수사로 하여금 "外政에도 干與하여 마음대로 威勢를 부려 안에서는 受敎의 말을 假託하고, 밖으로는 百司의 權限을 제지"[42)하게 하여 내수사의 權力機關的 성격을 고착시키고 있었다. 따라서 명종대 내수사는 국가 행정력이 미치지 못하는 특별한 기관으로서[43) 왕실 전용 조정으로 행세하였던 것이다.

내수사의 권력기관적 성격은 명종 후기로 갈수록 더욱 심화되었다. 심지어 자체적으로 獄을 설치하여 죄의 輕重을 다스리는 사법의 기능까지 행하고 있었다.

내수사가 수금된 婢 萬非의 招辭에 때 맞추어 憑問할 일로 移文하여-내수사에서 이문한 것이다-洪川縣에 수금된 奴 萬孫을 잡아보내도록 하였었는데, 重罪를 저지른 사람을 단단히 수금치 않아 옥중에서 목을 매어 죽게 하고 말았다. 그런데도 檢屍도 아니하고 회답도 疎漏하게 하였으니 매우 그르다. 현감 閔思容을 추고하라(『明

41) "備邊司啓曰 今者僧軍勿役事 內需司受敎移牒呈于備邊司矣 年前緣築城造船等事 調發僧軍 今春尙未畢役 故間有調發之官 今此公事 若因受敎 行移于各道 使之勿役……且號令當自政院而出可也 至於內需司受敎牒呈 則政院之外 似若又有喉舌之地 政出多門 雖小事尙且不可 況此用軍大事乎…… 答曰 今非禦敵之時 而築城旣畢 終歲役僧 頓無休息之時 故休其力"(『明宗實錄』卷20, 11年 2月 庚子).

42) 上同.

43) "史臣曰……凡干內需奴之事 守令莫敢誰何 惟謹避之 逋逃背役 萃爲淵藪 自成一區 擧朝竊歎 疵累淸明 莫此爲甚 末流之弊 將不可勝言"(『明宗實錄』卷14, 8年 3月 辛丑).

宗實錄』卷30, 19年 8月 庚午).

위의 사료만으로는 사건의 구체적인 내용을 알 수 없다. 다만 내수
사가 수금 중인 만비와의 대질 심문에 필요한 종 만손을 잡아 보내도
록 직접 공문을 발송한 상태에서, 만손이 자살하는 상황이 벌어졌다는
사실은 알 수 있다. 그런데 이 사건을 접한 명종은 만손에 대한 감시
소홀 및 사건의 보고 소홀이라는 죄목으로 현감 閔思容의 추고를 정
원에 명하였다. 문제는 내수사가 私獄을 설치해 놓고 宦官이 사의직
으로 刑을 가하고 있는 상황을 당연시하면서, 명종이 내수사의 公事
라는 이유로 담당 관리도 거치지 않고 곧바로 정원에 현감 처벌을 전
교하였다는 점이다.44)

내수사 제조인 환관 周泰文이 私奴와 문제를 일으킨 沃溝人 全璧
奎를 刑杖 심문하는 도중에 전벽규가 사망한 사건에 대해서도 명종의
처리 방향은 달라지지 않았다. 대사헌 吳祥 등이 왕권을 憑藉하여 자
신들의 뜻을 시행하려 한 주태문의 파직을 강력하게 주장하였음에도,
명종은 "예로부터 내수사가 형벌을 집행하던 곳이 아니었던 것은 아
니다"45)라는 말로써 오히려 내수사의 형벌 집행의 정당성을 인정하였
던 것이다.

내수사 행태에 대한 명종의 비호는 행정명령 계통을 문란하게 하고

---

44) "史臣曰……內需司固非拘囚罪人之地 而至設刑獄 以其刑人殺人之權 付諸
宦之手 王政之累大矣 而至於士大夫推考之命 不經有司 而亦因內需公事
直下于政院"(『明宗實錄』卷30, 19年 8月 庚午).

45) "答曰 自古內需司 非不得用刑之地"(『明宗實錄』卷30, 19年 8月 丁亥). 이
사건의 내용을 실록을 바탕으로 재구성하면 다음과 같다. 沃溝人 全璧奎는
私奴를 사사로운 혐의를 잡아 謀害하였다. 그러자 그 사노가 내수사에 자신
의 처지를 보고하였고, 이에 내수사가 전벽규가 供上하는 물품을 제대로 납
부하지 않으면서 오히려 法司를 속이려 하였다는 죄목을 만들어, 옥구현감
김찬으로 하여금 그를 豪强한 자로 칭하여 심문하게 하였던 것이다. 심문 도
중 맞은 발꿈치의 상처로 사망하였다(『明宗實錄』卷30, 19年 8月 辛巳).

법집행의 정당성을 크게 훼손할 뿐 아니라 향후 정당한 법집행조차 막는 극단적인 상황의 발생을 예고하는 것이었다. 審理 중에 있는 내수사 노비를 내수사가 內旨를 얻어내어 放免시킨 것은,[46] 그 극명한 사례였다.

이와 같이 문정왕후는 국가의 행정 계통을 일탈하여 권력기관으로 행세하는 내수사를 초법적·超越的으로 운용하고 있었다. 문정왕후 死後인 명종 21년에 '정출다문'의 진원지라고 내수사를 비판하면서 "내수사에 소관된 사람이 으레 內旨를 내세워 행사했다"[47]라는 헌부의 지적에서 그 같은 사실이 재확인된다.

명종 20년(1565) 4월 문정왕후가 사망하고, 尹元衡이 失脚하였다.[48] 정치세력은 훈척에서 사림으로 교체되었다. 정국 분위기가 급변하였다. 즉각 왕권을 끼고 자행된 명종대 兩大 폐단으로 지적되어 온 '내수사 인신'과 '양종'의 혁파를 주장하는 公論이 비등하였다. 원래 명종이 원하던 바도 아니었고 공론도 있는 만큼 명종은 동 21년(1566) 4월 內需司 印信과 兩宗을 각각 혁파하였다.[49] 내수사의 橫侵과 그를 매개로 한 양종 구조가 사라지게 된 셈이다.

문정왕후 死後에 내수사 印信이 혁파되었다는 사실은 곧 문정왕후가 내수사를 사사롭게 운용하고, 전횡한 주체였음을 반증해 준다. 내수사 인신이 혁파됨으로써 전례없이 확대 자행된 왕실의 초월적인 내수사의 운용도 제한받게 되었고, 그 활동 범위나 강도도 약화되는 과정을 밟게 되었다.

---

46) 강원도 삼척에 거주하는 내수사 奴 맛산 등의 結黨作弊한 것을 경상·강원 양도 감사에게 移文하여 推閱하게 하였는데, 국왕이 내수사에서 奏達한 것을 듣고 그를 속히 방면하도록 하라고 判下한 사건이다(『明宗實錄』卷32, 21年 2月 壬申).

47) 『明宗實錄』卷32, 21年 2月 壬午.

48) 『明宗實錄』卷31, 20年 4月 壬申 ;『明宗實錄』卷31, 20年 8月 辛卯.

49) 『明宗實錄』卷32, 21年 4月 庚辰 ;『明宗實錄』卷32, 21年 4月 辛巳.

3. 內需司의 王室財政 管理

1) 內需司의 田地 확보

왕실재정의 관리는 내수사의 주요 소관 업무였다. 명종은 즉위하면서 '潛邸 때의 노비·전답·어살을 모두 내수사에 이속시킬 것'[50]을 명하였다. 그것은 "내수사란 임금 一家의 일과 같다"거나, "내수사는 다른 各司와 같은 것이 이니고 바로 內帑과 같은 것이다"[51]라는 내수사의 왕실재정 담당 기능을 강조하는 명종의 인식과 궤를 같이 하는 것이었다.

그렇다면 절실한 현안으로 부각된 왕실재정의 확보를 위해 명종과 왕실이 택한 방법은 무엇인가. 사례를 중심으로 살펴볼 때, 그 방법은 먼저 寺社田으로 稱託한 민전의 屬公化, 특정 전지 奪占, 堰田 탈점 등 세 가지였다.

먼저 내수사가 民田을 寺社田으로 稱托하여 屬公시켜 내수사전에 충당하는 사례를 살펴본다.

> A-1 : 들으니 洪州의 圓覺寺의 位田 150여 결이 漏落된 것으로 陳告되었으므로, 移文하여 문서에 등록 屬公할 것이라고 합니다. 寺社位田은 영구히 題給한 곳도 있고, 또 民田으로서 단지 賦稅만 거두는 곳도 있습니다. 부세만 거두던 民田을 寺社에 永屬된 토지라고 하여 빼앗아 內需司에 제급하는 것은 매우 불가합니다. 圓覺寺는 이미 革罷한 지 오래되었으며, 高祖·曾祖의 서로 전하는 文券이 있으니 어찌 이것을 永屬된 토지라고 할 수 있겠습니까. 모든 寺社位田은 戶曹가 刷出해서 자세히 기록해 놓았는데 어찌 홍주의 位田만 漏落되었겠습니까. 백성들의 貧窮이 지금보다 심

---

50) 『明宗實錄』卷1, 卽位年 8月 丙申.
51) "夫內需司 似人君一家內之事"(『明宗實錄』卷24, 13年 5月 辛酉) ; "傳曰 內需司 非他各司之比 乃內帑之類"(『明宗實錄』卷14, 8年 6月 辛巳).

한 때가 없어 한 이랑의 토지도 백성들의 목숨과 관계있으니, 該
曹로 하여금 자세히 상고하게 해서 원통하고 억울함이 없게 하소
서(『明宗實錄』卷10, 5年 9月 乙未).

A-2 : 신들이 듣건대, 내수사에서 성 동쪽 10리쯤 되는 지역에 있는
　　땅을 淨業院이 사들였다고 하면서 打量한다고 하는데, 정업원에
　　서 사들였다고 하는 땅은 간교한 자가 본디 없었던 땅을 속여서
　　정업원에 판 것이 아닌가 여겨집니다. 정업원에서는 空券을 가지
　　고 와서 땅을 내놓으라고 하니, 매우 무리한 일입니다. 지금 벼가
　　한창 자랄 시기인데 조금도 아까와 하지 않고 밟고 다니며 打量하
　　는가 하면, 또 田畓을 잘라 限界를 만들고 있습니다. 가령 백성들
　　에게 남는 전답이 있다면 그것을 정업원의 땅이라 해도 되겠지만,
　　지금 백성들에게 남는 전답이 없는데도 백성들의 땅을 빼앗고 또
　　收穫을 徵收하고 있으니, 백성들의 원망을 이루 다 말할 수 있겠
　　습니까(『明宗實錄』卷20, 11年 4月 己亥).

A-1은 홍주 원각사의 私有地를 屬公하면서, 홍주 소재 소유주가
있는 收租地인 民田을 원각사 私有地 중 누락되었다고 칭탁하여 150
여 결을 내수사에 題給한 것을 두고, 領經筵事 沈連源 등이 所有 文
券을 가지고 있는 백성의 민전을 속공하여 내수사에 제급한 부당성을
비판하고 나선 것이다. 백성들이 소유 문권을 가지고 있는 토지라면
틀림없이 민전일 것이었다. 신료들의 비판은 타당성이 있었다. 그럼에
도 명종은 '실제 圓覺寺의 位田'일 것이라 옹호하며 조사를 철회시켰
다. 이 토지의 속공 여부가 기록상 확인되지 않으나, 명종의 태도를
볼 때 그대로 내수사에 제급되었을 것으로 판단된다.

A-2는 정업원이 처음부터 있지도 않은 전지를 買入하였다고 하자,
내수사가 정업원의 空券인 買入文券을 가지고 전지를 索出한다는 명
목으로 量田을 행하여 민전을 탈점한 것이었다. 간원이 그 같은 불법
적인 처사를 시정하도록 계청하였다. 그 결과는 나타나 있지 않지만,

空券을 가지고 내수사전으로 편입시키기 위해 매입에 나섰던 점으로 보아 내수사에 귀속되었을 것으로 짐작된다.

내수사는 백성들의 생계와 직결되어 있는 전지인 황해도의 갈대밭(蘆田)도 탈점하고 있었다.

> 黃海道 黃州 鳳山 載寧 安岳은 토지가 소금기가 많은 습지라서 갈대만이 무성한데, 주민이 이것을 바탕으로 살아 온 지가 이미 오래되었습니다. 그러므로 지난 계축년(명종 8, 1553)간에 貧民에게 돌려 줄 것을 논계하여 이미 윤허를 받았습니다. 그러니 비록 內需司에 소속시키라는 명이 있었지만 該曹의 관원은 공론에 의거하여 고집했어야 마땅합니다. 그런데 범연히 行移하여 국가로 하여금 백성과 이익을 다툰다는 혐의가 있게 하였으니 매우 그릅니다. 요즘 鳳山 주민 80여 명이 살아갈 길이 없다고 呈狀하여 답답한 사정을 호소했으니, 과연 불쌍합니다. 전일 간원이 아뢴 대로 內需司에 소속시키지 말고, 백성에게 이익을 취하도록 허락하소서(『明宗實錄』卷20, 11年 正月 甲戌).

갈대밭을 생활 터전으로 삼고 살아 온 황해도의 黃州·鳳山·載寧·安岳 등 지역의 농민들에게 명종 8년(1553)에 환급된 갈대밭이, 국왕의 명령으로 동 11년 다시 내수사로 移屬되었다는 것이다. 이속되는 상황을 공개적으로 지적 비판하지 않고 내수사로의 이속도 막지 못한 해당 관부를 헌부가 비난하였다. 그것은 곧 국왕의 내수사에 대한 편파적 처사를 비판하는 것이었다. 그럼에도 명종은 蘆田의 내수사로의 이속을 굳게 확인할 따름이었다.[52]

---

52) 黃海道 갈대밭의 內需司로의 이속이 갖는 상징적 의미는 명종 14년(1559)부터 활동을 시작하여 명종 17년(1562)에 진압되기까지 중앙정부를 위협하고 있었던 '임꺽정의 난'의 발생 근거지였기 때문이다. 당시 농민들은 國役 체제에 긴박된 채, 加重되는 여러 가지 부담을 받고 있는 상태였다. 더구나 황해도 지역은 연산군대부터 貢物과 進上을 집중적으로 부담하고 있었다. 그

한편 沿海 지역의 堰田 개발이 16세기 이후 확대되는 추세를 보이면서, 勳戚세력들의 새로운 경제 지반으로서 效用가치가 높아지고 있었다. 그러한 추세를 타고 내수사도 堰田을 탈점하였다. 헌부가 계문한 내용에서 그 경향의 一端을 접할 수 있다.

全羅道 羅州 靈岩 珍島에 거주하는 水軍 丁太江 등 20여 명이 본부에 와서 호소하기를 "호조가 內需司에서 보고한 移文에 의하여, 贈 右議政 朴墉의 처 奇氏가 바친 靈岩 伏所浦와 羅州 瓦浦의 海澤 正田 50부, 可耕田 1결 25부를 그 소재지의 고을 수령들이 함께 量田하여 문서로 작성해 올리라고 行移하였는데, 洪世貞이라는 사람이 내수사의 書題라는 사람을 데리고 내려와서 본래 公文書에 있는 복소포와 와포는 조사하지 않고, 상관없는 康津의 防築·豆音方浦 防築·仍邑방축·島示洞 방축 등지의 정전으로 落種 1백여 석의 땅을 소재지의 수령의 입회조사도 없이 서리들만으로 사사로이 작성하고 올라갔으니 매우 민망하다." 하였습니다. 본부에서 본도 監司에게 移文하여 都事로 하여금 자세히 조사해 회보하게 하였더니, "홍세정이 海澤에 대한 立案을 궐내로 들여보낸다는 평계로 가져오지 않으니 문서가 없어 조사가 어렵다."고 답했습니다. 양편에서 다투는 땅은 반드시 文劵을 참고해 본 뒤라야 是非를 판단할 수 있습니다. 앞에 열거한 康津 防築 등의 정전이 과연 立案되어 있는데, 백성들이 자기 소유라고 주장하여 함부로 占有하여 농사를 짓는다면 强暴하기 막심한 것이고, 애초에 立案되지도 않은 땅을 세정이 세력을

___

런데 갈대밭마저 內需司에 소속되고 난 후, 농민들은 內需司에서 갈대를 구입하게 되어 어려움이 더욱 심하게 되었던 것이다. 그 외에도 여러 사회·경제적인 모순의 심화로 인한 과중한 부담은 '임꺽정의 난'을 촉발하는 原因으로 작용하고 있었다(金盛祐, 1995, 앞의 논문, 175~176쪽 및 韓嬉淑, 1995, 「16세기 '임꺽정 난'의 성격」, 『한국사연구』 89, 58~59쪽. 이외에도 '임꺽정 난'에 대해서는 다음의 논문이 참고된다. 高承濟, 1980, 「16세기 賤民 反亂의 社會 經濟的 背景」, 『학술원논문집』; 矢澤康祐, 1981, 「林巨正의 叛亂과 그 社會的 背景」, 『傳統時代의 民衆運動』 상(재수록), 풀빛.

194

빙자해서 빼앗았다면 백성의 억울함은 이루 말할 수 없을 것입니다.
본도 관찰사로 하여금 剛明한 差使員을 정하여 쌍방의 文券을 독촉
해 받아 對照 調査하여 시비를 분명히 가리도록 하고, 속히 계문하
게 하소서(『明宗實錄』 卷21, 11年 12月 丙戌).

贈 우의정 박용의 처가 영암·나주 등지의 전지 1결 75부를 국왕에
게 進納하였다. 그런데 이를 기화로 내수사 書題가 내려와, 이 전지와
전혀 상관이 없는 정태강 등 농민 20여 명이 개간한 강진의 堰田 5개
소 1백여 石落地를 사사로이 量田하여 탈점하였다는 것이다. 탈점은
洪世貞이 내수사 서제들을 데리고 와서 사사로이 양전하여, 이미 개
간된 민전을 海澤이라 冒稱하여 立案함으로써 이루어지고 있었다. 홍
세정이 내수사 서제들을 대동하였다는 것이나 입안을 궐내로 보낸다
는 것 등으로 미루어 볼 때, 내수사가 언전을 탈점한 것은 틀림없는
사실로 판단된다.

내수사가 언전을 탈점한 구체적인 사례는 더 이상 나타나지 않는
다. 그러나 명종 19년(1564) 대사헌 金貴榮이 "함부로 점유하여 堤澤
의 量案을 折受하고 元田을 침탈하니, 농사를 짓는 백성이 高祖·曾
祖 때부터 지어오던 농토를 잃게 된다"[53]라고 지적한 것으로 보아 내
수사를 동원한 언전 侵奪의 폐단이 심각하였음을 알 수 있다.

당시 내수사와 관련된 전지는 대부분 불법적으로 奪占한 것이었다.
그러나 소유권 분쟁이 일어난다 하더라도, 왕실의 일방적인 비호 아래
내수사의 勝訴가 정해져있다시피 하였으므로 그러한 경향은 더욱 확
대되고 있었던 것이다. 내수사가 민전·사사전지·언전·노전 등 여
러 地目의 토지들을 탈점한 결과, "本宮의 설치가 8도에 확산되어 널
리 田野를 占有하고, 한계의 푯말을 세웠다"[54]라고 할 정도로 전지를

53) 『明宗實錄』 卷30, 19年 8月 甲午.
54) 『明宗實錄』 卷25, 14年 6月 戊辰.

廣占하게 되었다.

내수사가 철저하게 왕실 자체의 이익을 추구하는 방향으로 운용되면서, 다른 한편으로 왕자나 駙馬까지도 내수사를 사사로운 물건을 취하는 통로로 삼는 폐단이 발생하고 있었다. 요컨대 내수사가 장차 "橫奪하는 관아로 指目될 것을 우려"할 지경에 이르고 있었던 것이다.[55]

그렇다면 내수사의 전지 확대와 국가재정과의 관계는 어떠하였는가. 국가재정의 측면에서 볼 때, 내수사의 수입은 모두 백성에게서 나오고 있으나 그 用度는 국가재정과 관련이 없는 왕실의 私藏일 뿐이었다. 내수사전은 國行水陸田·祭享供上諸司菜田·惠民署種藥田 등과 함께 無稅田이기 때문이다.[56] 무세전은 왕실 직속지로서 왕실의 노비를 시켜 경작하되 세가 없는 토지였다.[57] 내수사 전지의 所出은 모두 내수사가 收納하고 있었으므로, 국가재정에는 도움이 되지 않았다. 오히려 민전 侵奪 등을 통해 내수사전이 확대될수록 국가재정의 지반은 잠식되어 결손을 입는 구조였던 것이다.

2) 內需司의 奴婢 확보

확보한 전지를 경작 혹은 관리하기 위해서, 또한 身貢의 증대를 위해서도 내수사는 노비를 확보해야 했다. 내수사가 노비를 확보한 방법을 검토하기 전에 먼저 조선전기 노비의 처지를 살펴본다.

選上하는 苦役을 피하기 위해 공노비가 도망하는 것이 조선전기의

55) "憲府啓曰……王子駙馬凡私得之物 一切令內需司奴推給 雖其應對之物 猶爲不可 若非所當得 而必令內需司推給 則將恐指內需司爲橫奪之門"(『明宗實錄』卷5, 2年 5月 辛酉).
56) "國行水陸田 祭享供上諸司菜田 內需司田惠民署種藥田 並無稅"(『經國大典』卷2, 戶典 諸田).
57) 金泰永, 1983, 앞의 책, 「科田法체제에서의 收租權的 土地支配關係의 변천」, 118~119쪽.

196

보편적 현상이었다. 그래서 選上 代立價가 성행한다거나 신공의 防納을 통한 부조리가 행해지고 있었다.58) 공노비는 당연히 많은 부담이 되는 고역을 피해 役이 가벼워지는 곳으로 移屬되기를 원하였다.59)

사노비의 경우는 고된 役과 과중한 수탈에다 賤待까지 받았다. 그런데 내수사 노비는 京居노비가 內奴로서 闕內에 定役되어 2번으로 나누어 雜役에 사역되는60) 외에는, 各司 外居奴婢처럼 選上되지는 않고 貢賦 외의 雜役을 면제받는 특권을 누리고 있었다.61) 신공은 다른 公奴婢와 동일하게 奴 綿布 1匹 楮貨 20장, 婢는 면포 1필 저화 10장을 부담하였다.62)

그러한 제반 조건은 공·사노비의 투탁을 유인하는데 유리하게 작용하였다. 더구나 내수사 노비(宮司奴)는 평시에 감사·수령을 멸시하고 평민은 草芥보다 못한 것으로 생각하고 있었다.63) 따라서 공사노비가 만약 내수사 노비가 된다면 "閭閻에서 重히 여기고 수령들이 優待하여 吏卒들의 침노를 피할 수 있으며, 身役은 무겁지 않게 되는"64) 등 상당히 좋은 조건으로 옮겨가게 되는 것이었다. 그리하여 이미 성종대부터 내수사 노비로 투속하는 공·사노비가 허다한 가운데,

58) 李成茂, 1987, 「朝鮮時代 奴婢의 身分的 地位」, 『韓國史學』 9, 185~193쪽.
59) "(大司諫 申末舟)……大抵 避重就輕 賤隷之常態 故 彼爲公賤者 百役疲廢之餘 坐生其心 冒稱某代祖若母 乃是甘露寺奴若婢 架空言張虛事 相趨附於興守(宦官)之門 以爲淵藪"(『成宗實錄』 卷210, 18年 12月 戊辰).
60) 『經國大典』 卷5, 刑典 闕內差備.
61) "傳旨戶曹曰 內需司奴戶 除貢賦外雜役"(『成宗實錄』 卷7, 元年 9月 己卯).
62) "奴綿布一匹 楮貨二十張 婢綿布一匹 楮貨十張 或以綿紬正布代納者 聽"(『經國大典』 卷2, 戶典 徭賦).
63) "前朝莊宅奴者 卽今之宮司奴也 平時 視監司守令蔑如也 平民則視之不啻如草芥矣 以此 常蓄無上之心 陵人之勢"(『訥齋集』 卷4, 便宜三十二事).
64) "(大司憲 韓致亨)……夫私家之奴 其使也苦 其貢也重 私不見優於鄕吏 公不見護於州郡 人情所欲避者也 若內需司奴婢則閭閻推重 守令優待 吏卒不能侵也 身役非重也 人情所樂附者也 人丁莫不好榮而惡辱 亦莫不避重而就輕"(『成宗實錄』 卷10, 2年 6月 己酉).

私賤보다도 公賤이, 그 중에서도 특히 外居 諸司奴婢의 투탁이 성행하였다.65)

한편 내수사 노비에게는『經國大典』규정에도 없는 復戶의 특혜가 주어졌다. 내수사 노비의 復戶는 성종 원년(1469) 9월에 처음으로 雜役에 대한 복호가 언급되었고, 이후 '貢賦의 役'까지 면제받는 것으로 복호의 의미가 확대 적용되어 온 것을 동 20년(1489)에는 원래의 '雜役 免除'대로 제한하기도 하였다.66) 그러다가 동 23년(1492)『大典續錄』에 법제화되어 비로소 복호 대상자와 徭役 범위가 규정되었다. 그 내용은 "率丁 5口 또는 田 5結 以上 者는 勿復된다"라는 단서 조항 및 복호인의 進上輸納・貢物輸京・築城・運米布・堤堰新築 등 16조의 역을 제외한 잡역 蠲免을 명시한 것이었다.67)

그런데 명종 8년(1553) 헌부의 계청에 의해 "지금부터는 率丁 4口와 田地 4結에 한해서만『대전속록』에 따라 복호하고 5구 5결 이상은 복호하지 말며, 田稅 이외의 雜役은 전교대로 減하거나 免除하는 것"으로 결정되었다. 그것은 중종 35년(庚子, 1540) 전교 이후 내수사 노비는『대전속록』의 '勿復' 조항을 적용받지 않았고, 田稅의 役을 제외

---

65) 『成宗實錄』卷262, 23年 2月 戊申 ;『燕山君日記』卷45, 8年 7月 乙亥. 한편 조선초기에도 공노비의 투탁이 더욱 尤甚하여 各司奴婢의 殘弊 현상은 兩界를 제외한 各官奴婢보다 심각하였다. 이에 대한 국가의 대응책이 국가 강제력에 의한 공노비의 推刷였으며, 성종대까지는 추쇄 작업이 비교적 성공적으로 이루어지고 있었다(池承鍾, 1995, 「公奴婢制度의 構造와 變化」,『朝鮮前期 奴婢身分研究』, 一潮閣, 266~272쪽).

66) "戶曹啓 凡復戶宜只復雜役 而守令不知法意 并復貢賦之役 有違於法 今後復戶者 田稅貢賦 外雜役 全除爲便 且內需司奴子復戶 不載大典 但受敎內稱田稅外出軍雜役減除 而右司奴子等 因此不供貢賦未便 今後 請依他復戶例施行 從之"(『成宗實錄』卷232, 20年 9月 丙子).

67) "凡復戶人 進上輸納 京藏氷 採貢金 埋貢炭 採貢茶 鐵物吹鍊 貢物輸京 行幸支供 築城 運米布 使臣擔陪 煮焰焇 牧場新築 堤堰新築 石炭燔造 貢船造作 倭物輸轉等事外雜役 並蠲免 內需司奴子 役以右例蠲免(田五結 率丁五口以上者 勿復)"(『大典續錄』戶典 徭賦).

198

한 '부득이한 요역'도 免除받아 온 사실을 의미하는 것이었다.68) 명종 6년(1551) 내수사 노비의 稅外復戶를 거행하지 않고 내수사 노비를 수금한 南原府使와 判官을 일시에 罷職하고 記官을 推考하였던 사실에서도69) 요역 면제가 구체적으로 확인된다.

그러나, 명종 8년 '5구 5결 이상자는 물복'하고, 복호의 내용도 '田稅外 雜役'으로 제한한 규정은 현실에서 지켜지지 않고 있었다.

> 復戶된 자는 進上을 輸納하는 등 이외의 잡역은 견감한다는 법이 『前續錄』에 환히 실려 있는데, 지금의 內需司 노비의 복호는 법대로 하지 않아 公論이 울분을 품어 온 지 오래 되었습니다. 그런데 논계하자 바로 윤허를 받았으므로, 온 나라 백성들이 모두 聖德의 밝으심에 우러러 감복하였는데, 이어 외람된 訴請에 따라 곧 전의 전교를 쓰지 말게 하셨습니다.……성종조에서 이 법을 만들었고 중종조에서는 그대로 준행하였던 것인데, 지금에 와서 억지로 고친다면 이를 先王의 成憲을 어김없이 준행하는 것이라고 할 수 있겠습니까? 전의 承傳대로 시행하게 하소서(『明宗實錄』卷20, 11年 4月 庚寅).

양사가 규정 이외로 확대 시행되고 있는 복호의 의미를 동 8년의 복호 제한 규정대로 시행할 것을 촉구하고 나선 것이다. 이에 대해 명종은 『대전속록』 조항의 적용을 "중종 35년 이후 그대로 따르지 않았던 것을 조종조의 전례"라 강조하였다. 따라서 田稅 外의 雜役을 모두 免除하는 조처가 그대로 유지되었을 뿐 아니라, "率丁 5口 또는 田

---

68) "憲府啓曰 近來公論之憤鬱者 莫甚於內需司之弊 以復戶事言之 前續錄徭役條曰 內需司奴子亦復戶 其中率丁五口田五結以上者勿復云 去庚子年(중종35, 1540)承傳內 田稅外續錄條雜徭並蠲免 以此見之 則不得已徭役外 諸雜役復戶者 在於成廟朝 而田稅外 雖不得已徭役 盡爲復戶者 在於中廟朝矣……請自今以後 率丁四口田四結 依續錄復戶 自五口五結以上 依續錄勿爲復戶 田稅外雜役 依傳敎亦皆蠲免 答曰 擧法論之 故如啓"(『明宗實錄』卷15, 8年 11月 癸丑).

69) 『明宗實錄』卷11, 6年 6月 乙亥 ; 『明宗實錄』卷12, 6年 8月 甲戌.

5結 이상자는 復戶하지 못하도록” 한 규정도 완전히 파기된 셈이었
다. 그 같은 내용은 명종 10년(1555)에 간행된 『經國大典註解』 兵典
復戶條에 “復除也 除免其徭役也”라 하여 복호가 “요역을 면제 받는
것”을 의미하는 것으로 개정되었음에서 확인된다.

　그런데 더욱 놀라운 일은, 명종이 “내수사 노비들의 上言을 깊이 생
각해 보니 고치는 것이 당연하다”라고 해서 『대전속록』 복호 조항을
개정했다는 사실 그것이었다.[70] 요컨대 ‘잡역 면제’로 한정된 복호가
‘요역 일체를 면제하는 것’으로 명종에 의해 결정되었던 것이다. 그 같
은 사실은 내수사와 왕실의 밀착 관계 및 국왕이 법전의 조항을 변경
해 가면서까지 왕실의 이익을 추구하는 내수사 운용 행태를 극명하게
보여 주는 것이었다. 심지어 명종은 동 2년에 백성이 流離하는 때라고
하여, 내수사 노비의 貢稅(지방에서 받아들인 田稅)를 반으로 감할 것
을 명하기도 하였다.[71] 시행 여부는 불투명하나, 내수사 노비에 대해
특혜를 주려는 왕실의 의도가 분명하였다.

　명종의 내수사에 대한 일방적인 입장은, 즉위 직후에 “내수사로 投
屬한 各司奴婢를 쇄환할 것”을 계청한 헌부의 요구를 “이미 分定하였
다”라는 이유를 들어 거부한 것에서부터 나타나고 있었다.[72] 기실 명
종의 그러한 대응은 중종대의 연장선상에 있는 것이었다. 즉, 중종은
燕山君代에 행해졌던 투탁의 폐단을 개혁하기 위해 투속한 노비의 根
脚을 상고하여 公私賤이 명백하면 다시 分給하도록 하였다. 그러나

70) “答曰……雖有續錄之法 前旣不用 而申明不用之法 無異立新法也 自祖宗
　　朝減除之事 到今輕改 至爲未安 故當初雖允憲府之啓 以司奴上言 深思之
　　則亦當改也 故改之”(『明宗實錄』 卷20, 11年 4月 庚寅).
71) “慈殿敎曰……且內需司奴婢 亦是國民也 當此流離 自 上已令半減其貢稅
　　矣 自祖宗朝 復戶蠲役 而守令專不奉行 大抵近來無敬上之心 有陵上之風
　　故慢不奉行 而民受其弊也”(『明宗實錄』 卷6, 2年 9月 丙寅).
72) “憲府啓曰 各司奴婢投屬內需司者 請刷還各司 幷除冒屬避役之弊……答曰
　　內需司投托者 先王朝 諸王子女處 乳父乳保母分定矣 一時刷括未安 故不
　　允 累啓 不允”(『明宗實錄』 卷1, 卽位年 8月 己酉).

數的으로 가장 큰 比重을 차지하고 있던 京中 각사노비를 그대로 두었다. 뿐만 아니라, 그 후에 성행하는 공·사노비의 투탁도 방치하는 입장을 취하였다.[73] 이는 중종이 內治를 제대로 하지 못한 데에서부터 연유한 것이지만,[74] 각사노비와 士族의 奴僕들까지도 공공연히 투속하는 폐단을 부추키고 있었다는 점에서 그 파장은 상당하였던 것이다.

이제 명종이 내수사 노비에 대해 취한 입장을 살펴보겠다.

甘露寺의 노비는 다른 곳에 소속시키지 말라는 것이 조종조의 遺敎인데도 지금 宗廟署로 入屬된 자가 있다. 다시 내수사로 還屬시키고 다른 노비로 充給해 주라.—宗廟에서 30년이나 부리던 노비를 갑자기 내수사에 隸屬시키는 것이 될 일인가. 더구나 당연히 혁파해야 할 寺社奴婢이겠는가(『明宗實錄』 卷9, 4年 10月 乙丑).

甘露寺 노비는 태종이 세종 원년(1419)에 王旨로 왕비 閔氏家의 先祖가 施納한 崇孝寺·甘露寺·大慈菴 등의 소속 노비를 本宮으로 이속시켰던 것에 그 연원을 두고 있다.[75] 그 수는 대단히 많았다. 조선초기의 투탁이 주로 감로사 漏落 노비임을 빙자해서 이루어질 정도였다. 그런데 30년 동안이나 종묘서에 소속되어 있던 노비를 명종이 감로사 노비라고 칭하여 내수사로 還屬할 것을 명하고 있는 것이다.

이에 앞서 명종 4년(1549) 8월에 이미 종묘서 노비의 내수사 이속 문제가 한 차례 논의된 바 있었다. 지경연사 任權이 宗廟署 노비들을 감로사 노비로 만들어 내수사에 예속하려는 일을 두고 "실제로는 내

---

73) 池勝鍾, 1985, 앞의 논문, 39~40쪽.
74) "此弊 在中宗朝始大 其避役冒屬者 豈獨各司奴婢乎 凡士人之家 豪奴悍婢 背其弱主 公然投屬 弊風日盛 無路陳訴 專由中宗不淸內治之故也 國事至 此 其誰能革乎"(『明宗實錄』 卷1, 卽位年 8月 己酉).
75) 『世宗實錄』 卷6, 元年 12月 甲戌.

수사 노비라 하더라도 종묘에 그대로 두어야 할 것"을 주장하였다. 이
는 역으로 말하면 실제 내수사 노비가 아님에도 감로사 노비임을 빙
자하여 종묘서 노비를 내수사로 이속하려는 명종을 강하게 비판한 것
에 다름 아니었다. 그럼에도 명종은 "감로사 노비는 영원히 내수사에
소속시키고 賜給하지 말라"는 조종조의 遺敎를 거론하며 부득이한
조처임을 强辯하였다.

그런데 종묘서 노비의 내수사로의 이속 명령이 즉시 이행되지 않
자, 이때에 명종이 그 이행을 재삼 독촉·강행하고 나선 것이었다. 엄
연한 국가기관 그것도 종묘서 노비라는 점에서 향후 내수사와 관련된
다른 노비에 대한 왕실의 입장을 상징적으로 대변해 준다고 할 수 있
다.

명종의 처리로 顯示되고 있는 내수사의 운용 방향은 당시 정국을
주도하고 있는 집권 훈척세력이 공노비를 冒占하는 폐단도 조장하고
있었다. 예컨대, 掌隷院 당상인 洪叙疇가 文昭殿의 照刺赤(조라치 :
궐내의 청소를 맡은 사람)를 공신의 노비로 배정한다거나, 위사 3등공
신이면서 이조참판인 崔演이 承文院의 노비를 專有한 것이다. 또한
경기 郡縣 중에서도 殘廢함이 심한 富平의 富實한 官婢 3인을 위사
3등공신인 이조참판 宋麒壽가 强占하여 丘史로 삼는 등[76] 물의를 일
으키고 있었다. 문제가 공론화되어 시정되는 조처가 취해지기는 했다.
그러나 그 같은 사례는 왕실의 내수사 운용 방향에 편승한 공신의 공
노비 冒占 행태의 발로일 뿐 아니라, 이후 훈척세력의 권력형 경제 부
조리의 확대를 예고하는 것이기도 하다.

그렇다면 내수사로 투속한 사노비로 인해 문제가 발생하였을 경우
명종은 어떤 태도를 취하였는가. 예컨대 노비 40명이 내수사에 투속한
사실을 본도 감사와 사헌부에 호소하였으나 거절당한 維新에 사는 保

---

76) 『明宗實錄』卷3, 元年 4月 辛亥 ; 『明宗實錄』卷3, 元年 6月 庚寅 ; 『明宗實
　　錄』卷5, 2年 3月 庚申.

人 金紐가 최후의 방법으로 擊錚하였을 때 명종은 '감히 격쟁하였다' 라는 것으로 오히려 그를 推考·治罪하도록 하였다.[77] 게다가 헌부가 김유의 노비 문제를 本道에 移文하여 조사하고 있는 상태였음에도, 명종은 내수사의 계청에 따라 다른 관아로 옮겨 심리하도록 하였다. 헌부가 '政出多門'의 폐단을 거론하며 본 고을에서 조사·계문하게 할 것과 내수사 色官員 및 해당 관리 등의 파직을 계청한 것도 끝내 허락하지 않았다.[78] 내수사 노비를 推閱한 결과 다른 사람의 노비로 판명된 경우에도 후속 조치를 취한 경우는 단 한 번도 없었다.[79]

명종의 내수사에 대한 태도는 朴漢宗이 내수사 제조가 된 후 각종 침탈이 횡행하고, 내수사가 背主奴와 賦稅를 逋脫한 자의 소굴로 변하는[80] 배경이 되고 있었다. 내수사 폐단의 근본적인 원인은 바로 문정왕후의 사사로운 내수사 운용 행태를 명종이 철저히 대변하는 것에 연유하고 있음은 다시 말할 필요가 없다. 명종으로 대표되는 왕실이 공·사노비의 내수사로의 투탁을 적극 선도·비호하는 입장에다 내수사 노비의 徭役 一切의 免除가 더해지면서, 투탁은 하나의 풍조를 이루고 있었다.

이제 공·사노비가 내수사 노비로 투탁하는 양상을 살펴보겠다. 투탁의 대부분은 陳告에 의해 이루어졌고, 陳告에는 給賞이 따르도록 규정되었다.[81] 내수사에 투탁을 원하는 공·사노비 등이 진고자를 통

---

77) 『明宗實錄』 卷25, 14年 4月 庚戌.

78) 『明宗實錄』 卷25, 14年 8月 丁巳.

79) 『明宗實錄』 卷13, 7年 5月 己丑. 이후에도 투탁이 심한 私奴婢를 분별해야 한다는 지적이나 外方 官奴婢와 사대부 노비로서 내수사에 투속한 자를 국왕이 환속시켜야 한다는 지적도 명종은 묵살할 뿐이었다(『明宗實錄』 卷24, 13年 9月 壬辰 ; 『明宗實錄』 卷25, 14年 3月 戊子).

80) 『明宗實錄』 卷25, 14年 4月 庚戌.

81) 도망하거나 대장에 漏落된 노비를 신고한 사람에게는 4명당 1명을 賞으로 준다. 3명 이하일 경우에는 매년 身貢으로 바쳐야 할 布와 楮貨를 징수하여 상을 준다(『經國大典』 卷5, 刑典 公奴婢).

해 투탁하고 있었다.

　　근래 상께서 內需司 노비들을 推刷하려고 진고하게 하니 그 流弊
가 간활한 무리와 주인을 배반한 종들이 漏落되었다고 하기도 하고,
加現이라고 하기도 하여 다투어 투탁할 꾀를 내게까지 이르렀습니
다. 심지어는 주인에게 貢物을 바치고 宣頭案에 기록하는 자까지 있
어서 서로 다투어 訴訟을 할 때는 관리가 감히 밝게 分辨할 수도 없
고 상께서도 자세히 살피지 않아 날이 갈수록 심하고 해가 갈수록
심합니다(『明宗實錄』 卷16, 9年 3月 庚午).

　진고의 眞僞를 제대로 밝히지 못하는 爭訟의 불공정성에다가, 眞僞
를 애써 밝히지 않으려 하는 국왕의 태도 등이 背主奴들의 내수사로
의 투탁을 심화시키는 근본 원인임을 헌부가 지적한 것이다.
　그 외에도 투탁을 위해 내수사 소속인과 결탁하거나 환관에게 청탁
하든지 또는 감로사·정업원·내수사 도망 노비의 소생이라 詐稱하
는 등 갖가지 방법이 동원되었다. 사태를 진정시킬 수 있는 유일한 방
안은 국왕이 직접 내수사 노비의 소속을 分辨하여 각각 제 소유주에
게 돌려주는 것뿐임을 헌부가 주장하였으나, 명종은 "내수사 노비를
보호하는 일은 조종조로부터 그렇게 해 온 것이다"[82]라고 하여 소속
의 당연성을 거듭 굳게 확인할 따름이었다.
　더욱이 내수사와 관련된 노비 爭訟에서는 "내수사 노비일 경우 하
나라도 告訴하는 일이 있으면 成事하지 못하는 일이 없고, 일의 是非
를 다시 묻는 일이 없다."라는 말과 같이 내수사의 勝訴가 일방적으로
정해져 있다시피 한 현실에서, 사대부가의 노비조차도 내수사로 투탁
하는[83] 등 그 추세가 확대될 것은 必然의 사실이었다.

---

82) 『明宗實錄』 卷17, 9年 8月 庚辰.
83) "自臣等(憲府)冒忝……然今者內需司之奴婢 一有所訴 無所不成 事之是非
　　不復致問 小而色吏被罪 大而守令見罷 相繼不絶 故威行閭里 勢傾州郡 其

204

여러 방법으로 확보된 내수사 노비를 보호하기 위해 왕실은 법적으로도 그 소유를 보장해 놓고 있었다. 내수사 노비안인 宣頭案에 등록된 노비는 爭訟을 하지 못하도록『大典續錄』에 규정해 놓았기 때문이다.[84] 연산군 10년(1504)에는 선두안에 未錄된 내수사 노비조차도 更改하지 못하도록 하였고, 중종 7년(1512) 정월에 이르러서는 일단 선두안에 등록된 내수사 노비는 투탁이 명백하다 하더라도 개정할 수 없도록 하였다.[85] 한번 내수사 노비가 되면 그 신분에서 벗어날 수 없도록『대전속록』의 규정 내용을 변칙적으로 확대·강화시켜 현실에 적용하고 있었던 것이다. 앞서 검토한 투탁노비에 대한 명종의 입장은 말하자면『대전속록』의 규정이나 선왕들의 방식을 따르고 있는 셈이었다.

결국 피역자의 投屬과 진고자의 受賞이라는 양측의 利害가 일치한 가운데,[86] 왕실이 '歇役'이나 '復戶' 같은 특혜를 준다거나, 내수사 노비에 대해서 '쟁송을 불허'하는 규정에다 쟁송이 발생하였을 경우 일방적으로 내수사의 勝訴가 정해지다시피 한 상황을 만들어 놓고, 명종대 왕실은 내수사 노비의 數的인 증대를 획책하였던 것이다.

이전 시기에 類比될 정도로 직접 나서서 내수사로의 투탁을 적극 권장하는 명종의 입장은[87] "세력이 없는 사람은 비록 田民이 있어도

役甚歇 其身甚逸 是以 窮殘士族之奴 州縣苦役之奴 莫不身歆心動 引首翹足 或交結內需司之人 或交嫁內需司之奴 或阿附用事之宦寺 傾家蕩産 以遂其願 或詐稱甘露寺淨業院內需司逃奴婢之蘇生 不顧族派 不察年歲 一加內需司之名 則色吏不敢問 差使員不敢辨 其官其主不堪訴 前者如是 後者復如是 高曾世業 坐而見失 孤兒寡婦 抱寃呼泣"(『明宗實錄』卷17, 9年 8月 庚辰).
84)『大典續錄』刑典 公賤.
85)『燕山君日記』卷52, 10年 正月 乙亥 ;『中宗實錄』卷15, 7年 正月 癸亥·乙卯·丁卯.
86)『成宗實錄』卷210, 18年 12月 戊辰.
87) "憲府啓曰……內需司只據狀者之言而啓稟 則其間是非 孰能辨之 自 上從啓稟之言而判付已 其間是非更莫之問 則爲該司者 又何敢發一言而辨是非

세력있는 사람에게 빼앗기지 않으면 반드시 내수사에 빼앗긴다"[88]라는 표현이 결코 과장만이 아닌 사태를 유발시키고 있었다. 특히 中央의 통제력이 약하게 미치는 외방의 경우에는 그 정도가 더욱 더 尤甚하였다. 가령, 함경도 平山·德山의 경우 驛奴婢 30명이 내수사로 투탁하였다.[89] 또한 함경도의 良民 중에서 부유한 사람들을 뽑아 良宮屬(良民으로서 태조의 本宮에 소속된 자 : 인용자 주)으로 삼아 本宮에 소속시켜 부려먹는다든가, 私奴婢들 거의가 내수사에 투속할 뿐만 아니라, 田莊까지도 모두 內需司에 빼앗기는 심각한 지경에까지 이르고 있었던 것이다.[90]

명종 14년(1559) 무렵에는 공·사노비의 투탁이 지나치게 심화되고 있음을 명종이 自認할 정도가 되었다.[91] 그것은 곧 내수사가 왕권과 밀착 관계인 그 특권으로 공·사노비 등 "국가체제의 하위 구성분자의 존립 지반마저 잠식해가며 존속하는 실상"이었다.[92]

여러 방법으로 확보된 내수사 노비의 身貢은 내수사가 수납하였다. 다른 공노비의 신공을 司瞻寺에 바친 것과는 달랐다. 따라서 내수사

乎 只依判付之言決之而已 上旣以唱之 下復以效之"(『明宗實錄』卷17, 9年 8月 壬辰).

88) "……至於內需司則背主逃役之輩 巧詐萬端 莫可測量 自上能盡知如此用術 之事乎 是故 無勢之人雖有田民 不見奪於有勢之家 則必見奪於內需司" (『明宗實錄』卷12, 7年 5月 戊子).

89) "御朝講 特進官鄭萬鍾曰 臣頃在咸鏡道 道內驛路 日漸凋殘 而平山德山等 驛奴婢 投托於內需司者 至於三十餘口 其驛因此尤弊 如不得還下投屬者 則或量給其代 或令該曹 更爲分揀何如"(『明宗實錄』卷6, 2年 閏 9月 乙巳).

90) 『明宗實錄』卷25, 14年 6月 戊辰 ;『明宗實錄』卷10, 5年 5月 甲子, "(장령 李士弼)遠方士族之奴 其主微弱 則率皆背主 投入內需司 況咸鏡道地方遙 遠 其弊尤甚 至於田莊亦皆被奪於內需司 此雖下人所爲 然有累王政 請加 禁 以杜將來之弊".

91) "上曰 公私賤投屬內需司之弊 近來似甚 啓意當矣"(『明宗實錄』卷25, 14年 3月 戊子).

92) 金泰永, 1996,「韓國 中世史에서의 國家體制와 農民」,『人文學硏究』창간 호, 경희대학교 인문학연구소, 183쪽.

노비의 수가 많아질수록 국가재정은 오히려 축소되는 형세였다. 더욱이 당시 徭役이 田結을 기준으로 하여 부과되고 있었던 만큼, 내수사는 요역을 피해 투탁한 노비 및 농민들이 보유한 전지에서의 免稅된 부분도 취하고 있었다.

그 외에도 다양한 행태로 내수사 노비를 통해 왕실재정을 확보하고 있었다. 즉 내수사 노비의 신공을 州倉에 바친 후, 그 신공에 해당하는 만큼을 司贍寺의 布物로 바꾸면서 '內用'이라는 명목을 붙여 가장 최고 품질의 것으로만 받아들이도록 한다거나, 함경도 노비의 신공은 私儲穀을 時價로 지급해 주는 경우와는 다르게 舊價로 題給할 것을 判付하기도 하여[93] 이득을 챙긴 사례 등이 그러하였다.

명종은 또한 내수사를 통해 '回換制'의 관행을 파기하려 하였다. 조선왕조는 초기부터 兩界 지역에서 거둔 田稅를 중앙으로 上納시키지 않고, 해당 지역에 유치·활용하는 '回換制'를 시행하고 있었다. 회환제는 양계 지역에서 곡물을 納穀하는 자들에게 그에 상응하는 일정한 回換價를 그들이 지급받고자 하는 지방에서 받도록 함으로써, 다른 지방으로의 곡물 流出을 금하려는 조치였다.

회환가는 일반적으로 '倍償償之' '優給價値'의 원칙이 강조되었고, 곡물 뿐 아니라 魚鹽·丹木·銅鐵·綿布·魚箭 등 다양하게 지급되었다. 優給을 통해서 적지 않은 이득을 보장받을 수 있었으므로, 여러 부류의 주체들이 회환에 참여하고 있었다. '회환제'를 통해 정부는 안정적으로 軍資를 확보할 수 있었고, 納穀 主體들은 私穀 운송의 어려움과 양계 지방 곡물 禁輸의 법적인 규제를 한꺼번에 극복할 수 있었

<hr>

93) "諫院啓曰 內需司奴婢身貢米 納于州倉 而換司贍寺布物 名之曰內用 擇其細好而入之 此非先王朝事 況價之高下 隨時不同 若曰從市直價折 則不可以內用而有所加減 今者咸鏡道 奴婢身貢 戶曹請以時價折之 而自上以爲非私儲穀之類 因舊價題給事判付云 私儲則從時價 內用則舊價 是可謂示人無私乎……從市直折價 答曰 已令依舊 不可更改 不允 累啓 不允"(『明宗實錄』卷21, 11年 9月 丁巳).

기 때문에, 국가나 양계 지역 토지 소유자 모두가 實利를 취할 수 있었던 것이다.

  명종대에도 평안도 지방의 軍糧 및 救荒穀은 이미 船運을 통한 他道로의 운송이 금지되었고, 명종 19년(1564) 경부터는 商賈의 貿易穀뿐만 아니라, 재상이나 朝官 소유의 農莊穀까지도 그 搬出이 금지되었다.[94] 일부 權勢家가 동 20년(1565)에 평안도 지방에 불법적으로 선박 운송을 再開한 적이 있었으나, 헌부가 그 문제를 비판하였고, 그래서 公私를 막론하고 선박의 운행금지가 재결정된 상태였다.[95]

  그런데 명종이 동 21년 내수사의 船運 금지 解除를 명하였다.

    평안도 船運을 이미 禁斷하게 하였지만 내수사의 물건은 雜處나 私家의 것에 비길 것이 아니니, 公事를 다시 만들어 通行을 禁斷하지 말게 하라(『明宗實錄』 卷33, 21年 11月 丙戌).

  전교가 내리기까지의 과정을 살펴보면, 定州・嘉山의 노비 신공으로 받은 쌀을 水路로 船運하는 일로 내수사 牒呈을 받은 吏曹가 그것을 호조로 移關하였다. 을축년(명종 20, 1565)에 평안도 선운을 痛禁하라는 承傳을 이미 받은 바 있었으므로, 호조가 다시 水路를 여는 것은 불가하다는 뜻으로 防啓하자, 명종이 船運 금지 해제를 전교한 것이었다. 이에 대해 헌부는 내수사가 선운을 시작할 경우 내수사 소속인들에 의해 발생될 作弊를 거론하여 금단할 것을 계청하였고, 명종은 여러 번 아뢴 후에 비로소 받아들였다.[96]

---

94) 朴平植, 1992, 「朝鮮前期 兩界 地方의 '回換制'와 穀物 流通」, 『學林』 제14집, 1~18쪽.

95) "諫院啓曰……而近年權勢之家 廣占田庄於沿海郡邑 大開船運之路 以此官備之儲 盡爲肥己 事人之資 民間之粟 亦歸行商牟利之手 使百年殷富之地 漸至於匱竭無餘 脫有邊警一起 餉軍之資 於何取辦 方今西方之憂 無大於此 請令該曹 嚴立事目 使本道監司 境內行船 一切禁斷 答曰如啓"(『明宗實錄』 卷32, 20年 12月 癸未).

　문정왕후가 명종 20년 4월 사망하자, 언관을 중심으로 내수사 인신과 양종의 폐단을 개혁해야 한다는 공론이 비등해짐에 따라 명종은 동 21년 4월에 각각 혁파를 명했다. 그 후 내수사를 통해 자행된 關西지방에 선운하는 폐단이나, 海澤을 折受받는 폐단[97] 등이 시정되는 조치도 취해진 바 있었다.

　그런데도 내수사의 呈訴·聽理·推治 등을 금지시키자는 논의도 무시한 채 문정왕후의 뜻을 내세우면서,[98] 왕실의 이익을 위해 내수사의 사사로운 운용을 고집하고 있었다. 그리고 이때에 새삼스럽게 내수사의 물자라는 이유로 '회환제'의 관행을 파기하려 한 것이다. 이는 내수사의 田民을 일방적으로 비호하는 방향과 일치하는 것으로 私人인 내수사 환관을 동원하여 지극히 말단의 이익까지도 챙겨 국왕의 私府[99]인 내수사에 비축하려는 왕권의 私的 橫侵에 다름 아니었다.

4. 內需司의 內願堂 관리와 內願堂田[100]의 확충

1) 內需司의 內願堂 관리

　내수사는 중종 11년(1516) 내수사 장리가 혁파된 이후, 사사전이나 내원당전을 왕실재정의 차원에서 관리하였다. 그렇다면 내원당의 연원은 어디이며, 명종대 이전의 실상은 어떠하였는가.

---

96) 『明宗實錄』 卷33, 21年 12月 己丑.
97) 『明宗實錄』 卷31, 20年 12月 癸未 ; 『明宗實錄』 卷33, 21年 6月 丁卯.
98) 『明宗實錄』 卷32, 21年 2月 甲戌.
99) "內需司卽殿下之私府 而其人卽私人也"(『中宗實錄』 卷3, 2年 7月 丁未).
100) 내원당전은 사사전의 범주에 포함된다. 그런데 명종대 寺社田의 문제는 문정왕후가 왕실 경제 및 왕실 불교를 확대하는 과정에서, 일반 행정계통의 간섭을 배제하기 위해 의도적으로 '내원당'을 증가시키는 것과 관련되어 있으므로, 사사전과 구별하여 '내원당전'이라 지칭하기로 한다.

願堂이 왕실의 安寧을 기원하는 사원이라면, 내원당은 특히 왕비를 비롯한 왕실 여성들의 祈福 행위를 위하여 설립하거나 지정된 원당을 의미한다. 고려의 遺制인 내원당은 왕조 초기부터 后妃를 비롯한 후궁 등 왕실 여성들의 崇佛 행사를 위해 궁궐 내에 있었다. 태종 12년 (1412) 사간원의 상소에 의하여 내원당은 혁파되었으나, 淨業院은 그대로 존속되고 있었다.[101]

정업원은 고려 말 이래로 왕실의 불우한 여성과 관련이 깊은 사찰이었다. 세종대에도 정업원의 주지는 국왕의 親屬이었다. 그래서 정업원은 "의지할 곳 없는 守信寡婦들이 削髮하여 승려가 된 곳"[102]으로 인식되고 있었다. 왕실 여성들의 원당이라는 의미에서 내원당에 속하는 정업원은 세종 30년(1448) 혁파되었다가, 세조 3년(1457)에 復立되었다. 그러다가 중종 즉위 직후 혁파되어 賜暇讀書堂이 되기도 하였다.[103] 정업원은 국왕의 불교에 대한 성향과 왕실 사정에 따라 치폐가 반복되었던 것이다.

그런데 명종은 원년 7월에 정업원을 仁壽宮에 소속시켜 수리하게 하고 先王 후궁의 거처로 삼게 하였다.[104] 명목은 선왕 후궁의 거처로

---

101) "司諫院疏論時務二事 其一曰 國家崇重斯道 攘斥異端 旣削寺院 又減民田 而獨內願堂淨業院 因循未革 彼內願堂 本前朝惑於浮圖 邀僧闕內以居之 仍名曰內願堂 今無其實 而從有其名 且爲監主者 旣往受田大利 又食月俸 而一月之費 幾至五石……乞罷內願堂月俸 使爲監主者 食其所住之田 又革 淨業院 其土田臧獲 悉令屬公 如未遽革 旣有土田 宜革朔料 以儲國用 下議 政府 議得 右條內內願堂 名實相殊 宜革之 上從之 乃曰 淨業院則不可遽革 也"(『太宗實錄』卷24, 12年 7月 壬子).

102) 『世宗實錄』卷116, 29年 6月 甲申.

103) 『世宗實錄』卷122, 30年 11月 庚戌 ; 『世祖實錄』卷9, 3年 9月 丁丑 ; 『明宗 實錄』卷4, 元年 7月 壬午. 願堂에 대해서는 宋洙煥, 1991, 학위논문, 제3장 「朝鮮前期의 寺院田」참조.

104) "傳于政院曰……後宮等無移寓之處 尙在私第 以古淨業院(卽安逸院 古僧 尼所居處 今廢) 屬仁壽宮 待事務稍歇 使之修理 先王後宮有故則移寓宇彼 可也"(『明宗實錄』卷4, 元年 7月 己卯).

하였지만 실제는 문정왕후가 명종을 위한 祈福의 장소 즉 내원당으로
복립한 것이었다.[105] 이는 곧 중종대 이후 내원당 및 사찰 전지를 내
수사가 관리해 온 관행으로 볼 때, 양종이 복립되기 전에 내수사가 이
미 불교에 깊이 관여하고 있었음을 보여주는 것이다.

> 요즈음 들으니 內需司에서 佛事를 숭상한다고 합니다. 先王朝에
> 서는 寺社의 田民을 모두 삭감하였었는데, 지금 점차 還給하고 있
> 고, 각 山寺의 주지가 있는 곳에도 많이 회복하고 있으며, 심지어는
> 陵寢寺 같은 데에도 중들이 날이 갈수록 증가하고 있습니다(『明宗
> 實錄』卷9, 4年 8月 甲辰).

당시 언론이 명종·문정왕후·훈척에게 겹제당하는 가운데 이미
불교 중흥에 대한 문정왕후의 의지가 관철되고 있는 상황이었다. 그렇
더라도 내수사를 매개로 하여 불교계가 중종대 삭감되었던 寺社의 田
民을 還給받을 뿐 아니라 주지와 승려가 늘어나는 정도가 상당했기
때문에 지평 朴大立이 지적하고 나선 것으로 풀이된다.
내수사를 통한 불교계의 중흥 조짐을 우려하는 대간의 비판이 있었
음에도 명종은 오히려 명종 5년(1550) 정월 내수사에 堂上印을 발급
하였다. 불교계를 관리하는 내수사의 권한이 강화될 것은 필연의 사실
이었다. 가령 사찰에 閑雜人의 出入을 금지하는 경계의 표시인 禁標
가 처음에 內旨로 立標하는 것에서 내수사의 공문을 통해 예조가 立
標 단자를 내리는 것으로 바뀌었다.[106] 그것은 문정왕후가 운용은 자
신이 하면서도, 內旨를 내리는 직접적인 방법보다는 내수사의 공문을

---

105) "史臣曰……仁壽之役 非出於上意 必慈殿爲主上 爲祈福之地……人君欲祈
　　　天永命 則在他而不在此"(『明宗實錄』卷11, 6年 2月 壬申).
106) "以禮曹 寺利立標單子 下于政院曰 當初謄書古願堂時 三利漏書 其令禮曹
　　　更考內需司公文 添書行移 史臣曰 當初立標之時 只稱內旨 而朝廷不知也
　　　今則令禮曹 移文八道 禁其閑雜人 實示奉佛之意於一國也"(『明宗實錄』卷
　　　10, 5年 3月 癸未).

통해 예조가 입표 단자를 내리도록 하여 외형상 公的인 성격을 강조하려 했기 때문이었다. 또한 내수사 公文을 빙자하여 많은 중들이 持音을 稱託하면서, 民田을 强奪하는 폐단도 현저하게 발생하는[107] 등 강화에 따른 부작용도 표면화되고 있었다.

또 다른 변화도 일어나고 있었다. 명종 5년(1550) 2月 領經筵事 沈連源이 "모든 산의 사찰에 紅門을 세우고 푯말을 박아 유생들이 절에 오르는 것을 금한다"[108]라고 崇佛 경향 확산에 대한 의혹을 제기하였고, 명종은 "홍문이 세워진 곳은 華藏寺뿐이고, 禁標가 세워진 곳은 중종조부터 내원당인 곳"이라고 해명하였다. 명종 해명의 토대가 된 것은 내수사의 보고 내용이었다.[109]

심연원이 제기한 의혹은 사실이었다. 간원이 동 5년 3월 "中外의 巨刹이 대부분 내원당으로 지목되어 이미 79개소가 禁標를 세우고 있는 현실"을 비판하면서, 일체 혁파할 것을 한달이 넘도록 계청한 것에서 그 같은 사실이 확인된다. 명종은 내원당 혁파 주장을 윤허하지 않았고, 이들 사찰을 예전대로 내수사로 하여금 수호하도록 하였다.[110] 곧이어 謄書할 때 누락된 3개소를 내원당으로 추가 지정하기까지 하였다.[111] 내수사와 불교의 밀착 관계를 지적한 대간의 상소를 계기로 왕실은 오히려 능침사가 아닌 내원당을 유생 上寺 금지 사찰로 규정하고 내수사의 내원당 관리를 재삼 강조하였던 것이다.

불교정책과 관련된 왕실의 내수사 운용의 핵심은 무엇보다도 내원당의 數的 증가와 그 경제적 기반을 마련하는 데 있었다. 당시 "내수사와 양종은 表裏 관계"였다.[112] 명종이 "사원은 내수사에 속한 것이

107) 『明宗實錄』 卷10, 5年 3月 辛巳.
108) 『明宗實錄』 卷10, 5年 2月 丙午.
109) 『明宗實錄』 卷10, 5年 3月 戊辰.
110) 『明宗實錄』 卷10, 5年 3月 乙亥.
111) 『明宗實錄』 卷10, 5年 3月 癸未.
112) 『明宗實錄』 卷27, 16年 9月 乙巳.

212

고, 모든 公事의 출입은 그 곳에서 하였다"113)라고 말한 바와 같이, 중종 이래 내원당은 내수사에서 관리하고 있는 터였다. 내원당은 명종 5년(1550) 3월 약 81개 정도에서 동 7년 정월 무렵에 무려 395개로 急增한 상태였다.114) 이는 요컨대 문정왕후가 동 5년 12월에 양종 복립을 공식화한 후, 내원당이 急增한 사실을 의미하는 것이다. 그 이전에도 전지를 확보하는 것이 내수사의 중요한 과제였지만 내원당이 대폭 증가한 만큼, 더욱 시급한 현안이 될 것이었다.

2) 內需司의 內願堂田 확충과 그 目的

정상적인 방법으로 내수사가 그 많은 내원당의 경제력을 마련하기는 어려웠을 것이다. 그래서 불교세력과 연계하여 寺社田과 관련된 民田을 탈점하였다. 그 구체적 사례는 명종 8년(1553)에 집중적으로 나타나고 있다.

B-1 : 청홍도 福泉寺에 어떤 宦官이 算員을 거느리고 內使라 칭하면서 살고 있는 전답을 寺社의 소유라 하고 또 백성들의 牛馬를 다 빼앗아 갔다고 합니다. 그리고 星州의 중이 靈山으로 가서 과부의 집에 머물면서 백성들이 寺田에서 오랫동안 농사지었다고 칭탁하여 무리를 모아 온갖 수단으로 백성을 괴롭히므로 백성들이 원망하고 통곡한다고 합니다(『明宗實錄』 卷14, 8年 2月 丙子).

B-2 : 寺社田畓을 還推하는 사이에 내관과 內需司에서 온갖 방법으로 피해를 일으키고 백성의 田畓을 함부로 빼으며 하지 않는 짓이 없어서 성상의 밝은 정치에 累를 끼치고 있으므로 분하게 여기지 않는 이가 없습니다. 근자에 福泉寺·積山寺 두 곳의 전답으로 成案한 差知內官에 대하여 상께서 먼저 파직한 다음 推考하라고

113) 『明宗實錄』 卷26, 15年 4月 己亥.
114) 『明宗實錄』 卷13, 7年 正月 癸未.

하였으니, 보고 듣는 사람이 누가 감격하지 않겠습니까. 그러나 내관이 內旨를 받들고 가서 제멋대로 방자하여 함부로 폐단을 일으킴이 이 지경에 이르렀으니, 만약 一罰百計로 하지 않는다면 기강을 세워 환시가 방자해지는 것을 막을 수 없을 것입니다(『明宗實錄』 卷14, 8年 3月 辛巳).

B-3 : 환관 金忠甫는 內需司의 公文을 가지고 경상도로 내려가서 민간에 폐단을 일으켜 寺社田을 경작하는 백성이라는 핑계로 民間의 田畓 牛馬를 빼앗기까지 하였습니다(『明宗實錄』 卷14, 8年 閏 3月 戊辰).

B-4 : 砥平에 사는 金貴珍이 소장을 제출하기를 "용문산 上院寺의 주지승 神會와 掌務僧 靈寶 등이 內願堂이라 칭하고 전지를 뺏고 民家 7호를 협박하여 철거하게 하려고 거짓말을 꾸며 啓達했는데 내수사의 書題들이 다시 量田하여 寺位田이라 하면서 도리어 우리들이 빼앗아 점거하였다고 供招를 받아 내고는 重罪를 가하려고 한다" 하였습니다. 신들이 본도에 行移하여 상세히 알아보고 신회와 이웃의 공사를 보니 신회가 양민을 侵虐하고 흉계를 자행한 것이 이루 말할 수 없습니다.……경기도사로 하여금 직접 量田케하여 寺位田 이외의 元田 및 加耕田을 주인에게 돌려주고 신회 영보 등은 끝까지 推考·治罪하게 하소서(『明宗實錄』 卷15, 8年 11月 己未).

B-1은 시강관 任鼐信이 명종 8년 이전에 이미 내려진 寺社田 추쇄 명령에 따라 내수사의 환관이 民田을 탈점한 것을 지적한 내용이다. 그런데 中和군수 金德龍이 내원당전의 復戶를 시행하지 않고 환관을 박대했다는 것으로 추고를 당한 이후에, 외방에서 中使를 극진하게 대하게 된 것을 계기[115]로 탈점하는 작폐가 집중적으로 발생하고 있

---

115) 『明宗實錄』 卷14, 8年 2月 丙子.

214

었던 것이다.

사사전 추쇄를 빙자하여 백성들의 家産을 빼앗아 福泉寺·積山寺 전지로 만든 내관을 명종이 파직·추고토록 하였으나,116) 그 내관이 오히려 內旨를 받들고 내려가 兩寺의 사사전으로 탈점한 사실을 헌부 가 비판한 것이 B-2의 내용이다. 이 내용만으로 민전이 두 사찰에 귀 속되었는지 여부는 확인할 수 없다. 그러나 환관이 內旨를 칭탁하여 명종의 명령을 어겼고 그럼에도 처벌하지 않은 사실과 내수사와 왕실 의 밀착 관계로 보아 사사전은 내수사의 의도대로 兩寺에 귀속되있 을 가능성이 높다.

B-3은 민전을 탈점하고 있는 환관 김충보의 불법을 정원이 지적하 자, 명종은 그의 잘못을 인정한 후, 물건은 주인에게 돌려주도록 명하 였다. 따라서 이 전지는 귀속되지 않았을 것이다.

B-4는 상원사와 내수사가 치밀하게 짜고 탈점하기 위해 민전을 내 원당전으로 사칭하고 사사로이 양전까지 행하면서 소유 농민을 처벌 하려고 까지 획책한 상황을 확인한 사헌부가 "경기도사로 하여금 다 시 量田하게 할 것"을 요청한 것이다. 그러나 명종은 오히려 "내수사 의 私有가 된 田地를 백성들이 함부로 빼앗아 경작했으므로 治罪를 명한 것"이라고 불허하였다. 따라서 전지를 경작한 7호의 농민은 처벌 되고 이 전지는 사사전에 귀속되었을 것이다.

위의 사례들은 사사전 추쇄를 빙자하여 각 고을에 파견된 환관들이 寺社田을 무단 占有했다는 핑계로 백성들의 전답과 家産까지 빼앗고 있는 구체적인 사례였다.

그러한 행태를 자행하는 의도는 무엇이고 그에 따른 총체적인 폐단 은 무엇인가.

근일 使命을 받고 나간 환관들이 事體를 해친 것이 많습니다. 그

116)『明宗實錄』卷14, 8年 3月 己卯.

동안 君名을 詐稱한 것이 매우 많았고, 또 外方 寺刹의 田地를 推刷
하는 것이 聖德에 크게 累가 되었습니다.……지금은 백성의 전지를
빼앗아 사찰에 주고 있으니 비록 상께서 하신 일은 아니더라도 백성
들이 어찌 알겠습니까……사신이 말하기를 "지금은 백성이 가진 祖
上의 契券이나 賣買文書가 사찰과 관계가 있는 것이라면 時期와 多
少를 가리지 않고 중들이 빼앗아 가는데, 이를 中使가 독려하므로
수령도 감히 말을 못하고 감사도 上啓하지 못한다. 또 거의 4백 군데
나 되는 內願堂이 다 田地를 갖고자 하니 짐승을 몰아다가 사람을
잡아먹게 하는 것을 이루 다 탄식하겠는가(『明宗實錄』卷14, 8年 3
月 戊戌).

검토관 李彦忠이 사원 전지 추쇄를 핑계로 민전을 탈점하여 내원당
에 시납하는 내수사 내관들의 武斷的 행태의 핵심을 지적하였다. 왕
실의 내수사 운용을 강도 높게 비판한 것이다. 당시 백성들이 '소유문
권' 혹은 '賣買文券'을 가진 토지라 하더라도, 사찰과 관련되어 있으면
예외없이 내수사와 연계한 승도들에게 奪取당하였다. 왕권의 비호 아
래 내수사 노비의 作弊는 수령뿐 아니라 감사의 통제도 벗어난 상태
에서, 4백여 개소에 달하는 내원당이 모두 전지를 소유하기 위해 소위
'率獸食人'과 같은 상황이 전개되고 있었던 것이다.

그 같은 상황은 이미 예견된 것이었다. 즉 내수사 장리가 혁파된 이
후, "이 뒤로는 內用이 부족하여 곧 팔도 사찰의 전지를 모아서 내수
사에 옮겨 붙이라고 명하였고, 해마다 委差를 나누어 보내어 거기서
나는 것을 거두어 官倉에 날라 들여 內簡의 여러 가지 支供을 장만
하게 하니, 이는 장차 女謁이 성하고 政令이 여러 군데서 나올 조짐이
다"117)라고 일찍이 예측한 그대로 상황이 전개되고 있기 때문이다.

사사전에 대한 是非는 명종 8년을 전후로 일단락된다.118) 그렇지만

---

117) 『中宗實錄』卷25, 11年 6月 壬子.
118) 그 후에 내수사는 "豊基郡守韓琦 奪白雲洞書員所屬之田 付與寺刹"(『明宗

216

내수사를 앞세워 민전을 탈점한 결과 표현된 그대로가 사실이라고 할
수는 없지만 "내수사와 양종이 먹고 사는 토지가 나라의 반"이라고
할 정도가 되었다.[119] 탈점한 전지 중 민전·언전 노전 같은 地目은
내수사전으로 편입시키고, 주로 寺社田과 관련되어 있는 민전은 대부
분 각 내원당에 施納하는 방식으로 내원당에 경제력을 마련해 준 것
으로 판단된다. 그러므로 "4백여 개에 이르는 내원당의 전지는 대부분
내수사에서 시납한 것"[120]이라는 말은 사실에 가깝다고 볼 수 있다.

그렇다면 사사전에 대한 是非가 문정왕후의 撤簾과 명종의 親政을
前後한 시기에 집중되고 있는 현상은 어떤 의미를 갖는 것인가. 그것
은 撤簾하기 전에 내원당의 경제적 지반을 확보해 놓고, 철렴한 후에
도 안정된 기반 위에서 왕실불교를 設行하려는 문정왕후의 계획의 결
과였다. 동시에 "사찰에서 취하여 內需(司)에 넣었다"[121]라는 지적처
럼 내원당전에서 수취하여 왕실재정에 편입시켜 재정을 넉넉히 유지
하려는 목적을 달성하기 위한 것이었다.

따라서 명종대 내원당전의 확대를 왕실이 복호를 내걸고 토지 소유
자인 농민을 내원당으로 투속하도록 적극 유인한 결과로 이해하기 보
다는,[122] 오히려 탈점한 민전이나 당시 盛風을 이루며 전개된 내수사

實錄』卷20, 11年 正月 戊寅) 및 "正言李憲國曰 頃見禮曹公事 則韓琦至爲
無狀 前者周世鵬李滉 作書員於安裕所居之鄕 以屬公田屬之 以供儒生 而
自上賜號及書冊 崇儒重道之意至矣 韓琦 以所屬之田 給於空門云 洪暹在
此 豈偶然聞而啓之乎 洪暹曰 書院地形深邃 可合藏修之所 而且有田以供
儒生 故士之往棲者甚多 而非初試入格者 則不許 韓琦以年少子弟 使往讀
書 迷劣之人 挾父兄之勢 凌轢儒生 故儒生皆散去云 其奪田事 則非韓琦之
所爲 乃內需司之所爲也"(『明宗實錄』卷20, 11年 正月 壬午)에서 보이는 바
와 같이 豊基郡守 韓琦를 통하여 白雲洞 書院에 속해 있는 전지를 奪占하
여 사찰에 시납하고 있었다.

119) 『明宗實錄』卷27, 16年 10月 丁卯.
120) 『明宗實錄』卷33, 21年 7月 癸卯.
121) 『明宗實錄』卷33, 21年 7月 癸卯.
122) 宋洙煥은 1991, 『朝鮮前期 王室財政硏究』, 제3장 「王室관련 寺院田의 運

노비로 투속한 자들의 보유 전지 등을 내수사가 내원당에 시납한 것에서 연유하는 것으로 이해하는 것이 타당하다고 판단된다. 곧 내원당전의 확대는 내원당에 투속한 농민의 전지 때문이 아니라, 내수사가 확보한 전지를 시납했기 때문이라는 것이다.

3) 內願堂田의 특혜

이제 寺社田이나 內願堂田의 특혜에 대해 검토해 보겠다. 먼저 복호부터 살펴보고자 한다.

원래 사사전은 貢賦 외의 雜役이 면제된 地目이었다.[123] 명종대에도 양종이 복립되기 이전인 명종 5년(1550) 2월에 "여러 절에 세워진 금지 푯말을 뽑아버리고 사사전의 復戶를 허락하지 말아서 뭇사람들의 의혹을 풀도록 하자"[124]라는 신료들의 지적으로 보아, 내원당전에 대한 復戶는 이미 시행되고 있는 상태였음을 알 수 있다.

그런데 이미 공식적으로 395개소의 내원당이 확정되고 복호가 시행

用」, 고려대 박사학위논문, 117~128쪽에서 명종대 왕실이 내원당을 의도적으로 증가시켜, 復戶를 내걸고 토지 소유자인 농민의 투속을 적극 유인한 결과 내원당전이 확대되었다고 파악하였다. 또 농민이 투속하였다는 구체적인 사례는 보이지 않는다고 하면서도, 내원당에 투속된 度牒 僧人 역시 토지 소유자이고 그들이 내원당에 투속할 때 그 소유지도 함께 투속된 것으로 이해하였다. 즉, 내원당전의 확대를 '투속 농민'과 '도첩 승인'이 소유한 토지가 함께 합해졌기 때문으로 파악한 것이다.
그러나 당시 왕권의 일방적인 비호 아래 내수사 노비로의 투속이 盛風을 이루고 있었고, 내수사 노비도 모든 役을 免除 받고 있는 상태였으므로, 굳이 내원당에 투속할 이유는 없다고 이해된다. 또한 '本宮이 8도에 설치'된 상태에서 "內需司와 兩宗이 먹고 사는 토지가 나라의 반"이라거나, "4백여 개에 이르는 內願堂의 전지는 대부분 內需司에서 시납한 것"이라는 말까지 있는 것으로 볼 때, "내원당전의 복호실시-토지 소유자 농민·승려 투속-내원당전 확대"로 이해하는 것은 재고되어야 할 것이다.
123)『經國大典』卷2, 戶典 復戶.
124)『明宗實錄』卷10, 5年 2月 壬寅.

218

되고 있는 명종 7년(1552)에 명종이 "각 도의 寺刹은 법에 의해 중을 수호하고 禮曹는 事目에 따라 雜役을 免除하라"[125]라고 새삼스레 '雜役免除'의 철저한 시행을 강조하였다.

　　內願堂의 雜役을 復戶하는 일은 이미 예조로 하여금 行移하게 하였는데 각 고을이 거행하지 않고 首僧을 괴롭혀 절을 비우게 하였다. 그러므로 慈殿께서 內官을 시켜 內需司의 護僧關字를 가지고 각 道로 가게 하였는데, 中和의 관리가 명을 거행하지 않을 뿐 아니라 또 奉命內官을 대접도 하지 않았으니 신하로써 어찌 감히 이와 같을 수가 있는가. 감사에게 글을 내려 推考하여 啓聞하도록 하라(『明宗實錄』卷14, 8年 正月 丁亥).

　　위의 내용은 내원당의 잡역 면제를 철저히 시행할 것을 강조한 한 달 후에 내린 전교이다. 내원당전에 대한 복호 지시가 그대로 지켜지고 있지 않았던 것이다. 이에 문정왕후가 각 도로 환관을 보내어 재삼 내원당 전지의 복호 시행을 강요하였다. 그런데도 中和의 관리 金德龍은 해당 지역의 내원당 전지의 잡역을 면제해 주지 않았다. 그 이유는 알 수 없지만 김덕룡은 내원당전을 사사전으로 인식하지 않고 있었거나, 잡역 면제를 매우 불만스럽게 생각하고 있었던 것 같다. 그래서 그는 명령 불이행 및 환관을 잘 대우하지 않았다는 죄목으로 추고되었다. 이 사건 이후에 외방에서 中使의 활동이나 접대에 적극적으로 나서면서, 내수사의 민전 탈점이 집중적으로 행해졌던 것이다.
　　한편 사사전은 '各自收稅'[126]로 세를 관에 납부하지 않았다. 즉 사사 자체의 수입으로 취하도록 되어 있었다.

　　지난날에 寺社田稅를 받지 말라는 분부가 계셨습니다만, 올해는

125)『明宗實錄』卷13, 7年 12月 甲寅.
126)『經國大典』卷2, 戶典 諸田.

곡식이 잘 여물지 않아 세입이 매우 부족하게 되었습니다. 서울에서 소용되는 祿俸 및 일체의 경비가 중간에 떨어질까 염려되니 올해만 받아들여 비용을 보충하면 어떻겠습니까(『明宗實錄』 卷17, 9年 8月 乙未).

명종대에도 명종 9년(1554) 이전에 이미 寺院田은 免稅되고 있었다. 명종대 사사전의 면세는 아마도 동 5년(1550)에 사사전의 복호 조치와 병행하여 시행되었을 것으로 추찰된다. 성종대 官收官給制가 시행된 후에는 사원전의 田租는 관수용으로 징수하는 결당 2두[127]를 공제하고 지급하였을 것이다. 그러므로 여기에서의 田稅는 사원 私有地에서 국가에 납부해야 할 田租를 지칭한다.

면세 조치가 시행된 초기에는 사원전의 규모가 그리 크지 않아서 별 문제가 되지 않았다. 그러나 이 문제가 거론되는 시기는 대부분 전지를 소유하고 있는 4백여 개의 내원당이 존재하는 상태였고, 따라서 그 내원당전의 면세는 국가재정에 상당한 영향을 미치고 있었던 것이다. 그래서 호조가 부족한 稅入을 충당하기 위한 방안으로 당해 년도만이라도 사사전에서 收稅할 것을 계청한 것이었으나, 명종은 거절하였다. 또한 내원당은 내수사가 시납한 전지의 주인으로부터 免稅된 부분도 田稅로 수취하였다.

이와는 별도로 명종 7년(1552)에 奉先寺・奉恩寺・正因寺 등의 寺刹位田을 감축하자는 문제가 처음 제기되었고, 동 10년에 일단 윤허를 받았다.[128] 그러나 다음해 호조가 봉선사에 位稅를 지급하지 않으면서 이 문제는 재연되었다.[129] 호조의 別賜田案에 봉은사는 居僧位

---

127) "職田寺田 每一結官收二斗"(『經國大典』 卷2, 戸典 諸田).
128) 『明宗實錄』 卷19, 10年 11月 壬子 ; 『明宗實錄』 卷13, 7年 正月 辛亥, "以戸曹寺利位田減省公事 傳于政院曰 寺利位田 他處無之 惟奉先奉恩正因有之 而亦不多 此乃先王陵寢 仍給可也".
129) 『明宗實錄』 卷20, 11年 6月 壬辰・甲午.

田 40字丁만이 등재되어 있는데 비해, 봉선사에는 거승위전 40자정 이외의 水陸位田 10字丁이 加給되어 있어 논란이 된 것이다.[130] 불교 관련 문제에 대해서는 비교적 활발한 언론을 행한 대간으로서는 국가 재정의 충실이라는 현실적 명분이 있었고, 명종 역시 문정왕후의 내수 사 운용 방향을 충실히 반영해야 하는 입장인 만큼, 사찰 위세는 그리 간단한 문제가 아니었다. 논란을 거쳐 봉선사 200결의 을묘년(명종 10, 1555) 위세만은 지급하지 않는다는 것으로 일단락되었다.[131]

국가가 큰 危難을 당하고 국가재정이 더욱 곤핍해져 명종 11년 당 시 이미 百官의 職田稅 지급은 중단된 상태였다. 그런데 명종이 능침 사찰이라는 이유로 位稅의 지급을 굳게 고집하고 강행하였던 이유는 바로 "문정왕후의 뜻을 힘써 따르려 했기" 때문이었다.[132] 친정기에도 문정왕후의 영향력이 불교 양종에 절대적으로 행사되고 있었으므로 결국 명종은 능침사의 위세는 "別賜田의 예에 의해 지급할 것"을 뷔 下하고, 봉은사 소속의 거승위전에 대해서도 '조종조의 전례'라는 점 을 들어 그대로 제급하도록 최종적인 조치를 내렸던 것이다.[133]

문정왕후는 양종을 복립하기 전 이미 내원당전의 복호와 면세를 시 행하였고, 양종 복립을 前後해서는 내수사를 동원해 내원당을 대폭 증가시켰다. 복호·면세 같은 특혜 조건을 내걸어 내수사 노비로의 투 탁을 선도하기도 하였다. 내수사와 불교세력이 연계하여 전지를 탈점 하고, 내원당의 인적·물적 기반을 확충하였다. 내수사를 동원한 이 모든 일들은 왕실재정을 충당하고 안정적인 기반 위에서 왕실 불교를 설행하기 위한 것이었다.

---

130) 『明宗實錄』 卷20, 11年 6月 丙申. 이것은 양종이 내수사를 사주하여 호조에 잘못 계산하여 첩보한 때문이었다.
131) 『明宗實錄』 卷20, 11年 6月 庚子.
132) "史臣曰 自上不惑於左道審矣 而尙拒位田之啓者 得無勉從於慈殿之敎乎 後之觀此者 詳之"(『明宗實錄』 卷22, 12年 4月 壬寅).
133) 『明宗實錄』 卷25, 14年 12月 甲寅 ; 『明宗實錄』 卷26, 15年 5月 乙未.

5. 內需司 運用의 폐단과 역사적 성격

명종대 왕실의 별도 조정으로 행세한 내수사가 행정·사법·군사의 업무 등을 兼行하는 것까지 왕실이 비호하면서, 여러 측면에서 폐단이 나타났다. 국왕이 내수사의 전민 탈점이나 노비 투속을 선도·비호함으로써 급기야 한 郡邑의 田民이 모두 내수사에 소속되는 데까지 이르게 된 상황134) 등은 여러 폐단 중 아무래도 가장 큰 폐단이었다고 생각된다.

賦役은 국가의 財用을 넉넉하게 하고 백성의 힘을 이용하는 것입니다.……백성을 부리는 것은 시기가 있어 제정해 놓은 법이 상세한데도 근래에는 정당한 賦稅 외에 賦課하여 거둬 들이는 명목이 많고, 명분 없는 役事에 백성의 농한기도 따지지 않습니다. 權貴의 집안은 田地의 두렁이 연달아 있고, 壯丁이 모여 있는데도 徭役을 알지 못하며, 내수사에 딸린 백성은 이웃이 감싸고 種族을 보호하여 요역을 逋脫함이 참으로 많습니다. 열 집에서 해야할 徭役을 한 집이 겸하게 되고, 백 집에서 내야할 賦稅를 열 집에 독촉합니다.……사찰의 공양과 기도에 드는 비용을 매번 내수사의 물품이니 국가의 경비와 관계되지 않는다고 핑계대지만, 내수사의 재물이 귀신이 가져다 준 것이 아닌 이상 백성에게서 나온 것이 아니겠습니까(『明宗實錄』卷30, 19年 2月 癸丑).

국가체제의 지반인 백성들이 내수사에 소속되면서 復戶된 자의 賦役이 남아있는 農民이나 殘弱한 노비들에게 전가되어 "지난날에 10인이 하던 일을 1인이 담당"하게 되면서 유리·도산하고 있는 실정이

---

134) "憲府啓曰 王者之政 當以至公爲心 不可少有偏係之私 而今也自上曲護內需司奴婢 凡干本司下人之訴 不辨是非 而只信其言 守令以此罷之 下人以此罪之 故其流之弊 至於冒占民田 謀復其戶 使一邑之民田 盡付於司奴之戶 而平民偏受其役 流離殆盡"(『明宗實錄』卷15, 8年 11月 壬子).

222

었다.135) 또한 내수사가 "법을 무너뜨리고 다른 고을의 民戶를 복호해주어 賦役이 고르지 않게 됨으로써 다른 백성들만 치우치게 수고하는 괴로움을 당"하고 있었다.136) 가히 국가 지반을 붕괴시킬 만큼 총체적인 왕실의 내수사 운용의 폐단을 대사헌 金貴榮이 지적하였다. 특히 내수사가 자행하는 일련의 행태의 핵심이 왕실불교에 소요되는 비용을 마련하기 위한 것이라는 점을 신랄하게 비판한 점이 주목된다.

조선전기 국역 체제 중 徭役과 貢納은 田結 數를 수취 기준으로 하고 田籍을 근거로 군현 단위로 정액·수취하도록 제도화되었다. 특히 공납은 농민층에게 과중한 부담이 되고 있었다. 그러나 공물 부과의 기준이 된 田結 數는 부·목·군·현 등 각 관의 등급에 따라 일방적으로 결정되었을 뿐, 실제 전결 수가 단위가 된 것은 아니었다.137)

『經國大典』에 "무릇 田地 8결에 1夫를 낸다"라는 규정은, 사실상 賦役을 부과하는 수령의 恣意性이 크게 개입되어 구조적으로 "權勢家에게는 헐하게 농민에게는 과중하게" 부담되고 있는 현실에서, 다만 규정에 지나지 않는 것일 뿐이었다. 더구나 연산군대의 紊亂한 정치를 겪으면서 加定·引納을 통한 경비 조달이 일반화되고, 點退 등 防納의 비리가 당대 勢力家들에 의해 牟利 수단으로 이용되면서, 京官을 통해 수령에게 직·간접적으로 방납을 강요하기도 하여 그 폐단은 더욱 심화되고 있었다.138)

명종대에도 "我國의 貢賦는 처음에는 그 지방의 土産의 有無를 헤아려 정했는데, 지금 外貢은 모두 토산이 아니고 오로지 防納에 의지하는 실정"139)이라고 할 만큼 방납이 성행하고 있었다. 당시 권세가들

135) "至於州郡之奴婢 則富者盡爲投托 只餘貧殘之人 前日十人之役 今日則一人當之 仍爲流離 擧家溝壑"(『明宗實錄』卷17, 9年 8月 庚辰).
136) 『明宗實錄』卷30, 19年 8月 甲午.
137) 『宣祖 修訂實錄』卷24, 23年 4月.
138) 高錫珪, 1996, 「商品의 流通과 貢納制의 矛盾」, 『한국사』28, 국사편찬위원회, 79~83쪽.

이 富商大賈 등 私商들과 결탁하고 그들은 다시 市廛상인과 연결하여 각각 방납의 이득을 얻고 그 이권을 뒷받침해 주는 구조였던 것이다.140) 더욱이 "부상대고나 각사의 관원이 사치하는 것은 모두 방납의 이익 때문"141)이라는 말이 있을 정도로, 명종대에는 "지주제에 바탕을 둔 상업의 발달로 부를 축적한 부상대고들이 중앙집권적인 국가 收取體制에 기생하면서 官權을 매개로 不等價 교환을 자행하는 가혹한 농민 착취기구로 구조화"된 상태였다.142)

더구나 한번 정해진 공납 액수는 郡縣의 田結이나 戶口 변동이 반영되지 않은 채 그대로 적용되었다. 그것은 변화된 현실을 전혀 반영하지 않는다는 점에서 농민들의 생활을 더욱 곤핍하게 하는 한 원인이 되고 있었다. 전결과 호구가 변동되어 한 집이 1백 戶의 賦役을 부담하고, 한 장정이 1백 사람의 임무를 감당한다는 명종 12년(1557) 丹陽군수 黃俊良의 상소 내용이나143) 강원도 高城에서와 같이 100호가 부담하지 못한 賦稅를 1호에게 바치게 함으로써,144) 郡의 급격한 붕괴 현상이 가속화되고 있다는 내용 등은 극단적인 상황에 몰린 농민들의 실태를 잘 말해 주고 있다.

문정왕후가 假借·假托한 왕권으로 내수사 운용과 불교 양종을 專制하면서, 전지 탈점·내수사로의 노비 투속 유인·내원당전의 확대 등 왕실 자체의 영역을 확장시킴에 따라, 賦役不均 현상이 한층 심화

---

139) 『明宗實錄』 卷9, 4年 2月 癸亥.

140) 『明宗實錄』 卷15, 8年 10月 丙申.

141) 『明宗實錄』 卷13, 7年 9月 甲辰.

142) 金泰永, 1983, 『朝鮮前期 土地制度史』, 知識産業社, 166쪽.

143) "丹陽郡守黃俊良 上疏陳民弊十條曰……臣謹按丹陽爲郡 本原州之小縣也 殲賊有功 特陞今號……今則凋弊已極 生事日窄 而供役疲氓 戶不盈四十 山野耕藉 結不滿三百 倉穀四千 皆雜稗秕 而逋負居半 責償無憑 催料索賦 或重於大府 誅求征稅 倍蓰於他氓 一家而支百戶之役 單丁而當百夫之任 貧者以困 困者已病 携持婦子 散之四方"(『明宗實錄』 卷22, 12年 5月 己未).

144) 『明宗實錄』 卷26, 15年 正月 壬午.

되고 있었던 것이다. 국역체계는 문란해지고 국가재정은 파탄에 이를
지경이었다.

왕실이 초법적으로 자행한 횡침에 편승한 훈척세력의 사회·경제
적인 권력형 중간 농단도 구조화·극대화되었다.[145] 權勢家들은 수령
과 결탁하여 民力을 동원시켜 海澤을 개발하였음은 물론, 軍營 소속
의 屯田을 모두 占奪한다거나, 해변의 泥生地를 奪占하여 邑民을 調
發하여 堤堰을 쌓고 있었다.[146] 특히 명종 초반 擅權한 李芑는 황
주·봉산·전라도·청홍도의 兵營 둔전을 모두 빼앗았고, 이기 사망
이후 일인체제를 구축한 윤원형은 靈光郡의 전답을 廣占하고 나라의
馬牧場까지도 빼앗아 田을 만들고 말을 몰아내기도 하였다.[147]

반당의 濫占도 대단하였다. 규정 이외의 伴倘을 취하는 것은 물론,
반당으로 취할 수 없는 지역인 兩界와 황해도의 백성까지 반당으로
삼고 있었다. 특히 尹元衡은 黃海·兩界를 비롯한 8도에, 李芑는 한
邑에 10여 인에 이르러 합하면 수백 인에 이를 정도로[148] 반당을 冒
占하고 있었다. 훈척의 그러한 행태는 명종대 왕실의 내수사 운용의

---

145) 훈척세력의 권력형 부정에 대해서는 金燉, 1993, 학위논문, 142~144쪽 ; 李
    宰熙, 1993, 앞의 논문, 107~112쪽 ; 김우기, 1995, 학위논문, 제3장 2절 「경
    제 기반의 확대」 등이 참고된다.
146) 『明宗實錄』 卷16, 9年 5月 庚戌 ;『明宗實錄』 卷21, 11年 3月 丙子 ;『明宗
    實錄』 卷25, 14年 2月 辛亥.
147) 『明宗實錄』 卷12, 6年 10月 己卯 ;『明宗實錄』 卷27, 16年 2月 己亥.
148) 『明宗實錄』 卷10, 5年 正月 甲午 ;『明宗實錄』 卷31, 20年 8月 戊寅·己卯
    ;『明宗實錄』 卷12, 6年 10月 己卯. 한편 伴倘은 원래 大君·宗親·功臣
    및 堂上官 이상의 관료에게 지급된 개인의 호위병이었다(『經國大典』 卷4,
    兵典 伴倘). 그러나 과전법체제가 무너진 후 농장이 발달하는 경제 변화와
    짝하여 15세기 말부터 반당은 농장 관리인 또는 농장 경영인으로 성격이 변
    하였고, 불법적인 投托과 冒占으로 假伴倘이라는 형태가 생기기도 하였다
    (韓嬉淑, 1990, 『朝鮮初期 雜類層에 대한 硏究』, 고려대학교 박사학위논문,
    1~82쪽). 한편 명종대 衛社功臣은 1등 10인, 2등 8인, 3등 5인의 반당을 배
    당받고 있었으나, 대부분의 훈척들은 규정 이외의 數外 伴倘을 濫占하고 있
    었다.

극대화와 함께 국역체계 및 국가재정을 파탄시키는 또 다른 한 축이
었다.149)

　명종 20년(1565) 4월 문정왕후가 사망하고, 내수사 인신과 양종이
각각 혁파되었다. "각도 寺利의 位田과 收稅田을 빠짐없이 추쇄하여
軍資에 보충하자"라는 호조의 계청에 대해 명종은 陵寢의 寺利과 內
願堂 이외의 位田만을 推刷하도록 하였다.150) 실제로 전답을 가진 사
찰로서 내원당에 소속되지 않은 사찰은 거의 없는 터였다. 결국 陵寢
寺인 正因寺·奉先寺·奉恩寺의 수조지는 仍給되고 내원당의 位田
과 收稅田은 내수사로 이속된 셈이었다.151) 내수사 인신이 혁파된 것
과는 별도로 왕실이 능침사찰과 내원당전으로 왕실재정을 확보하려는
입장은 堅持되고 있었다. 요컨대 이 시기 내수사를 운용한 왕실의 행
태는 초월적 특권을 향유하려는 巨室 世家의 면모 바로 그것이었다.

---

149) 당시 국역체계와 국가재정에 관해서는 金盛祐, 1995, 「16세기 國家財政의
　　危機와 身分制의 變化」,『歷史와 現實』16 및 1997,「16세기 國家財政의 需
　　要의 增大와 國役體制의 破綻」,『韓國史硏究』97 이 참고된다.
150)『明宗實錄』卷33, 21年 7月 庚子.
151)『明宗實錄』卷33, 21年 7月 辛丑 ;『明宗實錄』卷33, 21年 7月 癸卯.

V. 王室의 佛敎政策

조선왕조가 개창된 후 고려 말 斥佛論의 경향이 일련의 抑佛政策으로 이어지면서, 불교의 영향력이 약화되었다는 것은 잘 알려진 사실이다. 불교의 영향력이 약화되기까지 국가 차원에서 강제 조치를 발동했고 그 정리는 단계적으로 진행되었다. 단기간에 一擧에 혁파될 수 있는 것은 아니었고 종교적 측면에서의 역할 역시 전면 부정될 수 없었기 때문이다.

조선전기 불교의 여러 측면은 국왕의 성향에 따른 불교계의 변동 추이, 儒佛 간의 대립, 왕실불교, 僧人號牌制의 문제, 그리고 사원의 경제 기반 등 다양한 주제를 다룬 연구를 통해 밝혀졌고, 그 史實들은 불교의 모습을 이해하는 데 도움을 주고 있다.[1]

그런데 성리학적 질서가 자리잡혀 가고 있는 시기인 명종 5년 (1550) 12월 禪敎 兩宗이 復立된다. 이는 그 전에 종교로서의 명맥만을 유지해 오던 불교가 중흥의 轉機를 맞게 된 것을 의미하는 동시에, 국가가 양종을 복립하고 寺院에 대한 비호와 지원을 통해 그 中興을 추진하였다는 점에서 아주 특별한 의미를 갖는다. 근래 발표된 戚臣 勢力의 기반으로서 불교세력과의 연관성을 추구한 논고와 文定王后

---

1) 安啓賢, 1974, 「佛敎 抑制策과 佛敎界의 動向」, 『韓國史』 11, 국사편찬위원회 ; 金甲周, 1983, 『朝鮮時代 寺院經濟 研究』, 동화출판사 ; 宋洙煥, 1992, 「朝鮮前期의 寺院田」, 『韓國史研究』 79 ; 韓㳐劤, 1993, 『儒敎政治와 佛敎』, 일조각.

의 개인적인 崇佛 성향이 避役僧의 증가를 막는다는 사회적인 名分
과 합해지면서 불교가 제도적으로 정착되는 측면에서 살펴본 연구 등
은 공인된 명종대 불교에 주목한 것으로, 그 한 단면을 잘 보여주고
있다. 명종대 불교정책을 王室財政의 충당이라는 시각에서 검토한 논
고도 있다.[2]

　기왕의 연구로 명종대 불교정책의 내용이나 목적, 승려가 제도권으
로 정착되는 양상 및 왕실재정을 충당하는 측면 등이 어느 정도 밝혀
지기는 했다. 그러나 명종과 문정왕후의 권력관계 및 훈척정치의 정치
상황과 맞물려 兩宗이 復立되고, 불교정책이 지속적으로 시행될 수
있었던 배경이나 시행 과정, 그 성격 및 시행 결과는 밝혀져야 될 부
분으로 남아 있다. 불교정책의 핵심이라고 할 수 있는 이러한 부분들
이 밝혀져야 명종대 왕실재정과 관련된 측면도 비로소 입체적·종합
적으로 검토될 수 있을 것으로 생각된다.

1. 明宗代 以前의 佛敎 推移

　寺院경제의 팽창과 僧徒 과잉에 따른 寺院의 사회·경제적 폐단이
더욱 심화되고 있던 고려 말, 그 폐단을 개혁하고 국가재정을 재확립
하자는 斥佛論은 忠肅王대 崔瀣의 비판으로부터 시작하여 田制改革
論의 대두와 아울러 鄭道傳, 金貂, 朴礎 등으로 이어지고 있었다.[3]

　조선왕조가 건국된 후에는 性理學的 이념에 입각한 유교정치를 시
행하려는 입장에서나, 그에 조응하는 사회 질서를 정립한다는 측면에

---

　2) 金宇基, 1994, 「16세기 戚臣政治期의 佛敎政策」, 『朝鮮史硏究』 3 및 1995,
　　　학위논문 ; 姜德雨, 1994, 「朝鮮中期 佛敎界의 動向」, 『國史館論叢』 56 ; 宋
　　　洙煥, 1992, 앞의 논문.
　3) 『東文選』 卷84, 序, 「崔瀣 送僧禪智遊金剛山序」 ; 『高麗史』 卷119, 「鄭道傳
　　　傳」 ; 『高麗史』 卷117, 「李詹傳」 ; 『高麗史』 卷120, 「金子粹傳」.

서 억불정책을 지속적으로 시행하였다. 그 과정에서 불교의 本據가 되는 사원이 단계적으로 정리·축소되었고,[4] 세력 기반이 되는 사원 전의 免稅 폐지, 사원전의 屬公과 寺社奴婢의 革罷[5] 등의 조치가 단 행되었다. 사원의 경제 기반이 급격히 약화되었던 것이다. 이에 따라 자연 불교의 영향력은 점차 쇠퇴하게 되었고, 승려의 사회적 지위도 하락하였다.

그렇다고 승려가 되는 길을 법적으로 막은 것은 아니었다. 제도적 으로 度牒制를 실시하여 양종에서 시행하는 般若心經·金剛經·薩 怛陁 등의 誦經 시험에 합격하고 正布 20필을 丁錢으로 납부한 후, 도첩을 발급받아 합법적으로 승려가 될 수 있는 길은 열어 놓고 있었 다.[6] 그러나 도첩제는 치폐가 반복되었다. 즉 성종 23년(1492) 이후 燕山君代에 치폐가 반복되다가 연산군 10년(1504)) 윤4월에 혁파된 것으로 보인다.

每 式年에 선종은 傳燈錄과 拈頌을, 교종은 華嚴經과 十地論을 시 험하여 각기 30인을 選取하기로 규정된 僧科도 연산군 10년경에 폐지 되었다.[7] 사원의 收租地는 동 11년(1505)에 전면 혁파되었다.[8] 불교

---

4) 사원의 정비는 크게 세 차례에 걸쳐 이루어졌는데 태종 6년(1406) 12宗 242 寺로 정리되었고, 다시 동 7년에 7宗 88寺로 재정비되었다가 세종 6년(1424) 에 禪教 兩宗 각 18사 合36寺로 되었다(『太宗實錄』 卷10, 6年 3月 丁巳 ; 『太宗實錄』 卷14, 7年 12月 辛巳 ;『世宗實錄』 卷24, 6年 4月 庚戌).
5) 『太宗實錄』 卷3, 2年 2月 戊午 ;『太宗實錄』 卷3, 2年 4月 甲戌 ;『太宗實 錄』 卷10, 5年 8月 壬辰.
6) 『經國大典』 卷3, 禮典 度僧.
7) 『成宗實錄』 卷272, 23年 12月 癸卯 ;『燕山君日記』 卷54, 10年 閏4月 戊辰. 승과가 폐지되었다는 정확한 기록은 나타나지 않으나 연산군 9년 11월까지 승과의 문제가 논의되었는데, 동 11년 3월 무렵에는 중들을 몰이꾼으로 하고 있다. 따라서 동 10년 '藏義寺 부처를 중들을 시켜 삼각산 안팎의 절로 옮기 게 하고 중을 모두 내보낼 것'을 명한 10년 7월을 전후한 시기에 승과가 혁 파된 것으로 판단된다(『燕山君日記』 卷54, 10年 7月 乙巳).
8) 『燕山君日記』 卷60, 11年 12月 乙巳.

230

양종 체제가 사실상 종언을 고한 셈이었다.

그러다가 중종이 즉위하면서 水陸社・陵寢寺・內願堂의 수조지를 還給하였고,9) 寺社田은 官收의 대상에서 제외시켰다.10) 그러나 승과는 복립되지 않은 상태였다.

국가의 억불정책 및 유교 통치이념이 사회 전반에 확산되고 있었다. 그렇다고 해서 불교의 종교적 의미까지 사라진 것은 아니었다. 민간이나 왕실에서 여전히 명맥을 유지하고 있었기 때문이다. 조선초기에는 특히 世宗・世祖가 개인적으로 사원을 重建하고 불경을 刊行하였으며, 大妃・妃・嬪 등과 같은 궁중 여성들이 개인적인 신앙심의 차원에서 믿는 왕실을 중심으로 한 王室佛敎가 이어져 오고 있었다.11)

왕실불교는 16세기에 들어와서도 여전하였다. 한때 중종 11년 (1516) 6월 己卯士林에 의해 불교식 제사인 忌晨齋가 혁파되어12) 왕실불교가 前 시기에 비해 위축되는 듯하였다. 그러나 己卯士禍 이후 다시 일상적인 것으로 자리하고 있는 한편, 국가적으로는 祈淸制・祈雨祭 등을 불교식으로 設行하기도 하였다. 특히 중종대에는 好佛的 성향이 강한 文定王后가 궁중에서 佛事를 행하고 있었다.13) "檜巖寺의 僧人들이 內旨를 칭하면서 크게 道場을 열어 飯僧이 무려 수천이며……名山大刹에는 내수사의 經費로써 佛事를 행하며 거의 虛日이 없다"14)라고 할 정도로 문정왕후를 구심점으로 하는 왕실불교의 외연

---

9) "傳曰 前革除水陸社陵寢寺內願堂位田 還給"(『中宗實錄』卷1, 元年 10月 庚午).

10) "下寺社田稅磨錬單子曰 寺社之稅 雖異端之寺 以其爲先王先后也 前者減 半者 又有全減者 今不可盡減"(『中宗實錄』卷7, 4年 正月 甲寅).

11) 이에 대해서는 다음의 논문이 참고된다. 安啓賢, 1974, 「佛敎 抑制策과 佛敎 界의 動向」, 『韓國史』11, 국사편찬위원회 ; 權延雄, 1993, 「世祖代의 佛敎 政策」, 『震檀學報』75 ; 韓㳓劤, 1993, 『儒敎政治와 佛敎』, 一潮閣.

12) 『中宗實錄』卷25, 11年 6月 壬子.

13) 金宇基, 1995, 학위논문, 제3장 4절 「佛敎勢力과의 連繫」.

이 확대되고 있었다.

한편 16세기에는 科田法의 붕괴, 防納의 확대, 軍役의 代立 등과 같은 사회경제적 변화가 일어나고 있었다.[15] 貢賦와 徭役이 구조적으로 세력가에게는 헐하게 소농민에게는 과중하게 부과되는 가운데, 빈한한 농민층이 유리·도산하기 시작하였고, 人丁만을 기준으로 軍制가 편제됨에 따라 正軍에게 엄청난 代立價를 요구받은 保人이 도망하는 상황과 맞물려 單身立役한 정군마저도 재산을 蕩盡한 나머지 도망·유리하는 사태가 속출하였다. 또한 도망한 군사의 闕立에 대한 것을 强徵당하게 된 그 一族과 이웃마저 도망하는 악순환이 保法 문란 이후 계속되고 있었다.[16]

군역이나 부세의 과중한 부담 외에 당시 연속적으로 발생하다시피 한 자연 災害[17]도 농민 유망의 또 다른 원인이었다. 그리하여 "지금 田地를 소유하고 있는 자는 士族뿐이니, 수많은 백성치고 누가 尺寸의 토지라도 가진 자가 있을 것인가"라거나, 특히 "양민으로서 전지를 소유한 자는 실로 한 사람도 없다"[18]라는 다소 과장되었지만 극단적인 표현이 나올 정도였다. 소농민층의 토지소유에서의 이탈이 심화되는 다른 한편에서는 이탈된 토지를 소유하는 부류, 즉 有勢家들이 여러 방법으로 地主地를 集積하고 있었다.

---

14) 『中宗實錄』 卷51, 19年 6月 庚戌.

15) 당시 사회경제적인 변화에 대해서는 다음의 논문이 참고된다. 李景植, 1976, 「16세기 地主層의 動向」, 『歷史敎育』 19 ; 高錫珪, 1985, 「16·17세기 貢納制 改革의 方向」, 『韓國史論』 12, 서울대학교 국사학과 ; 1996, 「商品의 流通과 貢納制의 改革」, 『韓國史』 28, 국사편찬위원회 ; 李泰鎭, 1986, 『韓國社會史硏究』, 지식산업사 ; 金泰永, 1996, 「科田法의 崩壞와 地主制의 發達」, 『韓國史』 28, 국사편찬위원회, 94쪽.

16) 李泰鎭, 1968, 『韓國軍制史(近世朝鮮前期篇)』, 육군본부, 214~234쪽 ; 金鍾洙, 1996, 「軍役制度의 崩壞」, 『韓國史』 28, 국사편찬위원회.

17) 平木實, 1990, 「朝鮮朝 中宗·明宗代의 旱魃をめぐる天譴意識」, 『朝鮮學報』 134.

18) 『中宗實錄』 卷64, 23年 11月 辛丑.

15세기와 다른 방향으로 전개된 사회경제적 변화는 도적과 불법승을 증가시키는 주요 원인이었다. 良丁이 避役의 수단으로 승려가 되어 살인·약탈 등을 자행하는 것도 문제려니와, 승려의 증가가 군액의 減少와 직결된 것이었기에 더욱 큰 문제였던 것이다. 따라서 국가재정이나 국역체제의 지반인 그들을 현실적으로 推刷하든지, 승려가 되는 제도적인 길을 아주 폐기하든지 하는 어떤 대안이 모색되어야만 하는 상황이었다.

2. 明宗代의 佛敎政策

1) 兩宗 復立 以前 文定王后의 佛敎政策

문정왕후의 수렴청정으로 시작된 명종대 승려의 상태를 살펴본다.

중들이 점차 불어나는 것이 崇佛하던 때보다 심합니다. 良人과 賤人이 身役을 피해 도망하여 날로 중이 되는데 軍額이 줄어드는 것이 이 때문이니, 실로 작은 일이 아닙니다. 그러나 그들을 하루아침에 몰아서 身役을 정할 수는 없는 형세이니, 먼저 條約부터 만들어서 信義를 밝게 보여야 합니다. 지난번 犬項과 蟻項의 역사 때에 赴役한 자에게 號牌를 나누어 주었지만 끝내 쓸모없는 물건이 되었고 赴役하지 않은 자들은 推懲을 당하지 않았으니, 국가가 이미 信義를 잃은 것입니다. 이제 마땅히 各道의 關防 要害地에 城을 수축하는 일이나 公廨의 수리 등의 역사에 모름지기 그곳 절에 寄居하는 중들을 먼저 審定하여 모조리 赴役하게 하되, 작업 성적을 살펴서 號文을 주어 身役을 면제해 주고, 賦役에 빠진 자들은 各道에 명하여 일시에 推刷하여 군액에 정하도록 해야 합니다. 나이 50세 이상의 중으로서 丁錢을 바치겠다고 자원하는 자는 그 道의 監司가 살펴서 받아들이고 그 숫자를 啓聞하여 그들에게도 號文을 주어 身役을 면제하도록 하고 전에 견항과 의항의 역사에서 號牌를 받은 중들은 추쇄하지 않도록 하는 것이 어떻겠습니까(『明宗實錄』卷5, 2年 2月 辛卯).

영중추부사 洪彦弼, 尹仁鏡 등은 군액 감소의 최대 원인이 바로 승려 증가임을 지적하였다. 그러면서 그들을 당장에 모두 추쇄해서 身役을 정할 수 없는 현실적 상황을 감안하여, 중종대에 權臣 金安老가 無度牒僧의 증가를 해결하기 위해 한 때 실시한 바 있는 '役僧給牌' 방식을 채택하자는 것이었다.

'역승급패'란 김안로가 漕運의 편리를 위해서나 인적·물적 피해를 막기 위해, 泰安반도 부근의 安行梁과 한강 하안 지역의 犬項지역의 공사를 중종 31년(1536)과 32년에 시행하면서 '自募願役'한 8,000명에게 號牌를 발급하여 합법적인 승으로 인정해 준 것을 말한다. 그 결과 불법승이 줄어드는 등 제한적이나마 긍정적인 효과를 거둔 바 있었다. 그러나 '역승급패'는 김안로의 失脚과 함께 철폐되었고, 따라서 무도첩승의 문제는 다시 방치된 상태였다.

명종대에도 무도첩승이 계속 증가하고 있는 만큼 국가가 중종대 犬項·蟻項에서와 같이 각종 공사에 그 지역의 승려를 참가시켜 호패를 주고, 赴役에 빠진 자들을 추쇄해서 군액에 충당하도록 하자는 것이다. 또한 나이 50세 이상인 자는 별도로 丁錢을 받고 감사가 살펴서 호패를 발급하도록 하는 조치를 함께 시행하는 것으로 결정하였다.

그러나 무도첩승의 증가를 막기 위한 방법을 모색하면서도, 정작 명종은 오히려 승려들을 使役에서 철저하게 금지시키고 있었다. 가령, 명종 원년(1546)에 山陵을 참배할 때 경유하게 되는 貞陵 통로의 橋梁 改修 공사에 병조가 서울의 중 1백 명을 징발하자, 명종이 모든 營繕軍을 移付시켜 역사하도록 하여 그 징발을 백지화시켰다. 또한 僧軍을 부려 中興洞의 재목을 실어 오도록 하자는 東宮造成都監의 계청을 흉년과 승군들이 바쁘다는 등의 이유로 거절하였고, 工曹가 洪

濟院 앞개울을 수축할 때 승군을 증가시키자고 한 요청은 물론이고, 앞서 정했던 승군의 역사까지도 철회시키고 그 지역의 留衛軍으로 정하도록 명하였다. 뿐만 아니라, 公州지방의 防築 공사나 彦陽 官舍를 건축할 때에도 거론된 승려의 동원 역시 거절하였다.[19]

한편 부산포의 담을 쌓는 공사에 600명의 僧軍이 동원되면서 그들에게 호패를 지급하는 문제가 논의된 적이 있었다. 호패 지급 여부가 불분명한 가운데, 다만 동원된 승군이 1~2개월에 걸친 짧은 役事를 마친 후 호패를 지급받아 영구히 免役된다는 점에서 신료들은 부정적이었다.[20] 그러나 승군을 역사에서 제외시키려는 것이 국가의 일반적인 방향이었음을 감안할 때, 이미 동원된 승군에게 호패가 지급되었을 것으로 짐작된다. 또한 무너져 流失된 犬項의 재수축을 논의하는 과정에서도 水軍과 留衛軍만이 언급되었을 뿐 승군은 제외되고 있었다.[21]

결국 일정한 기준을 마련하여 역사에 참여한 승려에게 호패를 발급하는 방안인 '僧人號牌制'는 결정으로만 그친 상태였던 것이다. 그 같은 국가의 대응방향은 당시 垂簾聽政으로 사실상 국가권력의 정점에 있는 文定王后가, 명종 5년(1550) 8월 승려들을 사역시키지 말도록 하는 법을 새로이 마련하는 것으로 歸着되고 있었다.[22]

불교 양종에 대한 문정왕후의 의중의 일단은 명종 원년(1546) 정월 '淨土寺 사건'이 발생했을 때 표출되었다. 즉, 정토사(세조 딸인 懿淑公主의 齋宮 : 인용자 주)에서의 朔望祭가 유생의 上寺로 방해를 받

---

19) 『明宗實錄』卷4, 元年 7月 乙亥 ; 『明宗實錄』卷5, 2年 5月 戊辰 ; 『明宗實錄』卷6, 2年 8月 壬午 ; 『明宗實錄』卷8, 3年 12月 庚申 ; 『明宗實錄』卷9, 4年 2月 乙卯.
20) 『明宗實錄』卷7, 3年 4月 己酉.
21) 『明宗實錄』卷8, 3年 8月 壬申.
22) 『明宗實錄』卷10, 5年 8月 庚辰. 이 법이 마련된 실제 시기는 기록으로 나타난 5년 8월 以前이었다.

게 되자, 명종이 先王 陵寢 寺刹 규정에 의해 유생의 출입을 금지하
는 한편, 이를 어기고 출입하는 자는 停舉하겠다고 전교한 것이었
다.[23] 명종의 조치가 부당하다고 반박하는 언관과 生員 洪天民 등의
상소로 명종이 정거 명령을 철회하기는 하였으나, "祭幕에서 作弊하
는 자는 依法治罪한다"라는 조건을 달았다.[24] 이 문제에 대한 명종의
일보후퇴는, 아직 명종 즉위년 8월에 발생한 乙巳士禍의 여파가 남아
있고 문정왕후의 집권과 훈척세력의 정국 운영이 안정되지 못한 상태
였으므로 부득이하게 언관과 타협하는 선에서 수습한 것이었다.

　한동안 잠잠하던 유생의 上寺 문제는 명종 4년(1549) 9월 문정왕후
가 정원에 전교를 내리면서 다시 쟁점화 되었다.

　　선왕의 陵寢에 대한 일은 雜人들이 출입할 염려가 있기에 大內에
　서 摘奸하게 하였는데, 유생들이 몹시 소란을 피워 사찰 내에 전해
　오던 많은 器物을 파손하였다고 한다. 大典의 법에 유생으로서 사찰
　에 오르면 거기에 합당한 법이 있으니 법에 의해 죄를 주라. 그 중에
　서도 가장 심했던 黃彦澄은 式年 科舉에 停舉시키라. 正因寺는 德
　宗大王(성종의 生父 : 인용자 주)의 능침사이고 檜巖寺는 태종대왕
　의 陵寢寺인데, 유생들이 亂入하여 소란을 피워서야 되겠는가. 奉恩
　・奉先 두 사찰의 예와 같이 榜을 걸어 금하라(『明宗實錄』卷9, 4年
　9月 甲戌).

　위 사료의 내용을 바탕으로 상황을 재구성해 보면, 덕종과 태종의
陵寢寺인 正因寺와 檜巖寺에 유생이 주지나 사찰 관계자의 저지를

---

23) "傳于政院曰 懿淑公主齋宮 設朔望祭 其來已久 而近者出入者 非徒閑雜人
　　假托儒名 坌集作弊云 故昨日遣內官擲奸 則儒生多聚 將廢祭祀 至爲未安
　　依先王陵寢之寺(光陵奉先寺 宣陵 奉恩寺 是也)使儒生 不得往 若有往而現
　　露者 儒生則停舉 雜人則治罪 申明檢察事 言諸禮曹"(『明宗實錄』卷3, 元年
　　正月 甲子).
24) 『明宗實錄』卷3, 元年 正月 甲子~丙子.

236

무시한 채 上寺했고, 그곳에서 그들과 언쟁 또는 몸싸움을 벌인 것 같
다. 그러한 상황은 곧 유생들이 능침사에 亂入하여 소란을 피운 것으
로 내수사에 보고되었고, 내수사의 보고 내용을 접한 문정왕후가 그
중 가장 심하게 폐해를 끼친 인물로 지목된 黃彦澄을 "祭幕에서 作弊
하는 자는 의법치죄한다"는 단서에 따라 式年 과거에 停擧시켰던 것
이다.

그런데 내수사 운용에 직접 나서지 않는 것과는 대조적으로, 유생
들의 上寺를 문제삼아 공식적인 정거 처벌을 단행하는 점은 상당히
주목된다. 이 사건을 계기로 문정왕후가 "예로부터 중으로 總領을 삼
았으므로 雜人들이 出入하는 일이 없었는데, 지금은 총령이 없어 軍
役을 피하기 위해 떼지어 도둑이 된 자가 많다"라고 하여, 며칠 후 普
雨를 '總領'에 임명하였다.[25] 유생들의 상사를 문정왕후가 굳이 이때
문제삼은 것은 보우를 총령에 임명하기 위한 빌미를 만들기 위해서였
음을 잘 보여주고 있다. 보우의 '총령' 임명은 곧 양종 복립을 위한 첫
단계의 제도적 조치였기 때문에 문정왕후가 적극 나섰던 것이다.

그렇다면 普雨는 어떻게 '총령'으로 差任될 수 있었는가. 문정왕후
는 명종 즉위 초부터 불교를 중흥시키려는 의중을 여러 차례 구체적
인 조치로 표출한 바 있었다. 가령 명종 원년(1546) 7월 명종이 3월부
터 修理하라고 명한 仁壽宮을 수리하지 않은 監役과 書員을 추고하
는 한편 명종을 위한 祈福의 장소 즉 내원당으로 복립하기 위해 정업
원을 인수궁에 소속시켜 수리하게 하여 先王 후궁의 거처로 삼게 하
고, 내관으로 하여금 정업원 수리에 소요되는 목재와 기와를 조사하도
록 명한 것이 그러한 사례였다.[26] 그래서 문정왕후의 불교 중흥 의지
에 반대하는 호조와 간원이 각 處의 수리하는 곳에 쓸 재목과 기와를
圓覺寺에서 量給할 것을 오랫동안 啓請하였지만, 명종은 끝내 不許

25) 『明宗實錄』卷9, 4年 9月 戊寅.
26) 『明宗實錄』卷4, 元年 7月 辛巳 ; 『明宗實錄』卷11, 6年 2月 壬申.

하였던 것이다.[27]

그 외에 유생의 상사 금지, 내원당 확대, 승려 사역금지 등도 불교계를 우대하는 조치였다. 그러나 문정왕후가 불교계를 중흥시키려는 여러 계획을 가지고 있다 하더라도 그 계획을 뒷받침할 만한 불교계의 인물이 없을 경우, 국가정책으로까지 추진하기에는 그 한계가 분명하였다. 이때 내수사가 금강산에서 陵寢寺(檜巖寺)에 와 있는 보우를 문정왕후에게 안내함으로써 그가 등장하게 된다.[28] 그리고 명종 3년(1548) 봉은사 주지로 임명되었고,[29] 동 4년 9월 '總領'에 差任되었던 것이다. 보우가 총령으로 차임되었을 당시 그에 대한 비판이 뒤따르고 있었다.

> 그는 원래 姦詐하고 驕慢한 바탕에다 文墨의 技藝까지 곁들인 자로서 그가 內命으로 奉恩寺 住持가 되었을 때 退托 謙讓하여 의식적으로는 孫避하는 태도를 취하였습니다. 주지가 되고 나서는 苦節을 닦는 체하며 겉으로는 廉謹한 체 하였는데, 이는 바로 자기의 聲價를 높여 寵眷을 받고자 하는 것이었습니다(『明宗實錄』 卷9, 4年 9月 丙戌).

성균관 생원 安士俊 등이 그의 表裏不同함을 비판한 것이다. 그러나 그 비판의 내용 속에는 개인적인 능력을 갖추고 있다는 사실이 포함되어 있다.

보우가 총령으로 차임된 후 "그를 따르는 자들이 재물을 빼앗기 위해 사람을 살해하고, 강도를 推鞫할 때 승려가 반을 차지한다"[30]라는

---

27) 『明宗實錄』 卷5, 2年 2月 戊戌・己亥.

28) 『明宗實錄』 卷13, 7年 5月 辛亥.

29) "予本賦性疎懶且病 想料岩藏不出人前 越今年今月十五日(戊申十二月也) 伏蒙慈旨徵赴奉恩名利"(『虛應堂集』 下).

30) "(大王大妃 垂簾同御 知經筵事 任權) 僧普雨 極詐者也 其從者 殺越人于貨 恣行無忌 刑曹推鞫强盜 僧徒居半 若以內需司 立其禁標 庇護緇髡 則臣

238

비판도 있었다. 그것은 봉은사 주지로 임명된 보우가 불교계에 영향력을 가지는 인물로 인식되면서, 그 威勢를 믿고 승려들이 폐단을 일으키고 사태가 빈발하였기 때문인 것으로 추찰된다.

어쨌든 보우가 총령으로 差任된 이후, 능침사가 아닌 "모든 산의 寺刹들이 內旨를 핑계하여 (유생의 上寺를) 일체 禁斷"하였고,31) 얼마 지나지 않은 명종 5년(1550) 정월에 내수사에 堂上印을 조급하여 불교계에 대한 내수사의 권한을 강화하였다. 그후 영경연사 沈連源이 "모든 산의 사찰에 紅門을 세우고 푯말을 박아 유생들이 절에 오르는 것을 금한다"32)라고 비판할 정도로, 확실히 상황은 달라져 있었다. 上寺를 금지하는 사찰을 확대하고 禁標까지 세워 금지하는 조처로 인한 마찰이 계속되자, 명종은 내수사의 보고를 토대로 유생의 상사 금지 사찰을 "중종대 이래 內願堂으로 지정된 81개로 제한"하고, 이들 사찰을 예전대로 내수사가 수호하도록 하는 타협안을 제시함으로써33) 일단 수습하였다.

불교계에 대한 내수사의 권한이 더욱 강화된 5년 정월 이후, 사찰에 閑雜人의 出入을 금지하는 경계의 표시인 禁標가 처음에 內旨로 立標하는 것에서 내수사의 공문을 통해 예조가 立標 단자를 내리는 것으로 바뀌었다.34) 그래서 가령 봉은사가 渡迷와 月溪 지역의 柴場과

恐非徒異敎將熾 吾道將衰 抑亦群聚爲盜 害及齊民也 慈殿敎曰 普雨惑衆之事 亦未之知也 陵寢之中 奉恩寺 非如他寺 供奉之事甚多 爭之者衆 構成陷害 故自上痛憤 而朝廷亦未免人言所惑 至爲不當"(『明宗實錄』卷10, 5年 3月 己卯).
31) 『明宗實錄』卷9, 4年 12月 癸丑.
32) 『明宗實錄』卷10, 5年 2月 丙午.
33) "以禮曹 寺刹立標單子 下于政院曰 當初謄書古願堂(七十八寺)時 三刹漏書 其令禮曹 移文八道 更考內需司公文 添書行移"(『明宗實錄』卷10, 5年 3月 癸未) ;『明宗實錄』卷10, 5年 3月 戊辰 ;『明宗實錄』卷10, 5年 3月 乙亥.
34) "史臣曰 當初立標之時 只稱內旨 而朝廷不知也 今則令禮曹 移文八道 禁其閑雜人 實示奉佛之意於一國也"(『明宗實錄』卷10, 5年 3月 癸未).

三田渡의 鄭今院坪의 草場을 점유하여 금표를 세우고 백성의 출입을 막는다거나, 강원도 月精寺에서는 절 앞 川梁이 齋宮 가까이 있다는 이유로 금표를 세우고 川獵을 금지하였다.35) 또한 명종이 禁標를 넓게 세워 놓은 安東 鳳停寺에서 농민들이 進上하는 海松子의 채취를 금하도록 전교한 것이 문제가 되자, 금지 구역을 재조정하는 등36) 금표를 세워 寺院經濟를 강화시키려는 데 따른 폐단도 漸增하고 있었다.

결국 양종 복립 전에 쟁점화된 정업원·인수궁의 수리 및 승군의 使役 금지, 유생의 상사 금지, 보우의 총령 차임 등은 모두 문정왕후의 의도대로 처리된 것이었다. 또한 유생의 停擧, 내수사 당상인 발급, 유생의 상사 금지 사찰 확대 등은 문정왕후와 보우의 영향력이 결합되어 단계적으로 불교계의 입장을 강화시킨 결과의 산물이었다. 그것은 수렴청정을 하는 문정왕후의 불교중흥에 대한 일방적이고도 확고한 의지를 나타내는 것에 다름 아니었다. 동시에 양종을 복립하기 위한 사전 정지 작업의 성격을 띠고 추진된 것이었다.

2) 禪敎 兩宗의 復立

國事를 총괄하면서도 직접 나서지 않은 문정왕후는, 그러나 앞서 살펴본 바와 같이 관심을 가지고 있는 각종 불교 관련 사안에는 직접 나서서 그것을 결정하였다. 그런데 주목할 점은, 내원당 확대, 寺社田地 지급, 還給된 寺社田民에 대한 復戶 실시37) 등과 같은 구체적인 조치들 역시 직접 주도했으면서도 조정이 모르는 상태에서 시행하였다는 사실이다. 불교 복립에 차질이 없도록 그 조치들을 대단히 은밀

35) 『明宗實錄』卷25, 14年 2月 辛亥·己未.
36) 『明宗實錄』卷25, 14年 8月 戊申.
37) 『明宗實錄』卷10, 5年 3月 癸未 ; 『明宗實錄』卷9, 4年 8月 甲辰 ; 『明宗實錄』卷10, 5年 2月 壬寅.

240

하고 주도면밀하게 단계적으로 진행하고 있었던 것이다.

그리고 명종 5년(1550) 12월 우의정 尙震에게 내린 備忘記를 통해 '禪敎 兩宗의 復立'을 선언하였다.

> 良民의 수가 날로 줄어 군졸의 고통이 지금보다 더한 때가 없다. 이것은 다른 까닭이 아니라 백성들이 4, 5명의 아들이 있는 경우 軍役의 괴로움을 꺼려 모두 도망하여 중이 되는데, 이 때문에 僧徒는 날로 많아지고 軍額은 날로 줄어드니 매우 한심스럽다. 대체로 승도들 중에 統率하는 사람이 없으면 雜僧을 금단하기가 어렵다. 조종조의 「大典」에 禪宗과 敎宗을 설립해 놓은 것은 불교를 숭상해서가 아니라 중이 되는 길을 막고자 함이었는데 근래에 革罷했기 때문에 폐단을 막기가 어렵게 되었다. 奉恩寺와 奉先寺를 禪宗과 敎宗의 本山으로 삼아서 『經國大典』에 따라 大禪取才條 및 중이 될 수 있는 조건을 申明하여 거행하도록 하라(『明宗實錄』卷10, 5年 12月 甲戌).

군액이 감소되는 현상을 막고 雜僧을 統領하기 위해 奉恩寺와 奉先寺를 兩宗의 본산으로 삼고, 『經國大典』에 따라 僧科를 부활시킨다는 것이었다. 봉은사 주지인 보우를 '總領'으로 차임할 때 사실상 '禪敎 양종 복립'은 이미 기정사실화 된 것과 다름없었다. 다만 아직 을사사화의 여파가 남아 있어 정국의 기류가 불안정하였다. 그래서 일단 불교계를 統領할 만한 인물을 차임해 놓고, 정국이 안정되는 결정적 시기를 기다리고 있었던 것이다. 그러므로 '양종 복립'은 문정왕후의 의도와 總領인 봉은사 주지 보우의 영향력이 결합된 것으로 볼 수 있다.

문정왕후의 양종 복립 선언에 대해 우의정 상진은 다음과 같이 回啓하였다.

民丁으로서 軍役을 피하는 자들은 거의가 중입니다. 오늘날 軍額
이 줄어드는 것은 모두가 이 때문이며, 심지어 도둑으로 잡히는 자들
가운데 중이 그 반을 차지합니다.……우매한 백성들이 봉은사 중들
이 특별한 은혜와 보호를 받는다는 소문을 듣고는 망령되이 위에서
불교를 崇信하는 것으로 지레짐작하여 중이 되는 자가 점점 더 많아
진다고 합니다.……帝王의 덕에 累가 됨은 異教를 숭상하는 것보다
더한 것이 없습니다. 신들이 만약 發論하여 『대전』에 따라 復戶를
시행한다면 害가 될까 염려되었기 때문에 애당초 감히 계청하지 않
았던 것입니다(『明宗實錄』 卷10, 5年 12月 甲戌).

최소한 승려 통제의 필요성을 인정하면서, 양종 복립에 반대하지
않는 당시 훈척재상의 모호한 입장이 단적으로 드러나 있다. 그들은
시종·대간·유생들의 반대 논란이 한 달 이상 계속된 후에야 마지
못해 "인심이 흉흉하고 朝野가 離反되어 가고 있다"[38]라고 하여 공론
에 따를 것을 계청할 정도로 미온적이고 방관자적인 입장을 취하고
있었다.

한편 척신이면서 당시 實勢인 尹元衡은 龕室 안에 금불상을 안치
해 놓고 조석으로 예배하는 등 여러 가지로 불교에 대한 관심을 생활
화하고 있었다. 삼사의 언론과 유생들의 양종 복립에 대한 반대가 들
끓었으나, 끝내 그는 혼자 進參하지 않았다.[39] 그래서 문정왕후의 崇
佛이 윤원형의 권유를 받아 인도된 것이라는 지적이 있게 된 것이
다.[40]

그런데 그들과는 대조적으로 대간·시종들은 양종의 복립을 반대
하여 辭職으로 맞서고, 유생들은 空館이라는 극단적인 태도를 취하고
나섰다. 그들이 양종 복립을 반대하는 이유는 무엇인가.

38) 『明宗實錄』 卷11, 6年 正月 辛丑.
39) 『大東野乘』 卷54, 東閣雜記 下.
40) 『明宗實錄』 卷18, 10年 正月 甲子.

242

　　근래 良丁이 날로 줄고 군액이 날로 減少하므로 선교 양종을 세워
통령이 있게 하여 無道한 중들의 무리를 모두 軍籍에 소속시키려 하
였습니다.……다만 일반 백성들이 중이 되는 것은 실로 수령들의 苛
酷한 政事가 飢寒과 困窮을 이기기 어렵게 하고 살아갈 수 없도록
하는 데서 기인한 것입니다. 그러므로 한 집에 비록 2~3명의 民丁
이 있더라도 모두 중이 되니 民丁이 流亡하여 점점 줄어드는 것이
어찌 다른 이유 때문이겠습니까. 수령을 가려 뽑아 가혹한 정사를 없
앰으로써 백성들로 하여금 모두 恒産이 있게 하는 것이 중들을 世俗
으로 돌아오게 하는 요점입니다. 이 방법을 두고 다른 방법을 강구하
는 것은 신들이 감히 알지 못하는 바입니다.……성명을 도로 거두시
어 異端의 무리가 불어나지 못하게 하고 현재 있는 良民이나마 전과
같이 보존되게 하소서(『明宗實錄』卷10, 5年 12月 丙子).

　　당시 훈척재상과 구조화된 청탁 인사를 통해 부임한 대부분의 수령
들은 자신을 발탁해 준 재상들을 섬기기 위해 현지에서 가혹한 수탈
을 자행하고 있었다. 그러므로 국가가 수령을 잘 선택하여 善政을 펴
도록 하는 것만이 軍額의 減少를 막는 要諦임을 헌부가 지적한 것이
었다. 간원은 度僧法의 비효율성을 이유로 들고, 홍문관 부제학 慶渾
등은 "양종 복립이 오히려 승려의 증가를 부추기게 될 것"이라는 이
유로 복립을 반대하였다.[41]
　　儒生層도 言官과 함께 '양종 복립'의 반대 여론을 적극적으로 조
성·전개하였다. 성균관 생원 申百齡 등 700여 인은 상소하여 명종의
즉위 초부터 일련의 異端 崇尙의 풍조가 조성되었다는 것과 이단의
폐해 때문에 오히려 군액이 감소하고 있다는 점을 비판하였다.[42] 그
후 명종 6년 정월에 空館[43]할 때까지 30여 차례에 걸쳐 복립의 부당
성에 대해 계속 상소하였다. 결국 이들의 공통된 입장은 "양종을 복립

41) 『明宗實錄』卷10, 5年 12月 丙子·己卯.
42) 『明宗實錄』卷10, 5年 12月 庚辰.
43) 『明宗實錄』卷11, 6年 正月 己酉.

하는 것으로는 결코 승려가 증가하는 현상을 막을 수 없다"라는 것이
었다.

　　지금 또 다시 都監을 설치하여 양정을 찾아내고 있으니 그 환란에
대비하고 먼 앞날을 염려함이 지극하다 할 수 있으나, 집집마다 조사
摘發할 즈음에 衙前들이 그것을 구실로 온갖 간사한 행위를 다 할
것이므로 閑丁 하나를 얻어 내자는 이로 인하여 온 족속과 온 이웃
이 도망하고 흩어지는 사례를 이루 다 기록할 수 없게 될 것입니다.
……軍丁의 수효가 줄어드는 것은 중들이 많아졌기 때문이지, 양정
들은 한 사람도 한가롭게 노는 자가 없습니다. 假伴倘·雇工의 이름
으로 宰相과 品官에게 의탁해 있는 자도 있고, 胥吏라는 이름으로
의정부나 이조에 과람하게 속해 있는 자, 工匠·皂隷는 이름으로 諸
司에 의탁해 있는 자도 있고, 奉足·率丁의 이름으로 외람되게 吏典
에 소속된 자도 있습니다. 이들은 비록 公家에는 도움이 없으나 한
개인에 있어서는 使役되는 바가 있고, 또 文籍도 있으니 該司와 主
邑으로 하여금 그 文案에 의거하여 正軍으로 옮겨 정하게 한다면 가
만히 앉아서 數萬의 무리를 확보할 수 있을 것인데, 어찌 굳이 이를
전담하는 局을 설치해야만 良丁을 찾아낼 수 있겠습니까? 만약 부득
이 하다면 閑丁을 찾아내기 위해 설치한 局을 중들을 찾아내는 局으
로 삼아서, 놀고먹는 무리들을 모두 찾아내어 還俗하게 한다면 민심
이 안정되고 軍額도 증대될 것이니 均役의 본의도 여기에 있을 뿐
입니다(『明宗實錄』卷 11, 6年 正月 庚子).

　忠勳府 都事 鄭磧이 당시 良丁의 實狀을 지적한 내용이다. 즉 그
는 여러 형태로 국가재정 체계나 국역체제에서 逸脫된 良丁의 호적을
살펴서 正軍으로 충당하고, 良丁搜括都監을 중을 추쇄하는 도감으로
전환시켜서 '민심 안정'과 '군액 증가'라는 양 측면에서 實效를 거둘
것을 주장한 것이었다. 그러나 이 제안은 거부되었다.
　정현이 良丁의 실태를 지적한 내용으로 볼 때, 양종의 복립을 반대

244

하는 삼사·유생층의 여론이 비등하고 있는 상태에서, 이미 양정수괄
도감이 설치·가동되고 있었음을 알 수 있다.44) 즉 문정왕후는 조정
의 반대와 관계없이 일찍이 양종 복립을 기정사실화하고 있었던 것이
다.

　시종·대간·유생 등의 반대가 계속되자, 문정왕후는 백성이 중이
되는 고질화된 폐단을 구제하기 위해 어쩔 수 없이 양종을 통해 제도
권으로 유입시키는 방법을 택한다는 자신의 소신을 굳게 주장하였
다.45)

　양종 복립에 따른 문정왕후와 조정 신료들의 공방에 대해 명종은
"1년을 두고 아뢴다 해도 시끄럽기만 할 뿐, 끝내 윤허를 받을 수 없
을 것이다"46)라는 말로 반대 언론 공세에 쐐기를 박았다. 또한 유생들
의 空館 사태에 대해서는 '임금을 협박하는 것'으로 질책하면서,47) 명
종은 다만 문정왕후의 뜻을 관철시킬 뿐이었다. 이 무렵 중종대에 혁
파된 忌晨齋도 내수사에서 올리는 형식으로 부활되었다.48)

　그렇다면 명종 5년 12월 '양종 복립'이 가능할 수 있었던 이유는 무
엇인가. 그것은 무엇보다도 수렴청정하는 문정왕후가 자신의 절대적
인 권력으로 '양종 복립'을 공식화한 때문이었다. 명종이 親政하였다
면 결코 불가능한 일이었다.

　그렇다고 해서 문정왕후 단독으로 强行할 수 있는 사안은 아니었

---

44) 양정수괄도감이 설치된 기사는 보이지 않는다. 다만 춘궁기에 양정을 搜括
　할 경우 백성들이 騷擾할 것을 우려하여 그 시행 시기를 가을로 늦추고 있
　는 것으로 볼 때, 양정수괄도감은 양종 복립 선언과 때를 같이하여 설치된
　것으로 판단된다(『明宗實錄』卷11, 6年 正月 丙午).
45)『明宗實錄』卷11, 6年 正月 丁未.
46)『明宗實錄』卷11, 6年 正月 戊申.
47)『明宗實錄』卷11, 6年 正月 丁巳. 결국 '양종 복립'에 대한 논란은 6개월 만
　에 반대 상소가 동 6년 5월 停啓됨으로써 종식되었다(『明宗實錄』卷11, 6年
　5月 己酉).
48)『明宗實錄』卷11, 6年 3月 丙辰.

고, 수렴청정기의 정치적 상황과 맞물려 있었다. 즉, 문정왕후의 수렴
청정이 시작된 명종 즉위 초에 '尹元老 탄핵 사건'과 중종대부터 內燃
되어 온 大小尹의 갈등이 맞물리면서, 문정왕후가 윤원형에게 密旨를
내려 勳舊세력과 함께 大尹인 尹任(명종의 외숙 : 인용자 주) 등과 사
림세력을 제거한 을사사화가 발생하였다. 그 결과 을사사화를 주도한
문정왕후와 문정왕후의 지시에 따라 을사사화를 이끌어 衛社功臣으
로 책록된 小尹과 훈구세력의 정치적 입지가 강화되었다. 특히 위사
공신인 勳戚은 문정왕후와 상보적 관계를 바탕으로 핵심 정치기구인
의정부·육조를 장악하고 국정을 농단하는 '훈척정치'를 전개해 나갔
다.

그 반대급부로 훈척세력은 윤원형의 陞品과 첩 자녀의 許通, 仁宗
의 短喪 및 延恩殿 別祔 유도·결정, 그리고 내수사의 2품아문으로의
변칙적인 格上과 양종 복립 및 불교정책을 강행하는 문정왕후의 개인
적인 의중에 적극 영합하고 동일한 노선을 취한 것이다. 더구나 선교
양종을 복립할 것을 처음으로 사주하고 고무한 자가 당시 훈척의 實
勢인 李芑였다는 사실[49]은 문정왕후와 훈척과의 밀착된 관계를 더욱
명확하게 보여 준다. 다른 한편으로는 조정의 반대와 언관의 공세가
있다 하더라도, 양종 복립을 관철시킬 수 있을 만큼 문정왕후가 정국
을 총괄하는 입장도 안정·강화되어 있었다. 요컨대 명종과 문정왕후
의 권력관계, 문정왕후와 훈척재상의 정치적 관계, 그리고 명종 왕권
의 특이성이 내수사의 위상 강화와 양종 복립에서 극명하게 드러나고
있었던 것이다.

한편 문정왕후가 統領으로 발탁한 보우도 양종 복립에 상당한 영향
력을 행사하였다. 그래서 보우는 문정왕후의 강력한 지지를 배경으로
조정의 인물들과도 넓게 교제하였고,[50] 명종 7년(1552) 무렵에는 당시

---

49) "史臣曰 前此唱爲復兩宗之說 以鼓動邪議者 (李)芑也"(『明宗實錄』卷11, 6
　年 正月 丁未).

246

재상인 陳復昌, 내시 朴漢宗과 함께 三奸[51]으로 지목될 정도였다.

당시 보우에 대한 비판이 없었던 것은 아니었다. 그러나 보우에 대한 문정왕후의 강력한 비호로[52] 그에 대한 비판이 묵살되거나 비판한 신료들이 오히려 治罪되는 형편이었다. 먼저 명종 6년(1551)에 咸鏡 御史였던 王希傑이 을사사화 당시 尹任이 명종 대신 왕으로 추대하려 한 인물로 지목되어 처형된 桂林君 瑠(윤임의 甥姪 : 인용자 주)를 隱身시켜 준 보우를 치죄할 것을 계청하였지만, 문정왕후는 뜬소문으로 일축하면서 '推問 不可'의 입장을 고수하였다.[53] 만약 다른 사람이 계림군 유를 隱身시켰다는 의혹을 받았다면 그는 당장 極刑에 처해졌을 것이다. 그러나 문정왕후가 불교 중흥의 적임자로 결정한 보우였기에 사실 확인이나 사실관계와 상관없이 일축한 것이다. 명종 8년 6월에 僧人 一觀이 "모든 寺刹의 持音을 선출할 때 보우가 뇌물을 함부로 받았다"는 非行을 알리는 訴狀을 올렸으나, 오히려 杖 一百으로 決斷되고 殘邑에 定屬되는 처벌을 받았다.[54]

그렇다면 명종이 친정한 8년(1553) 7월 이후의 불교정책의 양상은 어떠하였을까.

親政이 시작된 직후 慈殿의 所爲인 양종을 점차 개혁해 나가자는 영경연사 沈連源의 계청에 대해 명종은 "자전이 하신 바이고 내가 迷惑한 것이 아니다"[55]고 못박았다. 양종에 대해서 "내가 시작한 일이 아니다"[56]라고 하는 등 자신과의 관련성을 극구 否認했다. 그러면서

---

50) 尹元衡의 정책을 담당하고 있던 尹春年이나 徐敬德의 문인 朴民獻과도 관계를 유지하고 있었다(『明宗實錄』 卷17, 9年 11月 戊戌).
51) 『明宗實錄』 卷13, 明宗 7年 8月 戊午.
52) "慈殿敎曰 普雨惑衆之事 亦未之知也 陵寢之中 奉恩寺 非如他寺 供奉之事 甚多 爭之者衆 構成陷害 故自上痛憤 而朝廷 亦未免人言所惑 至爲不當"(『明宗實錄』 卷10, 5年 3月 己卯).
53) 『明宗實錄』 卷11, 6年 4月 壬申.
54) 『明宗實錄』 卷14, 8年 6月 丁丑 ; 『明宗實錄』 卷14, 8年 6月 戊寅 · 癸未.
55) 『明宗實錄』 卷15, 8年 7月 辛未.

도 명종 9년 보우의 죄상을 적은 訴狀을 들고 성균관의 齋 안으로 침입한 승려 仙氣를[57] '보우를 해치려 한다'라는 이유로 時推로 조율하였다.[58]

불교정책을 막후에서 총지휘하고 있는 보우는 선기 사건의 여파 때문인지는 확실하지 않지만 어쨌든 이후 春川府 淸平寺에 은거했다. 당시 그는 宮中과 긴밀하게 연결되어 원하는 바를 성취시켜 나갈 정도의[59] 신임을 받고 있었기 때문에 어느 경우든 직접적인 타격을 받지 않았다. 명종 14년(1559) 靖陵의 遷陵이 그로 인해 결정될 정도로[60] 그의 위치는 확고부동한 것이었다. 그러므로 친정기의 불교정책도 "당시 안으로는 문정왕후가 主上을 箝制하여 불교를 숭상하였고, 밖으로는 윤원형이 사림을 위협하여 異敎를 신봉했다"[61]라는 지적처럼 명종 즉위의 최대 공로자임을 자처하는 문정왕후와 실세인 윤원형 그리고 보우를 중심으로 하는 불교세력의 연합으로 추진되었던 것이다. 따라서 불교정책의 내용은 문정왕후가 사망하기 전까지 거의 달라지지 않았다.

---

56) 『明宗實錄』卷21, 11年 9月 戊辰.
57) 『明宗實錄』卷17, 9年 10月 丙子.
58) 『明宗實錄』卷17, 9年 10月 丁丑 ; 癸未.
59) "(史臣曰)以普雨禪宗爲判事 至於通簡宮闥 唯其所欲 無不如意"(『明宗實錄』卷17, 明宗 9年 11月 戊戌).
60) 『明宗實錄』卷25, 明宗 14年 4月 甲子. 중종의 원래 陵號인 靖陵은 처음에는 경기도 고양군에 있었는데, 중종이 章敬王后(인종의 母妃)와 같은 園寢에 있는 것을 꺼린 문정왕후가 죽은 후 자신이 같은 무덤에 묻힐 계획으로 보우와 윤원형의 인도를 받아 遷陵을 강행했다.
61) 『明宗實錄』卷28, 17年 7月 丙戌.

3. 佛敎政策의 實狀

1) 佛敎政策의 兩宗 委任

양종이 복립되고 '兩宗應行節目'에 의해 본격적인 불교정책이 추진되기 전, 신료들이 '禁僧節目'을 제정하였다.

> 양종을 다시 설치한 뒤로 중이 되는 사람이 날로 많아지는데, 軍卒들 뿐만 아니고 官屬들도 그러하며 士族으로서 徭役을 피하여 갈 곳이 없는 자들도 절에 들어가는 자가 많습니다. 이것을 그냥 두면 後日의 弊端을 어떻게 막을 수 있겠습니까.
> 그러니 중들이 절을 떠나 멀리 갔거나 民家와 官府에 드나드는 자는 엄하게 다스린 다음에 定役시키고, 그 이름이 軍府에 있는데 도망하여 절로 들어간 자는 엄밀히 조사하여 찾아내어 본래 소속된 곳으로 되돌려 보내고, 公賤 · 私賤 · 官屬 · 鄕吏 등도 그렇게 해야 합니다. 새로 들어간 자는 죄를 다스린 다음에 모두 本役으로 되돌려 보내고, 住持僧으로서, 요역이 있는 자임을 알고서도 유인하여 중이 되게 한 자는 强窩律로 논단하소서. 山谷에 숨어 사는 자는 摘發하기가 어렵고 요역이 있는지의 여부에 대해서는 더욱 알기가 어려우니, 사람들에게 고발하도록 허락하여, 强盜를 잡아서 신고한 것이나 公賤을 신고한 것과 같은 예로 論賞하소서. 또 수령으로서 검거하지 못한 자는 추고하여 죄를 다스리고 심한 자는 制書有違律로 논단하소서(『明宗實錄』卷11, 6年 2月 庚申).

양종이 복립되었으나, 당초 문정왕후의 豫斷과는 달리 승려가 계속 증가하고 있었다. 兩司가 그러한 현상을 타개하기 위한 방안을 내놓았다. 즉 승려의 신원 조사, 本役 여부 확인, 定役시키는 문제 등을 수령에게 맡길 것과 요역이 있는 자를 중으로 만든 주지 또는 피역자를 고발토록 하고 포상하자는 것이었다. 그런데 명종은 "승려의 폐단은 양종을 설립할 때에 규정을 만들어 검거하면 된다"라는 이유로 거부하였다.

더 나아가 '양종응행절목'에 의해 불교정책을 추진하면서,[62] 명종은 불교 관련 사안을 兩宗에 일임하였다.

　　兩宗은 폐지된 지 이미 오래되어 모든 일에 참고할 만한 문서가 없고 該曹(禮曹) 또한 上呈하는 일에 응하지 않으니 모든 禮貌를 양종으로 하여금 스스로 살펴서 하게 하라(『明宗實錄』卷11, 6年 6月 辛巳).

원래 예조가 관장하던 업무를 양종이 주관하도록 변경한 것이다. 이는 양종에 대한 신료들의 간섭을 차단하여, 불교계의 권한을 최대한 보장해 주려는 특혜 조치에 다름 아니었다. 계속해서 普雨에게 判禪宗事都大禪師 奉恩寺 住持, 守眞에게 判敎宗事都大師 奉先寺 住持의 職牒을 발급해 주었다.[63] 이들 중심으로 불교계를 이끌게 하려는 것이었다.

그렇다면 '양종응행절목'의 내용은 무엇인가. 그 중요성에도 불구하고 구체적 내용은 나타나 있지 않다. 그러나 양종의 입장을 최대한 보장하는 방향으로 만들어졌다는 사실이 節目의 시행을 견제하는 신료들의 계청에서 看取된다.

　　양종의 禁斷事目에 公私賤 才人 白丁만을 들고 鄕吏 驛子 官屬으로 軍役이 있는 자들에 대해서는 언급하지 않았는데, 아울러 事目에 넣어 똑같이 禁斷하게 하소서. 驕慢·放縱하여 경망한 행동을 하는 자를 다만 양종으로 하여금 금단하게 한다면 양종의 耳目이 外方에까지 두루 미치지 못할 것이니, 아울러 수령에게도 금단하게 하소서. 깊은 산중에 도망해 숨게 되면 비록 스스로 나쁜 짓을 하더라도 발각하여 治罪하기 어려우니 陳告治罪의 事目을 설치하게 하소서. 『大典續錄』안에 "軍額이 불어날 동안 중에게 도첩을 주지 말라"고 한 法 條文을 거듭 밝혀 중에게 度牒을 發付하지 말게 하소서. 위에서 양종을 설치한 것은 僧弊를 구제하기 위한 것일 뿐이고, 중의 紀律에 대해서는 문제 삼지 않았습니다(『明宗實錄』卷11, 6年 6月 乙酉).

헌부가 승려가 될 수 없는 신분에 軍役이 있는 鄕吏·驛子·官屬도 포함시키고, 禁僧節目의 시행에 지방행정 책임자인 수령을 참여시킬 것을 적극 주장하였다. 또한 양종 복립을 기정사실로 받아들이면서도, '陳告治罪'의 방식이나 『大典續錄』의 규정을 들어 불교계의 세력 확대를 최대한 억제하려고 하였다. 이 방안에 대해 명종은 選別的 입장을 보였다. 즉 "鄕吏·驛子·官屬으로 군역이 있는 자들을 僧人의 禁斷 事目에 添入하는 것"과 "도첩을 받은 승려 이외는 일체 찾아내어 군역에 정할 것"을 허락한 반면 수령의 참여, 陳告治罪의 事目, 그리고 『大典續錄』의 규정을 따르는 문제 등은 不許한 것이다.[64]

그런데 특히 수령의 참여를 배제하고 승려의 관리를 양종에게 일임하는 간접 관리의 방식을 유지한 것은, 지방행정 책임자인 수령이 개입해서 파생될 수 있는 여러 문제들을 사전에 봉쇄하려는 의도였다. 그 결과 士族의 자녀가 鄕試에 합격하고도 승려가 된다거나, 闕內에 入直하는 군사가 근무 중에 誦經할 정도로[65] 불교에 대한 관심은 저변으로까지 확대되고 있었다.

그렇다고 불교정책을 시행해 나가는 과정이 순탄한 것만은 아니었다. 마찰도 발생하고 있었기 때문이다.

白川 江西寺의 종이 내수사에 "절의 주지승 道悟가 유생 趙應奎

---

64) 『明宗實錄』卷11, 6年 6月 乙酉.
65) 『明宗實錄』卷13, 7年 7月 丙午 ; 『明宗實錄』卷13, 7年 8月 己卯.

에게 구타를 당했다"고 呈狀하였는데, 土豪의 强暴함이 지금보다 심
한 적이 없다. 중이 지극히 미약하나 이 역시 백성인데 국법을 무시
하고 함부로 구타했으니, 본도 감사에게 下書하여 推問하게 하라
(『明宗實錄』 卷12, 6年 11月 辛丑).

명종이 전교한 내용으로만 보아서는 절의 주지승 道悟가 어떠한 일
로 유생 趙應奎에게 구타를 당했는지 알 수 없다. 문정왕후가 양종을
복립한 이후에 중들이 내수사를 끼고 횡포를 부리는 일이 빈번했고,
아마도 그러한 중들과 유생 趙應奎가 마찰을 일으켜 사건이 확대된
것으로 추찰된다.

그런데 조응규는 이미 곤장 80대의 형을 확정받고 贖錢을 지불한
상태였다. 그럼에도 명종이 그를 다시 가두고 推問할 것을 명한 것이
다. 그 같은 조치의 부당성을 적극 아뢴 政院이나 內官이 그 일을 다
스리면서 조응규를 구타했다는 신료들의 아룀은 무시한 채, 명종은 오
히려 그를 잡아다 구타당한 사실을 확인할 것을 명하였다.[66] 잡혀온
조응규가 "내관이 배천에 와서 군사를 풀고 大杖으로 무수히 亂打했
다"라고 供招한 내용은 묵살한 채, 中使를 모함하여 대간에게 전파했
다는 것으로 調律하게 하였다.[67]

이 사건을 재정리하면 조응규는 내관에게 구타당했기 때문에 구타
한 것임에도 推考를 당했고 그 과정에서 다른 문제가 발생하였는지
아니면 내관이 다른 상황을 만들었는지 알 수 없지만 어쨌든 또 다시
下獄 治罪될 처지에 놓이게 되었던 것이다. 재차 심문받은 조응규가
내관의 불법성을 공초한 것은 일축한 채 오로지 中使의 행태를 중앙
에 알리게 하였다는 罪目만을 집중 거론하여 재처벌한 것이었다.

사건의 파장이 계속되는 가운데 성균관 생원 安士俊 등4백여 인이

---

66) 『明宗實錄』 卷12, 6年 11月 丙午.
67) 『明宗實錄』 卷12, 6年 11月 壬子.

상소하고, 양사는 辭職으로 맞섰다. 그러나 명종은 관례를 깨면서까지 배천에서 이미 징수한 조응규의 贖錢을 돌려주고 끝내 決杖할 것을 명하였다.[68] 양종이 복립된 이후의 불교정책을 순조롭게 시행할 수 있는 분위기를 정착시키기 위해, 문정왕후는 명종을 통해 이 사건을 극단적으로 처리하는 擧措를 보인 것이었다. 반면 조정 신료, 대간, 유생, 심지어 훈척재상까지 처리의 가혹성·부당성을 시정할 것을 재삼 주장하고 나섰다.

내관이 유생을 구타한 未曾有의 사태를 계기로, 향후 불교정책을 의도한 대로 시행하기 위해 왕실이 벌이는 擧措에 대해 불교계의 전횡을 억제해 보려는 신료들의 입장이 힘겨루기 양상으로 전개되고 있었다. 결국 조응규의 재처벌 방침은 철회되지 않았다. "이로부터 士氣는 꺾이고 승도들은 기세가 올라 宮禁과 內通하여 사대부를 능멸"하면서,[69] 이후 불교정책은 내수사와 양종을 동원한 왕실의 의도대로 추진되기 마련이었다.

2) 兩宗의 度僧法과 僧科 주관

무도첩승을 제도권으로 끌어들이기 위한 방안인 度僧法은 어떻게 시행되고 있었는지 추적해 본다. 도첩을 발급받기 위해서는 般若心經·金剛經·薩怛陁의 暗誦 여부가 중요하였다. 명종은 事目에 의해 명종 7년(1552) 6월까지 도승할 일을 예조로 하여금 양종에 알리게 하였다.[70] 그 후 양종에서 試經하였는데, 禪宗 시험에 응시한 僧徒 406명 전원이 합격하였다. 예조가 합격 기준의 문제를 들어 再試講할 것을 요구하였으나, 명종은 불허하였다.[71] 도승법을 놓고 예조와 명종의

---

68)『明宗實錄』卷12, 6年 12月 戊午·己未·庚申.

69)『明宗實錄』卷12, 6年 12月 己未.

70)『明宗實錄』卷12, 6年 10月 丁丑.

71) "禮曹啓曰 試經度僧者 本欲刷出雜僧 以補軍額也 今禪宗所報僧四百六人

相異한 입장이 충돌하고 있었던 것이다.

도첩 발급을 놓고도 예조와 명종의 입장은 달랐다. 예조가 試經者
의 신분을 재확인하고 試取하기 위해 도첩 발급을 미루고 있는 것과
는 달리 명종은 도첩 발급을 强迫하였다. 그러면서 도첩 발급 조건으
로 이후 "經을 시험할 때는 禮曹郎官이 동참하여 試取하고 三經을
잘 외는 자는 그의 根脚까지 자세히 조사케 할 것"72)을 제시하였다.

자격 조건을 먼저 확인할 것인가 아니면 僧試의 합격자를 推閱할
것인가로 시경 응시자의 문제가 다시 쟁점화되었다. 수령을 통해 승려
들의 신분 등을 철저하게 살핀 후 講經하게 하자는 병조의 주장을 명
종은 '下吏들의 作弊'와 '시간 지연'을 이유로 불허하였다.73)

반면 각 도에서 조사한 승려의 根脚과 양종이 보고한 牒呈의 불일
치로 예조가 도첩 발급을 지연시키자, 명종은 시경한 자는 근각의 일
치에 상관없이 도첩을 지급할 것을 명하였다.74) 그것은 앞서 제시한
근각을 자세히 조사케 하겠다는 조건은 물론 시경의 제한 節目까지
없애는 처사였다. 결과적으로 먼저 합격한 462명 전원에게 도첩이 지
급되었다. 이에 더하여 명종은 "推閱하여도 근거가 없는 자는 본 고을
의 陳省都目에 의해 도첩을 지급하게 하고, 錯誤난 것 가운데 그 조
와 부의 이름・僧名・俗名이 다른 자 역시 본 고을에서 추열한 이름

皆稱能誦 此必山僧 不知立法本意而然也 已講僧徒 請更令嚴明試講 傳曰
眞僞則不可知矣 但所試之書不多 故少知僧道者 不能誦 且必能誦而後來試
故如此 非若儒生之講也 不須更試也"(『明宗實錄』卷12, 6年 11月 癸卯).

72) 『明宗實錄』卷13, 7年 正月 辛卯.

73) "以兵曹公事……請令各官守令 詳覈其境內諸山所在僧人父名俗名鄕貫年歲
並錄其容貌 成冊上送 方詳講經 而緇經之際 依祖宗舊例 使禮官參聽 口誦
經文 稍解文義者 給牒 强盛逃匿罪犯三綱者 使不得攙入試經 則爲僧之路
略有拘忌 而軍政不致大毁矣 下于政院曰 僧人之事 自上非有他意也 切欲
救弊而已 今若令各官記錄名姓上送 則非徒下吏作弊 三四月之內 勢未能畢
而僧人亦不樂於書名 不無徒匿之弊 此公事還下兵曹勿用可也"(『明宗實錄』
卷13, 7年 正月 辛丑).

74) 『明宗實錄』卷13, 7年 7月 癸未.

254

에 의해 도첩을 지급케 하라"[75]고 명하였다. 이는 헌부나 예조가 촉구한 事目에 의거한 도승법의 시행은 전면 거부한 채,[76] 오로지 도첩의 지급을 급선무로 삼고 있는 것에 다름 아니었다.

다른 한편으로는 도첩승의 수를 제한하는 규정을 마련하여 평안·함경도에는 각각 1백명, 전라·경상도는 각 5백명, 황해·청홍도는 각 4백명, 경기·강원도는 각 3백명 등 총 2,600명으로 제한하였다.[77] 논란을 거치면서 도첩이 발급된 상황을 보면 명종 7년(1552) 8월에 462명을 시작으로 해서, 다음 해(1553) 정월까지 발급받은 총인원은 2580명에 이르고 있었다.[78] 도첩을 발급하기 위해 평균 약 한 달 간격으로 試經을 행하였고, 그때마다 약 410명 정도에게 도첩이 지급되었던 것이다.

불교 관련 사안을 양종에 일임하고, 雜僧을 추쇄하면서 수령의 개입을 불허한다거나, 시경 응시 자격을 분간하지 말도록 하는 등 여러 편법을 동원하여 도첩 지급을 최우선 과제로 삼았던 것은, 바로 이 시기 내원당의 수가 대폭 증가했기 때문이었다. 증가된 내원당의 인적 기반을 갖추기 위해 節目의 규정을 묵살한 채, 도첩 지급을 강행하였던 것이다. 곧 "내원당 승려는 내수사가 왕명을 받아 직접 그 수를 정하여 오히려 증가"하고 있는 상황이었다.[79]

한편 도첩을 발급하는 과정에서 명종은 이미 승려가 된 자에게는 丁錢을 받지 말도록 하였고, "걸량하는 중에게도 다 정전을 받게 하면 반드시 떼지어 도둑이 된다"라고 재삼 강조하였다.[80] 그런데 그 결정과는 달리 5개월 후 度僧을 거친 승려에게서 예조가 수납하여 국가재

75) 『明宗實錄』 卷13, 7年 8月 丁卯.
76) 『明宗實錄』 卷13, 7年 7月 甲申.
77) 『明宗實錄』 卷13, 7年 10月 乙丑.
78) 『明宗實錄』 卷14, 8年 正月 丙申.
79) 『明宗實錄』 卷11, 6年 2月 庚申.
80) 『明宗實錄』 卷11, 6年 7月 乙巳.

정에 편입시켜야 할 정전을 양종이 거두어서 내수사에 은밀하게 납부하고 있었다.[81]

내수사의 정전 수납은 '양족을 복립하여 군액을 증가시키겠다'라고 문정왕후가 표방한 명분과는 달리 단 기간에 도첩승을 量産하면서 왕실재정 확보를 우선시하는 이중성을 극명하게 보여주는 것이었다. 정전의 내수사 문제는 더 이상 거론되지 않는다. 그러나 문정왕후나 명종의 입장으로 볼 때, 명종 후반까지 도첩을 받은 승려 5천명에게서[82] 내수사는 여전히 정전을 수납하였을 것이라는 점을 추단하기 어렵지 않다.

양종응행절목에 따라 오랫동안 폐지되었던 도첩 소지자인 승려를 대상으로 실시되는 僧科는 이때에 와서 式年 科擧로 시행되었다. 그런데 도첩이 발급되기 이전의 禪科 응시 자격에 대해 명종은 폐지된 지 50년이나 되어 도첩을 받은 자가 없을 것임을 전제한 후, "견항과 의항에서 役牒을 받은 중은 모두 雜類였으니, 經文을 解得한 자가 별로 없을 것이므로 먼저 본 고을에서 그 根脚을 살핀 후에, 응시자의 신원을 조사하게 하고 그 陳省에 의해 응시를 허가" 하도록 하였다.[83]

도승 후 처음으로 명종 7년(1552) 4월에 실시된 式年 僧科에 禮曹正郎 梁應鮐와 李彦憬을 奉先寺와 奉恩寺에 파견하였다. 試經한 결과 '禪宗에서 21인과 敎宗에서 12인'이 선발되었다. 그 결과에 대해 문정왕후는 명종의 전교를 통해 "有司에서 선발한 인원이 적을 뿐 아니라, 삼분의 일도 뽑지 않았으니, 度僧의 일을 유사가 헛되이 하는 것"이라 힐난하였다.[84] 실제 처음 시경할 때 승과를 감독한 예조낭관 李彦憬이 함께 참석한 보우를 보통 중으로 대우했을 뿐 아니라 시경하는 중에 대해서 "한 글자만 틀려도 곧바로 내쫓는" 등 엄격하게 관

---

81) 『明宗實錄』 卷13, 7年 正月 癸巳.
82) 『明宗實錄』 卷27, 16年 11月 丙申.
83) 『明宗實錄』 卷13, 7年 4月 癸酉.
84) 『明宗實錄』 卷13, 7年 4月 甲子.

256

리하였기 때문이다. 이언경의 태도에 불만을 품은 보우가 그러한 정황
을 문정왕후에게 알렸고, 문정왕후는 명종을 통해 僧科를 매몰차게
감시하여 결과적으로 소수만을 합격시킨 예조낭관을 힐책한 것이었
다.

그후 아마도 좀더 많은 승려를 합격시키기 위해 再試經을 실시하였
던 것 같다. 그런데 처음 시경에 대해 대단한 불만이 있었는지 또는
향후 시경을 좀더 쉽게 치르기 위한 압박인지 알 수 없지만, 시경에
僧徒가 나오지 않았다.85) 시경의 철저한 관리는 신료들이 불교 양종
세력의 확대를 억제하기 위한 나름대로의 고육책이었다. 그런데 승려
가 나오지 않았고, 불참 사건 이후 문정왕후는 예조낭관을 승과 참여
에서 완전히 배제시켰다.86) 말하자면 그 같은 상황을 빌미로 불교 양
종 자체의 권한을 절대적으로 만들어 준 셈이었다.

명종이 親政한 후에도 僧科는 式年試로 자리 잡았다. 禪科의 初試
는 양종이 주관하였다.87) 양종이 시경을 주관한 만큼 試經 합격 조건
을 대폭 완화하였을 것임에 틀림없다. 그래서 시경 응시자의 대부분이
합격되었을 것이다.

양종에 대한 특혜는 도첩을 관장하고 승과를 주관하는 것에 그치지
않았다. 예컨대 예관에게만 지급되던 廩料를 양종 判事 및 동참하여
試取하는 老僧에게도 지급한다거나, 禪科의 等第를 雜科의 예에 따
라 1, 2등으로 나누어 白牌를 지급하였고, 禪科에 참여하지 못한 자에

---

85) "禮曹啓曰 試經僧徒畢來與否 問于兩宗 皆不來云爾 傳曰 前者試經時 極爲
　埋沒 故僧徒不來 若如此則設法試經之意安在 前此試經之時 李彦憬以禮曹
　正郎 承命而往……至如試經之僧 或訛一字則輒黜之 雖强請更試 亦不從之
　一如如法 故雨因是憤之 讒訴慈殿 令下埋沒之教 豈非有惑於妖僧誣毀之言
　而發耶"(『明宗實錄』卷13, 7年 6月 戊午).
86) 『明宗實錄』卷13, 7年 8月 庚申.
87) "禮曹啓曰 禪科前例 考本曹文案 則只有覆試擇日之事 而初試之規則無之
　但甲子年出身僧人等言 禪科初試時 兩宗各取一百人 而翌年覆試時 遣禮曹
　郎廳試取云 傳曰 依前例自兩宗爲初試"(『明宗實錄』卷17, 9年 8月 丙戌).

게는 參學 入選帖을 발급해 주고 주지는 出身僧으로 持音은 參學僧
으로 差任하도록 조치히였다.[88] 또한 大禪取才 때 分數가 차지 않는
승려는 前例에 의해 入選 差帖을 주었으며, 그 나머지는 根脚과 戶口
가 이미 陳省에 기록되었다는 것을 이유로 빠짐없이 置簿하여 持音
으로 차임한 것[89] 등이다.

　요컨대 2,580명 정도의 도첩승이 量産된 상태였고, 그들 중 승과를
거쳐 각 내원당의 주지로 임명할 자가 선발되었으며, 이미 내원당의
확대가 일단락된 명종 8년(1553) 무렵은, 문정왕후의 撤簾을 얼마 남
겨 놓지 않은 시점이었던 것이다. 앞서 살펴본 바와 같이 내수사를 동
원한 사사전의 추쇄 작업을 통해 民田을 탈점하는 논란이 집중적으로
일어나던 시기도 바로 명종 8년 무렵이었다.

　그렇다면 그 같은 사실이 불교정책에서 가지는 의미는 무엇인가.
그것은 도첩승을 量産하여 한편으로 양종의 인적 체계를 정비하고,
다른 한편으로 그들에게서 받은 정전으로 왕실재정을 충당하는 이중
의 목적을 달성하기 위한 것이었다. 또한 확대된 내원당에 탈점한 민
전을 경제적 지반으로 제공하여, 철렴 후에도 불교 양종을 지배하려는
문정왕후의 치밀한 계획의 결과였다.

3) 軍籍 作成과 그 結果

　명종은 승려를 양종의 체제 안으로 유인하여 통령의 체계를 세우는
한편, 7년(1552)에 軍籍都監을 설치하였다. 그리고 '승려 刷還'과 '隱
丁 搜括'을 목표로 30년 동안 폐지되었던 軍籍작성을 시작하였다.[90]

88)『明宗實錄』卷13, 7年 4月 乙亥 ;『明宗實錄』卷13, 7年 4月 庚辰.
89)『明宗實錄』卷13, 7年 5月 乙酉.
90) "憲府啓曰 軍籍 乃國家重事 廢不擧行 至於三十年之久 加之以飢饉癘疫 死
　　亡殆盡 非徒軍民之肆籍者 名實各異 至於餘丁之見存者 其數役少 盡托於
　　勢家土豪鄕吏之家 其餘隱匿之弊 亦非一二 自上深燭是弊 特軫聖念 命設

그런데 軍籍의 작성이 시작된 직후 侍讀官 禹鏛이 아뢴 다음의 내용
을 주목할 필요가 있다.

　　근래 중이 되는 백성이 이루 헤아릴 수 없을 정도입니다. 開城府에
사는 生員 張倫의 아들은 일찍이 鄕試에 합격했었는데도 역시 중이
되었습니다. 士族이 이러하니 일반 백성은 알 만합니다. 옛날에는 중
이 되면 사람들에게 賤視를 당했기 때문에 그 모욕 받는 것을 싫어
하고 수치를 느꼈습니다. 지금 내외의 사찰에다 모두 禁標를 설치한
것은 그 거처를 嚴히 하기 위함이요, 출입을 멋대로 해도 사람들이
감히 모욕하지 못하는 것은 그 몸이 貴하기 때문입니다. 이렇게 중과
백성의 苦樂이 현저하게 다르기 때문에 모두 기꺼이 중이 되니, 조
정 상하 누군들 걱정하지 않겠습니까? 慈殿께 上達하여 事目에 의
해 禁防을 세움으로써 군액을 늘리소서(『明宗實錄』 卷13, 7年 7月
丙午).

　사찰에 금표를 세워 승도의 신분을 귀하게 만든 것이 급기야 鄕試
에 합격한 유생까지도 중이 될 정도로 승려 증가를 부추기는 원인이
라는 것이다. 그런데 더욱 주목되는 내용은 바로 軍額을 증가시키기
위해서는 군적사목에 의거하여 禁防을 세우되, 그 선결 조건은 그렇
게 할 수 있도록 문정왕후에게 윤허를 받아야 한다는 사실, 그것이었
다. 불교정책을 추진하고 있는 주체가 문정왕후인 만큼 雜僧을 철저
하게 추쇄하여 군액을 증가시킬 수 있는 관건 역시 문정왕후의 의지
여하에 달려 있음을 명백하게 지적하고 있는 것이다.
　이제 군적 작성의 지침인 軍籍事目의 내용을 검토해 보겠다.

　　중을 推刷할 때 수령이 군사를 일으켜 엄습하여 잡기 때문에 중들
이 절을 버리고 산속으로 도망하여 끝내 도적이 된다고 하니 폐단이

　都廳 刷出隱丁 以較軍額 其意甚盛"(『明宗實錄』 卷13, 7年 7月 庚子).

없지 않다. 당초의 사목에 따라 犬項·蟻項의 역사에서 호패를 받은
자와 住持·持音의 差帖을 받은 자와 도첩을 가진 중과 50세 이상
15세 이하인 자는 추쇄하지 말고, 기타는 모두 추쇄하여 실제 있는
자를 定役하되 3년을 기한으로 復戶하라. 추쇄할 때 군사를 일으켜
절에 들어가지 말고 각 읍의 里正으로 하여금 수색하게 하여 搔擾를
일으키지 말 것이며, 몸 붙일 곳 없이 빌어먹는 중은 定役하지 말 것
을 팔도 관찰사와 추쇄 敬差官에게 하유하라(『明宗實錄』 卷14, 8年
2月 戊申).

　군적사목은 이미 하달된 상태였다. 그런데 군적사목대로 시행할 경
우 '중들이 소요한다'는 환관의 말을 따라 명종이 위와 같은 내용으로
변경시켜 새삼 전교한 것이었다. 즉 추쇄 대상에서 제외되는 자와 추
쇄 대상자에 대한 조치 및 免役 대상자의 조건 등을 제시해 놓았다.
그런데 문제는 추쇄를 담당할 자를 사찰의 禁標 안에 들어가지도 못
하고, 良賤의 根脚이나 身役의 有無를 조사할 수도 없는 즉 아무런
권한이 없는 각 읍의 里正으로 지목해 놓았다는 점이었다. 그 같은 명
종의 修訂案에 맞선 신료들의 반발로 수령이 중들을 추쇄하는 것으로
결정되었다.91)

　앞서 양종응행절목에 의해 雜僧을 추쇄할 때 명종은 수령의 개입을
끝내 불허하였으나, 군적작성이라는 국가적 사업에 군현 행정의 책임
자이고 군역자의 차출을 맡고 있는 수령을 끝까지 참여시키지 않을
명분이 없었던 것이다. 도감이 설치되고 군적사목에 의해 양정의 수괄
과 승려의 추쇄 지침은 내려져 있었다. 그러나 사목보다 우위에서 기
능하고 있는 명종의 양종에 대한 편향적 입장으로 보아, 추쇄 가능성
이나 추쇄된 자들이 실제 군액에 충당될 수 있는지 여부는 시행 초기
부터 극히 불투명하였다.

　군적 작성의 또 다른 목적은 水軍의 자손으로 승려가 된 자를 쇄환

---

91) 『明宗實錄』 卷14, 8年 2月 戊申~庚戌.

하여 軍額에 충당하는 것이었다. 당시 수군의 상태는 어떠하였는가.

　　각 읍 水軍의 元額이 절반쯤 缺員된 곳도 있고, 전부가 없는 데도 있는데, 결원된 자의 身役을 전부 현재 있는 자에게 책임을 지우므로 上番할 때를 당하면 兵營과 水營에서 사람을 풀어 독촉하면서 郡縣을 휩쓸고 다닙니다. 그리하여 供饌하는 것이 조금만 여의치 않아도 本營에 알려 벌을 받게 합니다. 또한 缺員된 軍額을 채우려고 그 一族이나 切隣을 대신 나오게 하는데, 그것이 잘되지 않으면 관계도 없는 사람을 立防하라고 다그칩니다. 겨우 한달 양식을 가지고 끝없는 苛酷한 징수에 응해야 하는 데다가 무거운 身役까지 있으니 백성들이 어떻게 부지할 수 있겠습니까. 이 때문에 백성들이 지쳐서 거의 편할 날이 없는데, 어느 여가에 농사에 힘쓸 수 있겠습니까. 이뿐만이 아닙니다. 各寺의 노비는 한 차례 番드는 값도 준비하기가 오히려 힘겨운데, 그 一族과 切隣의 몫까지 대신 물게 되므로 거의 모두가 流亡하여 열에 아홉은 빈 집입니다(『明宗實錄』 卷9, 4年 3月 癸酉).

　　각 읍에 소속된 수군에 缺員이 많았다. 그래서 현재 소속된 자가 결원된 자의 役까지 부담하고 있었다. 또한 결원을 보충하기 위해 一族이나 切隣을 代立시키거나, 관계없는 사람까지 끌어대어 立防시키고 있었다. 그런 과정이 반복되면서 과중한 부담을 이기지 못한 백성들이 유리·도산하여, 한 고을 전체가 空洞化되고 있는 실상을 特進官 姜顯이 적실하게 지적한 것이었다.

　　수군들은 立役하는 고충도 고충이려니와 그보다는 오히려 僉使들이 수탈하기 위해 부과한 과중한 할당량을 감당해야 하는 것을 더욱 큰 고통으로 생각하였다. 병조의 지시대로 五衛와 都摠府가 수시로 행하는 摘奸과 點考로 끊임없이 徵贖도 당하였다. 그래서 도망하지 않을 수 없었던 것이다.[92] 명종 8년(1553) 6월 간원이 수군의 도망을 막기 위해 그 役을 가볍게 해 주는 방안을 제시하였다. 즉 "戶首 1인

에게 각기 2인의 奉足을 지급하여 4번으로 나누어 立番시키자"라는
番上案이었다. 이 안은 긍정적인 평가를 얻었고, 그래서 該司와 군적
도감에서 議得한 뜻을 참작하여 시행하는 것으로 결정되었다.[93]

한편 도망한 수군으로 승려가 된 자들을 추쇄하여 충원하는 일도
간과할 수 없는 문제였다. 수군 자손으로 중이 된 자를 추쇄하는 작업
의 진행 상황을 살펴본다.

> 수군의 역사가 가장 괴롭습니다. 그런 때문에 그 소임을 대대로 한
> 것은 다른 역에 投托하지 못하도록 하기 위한 것이었습니다. 그리고
> 당초 經을 시험해서 중에게 도첩을 줄때 반드시 그 고을의 陳省을
> 詳考하게 한 것은 그 사람에게 役이 있는지의 有無를 알고자 한 것
> 이었습니다. 만일 수군의 자손이라면 당연히 그 역을 대대로 전해가
> 기 마련이니 역이 없다고 할 수 없습니다. 그런데 수령들이 마음을
> 다해 살피지 않고, 수군의 자제들까지도 모두 陳省을 成給하여 대대
> 로 역이 있는 사람을 桑門에 도피하게 했으니 매우 잘못입니다. 수
> 군의 자손으로서 중이 된 자는 본래의 역으로 刷還하고 陳省을 성급
> 한 수령들은 아울러 추고하여 죄를 정함으로써 軍政을 엄하게 하도
> 록 명하소서(『明宗實錄』 卷23, 12年 7月 丙子).

水軍을 刷還하려는 事目의 규정이 있었지만, 水軍은 刷還되지 않
았다. 그래서 헌부가 '수군의 자손으로 도첩 받은 자를 쇄환하고 수군
役의 有無를 정확하게 파악하지 않고 陳省을 허락한 수령을 치죄하
자"라고 계청한 것이다. 그러나 받아들여지지 않았다. 수군 자손으로

---

92) "諫院啓曰……以軍卒之弊之言 水軍之立防 各鎭浦僉使萬戶權管等 侵徵無
藝 其朝夕供億之具 應接賓客之需 責辦於入番水軍一人 名之曰領船 爲領
船者 流亡相繼 軍卒日縮 以此入防者十僅一二……至於上番軍士 該曹令五
衛 每三日攔奸 又與都摠府一同 每朔兩度點考之後 又不時攔奸 徵贖不已
遠方軍士 其勢非逃則死耳"(『明宗實錄』 卷17, 9年 11月 乙卯).
93) 『明宗實錄』 卷14, 8年 6月 己卯.

도첩을 받아 승려가 된 자를 쇄환할 것을 재삼 촉구하였지만, 이 역시 "쇄환하는 수가 적고 다만 소요스러울 뿐"이라는 이유로 명종은 굳게 거절하였다.[94]

결과적으로 "수군의 戶는 모두 郡에 속해 있고, 몸은 浦에 속해 있어서 그 소속에 따라 온갖 賦役이 한 몸에 모이므로 군에서 도망한 絶戶가 많기로는 수군이 제일"[95]이라는 상황은 계속될 수밖에 없었던 것이다. "죄를 지은 持音 등의 죄를 다스리고 해마다 2차례씩 雜僧을 推刷하여 군역에 충당하자"는 예조의 계청조차도 "寺刹이 비게 된다"는 이유로 명종은 不許하였다.[96]

불교와 승려에 대한 비호는 여기서 그치지 않았다. 군적 작성이 진행되고 있는 동안이나 乙卯倭變과 같은 국가 유사시에도, 명종이 승려를 軍役에 差定하지 말도록 전교할 정도였다.[97] 승려에 대한 雜役 免除가 조선초기부터 누누이 강조되기는 하였으나,[98] 승려를 동원하여 국가의 役事 일부를 담당하게 한 것은 일반적인 일이었다. 그러나 명종대에는 '關係가 중한 防禦 일 이외에는 일체 雜役을 면제'하며, 방어 때문이라도 '호패와 도첩이 없는 자만 동원할 것'을 강력하게 하달하면서[99] 승려를 싸고 돌았다.

명종과 신료들이 여러 차례 충돌하는 가운데 작성된 군적의 결과는 어떠하였는가.

---

94) 『明宗實錄』卷23, 12年 7月 丙子 ;『明宗實錄』卷23, 12年 9月 戊辰.
95) 『明宗實錄』卷26, 15年 正月 壬午.
96) "禮曹以流罪持音等 報本曹治罪 又每年二度推刷雜僧 定軍役 隱匿者囚禁治罪之意 入啓 傳于政院曰 如此立條 則官吏憑藉 侵責以不緊之事 輒囚持音僧而治罪 則僧徒全不得安接 寺刹一空 今方凶荒之時 一族切隣 至於被侵 餘存人民 亦不得安接 當依初事目申明可也"(『明宗實錄』卷18, 10年 2月 庚寅).
97) 『明宗實錄』卷14, 8年 6月 戊戌 ;『明宗實錄』卷18, 10年 6月 乙丑.
98) "凡寺刹 貢賦外復役"(『經國大典』卷4, 兵典 復戶).
99) 『明宗實錄』卷18, 10年 6月 癸酉 ;『明宗實錄』卷22, 12年 2月 辛亥.

軍籍이 頒布되기는 했지만 보고 듣기에 매우 不實했습니다. 신이 京畿都事로 있을 때에 보니 각 고을의 草案이 부실한 것이 많아, 겹쳐 기록된 곳도 있고, 兄弟의 순서가 바뀌어진 것도 있고 실제는 없는데 이름만 기록된 것도 있고, 漏落되어 숨어 있는 것도 있고, 또 나이를 올려 기록하여 후에 늙었다고 제대하기를 꾀한 것도 있었으니, 이는 몇 해 가지 않아 쓸데없는 문서가 될 것입니다. 閑丁에 있어서는 비록 土豪 品官 色吏가 숨겨 주어서 漏落된 자라 하더라도 오히려 刷出될 때가 있겠지만, 나이를 올려 기록하는 폐단에 있어서는 누락되는 짓을 하는 경우보다 심합니다. 한 고을의 軍案에 40세 이후인 자가 많고, 20~30세인 자는 적으니, 어찌 그 고을에 사는 백성들이 늙은 사람은 많고 젊은 사람은 적겠습니까. 이 같은 자들은 모두 弄奸을 부려 군에서 일찍 제대하고자 해서 입니다. 이로 본다면 몇 해 되지 않아 군적이 비게 될 것을 또한 알 수 있습니다(『明宗實錄』卷17, 9年 7月 乙丑).

헌납 李之行이 작성이 완료된 군적 草案의 총체적인 不實 상태를 언급하였는데, 특히 나이를 올려 속히 군역 免除를 꾀한 자가 많은 것을 부실의 가장 큰 원인으로 지적하였다.

그 외에 군적 작성 과정에서 "色吏들이 뇌물을 받고 조작하였다"는 尹元衡의 지적이나,[100] 閑丁이 부족하면 乞人과 私賤으로 충당하고 죽은 자를 군액에 정해 놓기까지 한다거나,[101] 양정 수괄의 책임을 맡은 刷吏들이 죽음을 앞둔 노약자나 심지어 나무·돌·닭·개의 이름까지 끌어다 기록한[102] 문제점들도 노출되고 있었다.

그 같은 문제점이 나타나게 된 원인은 여러 가지가 있을 것이다. 먼

---

100)『明宗實錄』卷17, 9年 7月 乙丑.

101)『明宗實錄』卷14, 8年 閏 3月 丙辰 ;『明宗實錄』卷14, 8年 5月 丁巳.

102) "去 癸丑年(명종 8, 1553) 軍籍時 守縣之臣 勒撻刷吏 使之多括良丁 吏不堪苦 充之以老病垂死之人 繼之以木石鷄犬之名 良丁之多 若有倍於他縣者 因以餘丁 移補他官 甲戌年(선조 7, 1574) 改軍籍時 因舊額不敢改"(李之菡 (1517~1578),『土亭遺稿』上,「莅牙山時陳弊上疏」).

264

저 군적 작성을 수행하는 지방관들의 직무 유기를 들 수 있다. 즉 군적 작성에 관한 지침을 각 도에 移文하여 監司에게 위임하면 監司와 都事는 수령들에게 위임하고 수령은 下吏에게 위임하는데, 최종 실무를 담당하게 된 하리조차 술책을 써서 세월을 보내기 때문에 그동안에 숨거나 漏落된 軍丁들의 도망이 더욱 심해지고 있었다.103)

다른 한편 흉년일 때 군적이 작성된 이유도 있었다. 백성이 生業을 잃고 流離함으로써 不實을 부추키고 있었기 때문이다. 극단적인 경우 경상도 어느 營은 군적 작성 후에 水軍 5백 명이 防戍하는 것으로 되어 있었지만, 실제는 1백 명에 불과하였다.104)

군적 작성의 근거가 되는 것은 戶口였다. 그런데 戶口의 파악은 조선초기 이래 대체로 不明하였다. 가령, 세종이 "인구는 예전에 비해 배 가까이 증가했는데도 戶籍에 올라 있는 자는 적어서 숨거나 빠진 자가 10에 6・7 정도"라고 한다거나, 중종 30년(1535)에 군적 작성을 논의하면서 "이전에 작성된 호구는 다만 文具에 불과할 뿐이어서, 군적 작성의 實效를 거둘 수 없다"라고 토로할 정도였다.105) 따라서 파악된 호구와 호적을 근간으로 작성되는 군적의 不實이 하필 명종대에 국한된 현상만은 아니었다.

그렇더라도 군적 작성의 명분으로 내세운 "승려의 조건에 미달하는 자들은 쇄환해서 군액에 충당한다"라는 취지와는 정면 背馳되는 방향에서, 왕실이 오히려 일관되게 '승려 증가'를 부추기고 '잡승 추쇄'를

---

103) 『明宗實錄』 卷13, 7年 7月 庚子.
104) 『明宗實錄』 卷16, 9年 2月 庚辰 ; 『明宗實錄』 卷22, 12年 3月 戊寅.
105) "傳曰……本國 昇平日久 生齒之繁 倍於前昔 箸籍者少 而隱漏者 十居六七 ……國家懵然不知戶口之實數"(『世宗實錄』 卷88, 22年 2月 丙辰) ; "憲府啓曰 來丙申年軍籍磨鍊事判下矣 今年(乙未)農事雖曰偶然 外方不實處頗多 不可擧此大事 以擾民衆 況在前 戶口成籍 例爲文具而已 遊丁全不檢括 其所載錄 流亡居多 以此 每等軍額 脫漏過半 軍丁漸減於元額 粗充闕額者 并無保寧 國家昇平百年 生齒日繁 而兵額減耗 若是凜凜"(『中宗實錄』 卷80, 30年 12月 己卯).

막으면서 군적을 작성하였던 것이 문제였다. 또한 군적의 작성을 시기
적으로 내원당의 인적·경제적 지반을 갖추는 것과 병행하여 추진하
였으므로, 출발 단계부터 소기의 성과를 기대하기 어려운 상황이었다.
더욱이 무엇보다도 명종이나 문정왕후가 규정을 수시로 변경하면서
양종의 입장을 일방적으로 비호하였던 점이 군적의 부실을 초래한 큰
원인이었음은 부인할 수 없는 사실이다.

명종 10년(1555) 을묘왜변시에 승군이 부분적으로 동원되었던 사실
을 들어 명종이 "승군을 활용할 때의 일이 또한 편리하고 쉬울 것이니
통령의 이익이 없지 않을 것"이라 하면서 불교 양종의 혁파를 거부하
였던 것으로 볼 때,[106] 자체적으로는 체계가 정비되어 있었던 것으로
보인다. 그러나 그러한 체계조차도 사실상 도첩승을 제도권 안으로 포
섭하여 내원당의 人的 지반을 확대하는 데 이용되었고, 그들이 납부
한 丁錢 역시 왕실재정에 편입되고 있었다. 그러므로 문정왕후가 수
렴청정하는 권력으로 양종을 복립하여 왕실불교를 공식화하고, 다른
한편으로는 불교 양종을 자신의 권력을 유지하는 경제적 기반으로 삼
아 왕실재정을 충당하려는 二重의 목적으로 불교정책을 추진하였다
는 결론에 도달하게 된다. 즉 문정왕후가 불교 양종을 정치적 기반으
로 활용하였다는 것이다.

4. 佛敎政策의 弊端과 兩宗 革罷

명종대 불교정책은 문정왕후가 주도하면서, 정치적으로는 尹元衡
으로 대표되는 훈척세력들의 동조를 얻고, 普雨를 중심으로 하는 불
교세력과 연계하여 추진되었다. 그 정책이 계속 강행되기는 하였지만,
앞서 살펴본 바와 같이 그에 대한 신료들 특히 언관·유생층의 반대

---

106) 『明宗實錄』 卷32, 21年 4月 辛未.

도 계속되고 있었다.

명종이 문정왕후의 정국 간섭에 탄력적으로 대응하기 시작한 친정기에는, 문정왕후나 윤원형의 정치적 입지는 단계적으로 축소되었다. 또한 정치적인 사안에 대해서는 명종·문정왕후·훈척 등에 영합하는 입장을 취하였으나 언관은 불교계나 불교정책에 대해서는 꾸준히 반대 여론을 이끌고 있었다. 그들의 비판적 언론은 명종이나 문정왕후에 의해 대부분 거절되었고, 그래서 별 성과를 거두지는 못하였다. 그러나 명종대 언론 활동의 긍정적인 측면으로 평가될 수 있는 부분이다.

명종의 친정체제가 정착된 명종 17년에 주목할 만한 사건이 있었다. 즉 명종 17년(1562) 7월에 谷城 桐裏寺의 持音 戒幢이, 雲浮寺의 지음 靈琇의 부당한 죽음을 禪宗에 呈訴한 書狀에 해괴한 말이 있는데도 禪宗이 내수사에 첩보하였다는 것을 이유로, 헌부가 禪宗判事 普雨를 推考하여 엄히 다스릴 것을 요청한 것이다. 그런데 그 결과 戒幢은 남해의 섬에 徒配되고, 보우는 都大禪官敎의 직위를 삭탈당하였다.[107] 보우의 威勢가 極盛하여 곧 직첩을 환급받기는 하였다.[108] 그러나 앞 시기 보우에 대한 탄핵이 단 한 차례도 받아들여진 사실이 없다는 것과 비교해 볼 때, 그 의미는 작지 않다.

불교정책은 異端이라는 사상적 측면에서 문제였지만, 그보다는 오히려 시행 과정에서 파생된 불법적·탈법적 행태가 더욱 심각한 문제였던 것으로 보인다.

이때 여러 산에 佛供을 드리느라 소모된 비용이 巨萬金이었고, 中使들이 內願堂 등 사찰을 오가느라 내수사의 경비가 고갈되기도 했으므로, 왕자의 諸宮에서도 비용을 조달하였다. 그래서 수령으로 있는 戚里들이 私的으로 進上하기 시작했는데, 그 후에는 먼 姻戚들

---

107) 『明宗實錄』 卷28, 17年 7月 丙戌.
108) 『明宗實錄』 卷28, 17年 12月 己巳.

역시 본받아 私的으로 진상하는 폐단이 蜂起하여 점차 極度에 달하
게 되었다. 民生의 곤궁은 모두 자전이 佛事에 힘쓴 데서 연유한 것
이다(『明宗實錄』卷13, 7年 7月 庚寅).

내원당에서 드리는 불공에 소모되는 비용을 충당하기 위해 내수사
경비를 사용하는 것은 물론이고, 종친·戚里·인척들에게서까지 私的
으로 進上을 받고 있었는데, 그 정도가 극심하였다. 당시 수령들은 대
부분 賄賂하여 임명되었는데, 그 한 축이 內殿을 통하는 것이었다. 따
라서 수령들은 현지에서 가혹하게 수탈을 자행하여 내전에 內價를 바
치고 있었다. 민생의 곤궁이 모두 佛事에 연유한다고 볼 수는 없지만,
불교정책으로 백성들의 생활이 더욱 곤궁해진 것은 부인할 수 없는
역사적 사실이었다.
　내원당을 중심으로 행해지는 왕실불교가 국가재정을 침해하고 있
는 것도 문제였다.

　내원당을 설치하면서 여러 사찰의 단청이 눈부셨고 도성 안에는
梵唄의 소리가 들렸으며, 내수사의 저축이 부처 공양과 중들 밥 먹
이는 경비로 다 들어가고 該司의 경비를 모아 놓은 것도 또한 내수
사로 보내졌다. 尙衣院의 綾錦과 亥司가 간직한 綵緞도 모두 內帑
으로 실어다가 드디어 모든 절에서 성대하게 부처를 공양하는데 보
냈으므로 중들의 치성함이 이때보다 심한 적이 있지 않았다(『明宗實
錄』卷18, 10年 2月 乙亥).

숭불 행사에 소요되는 비용을 국가재정에서까지 끌어다 사용하고
있었다. 중앙 재정에서 왕실재정이 차지하는 비중이 2/3 이상이라는
柳馨遠의 지적을 감안하면[109] 명종대 국가재정의 악화 원인은 불사

---

109) "中國之制 御供有專任之司 供上之物 皆以常稅之入貿備利用 未聞有外方
　　進上也 我國則御需未有常稅之用 御供無專任之司 內則各司逐日進排(令各

268

비용을 치르는 데 따른 왕실재정의 확대 때문이었다.

당시 내원당은 가장 낭비가 심한 곳으로 지목되고 있었다. 따라서 "3~4백 개에 이르는 내원당을 40여 개로 줄이자"는 현실적인 방안이 제기되기도 하였고,110) 내원당을 중심으로 행해지는 過多한 佛事 비용으로 인한 폐해의 정도를 고려 말과 비교하는 위기의식도 팽배하였다.111)

불교정책의 강행으로 16세기 이후 급격하게 악화되기 시작한 국가재정은 파탄에 직면한 상태였다. 아래 사료는 명종 최말기의 그러한 국가재정의 상태를 잘 보여주고 있다.

　　軍資 三監(軍資監·軍資江監·軍資分監)의 곡식의 會計로 말하면 지금 有庫된 것이 모두 26만 3천 8백여 석인데, 근자에 관원의 교대로 인하여 그 중 더욱 허술한 字庫를 뽑아 反庫하였더니, 3천석의 창고는 남아 있는 것이 겨우 3백석이고, 2천 3백 50여 석의 창고는 다만 2백 60여 석뿐이었습니다. 이것으로 미루어 보면 元數는 비록 많으나 現存한 실 수량은 10만이 차지 못합니다. 국가의 비축은 오로지 삼감에만 의존하고 있는데 그 虛竭이 이 지경에 이르렀으니, 매우 한심합니다(『明宗實錄』卷33, 21年 7月 丁巳).

호조가 아뢴 국가재정의 상태는 곧 "佛事를 숭봉함이 限度가 없어서 내외의 倉庫가 남김없이 다 枯渴"112)된 바로 그것이었다. 私私로

　　司貢物爲御供者 過三之二) 而外方各道逐日進上 夫輪驛傳 四方凋弊"(柳馨遠,『磻溪隨錄』3,「田制後錄」上, 經費).
110) "大司憲鄭裕 今之浮費之事 其中最甚者 內願堂也 願堂之數 至於三四百云……聖斷 十存一二可也 十存其一 猶爲四十願堂矣"(『明宗實錄』卷16, 9年 5月 丁巳).
111) "執義愼希復曰……今國家凶荒連歲 人民殆盡 香火供佛 糜費不貲 觀諸天時 察乎人事 國家之勢 固爲岌岌矣 願堂之稱 古所未聞 梁隋之迷惑 皆不免敗亡 而麗季之覆轍 其鑑不遠 臣之意 必盡革罷可也"(『明宗實錄』卷18, 10年 2月 戊寅).

이 변질된 왕권이 내수사와 양종의 연계를 통하여 불교정책을 추진한
결과, 민생 피폐·왕실재정의 고갈·국가재정의 파탄이라는 심각한
폐단이 초래되고 있었던 것이다. 그러나 다른 한편으로 西山大師 休
靜과 松雲大師 惟政이 승과를 통해 배출되어[113] 임진왜란時에 승병
장으로 일정한 역할을 담당했던 것이 그나마 불교정책의 긍정적 성과
라 할 수 있겠다.

도승법과 승과 시행 및 군적 작성으로 집약되는 불교정책이 강행되
는 가운데, 명종 20년(1565) 4월 문정왕후가 사망하였다. 그는 자신 死
後의 불교계를 염려하여 죽기 직전 불교의 完保를 부탁하는 遺敎를
남겼다.[114]

문정왕후가 사망한 직후, 양사가 보우를 탄핵하였고. 유생들도 加勢
하고 나섰다. 보우의 僧職을 삭탈하고 近京 寺刹에 근접하지 못하도
록 한 조치도 소용이 없었다.[115] 그래서 제주에 귀양 보냈는데, 보우
는 그 곳에서 제주목사 邊協에게 杖殺되었다.[116] 곧 이어 명종대 불
교정책 추진의 한 축이었던 윤원형도 탄핵되어 放歸田里되었다.[117]
불교정책 추진의 핵심 인물들이 일시에 제거되었던 것이다.

그 후에도 개성 지방의 유생들이 管內의 祠堂을 淫祀로 지목하여
毁破한다거나, 유생들이 회암사·인수궁 등을 소각하려고 하는 등[118]

---

112) 『明宗實錄』 卷30, 20年 4月 壬申.
113) 휴정은 명종 7년 임자년 僧科에, 유정은 명종 16년 신유년 승과에 합격하였
　　다(『朝鮮金石總覽』 下 ; 『朝鮮佛敎通史』 下).
114) 『明宗實錄』 卷31, 20年 4月 壬申.
115) 『明宗實錄』 卷31, 20年 4月 辛卯 ; 『明宗實錄』 卷31, 20年 5月 戊申.
116) 『明宗實錄』 卷31, 20年 4月 辛卯~6月 庚寅 ; 『明宗實錄』 卷32, 21年 4月
　　辛巳. 한편 보우를 탄핵하는 유생들의 상소가 당시 언관의 언론을 지원하는
　　결과를 가져와 내수사 및 불교 정책의 변화에 기여했다고 파악한 연구로는
　　金燉, 1993, 학위논문과 薛錫圭, 1994, 『16~18세기의 儒疏와 公論政治』, 경
　　북대학교 박사학위논문이 있다.
117) 『明宗實錄』 卷31, 20年 8月 辛卯.
118) 『明宗實錄』 卷32, 21年 正月 丙辰 ; 『明宗實錄』 卷32, 21年 4月 辛巳.

나머지 불교정책에 대한 반발은 계속되었다.

보우에 대한 탄핵뿐 아니라 대간은 명종대 양대 폐단으로 인식된 '禪敎 兩宗'과 '내수사 인신'의 혁파를 강력하게 주장하였고,[119] 그에 따라 명종은 명종 21년(1566) 4월 내수사 인신과 양종을 각각 혁파하였다. 특히 양종이 혁파되었을 때 "기뻐서 뛰지 않는 사람이 없었다"[120]라고 할 정도로 그동안 불교정책에 대한 신료들과 백성들의 불만은 팽배해 있었다. 불교정책 추진 세력이 몰락하고 정치세력의 교체가 이루어지면서, 제도적으로 정비된 불교 양종 구조는 혁파되었다.

명종 말기 문정왕후가 사망한 후 이루어진 普雨의 流配, 尹元衡의 逐出 그리고 內需司 인신 및 양종의 혁파 등의 조치는, 불교정책이 문정왕후를 중심으로 해서 진행되었음을 단적으로 보여 준다. 또한 국가 정책으로서 광범한 지지 기반을 바탕으로 하였다기보다는, 문정왕후와 몇 최측근에 의해 주도되었음을 반증하는 것이기도 하다.

불교 양종이 혁파된 후, 각도 사찰의 位田과 收稅田을 추쇄해서 軍資에 보충하자는 호조의 계청에 대해, 명종은 중종조의 사원전 혁파의 전례를 살핀 후에 능침에 딸린 사원은 예전대로 시행하고 내원당 전지는 내수사에 이속하도록 하였다.[121] 陵寢寺나 유명한 巨刹의 경우는 예전대로 금지 푯말을 세우도록 하였고, 유생들의 上寺도 여전히 제한하는 방향을 취하였다.[122] 결과적으로 능침사만 일정한 사원전을 소유하게 됨으로써 사원 경제의 규모는 대폭 약화될 수밖에 없었고, 불교세력 역시 약화되어 명맥만을 유지하는 정도에 머물게 되었다.

---

119)『明宗實錄』卷32, 21年 4月 辛未.
120)『明宗實錄』卷32, 21年 4月 辛巳.
121)『明宗實錄』卷33, 21年 7月 庚子 ;『明宗實錄』卷33, 21年 7月 癸卯.
122)『明宗實錄』卷33, 21年 7月 癸卯.

結 論

　지금까지 垂簾聽政期에 발생한 乙巳士禍와 그 결과 변화된 君臣
權力關係에 따라 성립된 '勳戚政治'를 명종을 중심으로 살피고, 그러
한 정치적 상황과 맞물려 파행적으로 전개된 內需司 운용과 兩宗 復
立 및 佛教政策 내용을 검토해 보았다. 그 내용을 요약하고 宣祖 대
를 전망하는 것으로 결론을 대신하고자 한다.

　연산군 12년(1506) 朴元宗을 중심으로 한 신료들은 中宗反正을 주
도하여 연산군의 暴政을 종식시키고, 晋城大君을 중종으로 추대하였
다. 그 공으로 그들은 靖國功臣에 策勳되었다. 조선전기(15세기)에 일
찍이 경험해 보지 못한 중종반정으로 조선왕조 왕위 승계 방식에 큰
변화가 초래되었고, 그에 따라 현실적·상징적 측면에서 강력하게 표
방·행사된 王權의 專制性이 약화된 반면 反正 功臣인 정국공신의
宰相權은 강화되었다. 16세기의 君臣權力關係가 변하고 있었던 것이
다.

　治世 기간 동안 중종은 강력한 왕권을 회복하지 못하였고, 중종을
이어 즉위한 인종은 8개월 만에 急逝하였다. 그 뒤를 이어 당시 12세
인 慶原大君이 13대 국왕으로 즉위하였고, 그래서 母后인 文定王后
가 垂簾聽政을 하게 되었다. 그러므로 명종 王權의 強弱 여부는 그
이전 왕권의 연장선상에 있는 것이라기보다는 전적으로 처음 통치를
맡은 문정왕후의 국정 주도 방향에 달려 있었다.

　그런데 즉위년(1546) 8월, 중종 말 大尹(인종 외숙 尹任)과 小尹(명

272

종 외숙 尹元老·尹元衡)의 王位承繼 문제를 둘러싼 暗鬪에, 중종 말에 재등장하여 공론에 입각한 정국 운영에 배치되는 문정왕후·소윤 및 훈구세력과 그들을 비판 견제하고 있던 사림세력이 각각 개입해 있는 형세가, 즉위 초 신료들이 제기한 '尹元老 탄핵 사건'과 맞물리면서, 문정왕후와 소윤이 명종 王權을 확고히 한다는 명분 하에 大尹에 정치적 보복을 가하고 李芑 등 훈구가 사림세력의 확대를 철저하게 저지한 乙巳士禍가 발생하였다.

鄭順朋의 상소가 올려진 후 소윤 및 훈구와 중종 대부터 적대관계였던 尹任 柳灌 柳仁淑 등이 賜死되었고, 문정왕후의 의도에 맞게 사화를 이끈 그들은 衛社功臣으로 策錄되었다. 위사공신이자 勳·戚의 중심인물인 李芑·尹元衡 등은 士禍 정국에 편승한 誣告 사건 즉 '良才驛 壁書의 獄(2년 9월)' '安名世의 獄(3년 2월)' '李洪胤의 獄(4년 4월)'을 만들고, 그 사건들을 을사사화의 명분으로 구축한 '擇賢說'을 내세워 처리하는[1] 일련의 정치적 과정을 통해 권력을 장악하였다. 반면 사건과 직간접적으로 연루된 사림은 거의 제거되었고, 중앙 정계에서 그들의 발판도 철저하게 파괴되었다.

을사사화 이후 국정은 3자에 의해 운영되었다. 먼저 문정왕후는 명종의 왕권 강화를 돕는 방향에서 공식적으로 국정 전반을 總括하기보다는, 명종을 통해 자신의 사사로운 의중을 국정에 반영시키는 한편 특정 관심 사안이나 분야를 專制하고 있었다. 윤원형의 정치적 위상과 권력 행사를 한껏 보장해 주는 것도 문정왕후의 중요한 국정 운영 중 일부였다.

국정 운영의 책임자이면서도 攝政할 뿐 아니라 을사사화를 통해 왕권을 확고히 해 준 문정왕후를 전적으로 의식하지 않을 수 없었던 명

---

1) 그 같은 사실은 "을사 이후 生殺與奪權이 이기·윤원형에게 있어서 조정의 名流가 화를 당하였다"(『明宗實錄』 卷13, 7年 6月 甲子)라는 기록을 통해서 확인된다.

종은, 독자적인 정치 행보를 삼가면서 문정왕후에게 유도되어 세세한 사안에 간여하는 방식으로 왕권을 행사함으로써 왕권 약화를 自招하고 있었다.

실제 국정을 장악한 것은 훈척이었다. 그들 중, 3인의 罪目을 처음 공개적으로 거론한 李芑와 그들의 죄목을 反逆罪로 구체화한 鄭順朋이 공신의 조정과 追錄을 주도하여 자파 인물 및 척신들을 대폭 陞進·보충하고 사림을 降等·배제하는 방향에서 28명의 위사공신을 확정하였고, 그것을 통해 훈척의 權力集團의 입지를 더욱 굳건히 하였다. 특히 인사권을 獨斷한 좌의정 이기가 정조·대간 등 淸要職을 자기 세력화하였고, 그 같은 정치 구조를 통해 청탁 인사와 賣官賣職을 공공연히 자행하였다. 그는 명종 6년까지 정국을 壟斷한 實勢였다.

비록 전면에 나서지 않았지만, 윤원형은 堂下官으로서 堂上官과 함께 인사 결정에 참여하고 그 후임을 추천하는 自薦制까지 확보한, 郎官을 手中에 두고 있었다. 명종·문정왕후·훈척 등이 각각의 利害를 대변하도록 언론을 압박하고, 언론이 사안마다 그들의 입장을 충실히 대변하는 상황도 낭관권 장악에 一助하였다.

성종 21년(1490)에 弘文館이 공론 소재지로 인정되고 동 22년과 동 25년에 홍문관원의 대간·낭관으로의 轉出이 각각 가능하게 됨에 따라 형성되었던 4관서의 인적 구성의 동질성은 윤원형의 낭관직 장악으로 파괴되었다. 또한 대간은 대신을, 홍문관은 대간을 비판하던 기능이나 낭관이 공론을 주도하던 기능도 전면적으로 훼파되고 있었다. 官署 간의 유기적 관계나 정치적 관행이 사라졌고, 각 관서가 個別化되었다. 말하자면 훈척의 개별 기관화된 정치기구로 정치구조가 재편되었던 것이다.

훈척은 議政府를 권력기반으로 하여 정조-대간-낭관을 장악하고 微官末職에 이르기까지 請託 인사를 관행화하고 있었다. 청탁 인사로 제배된 대부분의 수령이 현지에서 가혹한 수탈을 자행하였고, 그에 따라 백성의 곤궁은 심화되고 있었다. 그럼에도 훈척재상은 명종의 인사명령은 물론 민생의 피폐함을 개선하기 위한 문정왕후의 청탁 인사 금지 경고조차 무력화시켰다.

국정 운영의 또 다른 한 축인 정책 결정은 중종 11년 6월 회복된 議政府署事制나 六曹直啓制가 아닌 훈척의 의중에 따라 결정되고 있었다. 壟斷이나 專橫의 형태인 셈이다. 대신의 의견을 개별적으로 묻는 收議를 활성화 시키자는 제안도 있었지만 명종말까지 수의는 활성화되지 못하였다. 그 같은 국정 논의구조에서 훈척재상은 문정왕후의 사사로운 입장인, 윤원형의 陞品과 첩 자녀의 許通, 內需司의 2품衙門 格上, 佛教 兩宗 復立 등은 물론이고, 인종의 短喪이나 延恩殿 別祔 문제를 先導하고 그 결정에 적극 동조하였던 것이다. 그 같이 일치된 입장에서 문정왕후와 그들의 정치적 관계가 극명하게 드러나고 있었다.

요컨대 훈척은 인사권이나 정책 결정권을 사사롭게 행사하고 명종의 인사권이나 정책 결정권 등은 극도로 제한한 '君弱臣强'한 상태에서 을사사화가 지니는 정치사적 의미이자 명종대 정치사의 특징이기도 한 '훈척정치'를 전개해 나갔던 것이다.

명종 8년 7월 명종이 친정을 시작하였다. 그러나 왕권의 최대 공로자임을 주장한 문정왕후가 여전히 내수사 양종 분야를 獨斷하고 있었다. 사망한 이기를 대신하여 윤원형이 훈척의 핵심으로 바뀌었을 뿐 그들의 전횡도 계속되었다. 의정부·육조의 훈척 구성 비중이 다소 약화되기는 했지만 의정부·정조·삼사·낭관직은 물론 중종 36년 (1541) 復設된 備邊司까지 여전히 윤원형 등의 세력권 안에 있었다.

그렇기 때문에 명종은 훈척 계열의 武臣 처벌, 御使 파견 등과 같은 간접적인 방법과 수렴청정기에 유보했던 部民告訴法 등의 정책을 시행해 나가면서, 왕권 강화를 모색하고 있었다. 명종 9년(1554) 邊事를 처리하는 獨立 衙門으로 승격된 비변사를 훈척의 병권을 약화시킬 수 있는 교두보로 주목하였다.

한편 사림은 被禍된 이후 세력 挽回를 위해 교육 기관인 書院에 주목하였고, 명종 대에만 17개소를 설립할 정도로 적극적이었다. 또한 을사사화와 직접 관련없는 사류들은 과거를 통해 주로 言官이나 郎官에 진출해 있었는데, 성향에 따라 反윤원형 사류 金虯·金弘度 등, 친 윤원형계 金汝孚·崔堣 등, 친이량계 姜克誠 등, 그리고 반 이량사류 인 洪天民·朴素立으로 나누어져 있었다. 윤원형이 장악한 낭관들이 내부 분열된 셈이었다.

사류들 중 명종 7년(1552) 金弘度 등이 김여부 등과 낭관직 추천을 둘러싸고 잠재적 朋黨 상태로 대립하고 있는 정치적 갈등이, 윤원형 의 전횡을 분쇄하려는 김규·김홍도의 시도와 맞물려 훈척재상이 윤 원형을 동 11년(1556) 5월 이조판서에 제배하는 데 진력하지 않으면 안 될 정국 변화의 조짐이 보이기도 하였다. 그러나 동 12년 윤원형을 공격하려는 김규의 계획이 당시 사류들의 구심점인 尹春年 및 김여부 를 통해 누설되면서, 그것을 빌미로 김여부가 끌어들인 윤원형이 김규 ·김홍도 등을 축출하였다. 사림세력의 성장은 재삼 저지되었고, 윤원 형의 위상은 한층 확고해졌던 것이다.

이 사건의 전개 과정에서 三司의 要職을 두루 거치면서 윤원형 입 장을 대변한 윤춘년이 홍문관 부제학에서 체직되었다. 이후 그는 언론 의 長에 임명되지 못하였다. 그것은 곧 윤원형의 언론 기반의 상실을 의미한다는 점에서 상당히 주목할 만한 변화였다.

윤원형의 獨走가 계속되고 있었다. 그러나 명종 13년(1558) 영의정 沈連源(仁順王后 祖父)이 崔堣가 편법으로 추진한 측근의 대간·낭 관 진출을 무산시켜 일대 타격을 가한 사건 이후에, 명종은 공개적으 로 또 다른 척신인 中殿의 外叔인 李樑을 대리인으로 발탁하여 대응 세력을 양성하는 데 박차를 가하였다. 위사공신으로 追錄된 이후 줄 곧 문정왕후·윤원형을 지지하였던 심연원이지만, 최우 사건은 분명 명종 왕권 강화 의도에 상응한 전략적 지원인 윤원형의 외곽 때리기였기 때문이다. 명종의 왕권 강화에 힘을 실어주었다는 점 뿐 아니라, 沈氏 一門의 정치적 진출 및 명종 말기 河城君 鈞의 지목에 영향력을 끼친다는 점에서, 심연원의 입장 선회는 향후 국정 운영에서 대단히 중요한 의미를 갖는다.

친정의 두 번째 단계인 13년(1558) 6월 이후 인사를 통해 국정을 강력하게 주도해 나간 명종은 그 해 10월 윤원형의 최측근인 좌의정 尹漑를 오랜 삼공의 자리에서 축출하는 한편 우의정 윤원형의 사직도 허락하면서 훈척의 권력 기반인 의정부의 인적 구성을 해체하였다. 다른 척신 沈通源도 끌어들여 정치세력 및 정치구조 재편에 본격적으로 나섰다.

다른 한편 명종 7년(1552)에 登科한 이량과 동 10년 무렵 정치적 관계를 맺기 시작한 명종은 官歷이 짧은 그를 거듭 擢用하였다. 윤원형을 견제하려는 명종의 입장에, 동조 세력화한 명종의 측근 侍御 內人을 통해 그 微意를 미리 알고 받드는 이량의 정치적 處身이 맞물려, 동 13년 이후에 그는 공개적인 寵臣으로서 淸要職에 重用되었다.

처음에 이량을 낭관에 진출시키려 한 계획이 낭관들의 강력한 반대로 무산되자, 명종은 이미 이량과 사이에 만들어진 인사의 秘線을 통해 政曹 판서와 삼사에 친이량 성향의 인물을 집중적으로 포치하였고, 특히 병조판서를 여러 차례 特旨로 임명하였다. 명종이 정조를 권력 구조를 변화시키는 기반으로 삼고, 이량 세력을 양성한 결과 명종 16년 무렵 이량세력 중심으로 정치세력이 재편되고 있었다.

그런데 명종이 행사한 인사권은 공적 제도나 규정을 무시한 것이었다. 자신의 인사에 이의를 제기한 金德鵾을 청요직에서 퇴출하고 대간을 봉쇄하면서 특정 세력을 편향적으로 제수하는 전제적 인사를 행한 것이다. 그 결과 명종의 논리를 追隨하거나 이량과 정치적 이해관계로 결집된 정치세력이 형성되고, 인적 구성만 달리하는 왜곡된 정치구조가 재생산되고 있었다.

한편 명종 왕권을 배경으로 政曹 판서와 결탁하여 三司를 장악한 이량은 反이량 성향을 나타내는 대간을 불러 놓고 劫制하였고, 다른 한편으로 낭관직을 장악하기 위해 相避法을 무너뜨리면서까지 아들 李廷賓의 낭관 진출을 불법적으로 강행하였으며, 그 과정에서 反이량 적 성향을 보인 士類들을 대대적으로 제거하였다. 궁극적으로 정조-언관-낭관 구조를 구축하여 장기적·독점적인 전횡을 劃策하였던 것이다.

그러나 최측근이면서도 李滉·曺植 등 사림을 一網打盡하려는 이량의 계획에 반대한 부제학 奇大恒이 沈鋼·沈義謙 등과 연계한 후에 그에 대한 탄핵을 발의하면서 정국은 급변하였다. 이량이 강압적으로 추진한 권력구조·정치구조 변동에 대한 명종의 불만과 자신의 정치적 계획에 반대한 생질 沈義謙과의 관계가 악화되어 있는 상황 속에서 발의된 탄핵으로 즉각 이량 및 그의 黨與가 축출되었기 때문이다. 반면 이량에 의해 축출되었던 사림은 재서용되었다.

이량으로의 권력 이동이 가속화되는 가운데 심통원의 아들 沈鏵를 명종이 館試에 不正 入格시킨 사건을 계기로, 윤원형은 문정왕후를 통해 명종을 압박하거나 몇 차례에 걸쳐 이량을 공격하였다. 그러나 親政하는 명종의 국정 주도력이 강화된 상태에서 이량 세력으로 채워진 언론 삼사가 오히려 윤원형을 공격하면서, 그 공격은 번번이 좌절되었다. 권력 회복이 어렵게 된 가운데 명종 20년(1565) 4월 문정왕후까지 사망하면서 윤원형은 급속하게 몰락하였다.

이량·윤원형 등이 축출되고 사림이 정국 전면에 등장하였다. 국정의 주재자임을 재삼 강조하면서도 훈척정치에 대해 완전히 자유로울 수 없었던 명종은, 이량 등을 재소환하려는 움직임을 보이기도 하였다. 그러나 결국 을사피화인을 放還하고 遺逸을 등용하는 사림계의 의중을 반영하는 방향으로 나아간다. 명종 15년(1560)과 16년에 위기에 처한 사림을 구하는 데 영향력을 행사한 심강과 이량 등의 축출에 큰 역할을 한 심의겸 등 沈氏 一門의 위상은 한층 더 높아져 있는 상태였다. 더욱이 명종이 22년(1567)에 사망한 후, 仁順王后는 중종의 庶子 德興君의 셋째 아들 河城君 鈞을 後嗣로 지목하였고, 沈義謙은 儲副 문제에 자문 역할을 하였기 때문에 그 위세는 더욱 대단할 것이었다.

정세 변화가 많았던 친정기 언론은 어떠하였는가. 결론부터 말하자면 권력관계에 좌우되는 양상을 벗어나지 못하였다. 국왕의 權威를 손상시키지 않는 범위에서 언관 활동을 용인하고, 貴戚·佛敎 등에 대한 언론을 指斥하는 명종의 입장이 계속되고 있었다.

친정 후반 새로운 정치 實勢로 부상한 이량은 金安老보다도 좀더 간사하고 교활한 방법으로 공론을 봉쇄·劫制하였다. 그래서 자파세력으로 조정과 삼사를 채운 이량이 국정을 농단할 동안 언론은 더욱 위축·굴절될 수밖에 없었다. 그런 만큼 대간은 화를 두려워하여 감히 말도 꺼내지 못하고, 가차없는 말로 책임만 메우려고 하면서, 명종·문정왕후·윤원형·이량의 입장에 屈從하는 행태를 보였다.

그러나 이량과 윤원형이 실각한 명종 20년 이후에는 축출되었다가 재서용 된 사림과 李珥 등이 활동하고 있었다. 그들 대간은 훈척정치의 잔재 청산과 새 정치 질서 수립을 위해 필요한 개혁 방안을 제기하였고, 내수사 인신과 兩宗의 혁파 선도, 海澤 折受 금지 등의 구체적인 성과를 이끌어내고 있었다. 을사 피화인의 放還이나 이량 세력의 재진출을 막는 등 정치세력의 進退에도 적극적으로 개입하여 국정 쇄신도 주도하였다.

당시 沈氏 一門에게 언론이 미치지 못한 한계가 분명 있었다. 비록 그렇더라도 짧은 기간 동안 언관이 훈척정치 폐습의 개혁을 선도한 것은 성장하는 사림의 추세를 반영하는 것인 동시에 士禍를 겪으면서 위축·왜곡된 공론의 부활을 알리는 신호탄이었다. 그 역사적 의미는 명종 치세 동안 국왕·훈척에 대항한 낭관과 함께 宣祖代에 정치적 비중이 더욱 커지고 있다는 점에서 찾을 수 있다.

명종대 정치사의 또 다른 특이성을 보여 주는 것이 왕실의 內需司 運用이다. 훈척이 농단하는 가운데, 文定王后가 개인적 관심사인 內需司의 運用이나 불교정책을 명종을 통해 관철시킴으로써, 정치 파행을 한층 심화시키고 있었기 때문이다.

정5품아문이지만 왕실 자체 기관의 성격이 강한 내수사는 왕실재정 업무를 담당하였다. 내수사의 가장 중요한 업무는 長利였다. 그런데 장리가 중종 11년(1516) 6월에 혁파되었다. 그 후 왕실재정의 財源을 마련하기 위해 중종은 내수사에 內願堂을 이속시켰다. 또한 내수사로 하여금 전국 寺刹 전지를 관리토록 하는 한편 동 23년(1528) 이후 수령의 解由에 내수사 노비 身貢 문기 奉納을 의무화하는 등 행정력을 동원하면서까지 그 운용을 강화하고 있었다.

내수사의 기능은, 향후 추진될 불교정책의 핵심 중 하나인 內願堂의 數的 증가 및 그 경제력을 마련하는 역할까지 염두에 둔 문정왕후가, 명종 5년(1550) 정월 내수사에 堂上印을 造給하여 2품의 아문으로 格上시키면서 크게 확대·강화되었다. 내수사의 책임을 맡은 提調는 위사 3등 공신인 朴漢宗이었다. 그가 제조를 맡은 후 내수사는 왕실재정 업무는 물론이고, 명종과 문정왕후의 행정·명령 기관으로, 왕실에 관계된 군사·사법 관련 내용을 直啓하여 처리하는 등 왕실의 별도 조정으로서 無所不爲의 권력기관이 되었다. 실제 내수사는 일을 처리할 때 으레 內旨를 내세워 행세하였다.

명종이 친정한 후에도 문정왕후는 계속 내수사를 운용하였다. 내수사는 民田을 寺社田으로 칭탁하여 屬公하거나 蘆田·堰田 등 여러 地目을 탈점하여 內需司田을 확보하였고, 그 과정에서 불법성이 드러나더라도 명종은 적극 비호할 따름이었다. 그 결과 本宮이 소유한 토지가 8도에 확산되었다. 그런데 문제는 無稅田인 내수사의 소유 토지가 증가할수록 국가재정이 감소되는 구조라는 점이었다.

내수사의 소유 토지가 확대될수록 그것을 경작·관리하기 위한 노비가 필요했다. 당시 내수사 노비는, 身貢은 다른 公奴婢와 같으면서 選上하지 않았고 수령으로부터 賤待받지 않았다. 그래서 성종대부터 公私奴婢의 投託이 성행하였다. 더구나 명종이 원래 雜役 면제인 復戶의 내용을 徭役 一切 免除로 확대하였으므로 투탁은 더욱 증가하고 있었다. 또한 명종은 노비 확보에 대단히 적극적이었고, 내수사로 투속한 私奴婢에 대해서 단 한 차례의 조치도 취하지 않았을 뿐 아니라, 내수사 노비 관련 爭訟에서는 일방적으로 내수사의 勝訴가 정해져 있다시피 하였다.

그 외에 宣頭案에 未錄된 노비라도 更改할 수 없도록 하는 것은 물론 일단 선두안에 등록되었다면 투탁이 명백해도 개정할 수 없도록 하는 등의 여러 조항도 노비의 수적 증대에 一助하였다. 內需司田이 免稅인 점도 노비 투속을 유인하는 조건이 되었다. 그래서 명종 14년(1559)에 명종이 자인할 정도로 공사노비의 투탁이 심화되고 있었다. 투탁한 공노비가 증가할수록 그 신공을 司贍寺가 아닌 내수사에서 수납하였으므로 국가재정은 결손을 입는 것이었다.

문정왕후가 내수사를 동원해 전지와 노비 확보에 주력한 것은 내수사뿐 아니라 內願堂을 염두에 둔 조치였다. 그래서 즉위 직후 淨業院을 내원당으로 삼았고, 명종 5년(1550)에 82개 정도인 내원당을, 5년 12월 兩宗이 復立된 이후인 7년 정월 무렵 395개로 확대하였던 것이다.

명종의 親政이 시작되기 전까지 4백여 개소의 內願堂을 확보해 놓고, 그 전지를 마련하기 위해 불교세력과 연계한 내수사는 '內需司와 兩宗이 먹고 사는 토지가 나라의 반'이 될 정도로 대부분 사찰과 관련되어 있는 民田의 奪占을 자행하였다. 탈점의 기록은 명종 8년에 집중적으로 나타나고 있었지만, 그 후에도 계속되었을 것임은 다시 말할

필요가 없다. 그리고 '탈점 전지 및 투탁 농민·노비의 전지→내수사
전→왕실재정 충당' 또는 '탈점 전지 및 투탁 농민·노비의 전지→양
종 시납→내수사 收取→왕실재정 충당'하는 방식으로 관리하였다. 그
런데 내원당전도 無稅田으로 취급하였으므로 국가재정에 미치는 영
향이 상당히 컸다.

그럼에도 대간이 내수사나 양종 관련 불법 행태를 비판할 때마다
명종은 반드시 불쾌한 빛[2]을 보이면서, 양종→내수사→문정왕후→
(中使 摘奸)→명종으로 구조화된 계통을 따라 처리하였다. 수령뿐 아
니라 2품의 兵使·水使라도 내수사에 적극적으로 협조하지 않으면
그대로 推考되는 형편이었다. 문정왕후가 명종을 통해 내수사를 온갖
이익을 추구하는 階梯로 삼고 超法的으로 사사로이 운용한 행태는
초월적 특권을 향유하려는 巨室 世家的 면모에 다름 아니었다.

한편 내수사 운용의 또 다른 핵심인 불교정책은, 16세기의 급격한
사회·경제적 변화에 따라 不法僧이 증가하는 추세를 막고, 軍額을
증가시킨다는 명분으로 문정왕후가 강행한 것이었다. 그런데 役事가
필요한곳에 승려를 동원하여 호패를 지급하는 '役僧給牌' 방식으로
불법승의 증가를 막으려는 정책과는 반대로 문정왕후는 승려 使役 금
지, 寺社田의 免稅·復戶 같은 특혜를 주어 불교계를 보호하고 있었
다.

이윽고 유생 上寺 문제를 빌미로 명종 4년(1549) 9월 普雨를 '總領'
으로 差任하여 불교세력을 끌어들인 문정왕후는 집권체제가 안정되
었다고 판단한 동 5년 12월에 禪敎 兩宗을 복립하고 僧科를 復科하
였다. 시종·대간·유생들의 격렬한 반대에도, 문정왕후의 위상에다
李芑의 사주 및 윤원형의 威勢 등이 복합적으로 작용하여 양종은 복
립되었다. 막후에서 불교 정책을 지휘한 普雨도 무시할 수 없는 영향
력을 행사하였다.

---

2) 『明宗實錄』 卷25, 14年 10月 己亥.

이후 兩宗應行節目에 의해 불법승 추쇄·도승법 및 승과 시행 등 일련의 불교정책을 추진하면서, 명종은 모든 업무를 兩宗에 일임하였다. 명종이 승려와 충돌한 유생만 일방적으로 강력하게 처벌한 趙應奎 사건 이 후에 불교정책은 문정왕후의 의도대로 진행될 따름이었다.

불교정책의 하나인 무도첩승을 대상으로 한 度僧法의 실시로 명종 7년 8월 462명에 불과했던 도첩승이 동 8년 정월에는 2580명으로 급증하였다. 그것은 보우를 奉恩寺 住持, 守眞을 봉선사 주지로 삼고, 명종 7년 정월 무렵 이미 395개로 증가해 있는 內願堂의 인적 체계를 마련해야 할 필요성 때문에 도첩을 지급하는 데 급급한 결과였다. 더구나 처음 '丁錢 수납 불가'를 강조했던 것과는 달리 도첩승에게서 내수사가 은밀하게 정전을 수납하고 있었다.

도첩승을 대상으로 실시된 僧科는 식년 과거로 시행되었다. 그런데 승과를 엄격하게 관리하였다는 이유로 예조 낭관을 문정왕후가 완전히 배제시키고 불교계에 전적으로 위임하였다. 그래서 그들은 행정 계통 관료의 감시받지 전혀 받지 않은 채 승과를 통해 住持·持音 등 내원당을 지휘 통솔할 인물을 마음대로 확보할 수 있었다.

요컨대 양종의 인적 체계를 정비하고 정전을 수납하여 왕실재정을 충당하며 내원당의 경제력까지 마련함으로써 撤簾 후에도 안정적으로 내수사 불교 양종을 지배하려는 문정왕후의 치밀한 계획의 결과가 명종 8년 무렵에 도첩승 양산, 내원당 대폭 증가 및 민전 탈점 등이 집중되는 형태로 나타나게 된 것이다.

불교 복립의 명분인 군액을 확보하기 위한 軍籍作成은, 흉년인데다 왕실이 寺院의 인적 물적 자원 확보에 주력하던 명종 7년에 시작되었다. 군적작성의 책임자인 감사·수령들은 감독에 소홀하였고 그래서 실제 실무자인 下吏들의 作弊가 우심하였다. 그 결과 草案은 극히 부실하게 작성되었다. 그러나 무엇보다도 무도첩승 추쇄 원칙을 자주 변경하고, 水軍으로서 승려 된 자의 쇄환을 거부하는 등 불교정책 시행 명분과 정면으로 배치되는 명종의 일관성 없는 입장이 부실의 가장 큰 원인이라고 할 수 있다. 그래서 불교정책은 철렴 후에도 문정왕후가 안정적으로 왕실불교를 설행하기 위한 불사 비용 및 왕실재정을 확보하기 위해 추진하였다는 것으로 귀결되는 것이다.

명종 20년(1565) 4월 문정왕후가 사망하고 보우와 윤원형 등 불교 정책을 추진한 핵심 인물들이 제거되었다. 양종도 명종 21년 4월에 혁 파되었다. 많은 폐단을 유발했던 불교 양종 세력이나 그 기반도 약화 되기 마련이었다. 그러나 문정왕후가 내수사와 양종3)을 두 축으로 專 權하면서, 내수사에 소속되어 복호된 자들의 몫까지 남은 백성들이 부담함으로써 심화된 부역 불균 현상과 불교 행사에 국가재정을 끌어 다 탕진한 폐단은 남아 있었다.

게다가 불사 비용을 마련하기 위해 戚里들의 私的 進上을 받고 인 사 청탁의 대가로 內價를 받은 문정왕후의 부패한 내전을 따라 그 外 延인 훈척이 부패하면서, 내전·훈척재상-銓曹로 구조화·고착화된 계통을 따라 賣官賣職이 풍조를 이루었다. 재상과 지방관 邊將 사이 에 상호 이익을 보장하는 구조로 작동된 매관매직으로 부임한 수령은 현지에서 가혹하게 수탈을 자행하였고, 그로 인해 가중된 賦稅 부담 을 이기지 못해 유리하는 농민이 늘어나면서 戶口가 급감하였다. 불 교정책으로 백성들의 생활이 더욱 곤궁해진 것은 부인할 수 없는 사 실이었던 것이다. 전민 탈점·伴倘 冒占·방납 등 광범위하게 불법적 蓄財를 자행한 훈척 역시 국역체계를 문란케 하고 국가재정을 파탄시 킨 또 다른 한 축이었다. 명종 14년에 일어나 17년 진압될 때까지 중 앙 정부를 위협한 임꺽정의 亂은 명종대 정치 파탄을 웅변해 주는 상 징적 사건이었다.

---

3) "內需司 國之私門也 禪敎宗 國之蟊賊也"(『明宗實錄』 卷27, 16年 8月 丁 卯).

다만 승과를 통해 배출된 西山大師 休靜과 松雲大師 惟政이 임진
왜란 시에 승병장으로 일정한 역할을 담당했던 사실을 불교정책의 긍
정적 성과로 짚어볼 수 있겠다.

이미 살펴보았듯이 명종대 정치 파행은, 을사사화를 계기로 형성된
훈척의 권력집중 및 취약한 왕권, 왕권·재상권의 사사로운 권력 행
사, 그리고 문정왕후의 정치 개입 등이 국가체제를 통해 극대화된 때
문이었다. 그러므로 훈척정치의 극단적인 여러 폐단을 경험하고 난 훈
척정치 下에서 仕宦한 舊臣, 명종 최말기에 방환된 사림 그리고 명종
말기에 활동한 사림 등은 자연스레 宣祖代에 다양한 세력들이 동시에
참여하여 국왕이나 특정인, 특정 세력의 불법 인사 및 정국 운영의 一
方性·恣意性 등을 막을 수 있는 제도의 마련에 나서게 될 것이었다.
그런데 그들은 활동한 시기가 달랐고, 그런 만큼 정치적 입장도 달랐
다. 그러므로 훈척정치의 잔재 청산 방안이나 국정 운영의 방향 역시
동일하지 않을 것이었다. 그 內在的 차이는 시간이 지나면서 더욱 분
명해졌고, 그 과정에서 政派的 성격을 갖는 '朋黨'이 나타나게 된다.4)

농단이나 전횡을 막기 위해 정책 결정 과정에 여러 계층이 참여하
면서도 기존 堂上官이 주도적으로 권력 행사를 할 수 있는 관서로 당
시 사림들은 備邊司를 주목하였다. 따라서 낭관과 대간의 강화된 기
능을 바탕으로 하는 '붕당' 및 '비변사체제'로 상징되는 선조대의 사림
정치에서 16세기에 들어서 동요되던 왕권은 제도적으로 규정받아 약
화되는 반면 신료들의 권한이 강화되는 방향으로 나아가게 되는 것이
다.

그러므로 수렴청정기와 친정기에 따라 문정왕후·명종의 국정 주
도 방식과 핵심 훈척 및 그 구성에 각각 차이가 있지만, 명종대 '훈척
정치'는 사림의 꾸준한 성장을 저지하고 정상적인 정치를 한 시기 늦
추면서, 집중된 권력을 개인적·집단적 관심에 따라 私私로이 행사하

---

4) 金恒洙, 1992, 「宣祖 初年의 新舊葛藤과 政局動向」, 『國史館論叢』 34.

여 정치세력·권력구조·정치구조 등을 파행적으로 재편함으로써 국
정을 농단하고, 경제적으로 훈척 개인의 이익 추구를 본령으로 하였지
만, 결과적으로는 '士林政治'와 그 체제를 성립시킨 정치였다고 할 수
있다.

參考文獻

1. 資料

『高麗史』　　　　　　　　　『高麗史節要』
『朝鮮王朝實錄』　　　　　　『經國大典』
『大典續錄』　　　　　　　　『大典後續錄』
『璿源錄』　　　　　　　　　『璿源系譜記略』
『東國文獻備考』　　　　　　『國朝文科榜目』
『萬姓大同譜』　　　　　　　『燃藜室記述』
『大東野乘』　　　　　　　　『大東稗林』
『稗林』　　　　　　　　　　『三峰集』
『訥齋集』　　　　　　　　　『靜庵集』
『慕齋先生集』　　　　　　　『思齋集』
『栗谷全書』　　　　　　　　『土亭遺稿』
『虛應堂集』　　　　　　　　『晦齋集』
『退溪集』　　　　　　　　　『南冥集』
『磻溪隨錄』

2. 編・著書

姜周鎭, 1971, 『李朝黨爭史研究』, 서울대출판부.
高英津, 1995, 『朝鮮中期禮學思想史』, 한길사.
金甲周, 1983, 『朝鮮時代寺院經濟研究』, 同和出版公社.
金燉, 1997, 『朝鮮前期 君臣權力關係 研究』, 서울대학교 출판부.
金玉根, 1984, 『朝鮮王朝財政史研究』, 一潮閣.
金宇基, 2001, 『朝鮮中 戚臣政治研究』, 집문당.

金泰永, 1983, 『朝鮮前期土地制度史研究』, 지식산업사.

東洋史學會 編, 1993, 『東亞史上의 王權』, 한울.

朴平植, 1999, 『朝鮮前期 商業史學研究』, 지식산업사.

朴洪甲, 1994, 『朝鮮時代 門蔭制度 研究』, 探求堂.

宋洙煥, 2000, 『朝鮮前期 王室財政 研究』, 집문당.

睦貞均, 1985, 『朝鮮前期 制度言論研究』, 高麗大 民族文化研究所.

연세대학교 국학연구원 편, 1993, 『經濟六典輯錄』.

陸軍本府, 1968・1977, 『朝鮮軍制史(近世朝鮮前・後期篇)』.

윤국일, 1986, 『경국대전 연구』, 과학백과사진출판사.

尹南漢, 1982, 『朝鮮時代의 陽明學研究』, 집문당.

李範稷, 1991, 『韓國中世禮思想研究』, 一潮閣.

李秉烋, 1984, 『朝鮮前期 畿湖士林派研究』, 一潮閣.

李秉烋, 1999, 『朝鮮前期 士林派의 現實認識과 對應』, 一潮閣.

李成茂 外, 1992, 『朝鮮後期 黨爭의 綜合的 檢討』, 한국정신문화연구원.

李成茂, 1995, 『朝鮮兩班社會研究』, 일조각.

李成茂, 1999, 『東洋 三國의 王權과 官僚制』, 국학자료원.

李樹健, 1979, 『嶺南士林派의 形成』, 영남대학교출판부.

李泰鎭, 1985, 『朝鮮後期의 政治와 軍營制變遷』, 한국연구소.

李泰鎭 編, 1985, 『朝鮮時代 政治史의 再照明』, 汎潮社.

李泰鎭, 1986, 『韓國社會史研究』, 지식산업사.

李泰鎭, 1989, 『朝鮮儒敎社會史論』, 지식산업사.

鄭杜熙, 1983, 『朝鮮初期 政治支配勢力研究』, 一潮閣.

鄭杜熙, 1989, 『朝鮮成宗朝의 臺諫研究』, 韓國研究院.

鄭杜熙, 1994, 『朝鮮時代의 臺諫研究』, 一潮閣.

鄭萬祚 등 共著, 1993, 『韓國史上의 政治形態』, 일조각.

鄭萬祚, 1997, 『朝鮮時代 書院研究』, 집문당.

정홍준, 1996, 『朝鮮中期 政治權力構造研究』, 高麗大 民族文化研究所.

池斗煥, 1994, 『朝鮮前期 儀禮研究』, 서울대학교 출판부.

池承鍾, 1995, 『朝鮮前期 奴婢身分研究』, 一潮閣.

崔承熙, 1976, 『朝鮮初期 言官言論研究』, 한국문화연구소.

崔異敦, 1994, 『朝鮮中期 士林政治構造研究』, 一潮閣.

韓國歷史研究會, 1990, 『朝鮮政治史』(上・下), 청년사.

韓永愚, 1981, 『朝鮮前期 史學史研究』, 서울대학교 출판부.

韓永遇, 1983, 『鄭道傳思想의 研究(개정판)』, 서울대학교 출판부.

韓永遇, 1983, 『朝鮮前期 社會經濟研究』, 乙酉文化社.

韓永遇, 1983, 『朝鮮前期 社會思想研究』, 知識産業社.

韓沽劤, 1991, 『儒敎政治와 佛敎』, 一潮閣.

E. W. Wagner, 1974, "The Literati Purges Political conflict in early korea", Harvard University Press.

3. 論文

姜德雨, 1994, 「朝鮮中期 佛敎界의 動向」, 『國史館論叢』 56.

高錫珪, 1985, 「16·17세기 貢納制 改革의 방향」, 『韓國史論』 12.

高英津, 1989, 「15·16世紀 朱子家禮의 施行과 그 意義」, 『韓國史論』 21.

具德會, 1988, 「宣祖代 후반(1594-1608) 政治體制의 재편과 政局의 動向」, 『韓國史論』 20.

權延雄, 1990, 「朝鮮前期 經筵의 災異論」, 『歷史敎育論集』 13·14.

權延雄, 1993, 「世祖代의 佛敎政策」, 『震檀學報』 75.

權延雄, 1994, 「燕山 朝의 經筵과 士禍」, 『九谷黃鍾東敎授停年紀念史學論叢』.

權延雄, 1996, 「朝鮮 中宗 朝의 經筵」, 『吉玄益敎授停年紀念史學論叢』.

金甲周, 1973, 「院相制의 成立과 技能」, 『東國史學』 12.

金光哲, 1983, 「靜庵趙光祖의 政治思想」, 『釜山史學』 7.

金 燉, 1984, 「中宗代 言官의 성격변화와 士林」, 『韓國史論』 10.

金 燉, 1986, 「朝鮮後期 黨爭史 研究의 現況과 국사 敎科書의 敍述」, 『歷史敎育』 39.

金 燉, 1991, 「朝鮮 明宗朝 초기 擇賢說의 대두와 정국동향」, 『李元淳敎授停年記念史學論叢』.

金 燉, 1992, 「中宗朝 己卯士禍被禍人의 疏通問題와 정치세력의 대응」, 『國史館論叢』 34.

金 燉, 1993, 『16세기 전반 政治勢力의 變動과 儒生層의 公論 形成』, 서울대 박사학위논문.

金武鎭, 1988, 「朝鮮前期 政治勸力構造에 관한 研究動向과 국사 敎科書의 서술」, 『歷史敎育』 43.

金盛祐, 1995, 「16세기 國家財政의 危機와 身分制의 變化」, 『역사와 현실』

16.

金盛祐, 1997,「16세기 國家財政의 需要의 增大와 國役體制의 破綻」,『韓國
史研究』97.

金容坤, 1983,「16세기 士林의 文廟從祀運動」,『金哲埈博士 華甲紀念史學論
叢』.

金容坤, 1994,『朝鮮前期 道學政治思想研究』, 서울대 박사학위논문.

金宇基, 1986,「朝鮮前期 士林의 銓郎權 진출과 그 역할」,『大邱史學』29.

金宇基, 1990,「銓郎과 三司의 관계에서 본 16세기의 權力構造」,『歷史敎育
論集』13・14.

金宇基, 1990,「朝鮮 中宗後半期의 戚臣과 政局動向」,『大邱史學』40.

金宇基, 1992,「朝鮮 中宗代 金安老執權期의 制度改革과 그 性格」,『朝鮮史
研究』1.

金宇基, 1995,『16세기 戚臣政治의 展開와 基盤』, 경북대 박사학위논문.

金駿錫, 1981,「朝鮮前期의 社會思想」,『東方學志』29.

金泰永, 1992,「晦齋의 政治思想」,『李晦齋의 思想과 그 世界』, 성균관대학
교 대동문화연구원.

金泰永, 1994,「朝鮮初期 世祖王權의 專制性에 대한 一考察」,『韓國史研究』
87.

金泰永, 1994,「朝鮮前期 社會의 性格」,『韓國史』7, 한길사.

金泰永, 1996,「韓國 中世史에서의 國家體制와 農民」,『人文學研究』창간호,
경희대 인문학연구소.

金恒洙, 1981,「16世紀 士林의 性理學 理解」,『韓國史論』7.

金恒洙, 1992,「宣祖 初年의 新舊葛藤과 政局動向」,『國史館論叢』34.

南智大, 1980,「朝鮮初期 經筵制度」,『韓國史論』6.

南智大, 1985,「朝鮮 成宗代의 臺諫言論」,『韓國史論』12.

南智大, 1993,『朝鮮初期 中央政治制度研究』, 서울대학교 박사학위논문.

文喆永, 1991,「朝鮮前期 儒學思想의 歷史的 特性」,『韓國思想史大系』4,
韓國精神文化研究院.

朴平植, 1992,「朝鮮前期 兩界地方의 '回換制'와 穀物流通」,『學林』14.

朴洪甲, 1994,『朝鮮前期 蔭職研究』, 영남대학교 박사학위논문.

薛錫圭, 1994,『16~18세기의 儒疏와 公論政治』, 경북대학교 박사학위논문.

宋洙煥, 1991,『朝鮮前期王室財政研究』, 고려대학교 박사학위논문.

宋洙煥, 1992,「朝鮮前期의 寺院田」,『韓國史研究』79.

宋贊植, 1978,「朝鮮朝 士林政治의 權力構造」,『經濟史學』2.

申明鎬, 1993,「宣祖末・光海君初의 政局과 外戚」,『淸溪史學』10.

安啓賢, 1974,「佛敎抑制策과 佛敎界의 動向」,『한국사』11, 국사편찬위원회.

禹仁秀, 1987,「朝鮮明宗朝 衛社功臣의 性格과 動向」,『大邱史學』33.

李景植, 1973,「16세기 地主層의 動向」,『歷史敎育』19.

李景植, 1987,「16세기 場市의 成立과 그 基盤」,『韓國史研究』57.

李秉烋, 1985,「昭格署의 혁파논의와 士林派」,『嶠南史學』창간호.

李秉烋, 1990,「朝鮮前期 中央權力과 鄕村勢力의 對應」,『國史館論叢』12.

李秉烋, 1990,「朝鮮前期 支配勢力의 葛藤과 士林政治의 成立」,『民族文化
　　　論叢』11.

李秉烋, 1990,「朝鮮前期 支配勢力의 現實對應」,『인문과학』6, 경북대학교.

李秉烋, 1992,「中宗・明宗代 權臣・戚臣政治의 推移와 晦齋의 對應」,『李
　　　晦齋의 思想과 그 世界』, 대동문화연구원.

李佑成, 1992,「乙巳士禍의 一考察-晦齋의 現實對處方式을 中心으로」,『李
　　　晦齋의 思想과 그 世界』.

李宰熙, 1992,「朝鮮 明宗代 '戚臣政治'의 전개와 그 성격」, 서울대학교 석사
　　　학위논문.

李椋浩・金光哲, 1982,「朝鮮王朝 中宗代의 王權과 政治勢力의 動向」,『馬
　　　山大論文集』4.

李泰鎭, 1987,「李晦齋의 聖學과 仕宦」,『한국사상사학』1.

鄭求先, 1990,「中宗朝 薦擧制의 施行과 士林派의 成長」,『東國史學』24.

鄭杜熙, 1992,「朝鮮前期 支配勢力의 形成과 變遷」,『韓國社會發達史論』,
　　　一潮閣.

鄭萬祚, 1989,「16세기 士林派 官僚의 朋黨論」,『韓國學論叢』12.

鄭鉉在, 1981,「鮮初 內需司 奴婢考」,『慶北史學』3

曹昇鎬, 1990「靜庵 趙光祖의 改革政治 硏究」,『江原史學』6.

池斗煥, 1989,『朝鮮前期 國家儀禮硏究』, 서울대학교 박사학위논문.

池承鍾, 1985,「朝鮮前期 內需司의 性格과 內需司奴婢」,『韓國學報』40.

車長燮, 1985,「史官을 통해서 본 조선전기 士林派」,『慶北史學』8.

車長燮, 1992,「朝鮮前期 實錄의 史論」,『國史館論叢』32.

崔承熙, 1966・67,「集賢殿硏究」,『歷史學報』32・33.

崔承熙, 1970,「弘文館의 成立經緯」,『韓國史硏究』5.

崔承熙, 1987,「朝鮮 太祖의 王權과 政治運營」,『震檀學報』64.

292

崔承熙, 1990, 「太宗末 世子廢位事件의 政治史的 意義」, 『李載龒博士還曆紀念韓國史學論叢』.

崔承熙, 1991, 「太宗朝의 王權과 政治運營體制」, 『國史館論叢』 30.

崔承熙, 1994, 「世宗朝의 王權과 國政運營體制」, 『韓國史研究』 87.

崔承熙, 1997, 「世祖代 王權의 脆弱性과 王權强化策國」, 『朝鮮時代史學報』 1.

崔異敦, 1991, 『16세기 士林의 진출과 政治構造의 변동과정』, 서울대학교 박사학위논문.

崔異敦, 1992, 「16세기 公論政治의 형성과정」, 『國史館論叢』 34.

韓相權, 1984, 「16-17세기 鄕約의 구조와 성격」, 『震檀學報』 58.

韓㳓劤, 1976, 「朝鮮王朝 初期에 있어서의 儒敎理念의 實踐과 信仰」, 『韓國史論』 3.

韓明基, 1988, 「光海君代 大北勢力과 政局의 動向」, 『韓國史論』 20.

韓春順, 1998, 「明宗代 乙巳士禍 研究」, 『人文學研究』 제2호, 경희대학교 인문학연구소.

韓春順, 1999, 「明宗代 垂簾聽政期 '勳戚政治'의 成立과 運營構造」, 『韓國史研究』 106.

韓春順, 1999, 「明宗代 王室의 內需司 運用」, 『人文學研究』 제3호.

韓春順, 2000, 「明宗 親政期의 權力關係 變化와 政局 動向」, 『朝鮮時代史學報』 12.

韓春順, 2000, 「明宗代 王室의 佛敎政策」, 『人文學研究』 제4호.

韓春順, 2002, 「成宗 초기 貞熹王后(세조 비)의 政治 聽斷과 勳戚政治」, 『朝鮮時代史學報』 22.

韓春順, 2003, 「世祖~成宗 代 科擧에 관한 一 考察」, 『조선시대의 과거와 벼슬』, 집문당.

韓春順, 2003, 「朝鮮 成宗의 六曹直啓制 運用과 承政院」, 『韓國史研究』 122.

韓春順, 2005, 「文宗代의 國政運營」, 『朝鮮時代史學報』 33.

韓忠熙, 1981·1982, 「朝鮮初期 議政府研究」, 『韓國史研究』 31·32.

韓忠熙, 1991, 「朝鮮前期(太祖~宣祖 24년)의 權力構造研究」, 『國史館論叢』 30.

韓嬉淑, 1990, 『朝鮮初期의 雜類層에 대한 研究』, 고려대학교 박사학위논문.

韓嬉淑, 1995, 「16세기 '임꺽정 난'의 성격」, 『韓國史研究』 89.

平木實, 1990, 「朝鮮朝中宗·明宗代 旱魃 天譴意識社會」, 『朝鮮學報』 134.

E. W. Wagner, 1960, 「The Recommendation of 1519」, 『朝鮮學報』 15.

E. W. Wagner, 1980, 「政治史的 立場에서 본 李朝 士禍의 性格」, 『歷史學報』 85.

E. W. Wagner, 1980, 「李朝 士林 문제에 관한 재검토」, 『全北史學』 4.

ABSTRACT

The Politics by Hoonchuck during King Myungjong's Reign

Han, Choon-soon

After King Joongjong(中宗) and Yeanjong(仁宗) had died, Kyungwondaegoon(慶原大君) who was 12 years old ascended the throne as King Myungjong(明宗), and just then Moonjungwanghoo(文定王后) began to rule as regent. At that time 'the case of impeachment against Yun, Won-ro(尹元老)' occurred, and so Moonjungwanghoo won the influence of Hoonkoo(勳舊) over to her side by giving secret orders to Yun, Won-hyung(尹元衡). It was the continuation of a feud between Daeyun and Soyun(大小尹) at the end of King Joongjong. She brought about Ulsasahwa(乙巳士禍) by killing Yun, Yeam(尹任) who was Daeyun, Yu, Gwan(柳灌) and Yu, Yean-sook(柳仁淑) who were Salim(士林) because she considered them to threaten sovereign power. Minor Yun and Hoonkoo were appointed to Uisagongshin(衛社功臣), and expelled the influence of Salim thoroughly by means of a series of false accusations.

In ruling as regent, Moonjungwanghoo accomplished her own matter of concern and interest completely rather than led the whole of national administration. On the contrary, because King Myungjong was held in check by Moonjungwanghoo and Jaesang(宰相) who were Uisagongshin and Hoonkoo, he restrained himself from taking charge of political affairs of his own and exercised his power over only trivial affairs. In that political situation, Hoonchuck(勳戚), who were Uisagongshin, monopolized power of Wonsang(院相) and Uijongbu(議政府), and were engaged in 'politics by Hoonchuck'(勳戚政治). Politics by Hoonchuck was one leading and monopolizing the whole of national administration, and seizing government posts of Uijongbu, Yukjo(六曹)

and Nanggwan(郎官).

King Myungjong began direct royal rule, but Moonjungwanghoo exercised her power continuously. Hoonchuck, continuously, acted arbitrarily as they took possession of principal political organizations and filled even Beebyunsa(備邊司) with their own party. As King Myungjong gradually exercised power corresponding to sovereign power by means of personnel affairs, he intended to disperse the influence of Hoonchuck with Yun, Won-hyung as the central figure, and build up the counter influence centering around Lee, Ryang(李樑) who was a maternal relative of the queen. By managing personnel affairs with Lee, Ryang, King Myungjong filled Pansu(判書) of Jungjo(政曹) and Samsa(三司) with the influence of Lee, Ryang. In the result, the influence of Lee, Ryang was reorganized into a political influence toward the 16th year of King Myungjong's reign.

Yun, Won-hyung was unsatisfied with King Myungjong's manner to conduct state affairs, and so he attempted to attack King Myungjong several times with the support of Moonjungwanghoo. But his attempt was failed every time because King Myungjong made his leadership strong and Samsa, which was filled with the influence of Lee, Ryang, took the side of King Myungjong. At last Yun, Won-hyung was ruined when Moonjungwanghoo was dead.

On the other side, Lee, Ryang made the structure of Onkwan(言官) — Junnang(銓郎) with the support of King Myungjong. In addition he schemed to exercise state power arbitrarily by means of the structure of Jungjo — Earngwan — Junnang. Lee, Ryang might be superior to king in power in seizing the authority of Nanggwan holding the authority of Jaesang in check. But King Myungjong didn't overlook Lee, Ryang because he intended to strengthen sovereign power by making each political influence check one another. At last the influence of Lee, Ryang was expelled as King Myungjong withdrew his protection.

At the same time that Hoonchuck monopolized political power and developed 'politics by Hoonchuck', Moonjungwanghoo upgraded Naesoosa(內需

司) to Amoon(衙門) which was the second grade and restored both Sunjong(禪宗) and Gyojong(敎宗) by receiving Jaesang's positive agreement, who were Hoonchuck. Moonjungwanghoo increased the number of Naewondang(內願堂) by means of Naesoosa and gained lands and slaves by transcending the law. On the other side, She supplemented Naewondang with Dochubsung(度牒僧) and Joojee(住持) by trusting both Sunjong and Gyojong with Dosungbub(度僧法) and Sunggwa(僧科). She secured the human and material base of Naewondang before stopping ruling a regent, and so she decided both base arbitrarily by means of sovereign power borrowed from King Myungjong even after he began direct royal rule.

In political aspect, King Myungjong and Hoonchuck privately exercised sovereign power and the authority of Jaesang, and so personnel affairs were dealt with in accordance with other people's requests all through King Myungjong's reign. In the result, Sooryung(守令) appointed in that way exploited people severely, and it was why the country was disturbed. In economic aspect, Moonjungwanghoo's application of Naewondang and her Buddhist policy disturbed the system of Gookyuk(國役) and led national finance to bankruptcy. Another cause to worsen that economic situation was Hoonchuck, who robbed people of their lands and accumulated wealth illegally.

The political, economic, social limping aspects during King Myungjong's reign began to be reformed after Lee, Ryang and Yun, Won-hyung, who expelled the influence of Salim continuously, were expelled, and the political influence was reorganized into Salim. That is to say, parts considered as serious evils during King Myungjong's reign were not reformed until politics through Gongron(公論政治) was restored. After extreme concentration of power and monopoly of state affairs during King Myungjong's reign were experienced, during the reign of King Sunjo(宣祖), institutional frameworks in coexistence of many political influence were made, which could exclude those evils.

찾아보기

300

306